開発政策論 ―ミクロ経済政策―

稲葉 守満 著

日本大学法学部叢書　第22巻

目 次

プロローグ……………………………………………………………5

第Ⅰ部　アジア型経済システムの形成と発展

はじめに………………………………………………………………13

第1章　日本の経済システムの形成…………………………………16

第2章　日本の経済システムの発展…………………………………66

第3章　韓国の経済システムの展開 ………………………………114

第4章　インドネシアの経済システムの深層 ……………………156

要約 …………………………………………………………………190

第Ⅱ部　経済システムと産業開発

はじめに ……………………………………………………………197

第5章　開発経済システムと産業政策 ……………………………199

第6章 日本の産業政策 …………………………………………… 244

第7章 日本の産業金融システム ………………………………… 291

第8章 インドの産業政策 ………………………………………… 341

第9章 途上国の貿易政策 ………………………………………… 393

要約 ………………………………………………………………… 436

第Ⅲ部　開発プロジェクト・マネジメント

はじめに …………………………………………………………… 443

第10章 開発プロジェクトの計画と実施 ………………………… 446

第11章 開発プロジェクトの経済分析 …………………………… 469

要約 ………………………………………………………………… 498

エピローグ ………………………………………………………… 503

プロローグ

　著者は過去約10年間大学および大学院で「開発協力論」の講座を担当してきた。この講座は1年間の通年講座であり、前期では開発経済学に関する一般的な教材を使い発展途上国の経済発展の理論や途上国、特にアジアの途上国の経済発展の問題を中心に講義してきた。後期では途上国政府の開発政策や開発援助の実践的な問題を解説してきた。開発経済学は既に確立した経済学の一分野であり日本でも多数の良書が出版されている。過去数年間著者は速水佑次郎教授著『新版　開発経済学』(創文社)を教材に使用してきた。問題は後期に使用する開発援助の実践的な問題に関する適当な教材が少ないことである。今回出版することになったこの本は、この目的のために著者が過去10年間に書いた論文のうちから途上国政府が直面する開発ミクロ問題に関する論文を編集・加筆・修正して一冊にまとめたものである。対象とする学生は国際関係学部、国際協力学部等の経済学を主専攻としない学部の学生・大学院生およびこの分野に関心を持つ社会人である。従って経済学原論レベルの経済学の基礎知識があれば十分理解できる内容となっている。この本の中で集録できなかった残りの論文は、姉妹編として『開発マクロ経済政策論』の中にまとめる予定である。ここでは紙面の都合で触れられていない途上国の経済成長・貧困・環境問題・累積債務問題・通貨金融危機・構造調整融資等の問題は、この姉妹編の中で解説する予定である。

　著者は過去30年間途上国の開発援助の問題に直接・間接的に関わってきた。最初は、民間の研究所の研究員として1970年代の後半、国際協力事業団(JICA：現在の国際協力機構)のコンサルタントとして日本政府の開発援助プロジェクトに従事した。1980年以降は15年間アジア開発銀行(以下アジ銀と略称)の職員としてアジアの開発援助プロジェクトの審査業務に直接従事す

る機会を持った。西はパキスタンから東は南太平洋の島国まで、アジアの発展途上国が直面する開発問題を身近に体験した。これらは非常に貴重な体験であった。民間の研究機関では学際的なプロジェクト・チームのメンバーとして実証的な研究方法を実際の調査を通して体験することが出来たし、アジ銀では途上国が直面する開発政策の問題に直面し、色々と悩むことが多かった。しかし社会人としての生活は日常の業務に追われ自分の考え、感じたことを本にまとめる時間的余裕はなかった。大学で教鞭をとるようになり、過去の経験を踏まえてアジアの発展途上国の開発政策について著者の考えを論文にまとめるように努めてきた。この過程で常に念頭にあったのは2つの課題であった。その1つは、日本の明治以降の経済発展のプロセスは、アジアやその他の途上国の経済発展の参考になり得るかという問題であり、他の問題は、欧米の二番煎じでない日本的或いはアジア的な開発支援のやり方は考えられるかという問題意識である。

　これらの問題に対する回答を模索しつつこの本を通して読者に訴えたい著者の考えの幾つかをここで先ず説明しておこう。第1に、この本では「開発援助」と言う言葉を必要な箇所以外は意図的に避けている。その理由は、開発援助という言葉の背後には先進国が途上国の経済開発のために援助を供与するという「富める国」と「貧しい国」の対峙関係が前提とされ、開発援助が人道的な動機のみによって供与されているというニュアンスがあるからである。著者なりに理解するポスト・モダニズムの見地から見ると、地球上の人間の営みは時間と空間を越えた人類共通の「行為」であり、その行為の中に人間の様々な生きざまが凝縮している。現在話題となっているグローバリズム現象は、地球上の人間が人間の営みを共有する現象である。この意味で、この本の中で著者は、「富める国の神話」の虜にあることを避けて「貧困の国の現実」に対峙しようと試みる「感情論的国際協力論」を展開しようとする。

　第2番目に著者が読者に伝えたいメッセージは、「社会の指導者達は、経済活動のルールとして制度やシステムを構築するが、これら制度やシステム

は人々の手枷・足枷となり、環境の変化と伴にその機能が変容し制度疲労をもたらす」という現実である。それは西欧および日本の経済史や発展途上国の発展のプロセスから、人々が制度やシステムの罠に陥る多数の事例を教訓として学び取ることが出来る。このような場合、制度やシステムを改革することに成功した組織や社会が持続的に発展し、これに失敗すると社会によって淘汰される。人間の過去の歴史は、文明や帝国の興亡、成長する経済・停滞する経済、企業の盛衰等の多数の教訓に満ち溢れている。我々人間は先進国・発展途上国伴に制度やシステムを不断に改革する革新者（イノベーター）であるべきであろう。この意味では、両者は同じ土俵の中で苦悩する仲間（パートナー）である。

　第3番目に、この本の中でアジアの国の中から特に日本、韓国、インドネシア、インドを取り上げてこれらの国の経済システムの発展プロセスの中からアジア型経済システムの制度的な特徴、メリットとデメリットとに真摯に向き合おうとする。アジア型経済システムはしばしば「国家指導型の経済システム」、「キャッチ・アップ型の経済システム」であり、国家は「開発国家」であると指摘されてきた。この作業の過程で著者が訴えたいことは、開発経済学の教材が教えるような、経済システムの2部門発展モデルや新古典派経済成長モデルだけではこれらの国の経済発展のダイナミズムやその深層は十分理解し得ないということである。これらの国の経済システムの発展プロセスから我々が観察することができるのは、政治システムと経済システムの相克の過程で、政治システムが経済システムを支配する宿命があったことであろう。カナダの日本研究家H・ノーマン（H. Norman）は、日本の経済システムの近代化の端緒となった「明治維新は下級武士が遂行した政治革命であり、この明治維新によって日本は封建制度から資本主義制度に飛躍的に発展する。しかし日本のこの政治革命は、……フランス革命と異なり不完全な社会革命であった。徳川時代の封建制度の遺産は天皇制専制下の軍事官僚制度に継承され、日本は帝国主義的な国家形成を行う宿命にあった」と指摘する。H・ノーマンにとって日本の悲劇は、近代化の過程の中で「資本主義社会の

基礎となるべき個人主義的な合理主義の精神と人間の権威を絆とする市民社会」が未形成のまま近代国家が形成されたことである。このように市民社会の基礎の上に構築されていない経済システムは、アジアのその他の経済システムに見られるように種々の問題を内包することになる。

　第4番目のメッセージは、一定の社会的状況下で、途上国政府は開放型経済システムと閉鎖型経済システムを選択する余地があるかという問題である。市民社会で形成される人間型（パーソナリティー・タイプ）は民主的で開放型人間である。開放型人間は外部志向的で、学習意欲に富み、失敗を恐れず試行錯誤を厭わないプラグマティックな人間型であり、常に進歩・進化・変革を希求する。これに対して閉鎖型の人間は内部志向的で、ドグマティックで権威主義的性格を持つ保守的な人間型である。人間の性格型と経済システムは生態系のアナロジーから見ると同質異形的（isomorphic）なシステムと認識されよう。企業組織のような組織体も同じように考えられよう。このように比喩的（metaphoric）な認識図式に従って考えるとN・ヴィーナー（Norbert Wiener）のサイバネティックス（cybernetics）のように開放型のシステムであることが望ましいと理解される。経済システムは本来開放的なシステムである。しかし途上国のテクノクラート達は、日本、韓国、インド、インドネシアの事例に見られるように伝統的な価値観、社会制度の呪縛、直面する緊急課題の中で社会システム設計の選択の余地は限られていた。

　5番目のメッセージは、経済システムを成長の軌道に乗せるのは産業政策であり、この産業政策を実行するのはカリスマ的な企業家（起業家）達やテクノクラート達であるということである。このことは日本・韓国の事例から理解されよう。経済システムが成熟した段階では新古典派ミクロ経済理論が説く市場の競争原理に基づく自由経済政策が望ましいであろう。しかし経済システム発展の初期段階およびシステムの転換点や、産業が新陳代謝する局面では産業政策は経済システムを活性化させる非常に重要な役割を果たす。

　最後に、経済システムをミクロの次元で管理する仕事は、主に個々的な目的を達成するために設定されたプロジェクトの実施によって行われる。プロ

ジェクトは、一定の目的（目的志向性）を必要な資金・人材・エネルギーその他の経済資源（経済コスト）を投入して、一定の期間内に、そのために特別に設立された組織（プロジェクト・チーム）によって、達成しようとする仕事（task）の集合である。このプロジェクト・マネジメントは、技術革新によって企業環境が加速的に変化する高度情報化社会でその重要性が認識され、経営学の分野で近年盛んに論じられるようになった。発展途上にある経済システムのミクロ管理の主要な仕事は、政府が公企業体等を通して実施する開発投資プロジェクトや民間企業が実施する設備投資プロジェクトの管理である。政府および民間企業が実施する開発投資プロジェクトは多額の資金の投入を必要とする規模の大きいプロジェクトが多い。従って詳細な事業化調査（F/S：Feasibility Study）を含むプロジェクト管理システムを活用することが必要となる。

　ここでは以上述べてきた問題やメッセージを中心に、経済システムのミクロ次元でのマネジメントの政策問題を論じることにする。著者の力不足で読者が納得するような「開発ミクロ経済政策論」を展開することが出来ずにいることを危惧するが、読者の叱責・鞭撻・ご助言によって将来更に内容を充実するように努めたいと念じている。

　この本の出版は日本大学法学部の平成18年度の出版助成を受けております。法学部の関係諸氏、および出版を快諾して下さいました時潮社代表取締役相良景行氏のご厚情に深く感謝いたします。尚原稿の校閲作業に際しましては大学院生の木村紋子さん、時潮社の鈴木仁氏の多大な御協力を頂きました。深く御礼申しあげます。また稲葉エツの尽力無くしては期日までの出版は不可能でした。著者のアジアの発展途上国の開発政策に対する関心は、著者のアジア開発銀行での体験が契機となっております。アジア開発銀行の先輩諸兄から賜ったご厚情に、心から感謝申し上げます。アジ銀退職後も数多くの同僚が大学で教鞭をとっております。この拙著が何らかのご参考になれば幸いです。

　平成18年11月

第Ⅰ部
アジア型経済システムの形成と発展

はじめに

　2006年現在世界銀行（以下世銀と略称）の加盟国は184カ国、これら加盟国は金持ちクラブといわれるＯＥＣＤ（経済協力開発機構）加盟国、旧社会主義計画経済から市場経済に移行した旧ソ連・東欧・中国・ベトナム等の移行期経済国、19世紀に独立国となった中南米諸国、第２次大戦後西欧の植民地支配から独立したアジア・アフリカ諸国等様々である。アジア太平洋地域に限っても人口規模約13億人の中国、11億人のインドから、日本の中核都市より少ない人口規模を持つサモア（18万人）やバヌアツ（22万人）とその規模はばらばらである。これらの国の平均所得水準も高所得国（＄32,000）、アジア太平洋地域（＄2,400）、ラテン・アメリカ諸国（＄1,900）、南アジア（＄860）、サハラ砂漠以南のアフリカ諸国（＄432）と所得格差が大きい。世銀が定義する高所得国（平均所得＄10,000以上）の人口規模は10億、低所得国（＄824以下）の人口規模は23億であり、それぞれ世界全体の人口規模63億人のうち前者が約16％、後者が37％を占める。

　これらの国々はそれぞれ、国家形成の歴史的背景、民族構成、文化的伝統、社会構造、自然環境および地理的条件、資源賦存状態、人口の規模、経済の発展段階等の条件が異なっている。従って開発経済学の経済発展の一般的理論（二部門経済発展モデル、新古典派経済成長理論）によって経済の発展のプロセスを説明しようとすると、これらの国々の特殊な状況が捨象されてしまう。これらの国々の経済発展のプロセスを、その特殊な状況を認識しつつ経済発展の一般理論の枠組みの中で説明しようとするのが経済システム論や比較制度論によるアプローチである。

　ここでは、アジアの経済システム、特に日本、韓国、インドネシアを取り上げてアジア型経済システムの特徴を考えることにする。周知のようにアジア型経済システムは、「開発国家」、「政府指導型経済発展」、「圧縮型経済発展」、「キャッチ・アップ型工業化」等の名称でその特徴が説明されてきた。

このアジア型経済システムは、限られた人的・物的資源を活用して短期間に工業化を達成することに成功したが、種々の問題点や矛盾を内包していた。アジア型経済システムの強みと弱みは何なのか、日本、韓国、インドネシアの経済発展のプロセスの中からこれらを理解することにする。

　第1章および第2章では、日本の経済システムの近代化におけるプロセスを焦点に当て、日本の経済システムがどのように形成され発展したのかを考える。第1章では、前半に経済システムや比較制度論のアプローチを説明し、徳川時代に日本の経済システムの近代化における基礎的な条件が既に形成されていたかどうかを考える。これらの基礎的は条件とは、同質的な民族文化の形成、全国的な統治（政治）システムの確立、市場経済制度の形成、食糧自給率の確保と高い農業生産性、陸上・海上交通システム等の産業基盤の発達、金融組織の発達、比較的高い識字率等である。この章では徳川時代の「幕藩経済システム」の形成を通して、日本は全国的な統治システムと市場経済のメカニズムを既に形成していたことを理解することが出来る。日本の経済システムの発展の初期条件と、第2次大戦後先進国の植民地支配から独立した発展途上国の経済発展の初期条件とは歴史的状況が異なっていたことが理解されよう。第2章では、明治時代における日本の経済システムの近代化のプロセスの特徴を、日本資本主義論争、経済発展の実証分析、日本近代化論、法制度（会社法）の形成、産業革命、蚕糸産業の発展等を通して見ていく。日本の明治時代における経済システムの近代化のプロセスは戦後の発展途上国における経済発展の過程を理解する上で1つのパラダイムを提供することになろう。

　第3章では、東アジアの「政府指導型の経済発展」の成功例としてしばしば指摘される韓国の戦後の経済発展の特徴を、1997年に発生したアジアの通貨・金融危機の視点から再考察している。韓国の経済発展は、後進性の利益、開発独裁、圧縮型経済発展、輸出指向型の産業政策、政策金融、財閥企業等を特徴とするとしばしば指摘されてきた。韓国は1996年ＯＥＣＤに加盟し先進国の仲間入りを果たした。しかし韓国の「開発国家」的なマクロ経済の発

はじめに

展はミクロ経済に亀裂や歪みを孕んでいた。韓国経済の発展の事例は「アジア型経済システム」が強みと弱みの両面を兼ね合わせ持つという体質を示している。第4章では、アジア型経済システムの矛盾が最も顕著になったスハルト政権下のインドネシアにおけるミクロ経済の深層を国軍と国営企業、華僑資本、大統領親族とプリブミ企業集団、国営金融機関の政策金融に焦点を当てて分析している。

第1章 日本の経済システムの形成

はじめに

　ここでは経済システムの比較制度論の視点から、日本の経済システム形成の初期的条件となった徳川時代の経済システムや経済制度の特徴を分析することにする。しかし著者は、日本の近世の経済史の研究を専門とする者ではない。従ってここでの主な作業内容は、経済史家達が行った研究成果を比較制度論の視点から整理し解釈することである。先進国・発展途上国を問わず、各国は異なった歴史的状況や環境の下でそれぞれの経済システムを形成・発展させてきた。これらの経済システムは、経済システムとしての機能的な共通性を有するにしても、それぞれ独自の発展の軌跡を辿ってきた。日本の経済システムはしばしば「アジア型経済システム」の典型的モデルとして考えられてきた。発展途上国の経済発展のプロセスを理解する上で、日本の経済システムの発展プロセスは1つのパラダイムとなり得ると思われるので、先ず日本の近代化の初期条件となった徳川時代の経済システムの特徴を見てみることにする。

1.1 経済システムの比較制度分析

(1) 経済の比較制度分析

　最近日本の経済学者達が経済をシステムとして捉えようとする試みが目立つ。その代表的な例の1つは、寺西重郎教授の「日本の経済システム」論であろう。寺西教授は経済システムを「人々の経済行動の相互作用を制約するルール、所謂ゲームのルールの総体である」と定義し、日本の明治以降の経済発展を「システムのダイナミックな進化のプロセス」と捉えようとする。

第1章　日本の経済システムの形成

寺西教授は日本経済をシステムとして捉えることによって、日本の経済発展の特徴を明確化するメリットがあると考える。そのメリットとは、第1に、経済システムの在り方を規定する外生的条件を明示することによって、経済システムの変化をこの外生的条件への適応過程として捉えることが出来る（経済システムの外部環境の変化に対する適応プロセス）。第2に、経済システムを政府と市場の役割分担、民間部門内部の経済システム、政府と民間の所得分配に関する交渉の仕組みとして把握することによってシステムのダイナミックスや緊張関係を理解することを可能にする（経済システムの構成要素の機能分担）。第3に、経済システムのパフォーマンスをその経済的費用、政治的費用、システムを支える価値規範の基準から評価することが可能となる（経済システムの目標の達成度の評価）。第4に、日本の明治以降の経済発展のプロセスを西洋の経済水準にキャッチアップすることを主な目標とした「明治大正経済システム」が戦後の経済を特徴づけた「高度成長期経済システム」に転換するプロセスを分析すること（経済システムの進化と変革）が可能になる。[1]

また青木昌彦・奥野正寛教授等は資本主義経済システムを「比較制度理論」の視点から分析しようとする。この比較制度論の視点とは、経済システムは種々の制度が機能分化し、資本主義経済システムには多様性が存在すること、一度制度が設立されるとその制度が自己を拘束する制度が持つ戦略的補完性があること、経済システム内部には制度を補完・強化しようとする要素が形成される傾向があること、経済システムにはシステムを維持しようとする慣性、環境の変化に対応してシステムが進化するという体質、1度システムが形成されると軌道を修正することが困難になるという経路依存性が形成されること、改革のためには経済システムの制度自体を改革することが必要であるということ等を認識することを可能にする視点である。このような比較制度論の視点の背景には、現代の日本の経済システムが制度疲労をきたしており、この制度疲労を克服するためには、日本は経済システムの根底にある日本的な制度の構造を改革することが不可欠であるいう時代意識がある。しか

し経済システムの改革には、経済システムに内在する自己拘束的な慣性があり、多少のショックに対しても自己の安定性を維持しようとする抵抗力が働く。そしてシステム改革を困難にすること、経済システムを構成する種々の制度がそれぞれ相互補完的であり複数の制度を同時に改革する必要があること、経済システムの改革目標に対する合意を形成するのが困難であること等の障害があり、経済システムを改革することは容易ではないと青木教授等は考える。このことは、小泉自民党政権が日本経済の構造改革政策を実施する際に直面した障害や抵抗勢力の存在や、我々が所属する組織の制度を改革しようとすると必ず反対勢力に遭遇することから容易に理解されよう[2]。

青木・奥野教授等はこの経済システムの比較制度論的な分析を発展途上国の経済システムの発展プロセスに関しても行っており注目に値する[3]。しかしアダム・スミス（Adam Smith, 1723-90）以来経済学者達が展開してきた伝統的な古典経済学理論や新古典派経済学理論の体系を止揚し、経済システムの比較制度分析を行うためには、全く新しい理論・概念が必要になってこよう。青木教授はこの目的のために非常に大胆で野心的な経済システムの比較制度分析の一般理論を展開しようと挑戦しているが、必ずしも成功しているとはいえない[4]。

開発経済学の分野では速水佑次郎教授が、途上国の経済発展のプロセスを分析する理論として社会システム論を展開している。速水教授は途上国経済の発展プロセスを社会システムの発展として捉え、社会システムは経済サブ・システムと文化制度サブ・システムによって構成されると考える。この社会システムは、その社会に存在する資源賦存量の変化が「誘発的技術革新」をもたらし、この技術革新が「誘発的制度革新」をもたらすことによって途上国の経済システムが発展すると考える[5]。しかしこの速水教授のシステム理論には、途上国の誰がこのシステム自体の革新を計画実行するのかというシステム革新者の主体性の問題、またシステム革新が直面する抵抗や障害をどのような方法で除去することが可能かという問題には残念ながら関心を示していない。

第1章　日本の経済システムの形成

　発展途上国に対して二国間ベースや国際機関を通して先進国が戦後行ってきた開発援助は、途上国経済の発展を促進する電力等の産業インフラを建設する開発投資プロジェクトに対する融資が中心であった。しかし世銀やIMF（国際通貨基金）は1980年代以降途上国経済の構造改革を支援する「構造調整融資」を重視してきた。しかしながらこれらの「構造調整融資」政策の目的は、新古典派経済理論の枠組みに従って、途上国の経済構造や政策をより市場志向型の経済構造や政策に転換することであり、途上国の政治・社会制度を革新し、経済システム自体を改革することを目的としたものでなかった。[6]しかし世銀も最近途上国経済の発展を促進するためには、途上国の伝統的な社会・経済・政治制度を改革することが不可欠であると認識するようになってきている。2002年世銀は途上国の企業・政府・社会の制度を分析する『世界開発報告書』の特集号を発表している。歓迎すべき傾向である。[7]

　このように先進国および途上国の経済システムの比較制度分析に対する関心が最近高まってきている。経済学者達が経済システムの変化のダイナミックスや経済システムの比較制度分析に関心を持つようになった原因としては次の理由が考えられよう。資本主義のグローバル化に伴って資本主義経済に内在する脆弱性や不安定性が通貨危機や金融危機という形で顕在化したこと、企業のガバナンスや市場競争の競争ルールに対する国民の不信感が増大したこと、情報革命によって既存の資本主義経済体制や企業組織の運営に関するパラダイムの転換の必要性が認識されるようになったこと、旧ソ連や東欧諸国が社会主義経済から市場経済へ移行する過程で「経済システムの転換」の課題やシステム改革の実践的方法に対する関心が高まったこと、東アジア諸国の高度成長経済を可能にしたこれらの国々に特有な社会制度や経済制度、所謂「アジア型経済システム」に対する関心が高まったこと、資本主義的な経済システムにはヨーロッパ型・アジア型・アメリカ型資本主義社会等の多様性があるという認識が持たれるようになったこと等である。これらの問題や疑問に答えるためには、多数の経済システムの時空を越えた比較制度分析が不可欠であろう。

19

日本の一部の経済学者達は1970年代経済システムを「経済体制」と概念化し、当時社会科学の各分野で影響力を持った「一般システムズ理論」を経済のシステム分析に適用する理論を展開しようと試みたことがあった。しかしこれらの試みは残念ながら定着しなかった。[8] 最近関心が高まっている経済システムの比較制度分析は「新制度経済学」(NIE: New Institutional Economics) とも呼ばれている。O・ウイリアムソン (Oliver E. Williamson) によるとこの「新制度経済学」理論の理論的系譜は、R・コース (R. H. Coase) の取引コスト理論、ゲーム理論に求められるとされる。[9] 確かにこのような取引コストやゲーム理論に基礎を持つ経済システムの比較制度分析理論は、先進工業国の企業組織の経営分析やミクロ経済の分析の方法論としては新しい視点を提供するであろう。その理由は現代のミクロ経済学は新古典派経済学理論に依拠し、企業を所与の生産関数の下で利益を最大化し費用を最小化する合理的主体としてしか見ない傾向が強いからである。しかし現代の企業行動は生産関数として数理経済学的に分析出来るほど単純ではない。多くの経済学者にとって企業組織の実態は未だ「ブラック・ボックス」の状態に止まっている。[10] このような理由から「新制度経済学」の視点でP・ミルグロム (Paul Milgrom) やJ・ロバーツ (John Roberts) 等が行った企業組織の経済学分析の成果は評価されよう。[11]

　しかし開発経済学者達は、途上国の長期的な経済発展のプロセスや、経済発展を促進したり阻害したりする途上国特有の経済・社会システムの構造的特質や伝統的な社会制度に関心があるのであり、O・ウイリアムソン等が展開する「新制度経済学」理論による分析には限界を感じるであろう。その根本的な理由は、これらの「新制度経済学」理論が、経済システムの進化発展の原因とそのダイナミックなプロセス、経済システムと政治システムとの相互関係、経済システムの構成要素の緊張関係や矛盾、種々の制度、組織、文化的伝統、価値意識、カリスマ的リーダー、技術革新等の役割等基本的な問題に対して解答を与えてくれないからである。この課題に対して示唆を与えてくれるのは、アメリカの資本主義経済の発展過程の中で経済制度や社会制

第1章 日本の経済システムの形成

度が果たした役割を分析したＤ・ノース（Douglass C.North）の研究であろう。[12]

　Ｄ・ノースの比較制度論の背景に、西欧資本主義経済が成功した秘訣の１つは、西欧社会が人間の創造的活力を誘発する制度や効率的な組織を確立したからであるという自負がある。この西欧の資本主義経済システムを成功に導いた制度とは、私有財産制度、契約、市場取引、価格シグナル、合理的な企業形態としての株式会社組織、自由競争等の制度である。これら社会制度は人間の行動のパターンに規律と安定性をもたす機能を持つばかりでなく、外的な環境の変化、技術革新、相対的価格の変化等の外的・内的なショックに対応して進化する柔構造を有していたとＤ・ノースは観察していた。[13]

(2) 経済システムの意味

　しかし経済システムとは何を意味するのであろうか。今まで意図的に経済システムという概念を明確に定義してこなかった。経済をシステムと考える代表例の一人はＩ・ウォーラスティン（Immanuel Wallerstein）であろう。Ｉ・ウォーラスティンは西欧の資本主義経済体制を政治的な境界や民族国家の国境を越える「世界システム」（World System）として把握し、世界経済の近代化のプロセスを、中核地域に形成された資本主義経済システムが周辺地域へ拡散するプロセスであると考える。Ｉ・ウォーラスティンは「世界システム」を次の様に描写している。「世界システムは複数の境界線、種々の構造および多数の内部集団を擁し、一定の価値や規範体系によってシステム自体の存立が正当化・統合化される一つの社会システムである。……この社会システムの活力や発展のダイナミズムの源泉は、緊張関係によって結束し、自己の利益を求めて時にはシステム自体を破壊に導くこともあるシステム要素としての社会的勢力の存在である。……社会システムには生態系のように初期点と終局点があり、この生態系の内部機能には相互補完的な、一体性を維持する内在的な規則性がある。……社会システムは自己完結的であり、その発展のダイナミックスはシステム要素自体に内在する緊張関係にある。…

…資本主義経済システムの発展を可能にしたのは階級意識によって一体化した市民社会」である[14]。多少著者が意訳して拡大解釈してあるが、I・ウォーラスティンが意図した経済システムの意味は理解出来るであろう。

1960-70年代自然科学、社会科学および工学の分野で「システムの一般理論」が盛んに論じられた。その提唱者の一人はL・フォン・バータランフィー（Ludwig von Bertalanffy）であり、L・V・バータランフィーは1954年に設立された「一般システムズ学会」で中心的な役割を演じ、システムズ理論が物理学、生物学、工学、行動科学、社会科学の各分野に適用可能な一般理論であると主張した。システムズ理論の目的は複雑な現象を分析可能なシステムに抽象化し、以下のようなシステムの属性や特徴を分析することにある。自己完結的なシステムと外部環境との相互作用、システムのインプットとアウトプットとフィードバック機能、システムを構成する各要素の相互補完関係、緊張関係等の構造的特徴、システムの進化の原因や成長のダイナミズム、システムの負荷能力とシステム維持条件、システムの自己制御能力および目標設定能力、システムの学習能力、環境対応能力、自己増殖能力、開放システムと閉鎖システムの属性等[15]。

以上のような内容を持つシステムズ理論は複雑な自然・社会現象をモデル化し、現象を分析、予測、制御可能な次元に単純化し、現象が提起する問題を解決するシステムを構築することにある。このシステムズ理論は宇宙開発、生態系の自己増殖行動、電子機器やロボットの自己制御機能、都市の物流システム、企業の生産管理計画等の各分野に応用された。工学システムを情報・制御（information and control）のメカニズムとして捉えたN・ヴィーナー（Norbert Wiener）のサイバネティックス（cybernetics）理論はシステムズ理論の最も代表的な理論の一つであるとされる[16]。

社会工学や経営工学の分野でシステムズ理論は主に問題解決を志向する政策科学の手法として活用された。ここでは複雑な社会問題を次のシークエンスに従って解決しようとする。①問題の分析、②問題解決の代替システムの考案、③最適システムの選択（数学モデルと方程式の決定）、④最適システムの

第1章　日本の経済システムの形成

設計、⑤システムのシミュレーション試験、⑥システムの実施、⑦システムのアウトプットのフィードバック。[17]

　社会を1つのシステムとして把握し、その動態と変化のプロセスをあたかも生態系のシステムのように理論化したのがT・パーソンズ（Talcott Parsons）の「社会システム」論である。このT・パーソンズの社会システム論は1960年代のアメリカの社会学理論に非常に大きな影響力を与えた。[18] T・パーソンズは人間社会を人間の行動の体系と概念化し、更にこの行動体系を、行動の規律を維持する文化システム、行動の主体を統合する社会システム（組織、共同体等）、行為主体の目的志向性を表象する性格型（パソナリティー・システム）、環境に学習的に順応する行為主体としての生態型システム（経済システム）に分類して分析する。T・パーソンズは人間行為の価値志向性の形態として、情緒性と合理性、集団志向性と個人志向性、特殊主義と普遍主義、身分帰属主義と達成主義、直感主義と目的志向性に分類した。またこの分類基準に従い、T・パーソンズは社会が近代化されると、人間の行動のパターンが合理的となり、個人志向性が強く、普遍的な価値を重要視し、達成感を尊重し、目的志向性が強くなると考えた。[19]

　T・パーソンズの社会システム論の日本における紹介者であった富永健一教授は、社会システム論を敷衍して社会の近代化理論を展開している。富永教授は社会システムを、経済・技術、政治、社会、文化の4つのサブ・システムに区分し、社会システムの近代のプロセスを分析している。第1に、経済・技術システムの近代化プロセスは、動力革命・技術革新・情報革命等の技術の近代化に関わる要素（産業化）と、第1次産業から第2次産業への産業転換、自給自足経済から市場経済への転換に示される経済の近代化（資本主義化）を含む。経済の近代化の起動因は資本主義の精神であり、資本主義の精神とはマックス・ウエーバー（Max Weber, 1864-1920）が言う企業人の営利追求・利潤獲得の精神である。資本主義社会の最も重要な構造的特質は欲求充足を希求する家計と利潤を追求する経営主体が機能的に分化していることである。第2の政治システムの近代化は、近代的な法制度の確立、封建

制から国民国家への移行、専制制度から民主主義への移行を意味する。政治の近代化の起動因は民主主義の精神である。民主主義の精神は市民革命としてのイギリスの名誉革命、アメリカの独立革命、フランス革命に代表される絶対主義に対抗する市民の人間的尊厳の抵抗運動に象徴される。第3の社会システムの近代化は、ゲマインシャフト（共同体的社会）からゲゼルシャフト（利益社会）組織への移行、身分社会から契約社会への移行、血縁・地縁的社会から機能的社会組織への移行を意味する。社会システムの近代化の精神は伝統主義の否定としての合理主義の精神であり、西欧社会ではこの精神はルネサンス・宗教改革・科学革命・啓蒙思想・市民革命に共通した精神である。第4の文化システムの近代化は、伝統的価値や集団的価値から個人主義的価値観への移行であり、文化の近代化の起動因は経験主義・実証主義に基礎を置く科学的精神であり、人間の環境を操作・制御する工学的精神である[20]。

　ここでは社会工学や富永健一教授のシステム理論が分かりやすいのでこれらのシステム理論を基礎に論議を進めることにする。また「比較制度論」が論ずる「制度」は社会システムの重要な構成要素の1つであることが理解されよう。

(3) 経済システムの近代化

　富永健一教授は経済システムを明確に定義していないが、P・サミュエルソン（Paul Samuelson）に従ってここでは「経済システムとは限られた資源を最適に活用し価値ある商品を生産・販売・分配する社会システムの一つであり、これ等商品の生産・販売・分配の方法として市場経済・計画経済およびこれらの混合経済システムがある」と定義しておこう[21]。また経済システムの近代化のプロセスをマックス・ウェーバーに従って、資本主義経済システムの形成と発展のプロセス、と理解することにする。マックス・ウェーバーは資本主義経済システムを「合理的な資本計算が人間行為の価値志向性の一般的規範となる社会である」と規定する。マックス・ウェーバーは近代資本

主義経済システムが以下を前提として形成されると考えている。物的資産（資本財）の私有財産制度、市場取引の自由、経済行為に合理的技術の適用、合理的な営利計算の精神、自由な労働力市場と労働者階級の形成、企業の投機的投資行為の一般化。[22]

このマックス・ウエーバーの定義を受けて大塚久雄は資本主義経済を「近代に特有な生産方式であり、その基本的特徴は、商品生産が全社会的規模に一般化しており、しかもこの商品生産が独立の小生産者による生産でなく、資本家が賃金労働者を雇用して生産労働に従事させる基礎的な関係を持つシステムである」と定義する。この資本主義経済システムの西欧社会における発展のプロセスを大塚久雄は次のように分析する。「一般に封建的共同体を土台とする封建的土地所有制度は歴史上先ず古典荘園を基礎とする領主制（分権的封建制）として出現する。この古典的荘園はその内部で生産諸力（社会的分業）が成長するとともに解体し、一方では純粋荘園に移行し、他方では中世都市（ギルド制）を設立しつつ、その基礎の上に領有制（集権的封建制）が成立する。即ち領有と土地所有の分裂の開始である。…領有制の内部における生産諸力（社会的分業）の発展は小商品生産（小ブルジョワ的生産関係）とマニュファクチャー（産業資本）の萌芽を生み出す。ここに領有制或いは封建的土地所有制の危機、封建制の危機が醸成される。…そうした新たな生産諸力（市場関係）の発展が未だ充分でないため、寄生地主制という形態で封建制が再編成され絶対王政が形成される。…この絶対王政内部の一層の発展はブルジョワ的発展（産業資本の成長）を呼び起こし市民革命によって絶対王政、従って封建制自体が揚棄される。…それに照応してブルジョアジー（産業資本）は独自の金融制度を形成し…このように市民革命を終了した産業資本はやがて自生的に産業革命を引き起こし、これによって封建制から資本主義への移行過程は完了する[23]」。当然この資本主義経済システムの発展のプロセスは国によって様々な発展形態が在り得ると大塚久雄は考えている。

1.2 徳川時代の経済システム

それではこの経済システムがどのように形成され近代化されるのか、日本の経済システムの実例を参考にして分析してみよう。無論著者は日本経済史の研究を専門とする者ではない。ここでは徳川時代の経済システムの構造的な特徴を可能な限り経済システムの比較制度論の視点から分析してみることにする。分析の主な作業は、過去の近世日本経済史の代表的な研究業績や解釈の結果を、経済システムの比較制度論の視点から整理して、徳川時代の経済システムの特徴を理解することにある。周知のように徳川時代の経済システムに関しては数多くの優れた研究業績が発表されている[24]。しかし徳川時代の経済システムの歴史的解釈の方法に関しては、明治維新以降の日本の近代資本主義発展のプロセスの歴史解釈とも直接関係してくる。特に1930年代に展開された所謂「講座派」および「労農派」の経済史家達によって展開された「資本主義論争」に関連して、徳川時代の経済システムの歴史解釈を複雑にしている。所謂「講座派」と称される経済学者達は明治維新を日本における絶対主義の形成過程であると主張するのに対して、「労農派」は明治維新をブルジョア革命であると考える[25]。マルクス主義の経済発展段階理論に従えば、明治維新の本質をどのように理解するかによって、それに先行する徳川時代の経済システムの本質に対する歴史解釈の仕方も決まってくる。

(1) 幕藩経済システム

徳川時代の政治・経済システムを「幕藩体制」と一般的に規定することに関しては、日本の近世経済史を研究する歴史学者達の間で大きな意見の対立はないようである。しかしこの幕藩体制の本質的特徴の理解の仕方に関しては意見の対立がある。日本の代表的な近世史家の1人北島正元は、「約3世紀の長期にわたる安定政権としての幕藩体制の最高の政治責任者としての地位を維持した江戸幕府の存在は、世界史の上でも驚異とされてきたが、その本質的規定に関しては未だ定説と言うべきものがない」としながらも、徳川

幕藩体制の特徴を次のように規定している。「幕藩体制は単に領地や経済力の大小によって区別された幕府と大名の連合政権ではなく、…軍事力の上位強者強大の原則が貫徹した封建国家であり、大名の領知権は幕府の全国統治権のうちに包含され藩領はそれ自体完結した再生産構造ではなく、幕府が直轄都市を通して支配する全国市場との連携なくしては独自の再生産は不可能であった。そして全国市場の形成は幕藩体制の成立と展開によるものであり、それが逆に幕府の集権支配を可能にする条件の一つになっている。…江戸幕府の集権制は、ヨーロッパの王権に比較すると強大であるが、さりとてこれを絶対王政とするだけの積極的根拠もない…18世紀ごろまでの経済段階は先進地を中心とする地域的分業のかなり高度の発展がみられるが…幕藩体制の成立を絶対王政と規定するほどのブルジョワ的展開はない。…幕藩体制は特殊日本的な封建制の確立である」と規定している[26]。同じように徳川幕府の集権的権力を重視する本庄栄次郎は幕藩体制を「集権的封建制」と称している[27]が、大名の領有地に形成された市場経済の自立性を強調する新保博は、幕藩体制を「多重国家体制」と称している[28]。永原慶二は幕藩体制の経済システムの特徴を以下のように要約している。「幕藩体制の社会経済構造は、①兵農分離、②石高制、③鎖国の三つの要素によって最も良く特徴づけられる。これらを通して幕府優位の幕藩制的土地所有と本百姓制および江戸・京都・大坂の3都を機軸として流通機構・社会分業体制が構築されたという点では諸学説はほぼ一致している。…幕府・将軍権力によって諸藩の大名の権力は厳しく規制され、民衆は幕藩権力の専制的な支配体制の下に置かれ、2世紀以上におよぶ長期間、固定性の強い社会経済体制が生み出された。そうした意味で幕藩制社会には統合と繁栄が見られるとともに、他方の極には専制と抑圧が並存する経済システムであった」[29]。以下ここでは主に永原慶二の解釈論に従って幕藩経済システムの特徴を見てみよう。

(2) 兵農分離の身分制度

徳川時代の兵農分離制度に基礎を置く「士・農・工・商」の階級身分制度

は豊臣秀吉が実施した「太閤検地」（1582—98年）と「刀狩り」（1588年）に始まるとされる。

　太閤検地は文禄年間（1592—95年）にほぼ全国の農地に対して行われた。検地の方法は6尺3寸（1間）竿を用い、1間四方を1歩、100歩（10畝）を1反、10反を1町として土地を測量した。更に田畑を上・中・下・下下の4段階に分け、1反当たりの標準収穫量を、上田が1石5斗（1石は150kg）、中田1石3斗、下田1石1斗、上畑1石2斗、中畑1石、下畑8斗と定めた。この検地によって一筆ごとの耕地に耕作者が定められ、年貢納入の義務が負わされた。この太閤検地によって作成された土地台帳の結果、封建領主は耕地の測量・年貢額決定・年貢負担者確定が可能となった。この太閤検地の歴史的意義に関しては1950年代歴史学者達の間で「太閤検地論争」が展開された[30]。この太閤検地論争の中で、安良城盛昭は、太閤検地によって年貢納入義務者としての「百姓」階級が形成されたことを重視し、太閤検地が徳川時代に確立した農奴制社会体制の基礎を築いたと主張した。安良城盛昭にとって「徳川時代の幕藩体制は、将軍・大名・家臣の封建的ヒエラルキーを構成した封建領主が封建的土地所有に基づき農奴たる百姓から余剰労働力を搾取する農奴制社会体制であり、…農奴制の維持・再生産の必須の条件としての年期奉公人の体制的確立政策を意図的に促進し…幕藩体制社会の体制的成立を画期する太閤検地は、農奴制社会体制を体制として構成する必須の土地制度改革」であった[31]。

　豊臣秀吉は天正13年（1585年）に紀州の根来・雑賀一揆を追討し、一揆勢の拠点となった村落に対して百姓は今後鋤・鍬などの農具の整備に心がけ、耕作に専念すべきことを命じている。秀吉は更に天正16年（1588年）に3ケ条の刀狩令を発布し、諸国の百姓が刀・脇差・弓・槍・鉄砲などの武具を所持することを禁止した。天正19年（1591年）秀吉は身分統制令を発布し、奉公人・侍・中間・小者等が町人・百姓になることや、百姓が耕作を放棄して商売や賃仕事に携わることを厳禁した。これらの処置の結果、農民は検地帳に登録され、年貢を収める責任が明確化され農民の身分が封建的な身分と

して固定化されることになる。[32]

　徳川幕府は豊臣秀吉の太閤検地の制度を継承し、幕府の天領地に対して慶長検地（1604年）から元禄検地（1695-97年）まで数回幕領地の検地を実施し、「農民の余剰労働力部分を生産物地代として体制的に収取し、…幕藩体制の生産力的基礎」を確保しようとした。[33] 徳川幕府は更に寛永20年（1643年）に「田畑永代売買禁止令」を発布し、百姓が田地を売って町人になることを禁止し、また百姓相互間の田地の売買を禁止して富裕農民と貧農の階層分化を防ごうとした。このような幕府の土地政策や農民政策を反映して各藩も検地政策・身分政策・田畑売買禁止政策を実施したといわれている。[34]

　以上のように幕藩体制が実施した兵農分離の身分政策の結果、400-500万人と推計される（1846年）少数の武士階級が2,700万人と推定される農民・職人・町人階級を支配する封建制度が確立することになる。[35]

(3) 石高制度

　幕藩体制の下では検地によって確定した土地の標準的な米の収穫量を石高と称し、この石高が武士階級の身分の上下関係の基礎を構成し、また百姓の年貢の納入義務の算定基準となった。徳川幕藩システムの下では統一的な土地所有者は徳川将軍であり、将軍は自己に服従と忠誠を誓った者に対して、土地を恩給した。これを「所領」の「宛行」（あてがい）と呼び、将軍から所領の宛行を受けた武士を、その所領の石高によって1万石以上を大名、一万石以下の者を旗本と呼んだ。将軍はこれら大名・旗本に土地を分与すると同時に「御料」（天領）と称する直轄地を保留した。これら天領の江戸、大坂、京都、堺、伏見、大津、奈良、山田、駿府、長崎、新潟等、主要な政治・経済・交通上の都市を直接所有し、佐渡・石見等の重要な金・銀山も所有していた。徳川時代中期の知行地の配分は、幕府の天領地420万石、大名の私領地1800万石、旗本の知行地260万石といわれている。[36]

　武士は原則として主君の城下町に居住し、ただ郷士のみが在方に居住した。徳川時代の武士は将軍および大名を除き、それ以下は侍、徒および中間に区

分された。侍は騎乗の特権を有する。幕府は、幕臣ではお目見え以上の家格の者、各藩の武士については中小姓以上の者を侍と見なした。徒はお目見え以下の家格の武士のうち、中間を除いた者をいう。幕府では同心と呼び、諸藩では足軽と呼ぶのがこれに当たる。郷士は、武士として農村に土着した者で、平時には百姓と同じく農耕に従事し、戦時には主君に従って出陣する。武士は政治上の支配階級であり、苗字帯刀の特権を有し足軽といえども無礼討（切捨て御免）の特権を有した（公事方御定書下巻　第71条）[37]。大名は徳川家と親族関係にある親藩、三河以来の家臣が大名に昇格した譜代大名と、関ヶ原の戦い以降徳川将軍に忠誠を誓った外様大名に区分されるが、これら大名の約60パーセントは石高5万石以下の小大名によって構成されていた（表1－1参照）。

　大名の家臣は禄高の大小の家格によって世襲的な上下の身分関係が形成されていた。例えば石高32万5200石の池田家の岡山藩は1,294名の武士によって構成されていたが、その家禄別の内訳は、家老3人（職名：仕置）、番頭3人（職名：中老2人；城代1人、輪番で城内を取り締まる）；小仕置5人（仕置を補佐して政務に従事する）；宗門奉行2人；物頭3人（大小姓頭；別名側用人）；郡代2人（郡政を統括）；作廻方3人（財政全体）；判形5人（出納担当）；児小姓頭2人；祐筆頭2人（記録文書の管理）；大目付4人；留守居4人；城中取締り；町奉行3人；町政担当；寺社奉行2人；学校奉行2人；勘定奉行1人；公儀刺人、御廟奉行2人、平士以上727人および士鉄砲・徒527人合計1294人の構成であった[38]。また徳川時代の名君として有名な上杉鷹山の米沢藩の寛政5年（1793年）の武士人口は知行取914人、扶持・切米取4,484人の合計5,398人であった。この当時の米沢藩の総人口は藩士世帯25,415人、町人16,099人、農民80,488人の合計122,002人であり、藩人口の21パーセントが武士階級の世帯人口であった[39]。

　ここで知行取の武士とは石高に応じて直接領地の百姓から年貢を徴収する武士のことをいう。扶持・切米取の武士とは軽輩の武士に給付される蔵米取りの武士のことである。江戸幕府では後家人中軽輩者に対しては切米と扶持

第1章　日本の経済システムの形成

表1－1：大名の石高分布

	50万石以上	20万石以上 50万石未満	10万石以上 20万石未満	5万石以上 10万石未満	5万石未満	計
親藩	2家	4家	8家	1家	8家	23家 (8.65%)
譜代	0家	2家	16家	33家	94家	145家 (54.51%)
外様	5家	9家	8家	12家	64家	98家 (36.84%)
計	7家 (2.63%)	15家 (5.64%)	32家 (12.03%)	46家 (17.29%)	166家 (62.41%)	266家 (100.0%)

資料：大石慎三郎著『将軍と側用人の政治』、講談社現代新書、1995年、95頁。

米が支給された。切米は高何石あるいは何百俵と数え、江戸浅草の御蔵に収納した天領地の年貢米が春25パーセント、夏25パーセント、冬50パーセントの割合で支給された。その換算率は1石に対して3斗5升であった。切米は米金合わせて支給され、米金の割合および換算率は城中の中の口に掲示された。扶持米は何人扶持と数え、1人扶持は蔵米1日5合の割合であった。[40]

　幕府および各藩の財政状況が悪化するにつれて、蔵米知行制度をとる傾向が強くなった。元禄時代に243の大名領中、蔵米知行を行っていた藩が84パーセントの204藩に達し、地方知行制を存続しているのは16パーセントの39藩に過ぎないという例が報告されている。[41]

　検地帳に記載された本百姓は、検地によって確定した幕府の天領地および各大名領地の標準的な収穫高を基準にして、年貢を領主に納入する義務を負った。徳川幕府は年貢の租率に対しては一定の基準を設けていなかった。その賦課方法は農地の石高に租率を乗じて年貢を計算するというものである。石高に対して5割の租率ならば年貢は5公5民と呼ばれ、幕領地では最初は6公4民であったが、次第に減じて4公6民となった。諸藩領の租率は一定しない。

　課税の方法は、その年の豊凶に応じて算定する検見法と過去何年間の収穫を平均して一定期間の租率を定めておく定免法とがあるが、次第に定免法が

表1−2：幕領19ケ年間の平均租率

期	期　間	平均租率
		％
1	享保1（1716）〜享保10（1725）	33.87
2	享保11（1726）〜享保20（1735）	33.02
3	元文1（1736）〜延享2（1745）	34.38
4	延享3（1746）〜宝暦5（1755）	37.63
5	宝暦6（1756）〜明和2（1765）	37.21
6	明和3（1766）〜安永4（1775）	34.66
7	安永5（1776）〜天明5（1785）	33.56
8	天明6（1786）〜寛政7（1795）	32.17
9	寛政8（1796）〜文化2（1805）	34.47
10	文化3（1806）〜文化12（1815）	33.59
11	文化13（1816）〜文政8（1825）	33.80
12	文政9（1826）〜天保6（1835）	32.81
13	天保7（1836）〜天保11（1840）	31.11

表1−3：岸和田藩の租率

年　代	取米高	租率
	石	％
貞享1（1684）	42,793.964	77.81
元禄7（ 94）	43,802.485	79.64
宝永3（1706）	44,262.583	80.48
正徳4（ 14）	44,753.323	81.37
享保1（ 16）	42,581.470	77.42
15（ 30）	44,279.024	80.51
寛保1（ 41）	43,803.246	79.64
天保2（1831）	40,848.943	74.27
4（ 33）	40,848.675	〃
嘉永5（ 52）	39,706.218	72.19
元治1（ 64）	30,962.375	58.42
慶応1（ 65）	31,853.165	60.10
2（ 66）	31,166.918	58.81
3（ 67）	31,740.089	59.89
明治1（ 68）	26,004.575	49.07

資料：永原慶二・児玉幸多等編『幕藩体制の成立と構造』下巻、山川出版社、1996年、55頁。

一般的となった。年貢の納入責任は村請負の共同責任である。年貢の賦課額を決定する時期は米作の豊凶が判別出来る9月以降である。幕領では代官名で年貢割付状が村方に送付される。この村宛に出された年貢割付状に従って村民の持ち高に応じた年貢額が決定される。年貢は米納が原則であったが、幕領では30パーセントに相当する分を貨幣で納入するようになる。年貢率は幕領では30−37パーセント前後であったが、大名領地では租率が70パーセントを越える藩もあった（表1−2、表1−3参照）。

　田畑や屋敷に賦課される本年貢に対して、山林原野等の用益や産物に課される税や、商業・工業・漁業・醸造業等の営業に課される小物成、運上・冥加等の雑税がある。小物成は山林原野に課せられる税であり、運上は商業等の営業に課せられる税で、市場運上、問屋運上、金・銀・銅運上等があり、農村に課せられる運上として水車運上、池運上、酒運上等があった。冥加は

第1章　日本の経済システムの形成

営業の許可や特別の権利の付与等に対する報償として上納するもので、株仲間の免許に関する冥加金がその代表的な例である。[42]

　幕藩体制下で「百姓は死なぬように、生きぬように合点致し、収納申付ける」といわれ搾取の対象とされた。幕府による寛永20年（1643年）の「土民仕置覚」によると庄屋は絹・袖・布・木綿の衣類の着用を許すが、百姓は布・木綿だけの衣類の着用を命じ、食物としては農民は常に雑穀を食べ、米はみだりに食べてはならぬとされた。[43] このような幕藩体制下の武士階級による農民階級の専制的支配・搾取関係を重く見た佐々木潤之助は、「石高による幕藩制的土地所有は、武士階級による農民の米年貢搾取を目的としており、…幕藩国家は農奴制国家の一形態にほかならない」と指摘している。[44]

　このように検地によって本百姓は、自己が耕作する土地に対する世襲的領有権を保有することになるが、その権利は「年貢さえ済まし候えば」という条件がついていた。年貢を納入することが出来ない場合には、本人は勿論責任者である庄屋を人質として抑留し、縛り上げて責め、水牢に処し、牛馬・田畑・家財はもとより妻子までも売って必ず収めるように強制した。領主にとって耕地は年貢を供給することに意味があるのであるから、幕府・諸藩は農民の逃散・離村の禁止や百姓の奉公・出稼ぎの禁止制限にあらゆる努力を傾むけた。[45]

(4) 閉鎖的経済システム

　徳川時代の幕藩経済システムは閉鎖的な経済システムであった。これは徳川幕府が1630年代に実施した一連の鎖国令によって、日本の政治・経済システムの権力者が海外との貿易・資本取引から日本を遮断したばかりでなく、新しい技術・思想・情報を導入の機会を意図的に放棄したことを意味した。

表1－4：一連の鎖国令

1616年	欧船の来航を平戸・長崎に制限
1633年	奉書船以外の日本船の海外渡航を禁止。在留5年未満の者の帰国は許可。

1635年　　　日本船の海外渡航は全面禁止。出国・帰国者は死罪。
　　　1639年　　　ポルトガル人の来航を禁止。
　　　1641年　　　オランダ人を長崎の出島に移す。

　この幕府がとった鎖国政策は、徳川幕府がキリスト教の伝播を避けるため、中国・オランダ以外の外国人の渡来・貿易や日本人の海外渡航を禁じた政策であると在来理解されてきた。この鎖国政策は、経済的には幕府の貿易独占体制の確立、諸大名の独自貿易の抑止を主要な目的としていた。幕府はこれによって「封建的土地所有の集中体制に照応する貿易権集中の体制を作り上げ、この面から幕藩体制の権力基盤を固める」ことにあったと解釈されよう。この徳川幕府がとった鎖国政策は、1854年に日米和親条約・日英和親条約・日露和親条約が締結されるまで約200年以上日本の経済システムの閉鎖性を規定する政策となった。

　この幕府の鎖国政策を日本の歴史学者達が最近「徳川幕府がとった東アジアにおける積極外交政策」の一環であるという解釈を展開している。また経済史家は、鎖国政策は中国から高品位の生糸を輸入することによって増大した日本からの銀流出を抑止することが目的であり合理的な政策であった。そればかりでなく鎖国体制下で行われた幕府の長崎貿易、対馬藩の朝鮮貿易、薩摩藩の琉球貿易は比較的規模の大きい貿易であり、日本経済が外部から完全に遮断されていなかったと主張している。しかしここでは徳川幕府がとった鎖国政策を、経済システムの比較制度分析の視点から解釈して若干の問題点を指摘するに止めることにする。

　第1の問題点は、鎖国政策の結果徳川時代の幕藩経済システムは、外部の影響から孤立したG・ラニス（Gustav Ranis）が言う「閉鎖的な農業経済」に特有な停滞経済の罠に陥ってしまったことである。閉鎖的な農業経済が発展するためには、消費人口の消費の伸び率を越えた農業の生産性の持続的な伸びが不可欠である。しかし閉鎖的な農業経済には、生産性の持続的な上昇を可能にする農業技術の革新的な発展を誘発するメカニズムを欠くとG・ラニスはいう。これに対して開放的な経済システムを採用した西欧の経済は、

第1章　日本の経済システムの形成

17世紀—19世紀の300年間に国際貿易の拡大とイギリスの産業革命を契機に飛躍的な発展を遂げたことは周知の通りである。この期間西欧社会は、民族国家の政治システムの国境を越えた資本主義的経済システムとしての「世界システム」を形成し発展したとⅠ・ウォーラスティンは主張する[50]。この資本主義的経済システムが将に飛躍的に発展する時期に、徳川幕府の経済システムの設計者たちは自らの発展の契機を閉ざしてしまったことになる。

　第2の問題は、閉鎖的な経済システムによって、閉鎖的な「島国根性」を特徴とする日本文化が形成され、科学的な合理的思考能力を欠く人間型が徳川時代に形成されたことである。この故に源了圓は、「徳川時代は延期された近代化の歴史」と考える。「徳川時代に先んじる安土・桃山時代の日本は、当時のルネッサンス・ヨーロッパとほとんど違わない精神的境地にあったが、封建制の再編成と鎖国令によって徳川社会はヨーロッパの近代とは異なる独自の道を歩きはじめた。安土・桃山時代の日本には応仁の乱後の下克上と称される社会的変動の中から野心と冒険心に富んだ新しい人間像が生まれつつあった。これらの人々はもはや家柄を頼らず、自己の能力、体力、智力、胆力を頼みとして生きる。…事実この時期の日本人は大航海時代にふさわしく、冒険の精神に富み、海外に雄飛する。そこには企業家的な新しいタイプの人間が登場する。…しかし秀吉の刀狩り、家康による身分制度の確立、家光時代の鎖国令などによって、近代の足音もまた遠のいてしまった」[51]。

　和辻哲郎は日本人の精神構造の特徴の1つは「科学的合理精神」の欠如であり、そのルーツは徳川時代の鎖国政策に求められると考える。「家康は武力によって国内の支配権を獲得し、国内の秩序を確保しようとした…保守的運動を着実に実行した人である。彼はそのために1度破壊された伝統を復興し、仏教と儒教とをこの保守的運動の基礎づけとして用いた。特に儒教の興隆は彼が武士支配の制度化の支えとして…2000年前の古代シナの社会に即した思想が政治や制度の指導精神として用いられるに至った。…精神的な意味における冒険心がここで萎縮した。キリスト教を恐れついに国を閉ざすに至ったのはこの冒険心の欠如、精神的な怯儒の故である。…合理的思考の要求

35

こそが近世西欧の運動を指導した根本の力である。…日本人は近世の動きから遮断されていたのである。このことの影響は国民の性格や文化の隅々まで及んでしまった」。和辻哲郎は、この徳川時代に日本がとった鎖国政策は日本にとって悲劇であったとする。この徳川時代の閉鎖的な文化では、独創的な精神の持ち主であった平賀源内や企業家精神の豊富な河村瑞賢のような人物は希有な存在であった。

　第3に、この徳川時代の閉鎖的な経済システムは、封建的な身分社会に固有な専制的な政治文化を造成した。この専制的な政治文化の下では、海外の思想や技術の導入は抑圧され、幕藩体制を墨守しようとする幕臣鳥居耀蔵等によって洋学者渡辺崋山や高野長英は抹殺された。所謂「蛮社の獄」(天保10年、1839年) における幕府による洋学思想の弾圧である。この閉鎖的な人間の精神構造を現代の精神分析学は「権威主義的な精神構造」の特徴と考える。このような「閉ざされた心あるいは精神の持ち主は異端者や不安に対する許容度が極度に低く、心の深層に潜む不安を解消するため権威に対する心理的な依存性を強く持つ性格型を形成する」と解釈する。この「閉鎖的な精神構造」の持ち主である封建社会の人間は、利益追求のため現在の欲望を抑制し勤勉に働く資本主義社会における「開放的な精神構造」の持ち主である「近代人」とは相対立する人間型であると大塚久雄は考える。

(5) 幕藩経済システムの矛盾

　幕藩経済システムは、以上のように兵農分離と石高制を特徴とする日本独特の封建制度である。先ず兵農分離政策によって武士階級は生産過程から遊離されて封建家臣団化した。武士は農民と地域的にも身分的にも分離し、新しい身分制度(士農工商)を形成することによって封建領主的権力関係の秩序を維持した。武士・商工業者は都市に集中し、地域的にも分業体制が確立された。また石高制は、幕府―藩、藩―家臣団の主従制・知行制の基礎となり、領主―農民間の年貢の収取基準として石高が封建的土地所有の基礎となった。この兵農分離政策と石高制は種々の矛盾を内包していた。兵農分離政

策によって、武士階級は都市に在住する消費階級となり、本来武力組織としての幕府体制が官僚化し、武士階級の生存が農民を搾取することにのみ可能となった。特に参勤交代制度の確立（1635年）により大名家族の江戸在住が義務づけられ、江戸が一大政治・消費都市になることによって藩財政の大きな負担となった。

　本来武士は軍事を専門とする社会集団であり、経済システムを管理・運営する知識と技術を持たない。また武士の教育は儒教教育が中心であり、農業生産・産業育成・産業基盤整理・金融システム管理・幕府・藩の財政等の経済システム運営に不可欠な実践的知識や技術の習得を目的とする教育は疎かにされていた。[58]

　幕府および藩の「役方」と称される領民の一般司法・行政・財政機能は町奉行・勘定奉行・郡奉行（天領の場合は代官）、寺社奉行職によって行われたが、役職は家格によって世襲され武士個人の資質や能力とは無関係であった。

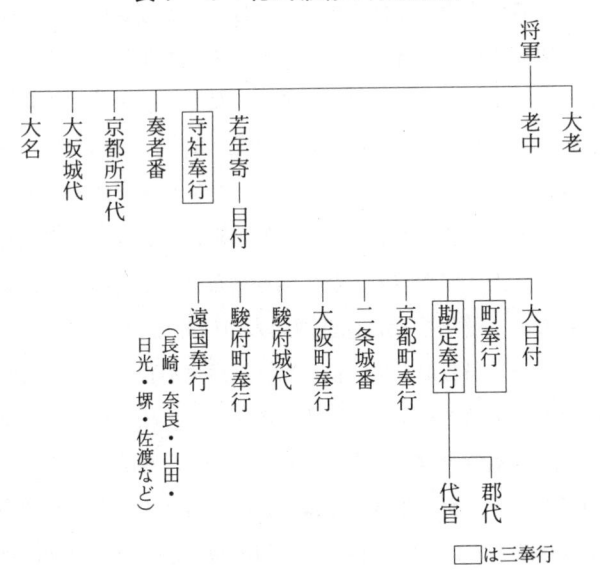

表1－5：徳川幕府の行政組織

```
                            将軍
         ┌──────────────┬─────┬─────┐
         │                             老中   大老
 ┌───┬───┬───┬───┬───┬───┐
 大名 大坂城代 京都所司代 奏者番 [寺社奉行] 若年寄─目付
                              │
      ┌───┬───┬───┬───┬───┬───┬───┬───┐
      遠国奉行 駿府町奉行 駿府城代 大阪町奉行 二条城番 京都町奉行 [勘定奉行] [町奉行] 大目付
     （長崎・奈良・山田・
      日光・堺・佐渡など）
                                                    │
                                              ┌─────┐
                                              代官   郡代

                                              □は三奉行
```

資料：大石慎三郎著『将軍と側用人の政治』、講談社、1995年、55頁。

幕府の要職の場合、将軍の近衆から能力のある者を「側用人」として有能な人材を登用しようとするが譜代門閥層の反対にあい、制度として確立されなかった。軽輩の家格から側用人に登用されその実力を発揮した例としては、徳川綱吉に仕えた柳沢吉保（吉保の父安忠は館林家江戸家老の勘定役知行160石を得ていたが、吉保は後に甲府領主の15万石の大名となる）、家重・家冶の側用人となった田沼意次（16歳で家重の小姓となり後に3万石を得て老中の職を得ている）が有名である。しかし側用人制度による実力官僚の抜擢人事は腐敗と癒着と裏腹で、これら側用人政治は悪評であった[59]。しかし一般的に軽輩の家禄の家に生まれた武士は非常に有能であっても出世することは不可能に近かった。豊前中津奥平藩の下級武士の家に生まれた福沢諭吉が「門閥制度は親の敵で御座る」と言わしめた理由がここにある。しかし、このような発想自体が封建的な発想であることを福沢諭吉は意識したであろうか[60]。

　城下町に居住し消費階級化した武士の収入は石高で表示された知行ないしは蔵米量である。従って武士の実質所得は米の価格変動に直接影響を受けることになる。米の価格が、不作や凶作等の理由により供給量が減少して上昇すれば武士の実質所得は上昇し、反対に豊作等の理由により供給過剰となって価格が下降すれば実質所得が減少することになる。一般に主食である米の所得弾性値は低く、高所得層の武士階級の米に対する需要は低いと判断される。一方米は生活必需品であるため、価格の高低に関わらずその需要量に大きな変動がないという性質をもつ。一方城下町に貨幣経済・商品経済が浸透するにつれて、武士の城下町の消費生活も消費財の価格の変動に直接影響を受けることになる。徳川中期には江戸の人口は約100万人前後の規模に膨れ上がり、江戸は一大消費都市に成長した。江戸で消費される消費財は全国各地から主に海運で供給されるか、周辺の農村から供給されるようになる。所謂江戸地回り経済圏の形成である[61]。このように商品経済化した城下町における武士の消費生活は、商品経済の価格の動向、特に米および消費財の価格に直接影響を受けることになる。特に米の値段が下がり、その他の消費財の価格が上昇すると幕府および藩の財政収入が減少し、財政支出が増大し幕府お

第1章　日本の経済システムの形成

よび藩経済に悪影響を及ぼす。それと伴に武士の所得が減少し、消費支出が増大するため、特に下級武士に深刻な影響を与える。所謂下級武士の窮乏化の問題である。[62]

　この問題は吉宗の「享保の改革」期に「米穀下直、諸色高値」の問題として顕在化した。徳川幕府の経済政策は、吉宗の享保の改革、松平定信の寛政の改革、水野忠邦の天保の改革等を通して、歳入を確保し、歳出を抑制して財政の健全化を図り、株仲間の独占的価格行動を規制して価格の安定を達成

表1－6：幕府の財政

1730（享保15）年幕府財政貨幣方収支

費　　目	金　額（比率）	
［歳入］	千両	％
年　　　貢	509.0	(63.7)
国役金納他	24.9	(3.1)
小普請金他	26.9	(3.4)
諸役所納	55.0	(6.9)
米売払代他	112.9	(14.1)
上げ米金納	29.0	(3.6)
諸貸付返納	20.8	(2.6)
そ　の　他	9.8	(1.2)
貨幣改鋳納金	10.4	(1.3)
計	798.8	
［歳出］	千両	％
切米・役料	297.3	(40.7)
奥向経費	60.4	(8.3)
役所経費	149.5	(20.4)
修復経費	68.5	(9.4)
米買上他	103.5	(14.2)
下　げ　金	12.1	(1.7)
貸　付　金	34.9	(4.8)
そ　の　他	5.2	(0.7)
計	731.2	

1730（享保15）年幕府財政米方収支

費　　目	金　額（比率）	
［歳入］	石	％
年貢・出目米	500,019	(58.5)
上　げ　米	72,661	(8.5)
諸　向　納	234	(.0)
買　上　米	281,326	(32.9)
計	854,240	
［歳出］	石	％
三季切米役料	151,264	(25.5)
扶持・合力米	161,077	(27.1)
奥方合力	11,277	(1.9)
役所渡	12,933	(2.2)
代官入用	8,356	(1.4)
払　　米	203,323	(34.2)
そ　の　他	44,768	(7.6)
計	592,998	

資料：大口勇次郎著「幕府の財政」、新保博・斎藤修編『日本経済史2：近代成長の胎動』、岩波書店、1989年、131頁。

することを主な目的とした。[63]徳川時代の物価変動の計量分析に関しては新保博教授等が計量経済史研究を行っているが、米価の変動がもたらす幕藩経済システムの矛盾に関しては必ずしも一義的な解釈は成立しないようである。[64]

初期の幕府の財政状況は非常に豊かであったと言われている。佐渡相川・伊豆・但馬生野・石見大森等の金銀山からの収益と改易や新田開発によって幕府直轄領の石高は230万石から450万石に拡大した。年貢収納率が30パーセント代に止まったとしても100万石を越える年貢収納額を確保することができた。[65]しかし幕府の歳出は人件費・経常経費によって占められ、幕府の経済基盤を強化するための開発投資は皆無に等しかった（表1－6参照）。これに反し諸藩の財政状況は幕藩体制の初期の段階から加賀藩（104万石）・薩摩藩（73万石）・仙台藩（62万石）等の大藩でさえ非常に厳しかったと土屋喬雄は指摘している。[66]その基本的な理由は、参勤交代経費、江戸藩邸（上・中・下屋敷）経費、蔵元、掛屋、両替商に対する債務負担、その他の経常経費が嵩むからである。この増大する歳出に対応するため諸藩は、専売事業による歳入の増大、節約令による経常経費節約、知行の借り上げ、高利貸し債務の借り換え等の方策によって対応しようとするが財政状況は悪化する一方であった。[67]

幕藩経済システムは、このように矛盾を孕んだ農業経済システムであった。幕藩経済システムは農業経済特有の自然条件や気候条件に対する脆弱性を強く持っていた。幕藩体制は、東北地方の冷害、西日本地域の旱魃や害虫の被害によって地域的或いは全国的な規模の農業飢饉をしばしば体験した。被害の大きかった飢饉は、寛永の飢饉（1641－43年）推定5－10万人の餓死者、享保の飢饉（1732－33年）西日本の推定餓死者96万人、寛延の飢饉（1755－56年）餓死者5,000人、天明の飢饉（1738－84年）東北地方の最大の飢饉、弘前藩餓死者10万人以上、八戸藩3万人、盛岡藩4万人、仙台藩14万人、天保の飢饉（1833－39年）八戸藩餓死者3万人、秋田藩餓死者相当数の大規模飢饉がその代表的な事例である。[68]

幕藩経済システムのより構造的な矛盾は、羽仁五郎が指摘するように幕藩経済システムに商品経済が浸透するにつれて幕藩体制を構成する階級や階層

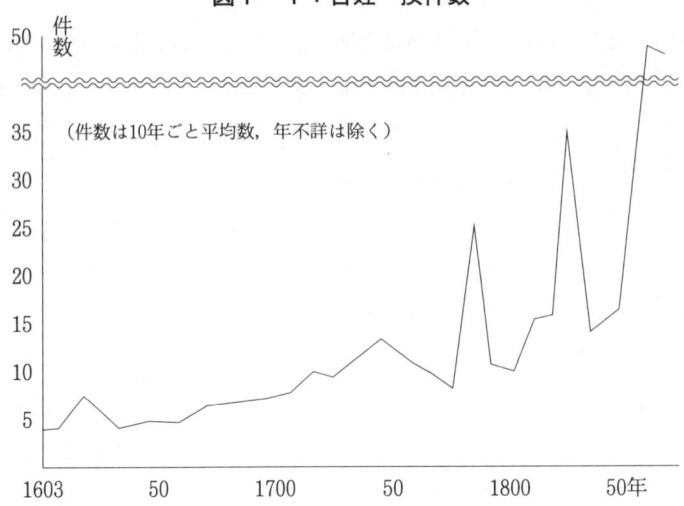

図1−1：百姓一揆件数

資料：深谷克巳著『百姓一揆の歴史構造』、校倉書房、1986年、106頁。

の経済的・政治的利害の対立が先鋭化したことであろう。即ちこれら構造的な矛盾とは、幕藩体制が商品経済化されると幕藩の財政状況は悪化し、農民の搾取を強化する政策をとらざるを得なくなる。農民の搾取が強化されると農民の抵抗運動が百姓一揆の形で活発化し、その結果社会不安・政治不安が増大する。これら不安を克服するため幕藩体制を支持する守旧派の政治エリートは専制的な権力を行使し、幕藩体制を権力によって維持しようとし、社会的対立が更に激化する悪循環に陥る。[69] 幕藩体制期に百姓一揆を通した農民の抵抗運動は3,000回を超え、その頻度は19世紀に入ると頻繁となった（図1−1参照）。幕藩経済システムの矛盾の顕在化と言えよう。[70]

1.3 市場経済システムの形成

(1) 全国的な市場経済システム

以上のような幕藩経済システムが持つ構造的矛盾にも関わらず、日本の経済システムは徳川時代に前期資本主義社会或いは前工業化社会的な市場経済

システムを形成したと考える経済史家達の見解が有力となってきている。例えば西川俊作教授は「日本経済は近畿を中心に全国的な市場経済を形成し、幕末には国民所得に占める第2次産業・第3次産業のウェイトは10パーセント・25パーセントの水準に達していた」と推計している。[71] 新保博教授は「幕藩経済システムは、度量衡の統一・全国的統一通貨制度や流通システムの確立を通して大坂・京都・江戸の三大都市圏を中心にして全国的な市場経済と多重的な地域藩経済を形成した。近畿を中心に問屋制家内工業も発達し、産業の地方分業体制が確立されつつあった。繊維産業や食品加工産業を中心とする工業の全産業に占めるシェアは30パーセントの水準に達していた」と観察している。[72] 幕藩経済システムの近代性を最も積極的に評価する速水融教授は、「江戸時代は経済社会が形成・確立された時代であった。ここで経済社会とはその内で人々が経済行動をとる社会をいい、最少費用で最大の効用を獲得することを目的とする経済的価値観が支配的な価値観となる社会である。経済社会では、物品の売り手と買い手が、需要と供給関係を通して取引を行い、価格が決定され、その価格によって生産量が定まる価格メカニズムが所得や資源を配分する社会である」という。速水融教授は、江戸時代に日本は既にこの経済社会を形成していたと考える。[73]

　宮本又次の古典的な研究が示すように、徳川時代の「株仲間」制度は、特権的商人が他の商人の競争を排除するギルド的で封建的な制度であると考えられてきた。[74] しかし岡崎哲二教授は、「株仲間は、情報の非対称性や本人（プリンシパル）や代理人（エージェント）の経済的利害が乖離する社会では合理的な商組織である」と判断し、その経済的合理性を取引コスト理論から積極的に解釈しようとする。[75]

　宮本又郎・上村雅洋教授は現代の資本主義経済の生産物市場および生産要素市場の循環構造をモデルにして、徳川時代の幕藩経済システムの循環構造をモデル化している。[76] 今日の資本主義社会は基本的には、家計、企業、政府という3個の経済主体から構成されている。家計は生産要素（労働・土地・資本）を所有し、これらを企業に供給し賃金・地代・利潤・利子を対価とし

て受け取り、この要素所得で消費財やサービスを企業から購入する。他方企業は家計から購入した生産要素を使って財・サービスの生産を行い、家計に供給する。これら家計と企業との取引は生産物市場と生産要素市場で行われる。

宮本・上村教授の「徳川経済の循環構造」モデルによると、領主が収納した年貢としての米は、その対価として道路建設・治水・市場秩序維持等の行政サービスとして民間経済に還元される。また年貢として取得した米は領主階級の日常消費にあてられる生産物地代であるばかりでなく、市場で換貨されて他の消費財物資購入の原資となる。ここに年貢市場と手工業・サービスおよび米以外の農作物市場が成立する。この年貢米を軸に展開する領主的商品市場は商工業者（蔵元・掛屋・両替商等）を通して民間経済と結びついてい

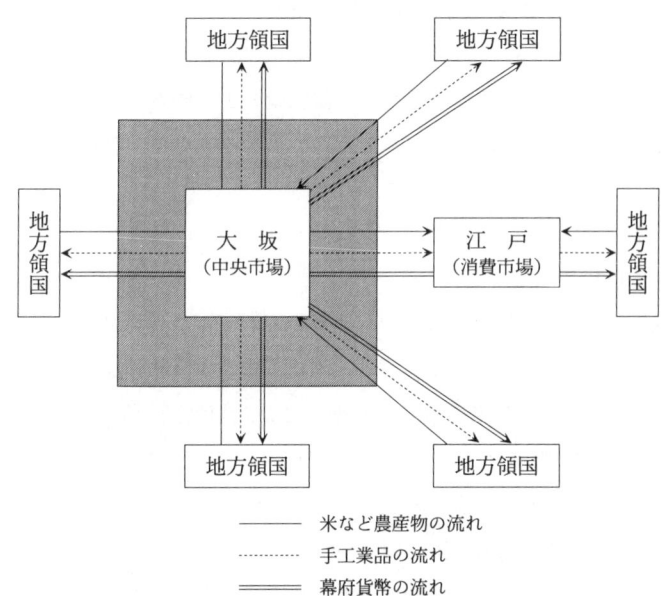

図1－2： 徳川経済の地域間循環

―――― 米など農産物の流れ
………… 手工業品の流れ
＝＝＝＝ 幕府貨幣の流れ

資料：宮本・上村著「徳川経済の循環構造」、『日本経済Ⅰ：経済社会の成立17－18世紀』、岩波書店、1988年、274頁。

る。

　民間経済部門の農民・商工業者は家計を構成し、この家計は生産要素を需要し、財・サービスの生産と投資を行う主体と考えられる。江戸前期の農業経営の主流をなす小農経営では、その家計が保有する土地と鋤・鍬等の農具を使って家族労働で生産が行われた。商工業者も自己資本を使い、家族が基幹労働力を提供した。

　この経済主体間の循環構造は地域の領主経済システムにも見られると宮本・上村論文は指摘する。そこでは兵農分離と商工・農分離政策によって領主層と商工業者は城下町に住み、農民は農村に生産と生活の場を置く。年貢米と農民の農作物は農村から城下町の方向に流れ、手工業品は城下町から農村の方向に流れ地方の地域市場は城下町を中心に形成された。徳川時代の近畿地方は、繊維産業・食品加工産業の家内制手工業・問屋制家内工業が発達した日本経済の先進地域で、大坂は天下の台所と言われ一大商業都市として栄えた。江戸は政治都市・消費都市として栄えた。地方の領国経済は米を中心とする農作物生産に比較優位を持ち、領内の武士・商人・職人階層の需要を上回る余剰農作物を大坂・江戸に廻送して貨幣収入を得る地域的な分業体制が確立した（図1－2）。

(2) 米取引市場制度

　次に徳川時代の主要な農作物である米の取引市場について見てみよう。徳川時代の初期、数多くの大規模治水・灌漑工事を伴う新田開発が行われ、稲作の耕地面積が拡大し米の収穫高が増大した。耕地面積は1600年200万町歩から1700年280万町歩（1.4倍）、1800年300万町歩（1.5倍）に拡大し、収穫高も1600年1970万石から1700年3060万石（1.5倍）、1800年3765万石（1.9倍）に増大した。この米の収穫高の増大に応じて人口も1600年の1,200万人から、1700年2,770万人（2.3倍）、1800年3,065万人（2.5倍）に増大したと推計されている[77]（表1－7）。

　徳川時代の農業は稲作第1主義であったが、米は過半が年貢として収納さ

第1章　日本の経済システムの形成

表1-7：江戸時代の経済諸量の推移

(実数)

時期	(1)人口 N (万人)	(2)耕地 R (千町)	(3)実収石高 Y (千石)	(4)R／N (反／人)	(5)Y／N (石／人)	(6)Y／R (石／反)
1600	1,200	2,065	19,731	1.721	1.644	0.955
1650	1,718	2,354	23,133	1.370	1.346	0.983
1700	2,769	2,841	30,630	1.026	1.106	1.078
1720	3,128	2,927	32,736	0.936	1.024	1.094
1730	3,208	2,971	32,034	0.926	1.020	1.102
1750	3,110	2,991	34,140	0.962	1.098	1.141
1800	3,065	3,032	37,650	0.989	1.228	1.242
1850	3,228	3,170	41,160	0.982	1.275	1.298
1872	3,311	3,234	46,812	0.977	1.414	1.447

(年成長率％)

1600-1650	0.72	0.26	0.32	-0.46	-0.40	0.06
1651-1700	0.96	0.38	0.56	-0.58	-0.40	0.18
1701-1720	0.61	0.15	0.22	-0.46	-0.39	0.07
1731-1750	-0.16	0.03	0.22	0.19	0.38	0.19
1751-1800	-0.03	0.03	0.22	0.06	0.25	0.19
1801-1850	0.10	0.09	0.18	-0.01	0.08	0.09
1851-1872	0.11	0.09	0.59	-0.02	0.47	0.49

資料：速水融・宮本又郎著「概説17-18世紀」、速水融・宮本又郎著『日本経済史Ⅰ：経済社会の成立17-18世紀』、岩波書店、1988年、44頁。

れたので農民は自己の生活を維持するため水田の二毛作が盛んに行われた。水田の二毛作として裏作（冬作）には麦がつくられ、畑の夏作では粟・稗・大豆等が栽培された。蔬菜類は、農民の自家消費以外に、京都・大坂・江戸等の周辺で、都市人口の需要に応ずるため商品作物として栽培された。徳川時代の前期から商品作物として特に近畿地域では綿と煙草の栽培が盛んとなった。

　徳川前期には肥料として人糞尿・鰯・枯草・海草・油粕・馬屋ごえ等が、農具としては鋤・鍬・鎌等が使われた。徳川後期には城下町の都市住民の需

要に応じて前期の自給的作物以外に多くの商品作物が作られるようになる。それには都市近郊の蔬菜類をはじめ、衣料原料としての綿や桑、染料原料としての藍・紅花、油糧原料としての油菜（菜種）、嗜好品原料としての煙草・茶、その他楮・漆・櫨等が栽培された。肥料としては商品作物の普及により現金収入が増すにつれて干鰯・鰊粕・油粕・人糞尿等の購入肥料が使用されるようになる。後期には多種多様な農具が考案され、作業能率のよい備中鍬・千歯扱き・千石通し・万石通し等が使用されるようになる。稲作は種々の品種改良が行われ、収穫量は享保12年（1727年）の反当り1石3斗から、文政7年（1824年）には2石2斗3升と1石近く増大している。[78]

　幕藩経済システムの大きな特徴の一つは、石高制度に示されるように「米遣い経済」であった。従って徳川幕府の重要な経済政策の課題は米の価格の安定性を実現することにあった。徳川幕府の米価安定化政策に関する研究としては本庄栄治郎の古典的な研究（大正12年）がある。[79]この研究の中で本庄栄治郎は、徳川幕府がとった米の卸物価・小売物価に対する直接規制政策、米の買い上げ、買い持米、産地囲い米、廻米規制、官米の払下げ、酒造高規制、飯米節約等の米の供給量と需要量を規制する政策、米の市場取引制度の確立を支援するために行った堂島の米穀取引所および米株仲間に対する政策等を分析している。その後も徳川時代の米市場取引の実態に関して数多くの研究がなされてきている。以下ここではこれらの研究成果から徳川時代の米取引市場制度の概略を見ることにする。[80]

　先ず農民から収納された年貢米は、幕府および各藩によってその一部が家臣に地禄米として支給され、残余は地方の米商人によって換金され、さらに残りは大坂・江戸の蔵屋敷に廻送され換金されて幕府および各藩の財政収入となった。農民の手元に残った余剰米は自家消費されるか地方の米商人に売却された。このようにして米穀の中央・地方の取引市場が形成されていった。徳川時代の米穀は「蔵米」と「納屋米」に区分される。「蔵米」とは年貢として収納された米穀の内、領主が家臣に知行米として供与した以外の米穀で、これらを換金するために各藩の領主は大坂や江戸に設けた蔵屋敷にそれを廻

送した。「納屋米」とは蔵屋敷を経ずに直接地方・中央の米商人に廻送される米穀を指す[81]。

幕府直轄の天領から江戸に直接廻送される年貢米は「御城米」と言われ、江戸の浅草の御蔵に納入された。この御城米は旗本・御家人に対して蔵米として供与され、旗本・御家人はこれらを蔵屋や札差を通して米仲買人に売却させ換金した。残りの幕府の御城米は御用米商人を通して米仲買人に売却され、幕府の財政収入となった。江戸の札差や米仲買人の米取引は蔵屋敷が発行する預り手形である「蔵米受取手形」の売買を通して行われ、この手形の最終の買い手は、この手形と交換に蔵屋敷から米の現物を受け取ることになる。この江戸の米取引市場で重要な機能を果したのが「札差」商人である。札差商人は幕府の浅草の御蔵から旗本・御家人の代理として扶持米を受取・販売業務を行い手数料収入を得る商人をいう。札差商人は更に蓄積した資金を原資として旗本・御家人に対する高利貸し金融業務によって利益を上げ、武士と町人の階級的対立の原因ともなる。札差商人になるためには幕府の認可を得て株を取得し、株仲間に加入する必要があった[82]。

徳川時代の米の全国的な市場の形成に重要な役割を演じたのは大坂である。大坂は豊臣秀吉の城下町として急速に発展する以前は、一向宗の石山本願寺の比較的小規模な寺内町に過ぎなかった。徳川時代に入って幕府の直轄地として全国の物流の拠点および商業都市として急速に成長した。元禄時代には人口30万人を超える繁栄を示し、18世紀初頭には諸問屋5,656人、仲買8,765人という巨大な商業都市に成長した。米の入荷高は140万石を超え、119種以上の農作物や商品が大坂を拠点として取引されるようになる。大坂への主要な入荷品は原料と第1次加工品であり、出荷品は第2次加工品が主なものであった。米・大豆が入荷し、酒・酢・醬油を出荷し、菜種・綿実が入荷し油を出荷し、綿糸が入荷し綿布が出荷するというパターンである[83]。徳川時代に次第に形成された社会的分業体制の中で大坂は「天下の台所」的機能を持つ一大商業都市となったのである[84]。特に大坂の商業都市としての発展を支えたのは陸海運の物流の拠点としての立地上の比較優位に加えて、西廻り海運の

発達がある。西廻り海運とは、奥羽・北陸方面から日本海を通って大坂に至るコースである。西廻り海運が開ける以前の畿内における北陸米の主要な集積地は大津であった。奥羽・北陸諸藩から津出しされた北陸米は、敦賀・小浜に陸揚げされた後、陸路を琵琶湖北岸の摂津・大浦・海津・今津に運ばれ、琵琶湖の船運を利用して大津に集荷された。[85] このように一大商業都市として成長した大坂が、徳川時代の米穀の全国的な取引市場の中心地として重要な役割を果たすことになる。[86]

諸藩は自国の特産物や年貢米を大坂に廻送し、これらを商業都市大坂で販売して貨幣収入を得るために大坂に蔵屋敷を設けた。これら蔵屋敷の数は元禄年間に97屋敷、天保年間には124屋敷に達した。これら蔵屋敷には原則として蔵役人（留守居役）・名代・蔵元・掛屋・用聞等がいた。掛屋は米穀売上金を管理し、必要に応じて藩に金銀を融資する者であり、名代は蔵屋敷を代表する町人、即ち蔵屋敷の名目上の所有者であった（藩は大坂に屋敷を持てなかった）。用聞は広い意味では蔵元・掛屋を含み蔵屋敷の金銀の管理業務を担当する者をいう。この蔵屋敷の米穀等の保管・販売管理は、当初藩から派遣された蔵役人が蔵元として当たっていたが、次第に米の仲買人の有力商人が蔵元役人に代わってその業務を遂行するようになる。[87]

大坂には3大市場として、天満の青物市場、雑喉場の魚市場と堂島の米市場がある。堂島の米市場の形成と発展の歴史は須々木庄平の著作に詳しく解説されている。[88] 堂島の米取引所では正米（現物）取引と帳合米（帳簿場の米の先物）取引が行われるようになる。当初堂島の米取引所では米手形による現物の正米取引のみが行われていた。即ち蔵米を購入する米仲買人は敷銀として代銀の3分の1を納入し米手形（米切手ともいう）を受け取り、現物の米は購入当日より30日以内に蔵屋敷から残金を支払って受け取る慣行であった。しかしこの米手形（米切手）が現物の蔵米と独立に市場で売買の対象とされるようになる。蔵元は将来領国から廻送される米を当て込んで、現在蔵屋敷に蔵米が無いにも関わらず米手形（空手形）を売買し現金収入を得るようになり、また米手形の所有者は、これを現物の蔵米と交換せずに米相場の変動

第 1 章　日本の経済システムの形成

により投機目的のため米手形を第三者に転売するようになる。徳川幕府は当初この米取引の経済合理性を理解せず、米の空手形売買や延べ売買を禁止していたが、享保12年（1728年）以降これらの空手形取引を許可することとなる。

　堂島の米取引所の市場は「寄場」と言い、米の仲買人がこの寄場で米の取引を行った。取引所の事務を担当する所は「会所」といった。会所の役員には天王寺屋等の有力な米商人が任命されていた。堂島には600人以上の米仲買人が株仲間を構成し、米の取引を行い、米取引に関わる金銭の授受・管理は米両替商がこれにあたった。

　堂島の米取引所の米取引は前述のように、主に2つの取引形態によって取引が行われた。その1つが蔵米の現物の取引を対象とする「正米取引」である。この正米取引とは米切手（米手形）による米の取引をいい、これは現物の米取引の便宜を図るため取られた取引方法である。即ち米仲買人は諸藩の蔵米を取引所で購入した場合、大量の現物を授受するのは不便であるので、現物は当該藩の蔵屋敷に預け後日必要に応じて米切手と引き換えに現物の蔵米を請求した。他は帳合取引という帳簿上の米の先物取引で、1年を第1期（1月―4月）、第2期（5月―10月）、第3期（10月―12月）の3期に区分し、標準米を一定単位（100石）で先物価格によって取引し、その取引で生じる決済尻を帳簿で決済する取引形態である。この堂島の帳合取引は、現代先進国で一般化した商品の先物取引の先駆けと言われ、欧米の先物取引の専門家達が注目することとなった。[89] 日本でも経済学者達が、堂島の米取引所で行われた先物取引の経済合理性の分析を行っており注目されよう。[90] このように日本では堂島の米取引所で米手形・米切手による実物取引の他に帳合取引による米の先物取引という証券市場がすでに17世紀に開設されていたと解釈される。欧米の証券取引所の開設は、フランクフルトの株式取引所が1867年、ニューヨークの証券取引所が1892年、シカゴ穀物取引所が1848年に開設されたことを考えると、大坂では非常に早い時期に証券市場が形成されたといえよう。[91]

　また大坂商人は、大坂の諸藩の蔵屋敷の蔵元・掛屋として金融資産を蓄積

49

し、蔵米を担保にした大名貸し金融業務を行うようになる。以下ここで大坂に形成された商業資本について見てみよう。

1. 4 商業資本システム

(1) 株仲間制度

徳川時代の問屋制度、両替商の金融制度等商人社会に関しては数多くの研究がなされてきている。「江戸名物　伊勢屋稲荷に犬の糞」の文句に始まる、北島正元等による江戸の木綿問屋である伊勢出身の長谷川家の研究、林玲子教授の江戸の問屋仲間の研究、松好貞夫や作道洋太郎教授等の両替金融の研究、宮本又次の大坂商人の研究等数多くの労作がある[92]。ここでは日本の現代の企業文化や制度および企業行動や商習慣を理解する上で参考になる徳川時代の問屋制度、株仲間制度および手形・為替制度に限って、これら制度のメカニズムを解説することにする。

徳川時代以前の日本の商業は門前町、寺内町、宿場町、港町、城下町等の封建都市の形成と伴に発展した。これら商人は都市住民に消費財を販売する小売業者、遠隔地の商人と物資を仲介・売買する問屋商人、金・銀・銭の両替を業務とする両替商人が主な者であった。これら商人、特に小売商は、自己の営業分野の専売権を領主から取得して、市場の「座席」を設けて営業する特権的な「座」を形成するようになる。またこれら小売商人は領地の家内工業で生産されない商品は、遠隔地の生産者から問丸や問屋が仕入れた商品を売買した。更にこれら封建都市では三日市、四日市、六斎市のように地域の物産を主に売買する定期市が設けられ、都市住民の生活必需品が売買されていた。しかし戦国時代の領主は、「楽市・楽座」制度を設け自領地の城下町の商業発展を促進するため、商業の自由取引・競争を刺激する政策をとるようになる。織田信長の安土城下町の「楽市・楽座」はこの典型的な例である。封建都市の中には堺のように有力町人によって構成される会合衆が都市行政の自治権・裁量権を取得する都市も現れてくる。また商人の発展形態としては領地の特産物を独占的に取引する「特権的御用商人」とそれ以外の新

興商人とを区別して理解する必要があろう。[93]

　徳川時代に入り、商業経済が浸透し、社会分業や地域分業が進展するにつれて急速に発展したのが問屋の株仲間制度である。徳川時代に遠隔地取引が増大するにつれて、問屋業務は扱う商品別の油問屋、炭問屋、米問屋、木綿問屋等の業種別問屋から積荷問屋、廻船問屋、荷受問屋、仕入問屋と機能分化し、更に国別問屋や専業問屋のように地域や分野に特化した問屋が、特に幕府の直轄地である大坂・江戸・京都に発展するようになる。

　これら問屋商人は、遠隔地取引に特有の危険分散、商品の集荷・保管・物流の規模の効果、商品情報・価格情報の収集、情報の非対称性や本人・代理人の経済的利害の対立の回避、取引コストの減少、幕府に対する冥加金納入の連帯責任の遂行等の複合的な目的を実行するため共同組合的組織である「問屋仲間」を結成したと解釈出来よう。

　この「問屋仲間」で有名なのが江戸で元禄7年（1694年）に結成された「十組問屋仲間」である。この十組問屋仲間は米問屋、畳表問屋、紙問屋、塗物問屋、酒問屋、大伝馬町綿問屋、薬種問屋、小間物諸色問屋、日本橋釘問屋の十組が結成した問屋仲間である。この問屋仲間の直接の目的は、菱垣廻船の船頭の荷物横領や不正行為の回避、船具改め、水難防止のための安全確認、海損の共同責任負担、商品輸送の安全確保等であり、これら目的を達成するため菱垣廻船問屋を十組問屋仲間の直接の支配下に置くことであった。[94]

　幕府および諸藩は、警察的取締り、取引規制、恩恵的特権供与、価格の安定、新金銀の流通促進、不正行為の取り締まり、特定事業の保護育成、紛争処理、城下町の繁栄、冥加金財政収入の確保等の目的のためこれら問屋組合を業種別に結成することを積極的に支援する政策をとるようになる。享保・寛政年間に江戸には、水油・魚油・繰綿・真綿・酒・炭・薪・木綿・醬油・塩・米・味噌・蠟燭・紙を含む63組の問屋仲間の結成を命じている。[95]

　幕府は問屋仲間に「株」営業権を付与し、「株仲間」として共同して専業に従事させるようになる。株は樹木を伐採した残りの部分の切株をさすが、樹木はこの切株より新芽を出す。徳川時代に世襲制度が確立するとともに地

位・身分・格式・業務を世襲する権利を「株」と称するようになる。社会的な地位・身分を現す株には旗本株・御家人株・郷士株・名主株等があり、商売の営業的地位を表す権利株を有する同業者が共同的仲間を結成するとき、これらを「株仲間」と称した。株仲間の権利は相続・譲渡・貸借・担保の対象とされた。株仲間は、仲間同士の競争の禁止、仲間以外の商人の競業禁止、価格と供給量規制、不正行為の防止、信用保証、専売権限等の機能を持った。株仲間の運営に関する意思決定は、選挙・抽選・交代・格式等の方法によって選出された年寄・取締・肝煎・組頭等と呼ばれ複数の役員が寄合と呼ばれる合議によって行われた。[96]

幕府はこれら株仲間が持つ物資に対する独占的な権限が物価騰貴の原因であると考え、天保12年（1841年）株仲間の解散命令を出すが、株仲間の解散命令は反って物資の流通を妨げ、物価の騰貴の原因となると判断し、10年後に解散命令を撤回することになる。[97] 北島正元は、幕府の株仲間解散命令は「在来全国市場を掌握した大都市の株仲間の需給調整機能に依存して物価政策を遂行してきた幕府が（株仲間解散に）踏み切ったのは、問屋仲間の市場支配が弱体化した結果、その独占機能を回復するために、幕府が禁止した買占め・せり買い・値待ち等の物価騰貴をあおる不正行為を繰り返したことが直接の原因であるが、その背後には天保期に入って農民的商品生産がいっそう発展し、生産地の商品生産者・在郷商人や都市の株仲間以外の商人の流通機構の撹乱が激化した」ことが挙げられると解釈している。[98]

(2) 両替金融制度

江戸および大坂で株仲間を中心とする問屋商人による商取引が増大すると、問屋商人相互間および仲買人との商取引、特産物問屋と生産者および積荷問屋間の商取引、廻船問屋・荷受問屋・仕入問屋・国問屋と他の問屋との商取引によって生ずる金銭の債権・債務関係を決算する金融機能を果たす機関が必要になってくる。これらの金融機能を提供する金融機関として発展したのが大坂・江戸の両替商である。両替商は江戸より大坂で主に発展したので以

下ここでは大坂の両替商の金融制度を概観することにする。

徳川時代の幕藩経済体制の通貨制度は「三貨制度」といわれ、金・銀・銭の3通貨が流通していた。しかし大坂以西では主に銀貨が主要な通貨として使用され、江戸および・関東地域では金貨が主要な通貨として商取引に用いられた。銅銭は庶民の日常生活物資の売買の決済に使われた[99]。しかし金貨は両・分・朱を単位とする名目貨幣であるに対し銀貨は貫・匁・分を単位とする秤量通貨であった。幕府は当然これら3通貨の法定交換レートを定めていたが、金貨の金含有量が低下し金貨の価値が劣価するとき、金・銀の交換レートは相場価格によって決まってくる。この変動する金・銀交換レートによって金・銀の両替を行ったのが両替商である。

徳川時代の両替商は金・銀の両替ばかりでなく現代の銀行業務に共通な業務、即ち幕府や藩の公金取り扱い、預金、貸付け、為替、手形の振出し等の業務を併せ営んでいた。大坂の両替商は十人両替、本両替、銭両替、南両替、米方両替の5種類に機能的に分化していた[100]。十人両替は大阪町奉行が両替屋の中から選抜した十軒の代両替屋をいい、両替仲間の首領となり、監督者としての資格を持つ両替商で、鴻池善右衛門、天王寺屋五兵衛、平野屋五兵衛等がその棟梁であった。十人両替は幕府公金の出納を与り、本両替を統括し、金銀売買、相場を支配し、また一般両替業務並びに幕府、諸藩への貸付を取り扱った[101]。本両替は十人両替の支配を受け、金銭の両替、金銀の相場立、種々の貸付、預金、手形の振出または融通、為替等を業務として、そのうち資力のある者は大名貸しを行った。銭両替は三郷銭屋仲間ともいい、銭の両替を業とし、その数は非常に多く、普通米穀、雑貨の販売を兼業していた。南両替は大坂南部の銭両替の仲間である。米方両替は大坂堂島の米取引所の米仲買人の預金を預かり、帳合取引の証拠金の差日引勘定を扱い、米取引所の金銭取引一般の業務を担当した。

(3) 手形決済制度

大坂での商取引の決済の多くは、現金決済でなく手形決済で行われた。そ

の理由は秤量通貨としての銀で取引するのは持ち運びが不便で、秤量の煩わしさやリスクが伴うからである。このため両替商の主要な業務は手形取引の決済であった。手形取引には以下の７つの手形取引があった。為替手形：これは遠隔地の商取引に使われる決済方法で、江戸為替、上方為替、京為替、地方為替等各種の為替手形が発達した（これら主要な手形については後述する）。預手形：これは両替商が預金者に対して発行した預金証書で、寛永５年（1628年）に両替商を開業した天王寺屋五兵衛が考案したといわれている。振出手形：振手形ともいい、この手形は両替商に預金を有する商人が両替商宛に振り出した手形である。大手形：振出手形の一種で季節勘定の延取引を翌月の３日まで決済を延期するために用いられた手形である。この手形によって巨額の取引も可能となった。振差紙：これは両替屋相互間の貸借を決済するために用いられた。素人手形：両替商の手を通さないで商人相互間で決済の方法として用いられた手形で今日の約束手形と同じ手形。蔵預切手：米手形・米切手がその代表的な手形である。[102]

(4) 為替制度

　徳川時代以前にも遠隔地の商業取引の信用取引の発展に伴い為替による決済方法が、京都・大坂・兵庫・堺等では替屋・替銭屋・割符屋と称する専門の為替業者によって行われていた。しかしこの遠隔地間の商取引の決済方法の商業的技術として為替取引を体系したのは徳川時代の両替商であるとされる。[103] 以下ここでは徳川時代の両替商によって考案された代表的な為替制度の仕組みを見てみよう。

　先ず第１に、「公金為替制度」があるが、これは三井高利によって考案され三井両替商が中心となって制度化された為替技術であるとされる。[104] 徳川時代の年貢は原則として米穀は現物で収納し、畑地は貨幣納であった。幕府直轄領（天領）のうち関西以西の地方では代官が取立てた年貢を大坂に集め現金化し、大坂の御金蔵に納め随時江戸城に御伝馬の人足によって輸送する仕組みとなっていた。この方法には農民の助郷人役負担、輸送費用、リスクが

第1章 日本の経済システムの形成

伴うので為替による送金方法が考案された。

当時江戸から京都・大坂への送金が多く片為替の状態であった。ここに着目した三井高利は公金為替の仕組みを考案し幕府に献策した。この公金為替の方法は、幕府が御金蔵の金銀を大坂の両替商に渡す。この両替商は大坂の問屋から江戸向けの逆為替（下為替）を買い入れる。この逆為替とは、大坂の問屋が江戸の問屋に対して商品の売掛代金を持つとき、大坂の両替商にこの売掛代金の請求を取り組むことをいう。大坂の両替商はこの逆為替を江戸の両替商に送る。江戸の両替商は江戸の問屋から代金を受け取り、これを幕府に納入する仕組みである。この仕組みによって江戸―大坂間の商品代金の送付と大坂―江戸間の公金輸送が相殺され輸送コストと公金輸送に伴うリスクを回避することが出来た。

2番目に代表的な為替制度は「江戸為替」である[105]。この江戸為替の仕組みは大坂の両替商の米屋平右衛門が考案した商業技術であるとされる[106]。大名は米穀および領内の特産品を大坂に廻送し、これらを売却して貨幣化し江戸藩邸に送付していた。一方大坂問屋は消費都市江戸の問屋に対して貸越しの状態であり、江戸―大坂間には、大坂―江戸間の大名の資金送金と江戸―大坂間の問屋の商品代金の送金の流れがあった。このような関係を前提にして大名諸侯の蔵米・物産売払代

図1－3：江戸為替の仕組み

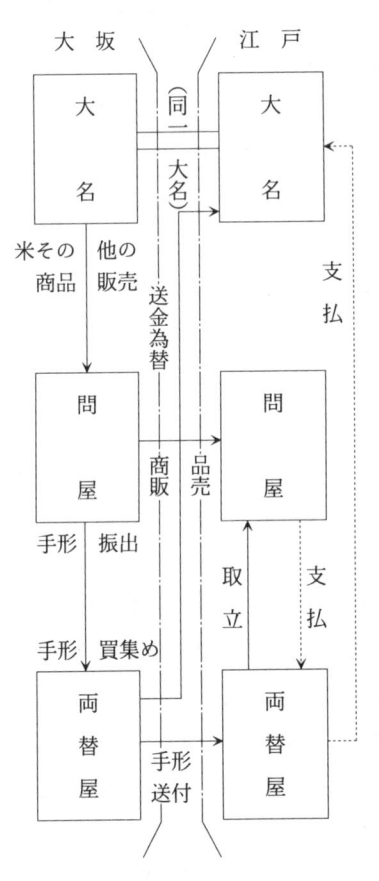

資料：作道洋太郎著『日本貨幣金融史の研究』、未来社、1961年、312頁。

金の大坂から江戸への送付と江戸問屋から大坂問屋への商品代金との為替決済の必要性が生じた。

　この江戸為替の仕組みは、米穀その他の特産品を大名領国から受け入れた大坂問屋は、貸越勘定の相手方である江戸問屋を支払人とする為替手形を振り出し、これら為替手形を大坂の両替商が買い集めその代金を問屋に支払う。大坂両替商はこうした各種の手形を買い集め、江戸両替商に送る。それと同時に、大坂両替商は大坂問屋と取引関係のある大名（江戸藩邸）に送金為替を取り組み、これを江戸の大名に送付する。江戸両替商では大坂両替商から受け取った為替手形によって、江戸問屋から代金を取り立て、この代金を送金為替の受取人である大名に支払う。この江戸為替の仕組みで、大坂―江戸間の現金輸送の手間を省き、江戸問屋―大坂問屋の相互間の貸借関係の決済をすることが出来た（図4）。これら公金為替、江戸為替の他、大坂・近畿地域では「上方為替」、「京為替」、「地方為替」が問屋間の商取引の決済方法として盛んに使用されるようになる。

おわりに

　以上概略したように徳川時代の幕藩経済システムの下で、大坂堂島の米の先物取引、両替商による手形・為替決済という非常に近代的な証券市場制度や金融制度が発展した。これら制度は海外の先進資本市場や金融市場から近代的な金融技術を導入したのでなく、幕藩経済システムの機能的な需要に対応して、革新的な商人達、特に大坂の商人達が創造した商業資本制度である。このことから宮本又次は、「大坂町人は資本主義的な経済合理主義精神を身につけた西欧の市民社会に共通する商業資本家」に成長していたと主張する。[107] 確かに日本の商人達は、大塚久雄が分析したような資本主義社会の企業組織である株式会社制度を幕藩体制下で確立しなかった。[108] 商人の企業経営形態は、同族経営の封建的なタテ社会の身分関係が支配的であり、革新的な企業人が輩出するような組織形態ではなかった。この意味でJ・ヒルシュマイヤーは「徳川時代に日本では資本主義の精神は挫折した」と考える。[109]

第1章　日本の経済システムの形成

　徳川時代の幕藩経済システムには、高度な治水技術によって可能となった灌漑設備や品種改良によって生産性が増大した農業、幕府直営の佐渡金銀山および別子銅山等の鉱山産業、豊富な沿海漁業資源に支えられた漁業、塩田製塩業、豊富な森林資源と林業、多種多様な都市型家内制手工業や農村手工業、近畿地域で栄え各地に普及した繊維産業、酒・醬油等の醸造業等比較的広範囲の第1次産業および軽工業が発達していた。これら多くの軽工業は家内制手工業の段階に止まっていたが、近代的な製造業の発展の基礎となる数多くの地場産業を形成していた。[110]

　幕藩経済システムは更に、五街道（東海道・中山道・日光道・奥州道・甲州道）を中心とする陸上交通システム、北国海運、菱垣廻船および樽廻船による大坂・江戸海運、東廻り航路と西廻り航路の海運、宿駅・伝馬制度や幕府・大名・町飛脚制度等の物流・通信・産業基盤システムによって支えられていた。また幕府の昌平黌や諸藩の藩校における武士教育、寺子屋における町人教育も普及し識字率も比較的高い水準にあった。[111]

　もしアメリカの日本研究家R・N・ベラー（Robert N. Bellah）やカナダの日本研究家E・ハーバード・ノーマン（E. Herbert Norman）が徳川時代の商人社会の研究により強い関心を持っていたら、彼等は別の視点から明治以降の日本の近代化の軌跡を描いたに違いない。[112] もし徳川時代に日本の資本主義の精神が挫折してしまったなら、それは日本の町人階級の責任でなく武士階級の仕業であろう。その理由は、武士階級こそが徳川時代の幕藩経済システムの設計者であり、支配者であったからである。幕藩システムは、町人階級が発展させた経済システムや制度を武士階級が支配する政治システムが制御するシステムであった。それではこの幕藩経済システムは、明治維新以降日本の経済の近代化のプロセスの中でどのように変容していったのであろうか。

57

註

1. 寺西重郎著『日本の経済システム』、岩波書店、2003年、2-68頁。
2. 青木昌彦・奥野正寛編著『経済システムの比較制度分析』、東京大学出版会、1996年、1-39頁、328-340頁。
3. 青木昌彦・奥野正寛等編 The Role of Government in East Asian Economic Development: Comparative Institutional Analysis, Oxford University Press, 1996, 白鳥正喜監訳『東アジアの経済発展と政府の役割』、日本経済新聞社、1997年、11-55頁、261-284頁。
4. Aoki, Masahiko., Towards A Comparative Institutional Analysis, MIT Press, 2001; 青木昌彦著・滝澤弘和・谷口和弘訳『比較制度分析に向けて』、NTT出版、2001年。
5. 速水佑次郎著『開発経済学』、創文社、第2版、11-31頁。
6. 1980年代に世銀が実施した構造調整融資の成功事例として韓国に対する構造調整融資があるが、この中でも韓国の経済・社会制度や企業の組織のガバナンスの改革は構造調整の主な内容ではなかった。Vittorio Corbo and Sang-Mok Suh, ed., "Structural Adjustment in a Newly Industrialized Country: The Korean Experience", The Johns Hopkins University Press, 1992. 参照のこと。
7. World Bank Report 2002 ; "Building Institutions for Markets", Oxford University Press, 2002.
8. 村上康亮・熊谷尚夫・公文俊平著『経済体制』、岩波書店、1973年、17-172頁参照。
9. Oliver E. Williamson, "The New Institutional Economics; Taking Stock, Looking Ahead," Journal of Economic Literature, September 2000, pp. 595-613; The Economic Institutions of Capitalism, The Free Press, 1985, pp. 1-42; and The Mechanics of Governance, Oxford University Press, 1996, pp. 219-249.
10. 企業組織の経済分析に関しては、青木昌彦・伊丹祐之著『企業の経済学』、岩波書店、1985年、1-39頁。青木昌彦著『現代の企業』、岩波書店、2001年参照のこと。
11. Paul Milgrom and John Roberts, Economics, Organization and Manage-

ment, Prentice-Hall International, 1992, pp. 2-53.
12. D. ノース (Douglass C. North) の資本主義経済の発展に関する制度論的分析については、以下の文献参照のこと。Lance E. Davis and Douglass C. North, Institutional Change and American Economic Growth, Cambridge University Press, 1971; Douglass C. North and Robert Paul Thomas, "The Rise of Western World: A New Economic History", Cambridge University Press, 1973; Douglass C. North, Structure and Change in Economic History, W. W. Norton & Company, 1981 and Institutions, Institutional Change and Economic Performance, Cambridge University Press, 1991.
13. D. ノースの比較制度論は、次の文献に要約されている。Douglass C. North, Institutions, Institutional Change and Economic Performance, Cambridge University Press, 1991, pp. 3-10.
14. Wallerstein, Immanuel, The Modern World-System I, Academic Press, 1974, pp. 347-357.
15. Von Bertalanffy, Ludwig, General System Theory; Foundations, Development, Applications, George Braziller, New York, 1968, pp. 3-54.
16. MITの天才的な数学者が提唱したサイバネティックス理論は下記の著作に説明がある。Norbert Wiener, Cybernetics; Control and Communication in the Animal and the Machine, The MIT Press, 1948. 政治学の分野でこのサイバネティックス理論を適用したはカール・ドイッチェ (Karl Deutsch) である。Karl Deutsch, "The Nerves of Government: Model of Political Communication and Control", The Free Press, 1963.
17. Warfield, John N., Societal Systems; Planning, Policy and Complexity, John Wiley & Sons, 1976, pp. 163-207; Ida R. Hoos, Systems Analysis in Public Policy; A Critique, University of California Press, 1972, pp. 15-41.
18. Parsons, Talcott, The Social System, The Free Press, 1964. and Societies; Evolutionary and Comparative Perspectives, Prentice-Hall, 1966, pp. 5-29.
19. Parsons, Talcott, op. cit., pp. 101-112.
20. 富永健一著『近代化の理論』、講談社、1996年、22-40頁、352-358頁。
21. Samuelson, Paul, and William D. Nordhaus, Economics, 15th Edition, 1995, pp. 3-13.

22. M・ウェーバー著・黒正厳・青山秀夫訳『一般社会経済史要論』、岩波書店、1951年、下巻、119－122頁。
23. 大塚久雄著『欧州経済史』、大塚久雄著作集、第4巻、岩波書店、1969年、6－8頁、154－156頁。
24. 徳川時代の幕藩体制史に関しては多くの歴史書が出版されているが、開発経済学者が徳川時代の全体の発展のプロセスを理解するためには下記の文献が参考になる。永原慶二・児玉幸多・大久保利謙・井上光貞編『幕藩体制の成立と構造』上・下巻；「幕藩体制の展開と動揺」上・下巻、山川出版社、1996年。
25. 遠山茂樹著『明治維新』、岩波書店、1951年（岩波現代文庫　2000年）、7－18頁。『明治維新と現代』、岩波新書、1968年、11－41頁。
26. 北島正元著『江戸幕府の権力構造』、岩波書店、昭和39年、650－657頁。
27. 本庄栄次郎著『日本社会経済史通論』、本庄栄次郎著作集、第3巻、精文堂、昭和47年、209－230頁。
28. 新保博著『近代日本経済史』、創文社、1995年、4－16頁。
29. 永原慶二著『日本経済史』、岩波書店、1980年、158－160頁。
30. 三鬼清一郎・筧真理子著「検地と刀狩」、永原慶二等編『幕藩体制の成立と構造』、上巻、山川出版社、1996年、39－59頁。
31. 安良城盛昭著『幕藩体制社会の成立と構造』、御茶の水書房、1964年、285－86頁参照。
32. 三鬼清一郎・筧真理子「検地と刀狩」、前掲書、52－57頁。
33. 北島正元著『江戸幕府の権力構造』、岩波書店、昭和39年、532頁。
34. 大石慎三郎著「近世」、北島正元編『土地政策史』、第2巻、1975年、74－85頁参照。
35. これら人口の推計値に関しては、西川俊作著『日本経済の成長史』、東洋経済新報社、1985年、30－38頁。
36. 中井信彦著『幕藩社会と商品流通』、塙書房、昭和36年、22－23頁。
37. 石井良助著『日本法制史概要』、創文社、昭和27年、144頁。
38. 谷口澄夫著『岡山藩』、吉川弘文館、昭和39年、56－69頁。
39. 横山昭男著『上杉鷹山』、吉川弘文館、1968年、80頁、199頁。
40. 石井良助、前掲書、133－135頁参照のこと。
41. 中井信彦、前掲書、55頁。
42. 児玉幸多・永原慶二等編『幕藩体制の成立と構造』下巻、山川出版社、1996年、46－59頁。

第1章　日本の経済システムの形成

43. 安藤精一著『江戸時代の農民』、至文堂、昭和41年、44−78頁。
44. 佐々木潤之助著『幕藩制国家論』、東京大学出版会、1984年、上巻、213−220頁。下巻、650−653頁参照。
45. 北島正元著『江戸時代』、岩波新書、昭和33年、84−92頁。
46. 永原慶二著『日本経済史』、岩波書店、1980年、181−183頁参照。
47. 永原慶二・児玉幸多等編『幕藩体制の成立と構造』、前掲書、343−370頁。
48. 田代和生著『徳川時代の貿易』、速水融・宮本又郎編『日本経済史Ⅰ：経済社会の成立17−18世紀』
49. Fei, John C. H. and Gustav Ranis, Growth and Development From an Evolutionary Perspective, Blackwell, 1997, pp. 51−59.
50. この期間のヨーロッパ経済の発展に関してはⅠ・ウォーラスティンの詳しい分析がある。以下の文献参照のこと。Immanuel Wallerstein, The Modern World-System; Capitalist Agriculture and The Origins of the European World-Economy in the 16th Century; The Modern World-System II: Mercantilism and the Consolidation of the European World-Economy, 1600−1750; The Modern World-System III: The Second Era of Great Expannsion of the Capitalist World-Economy 1730−1840s, Academic Press, 1989. 国際的な自由貿易と農村工業の発展がが西欧の資本主義経済の拡大の大きな起因の一つであることについては、大塚久雄編著『西欧経済史』、筑摩書房、1977年、3−84頁参照。
51. 源了圓著『徳川思想小史』、中公新書、昭和48年、2−3頁。源了圓は徳川時代の儒教思想の中に合理的思想の系譜を追求しようと試みるが、必ずしも成功していないようだ。源了圓著『徳川合理思想の系譜』、中公叢書、1972年参照。
52. 和辻哲郎著『鎖国：日本の悲劇』、岩波文庫、1982年、下巻、289−307頁。
53. 平賀源内の人物像については、城福勇著『平賀源内』、吉川弘文館、昭和46年。河村瑞賢については、古田良一著『河村瑞賢』、吉川弘文館、昭和39年参照のこと。
54. 徳川末期、とくに水野忠邦の「天保の改革」期の洋学思想の弾圧については以下の文献に詳しい分析がある。佐藤昌介著『洋学史研究序説』、1964年、131−358頁。
55. 閉ざされた心ないしは精神構造の精神分析学的分析に関しては、Milton Rokeach, The Open and Closed Mind, Basic Books, 1960, pp. 3−70.
56. 大塚久雄著作集第8巻『近代化の人間的基礎』、岩波書店、1969年、3−260頁

参照。

57. 岩橋勝著「徳川経済の制度的枠組」、速水融・宮本又郎編『日本経済史Ⅰ：経済社会の成立；17－18世紀』、岩波書店、1988年、90－91頁。
58. 江戸時代の武士の教育に関しては以下の文献に詳しい説明がある。R. P. Dore, Education in Tokugawa Japan, Routledge & Kegan Paul, 1965. （日本語版）R．P．ドアー著・松居弘道訳『江戸時代の教育』、岩波書店、30－140頁参照。
59. しかし大石慎三郎は側用人制度を徳川時代の柔軟な実力者登用制度であると積極的に評価しようとしている。大石慎三郎著『将軍と側用人の政治』、講談社、1995年、49－240頁。『田沼意次の時代』、岩波書店、1991年、37－54頁参照。
60. 福沢諭吉著『福翁自伝』、岩波書店、新訂ワイド版岩波文庫、1991年、14頁。
61. 江戸地廻り経済圏に関して以下の文献参照のこと。白川部達夫著『江戸地廻り経済と地域市場』、吉川弘文館、2001年。
62. 本庄栄治郎著『日本社会経済史論』、精文堂、昭和47年。
63. 徳川幕府の経済政策については以下の文献参照のこと。藤田覚著『近世の三大改革』、山川出版社、2002年；大野瑞男著『江戸幕府財政史論』、吉川弘文館、平成8年。享保の改革に関しては、大石慎三郎著『享保改革の商業政策』、平成10年。天保の改革に関しては、以下に詳しい説明がある。藤田覚著『天保の改革』、吉川弘文館、平成元年；北島正元著『水野忠邦』、吉川弘文館、昭和44年。特に北島正元の水野忠邦伝は歴史考証に秀で、観察力も鋭く名著である。この書から著者は非常に多くを学んだ。
64. 新保博著『近世の物価と経済発展』、東洋経済新報社、昭和53年、45－53頁。大石慎三郎著『享保改革の商業政策』、前掲書、170－179頁。
65. 大野瑞男著『江戸幕府財政史』、前掲書、31－64頁。
66. 土屋喬雄著『封建社会崩壊の過程の研究』、（復刻版）象山社、昭和56年、1－52頁。
67. 諸藩の専売事業に関しては以下の文献に詳しく説明があるが、一般的に諸藩の専売事業は藩経済圏を対象とする小規模なものであり、しばしば特権商人に独占・専売権をもたらし、農民の正業を圧迫する結果となり農民の窮乏化をもたらした。諸藩の専売事業としては、塩、養蚕、漆、海産物、製紙、紅花、蝋、菜種、木材、綿糸、綿布、絹糸、絹布等があった。吉永昭著『近世の専売制』、吉川弘文館、昭和48年。
68. 菊地勇夫著『近世の飢饉』、吉川弘文館、平成9年。
69. マルクス理論の是非に関係なく、徳川幕藩体制の矛盾を鋭く分析した羽仁五郎

第1章　日本の経済システムの形成

の論文は幕藩経済システムの本質を理解する上で参考になる。羽仁五郎著「幕末における社会状況・階級関係・階級闘争」（前編・後編）『日本資本主義発達史講座』、岩波書店、昭和7年、（復刻版）1982年。

70. 体制やシステムの下で虐げられた人々の実情に我々は強い関心を持つべきであろう。百姓一揆の実情を理解するためには下記の文献が参考になる。深谷克巳著『百姓一揆の歴史的構造』、校倉書房、1986年。
71. 西川俊作著『日本経済の成長史』、東洋経済新報社、1985年、127－212頁。
72. 新保博著『近代日本経済史』、前掲書、4－16頁。新保博・長谷川彰著「商品生産・流通のダイナミックス」、速水融・宮本又郎編『日本経済史Ⅰ：経済社会の成立17－18世紀』、前掲書、217－270頁。
73. 速水融著『近世日本の経済社会』、麗澤大学出版会、平成15年、212－233頁。
74. 徳川時代の株仲間の研究としては、宮本又次の最初の著作が最も古典的な研究とされる。宮本又次著『株仲間の研究』、有斐閣、昭和13年。
75. 岡崎哲二著『江戸の市場経済』、講談社、1999年、106－164頁。
76. 宮本又郎・上村雅洋著『徳川経済の循環構造』、速水融・宮本又郎編『日本経済史Ⅰ：経済社会の成立17－18世紀』、前掲書、271－324頁。この宮本・上村の『徳川経済の循環構造』モデルは、その後頻繁に引用されるモデルとなる。
77. 大石慎三郎によると徳川時代日本の治山・治水技術は戦国時代の築城技術の進歩により比較的高度の水準に達していたという。大石慎三郎著『江戸時代』、中公新書、1977年、21－63頁。
78. 三橋時雄著「近世前期・後期の農業」、児玉幸多編『体系日本史叢書11；産業史Ⅱ』、山川出版社、1965年、17－110頁。
79. 本庄栄治郎著『徳川幕府の米価調整』、柏書房、大正12年、（復刻版）昭和41年。
80. 徳川時代の米取引市場に関しては、以下の文献を参照のこと。須々木庄平著『堂島米市場史』、日本評論社、昭和15年。鈴木直二著『江戸における米取引の研究』、柏書房、1965年。土肥鑑高著『近世米穀流通史の研究』、隣人社、昭和44年；『近世米穀金融史』、柏書房、1974年；『米と江戸時代：米商人と取引の実態』、雄山閣、昭和55年；『江戸の米屋』、吉川弘文館、昭和56年。
81. 土肥鑑高著『米と江戸時代』、前掲書、12－13頁。
82. 鈴木直二著『江戸における米取引の研究』、前掲書、105－143頁。
83. 脇田修著『近世大阪の経済と文化』、人文書院、1994年、87－89頁。
84. 脇田修著『近世封建社会の経済構造』、御茶の水書房、1963年、79－120頁。
85. 竹内誠著「近世前期の商業」、豊田武・児玉幸多編『流通史Ⅰ』、山川出版社、

1969年、154－166頁。この時期小浜・敦賀が主要な中継商業都市として栄えた。山口徹著『日本近世商業史の研究』、東京大学出版会、1991年、25－124頁。

86. しかし大石慎三郎は、経済史家達が大坂の「天下の台所」としての商業都市、江戸を消費・政治都市と見なす傾向に異論を提示している。大石慎三郎は江戸・大坂の入荷量・出荷量を計量的に比較推計し、「江戸も大坂に劣らず商業都市的機能を持っていた」と主張している。大石慎三郎著『日本近世社会の市場構造』、岩波書店、1975年、73－167頁。

87. 須々木庄平著『堂島米市場史』、日本評論社、昭和15年、5－8頁。

88. 須々木庄平著『堂島米市場史』、前掲書。この著作は500頁を越える膨大な著作で貴重な資料となっている。

89. Tweleles, Richard J., and Frank J. Jones, "The Futures Game, McGraw-Hill", 1987, pp. 8－9.

90. 伊藤隆俊著「18世紀、堂島の米先物市場の効率性について」『経済研究』Vol. 44, No. 4, Oct. 1993, 339－350頁。脇田成著「近世大阪堂島先物市場における合理的期待の形成」『経済研究』Vol. 47, no. 3, Jul. 1996, 238－247頁。

91. 作道洋太郎著『日本貨幣金融史の研究』、未来社、1961年、344－376頁。

92. 北島正元編著『江戸商業と伊勢店』、吉川弘文館、昭和37年。林玲子著『江戸問屋仲間の研究』、御茶の水書房、1967年；『近世の市場構造と流通』、吉川弘文館、2000年、松好貞夫著『日本両替金融史論』、文芸春秋社、昭和7年。作道洋太郎著『日本貨幣金融史の研究』、1961年；『近世封建社会の貨幣金融構造』、塙書房、昭和46年。宮本又次の代表的な著作は『宮本又次著作集』、講談社に収録されている。第1巻『株仲間の研究』昭和52年、第2巻『近世職人意識の研究』、昭和52年、第3巻『近世商業経営の研究』、昭和52年、第4巻『幕藩体制論』、昭和53年、第5巻『九州経済史』、昭和53年、第6巻『風土と経済』、昭和52年、第7巻『大阪と豪商』、昭和53年、第8巻『大阪町人論』、昭和52年、第9巻『大阪商人太平記（上）』、昭和52年、第10巻『大阪商人太平記（下）』、昭和53年。これらの文献は徳川時代の商業資本の発展を理解する上で必読の文献であろう。

93. 日本における封建都市と商業の発展に関しては、豊田武著『日本の封建都市』、岩波全書、1952年、文献参照のこと。

94. 林玲子著『江戸問屋仲間の研究』、御茶の水書房、1967年、56－71頁。

95. 宮本又次著『株仲間の研究』、有斐閣、昭和13年、21－35頁。

96. 宮本又次著『株仲間の研究』、同上、72－103頁、151－261頁。

97. 藤田覚著『天保の改革』、吉川弘文館、平成元年、145－149頁。

第1章　日本の経済システムの形成

98. 北島正元著『水野忠邦』、吉川弘文館、昭和44年、392頁。
99. 徳川時代の通貨制度に関しては以下の文献参照のこと。作道洋太郎著『幕藩体制と通貨問題』、豊田武・児玉幸多編『流通史Ⅰ』、山川出版社、1969年、251－307頁。滝沢武雄著『日本の貨幣の歴史』、吉川弘文館、平成8年、109－261頁。三上隆三著『江戸の貨幣物語』、東洋経済新報社、1996年。
100. 宮本又次著『近世大阪の経済と町制』、文献出版、昭和60年、7－12頁。
101. 鴻池善右衛門については、宮本又次著『鴻池善右衛門』、吉川弘文館、昭和33年。鴻池善右衛門は尼子氏の武将・山中鹿之介の末裔で、酒造業を営んだ後両替商に転じた。天王寺屋五兵衛と平野屋五兵衛については、宮本又次著作集第8巻『大阪町人論』、講談社、昭和52年、378－402頁参照。
102. 松好貞夫著『日本両替金融史』、文芸春秋社、昭和7年、112－155頁。作道洋太郎著『日本貨幣金融史の研究』、未来社、1961年、274－284頁。
103. 作道洋太郎著『日本貨幣金融史』、前掲書、302頁。
104. 中田易直著『三井高利』、吉川弘文館、昭和34年、162－177頁。三井両替店の歴史については、日本経営史研究所編『三井両替店』、三井銀行、昭和58年参照のこと。
105. 作道洋太郎『日本貨幣金融史』、前掲書、310－327頁。
106. 宮本又次著『大阪の町人』、前掲書、391－395頁。
107. 宮本又次、同上、102－103頁。
108. 大塚久雄著『株式会社発生史論』、大塚久雄著作集第1巻、岩波書店、1969年参照。
109. J・ヒルシュマイヤー・油井常彦著『日本の経営発展』、東洋経済新報社、昭和52年、65－76頁。
110. 徳川時代の産業の発展については、以下の文献に詳しい。児玉幸多編『産業史Ⅱ』山川出版社　1965年。
111. 徳川時代の教育に関しては、以下の文献参照のこと。Dore, R. P., Education In Tokugawa Japan, Routeleg & Kegan Paul, 1965. （日本語版）R. P. ドーア著・松居弘道訳『江戸時代の教育』、岩波書店、1970年。
112. Bellah, Robert N., Tokugawa Religion ; The Cultural Roots of Modern Japan, Free Press, 1985. （日本語版）R・N・ベラー著・池田昭訳『徳川時代の宗教』、岩波文庫、1996年。E・ハーバード・ノーマン著・大窪愿二訳『忘れられた思想家—安藤昌益のこと—上・下巻』、岩波新書、1950年。ハーバード・ノーマンの日本の近代化論については後で触れることにする。

65

第2章　日本の経済システムの発展

はじめに

　明治維新以降の日本の経済システムの発展過程の研究に関しては数多くの研究業績が発表されてきている。これらの研究は種々の時代背景や環境の下で一定の問題意識や課題を持って行われてきたが、その研究の方法や成果は大きく以下のグループに分類することが可能であろう。その第1は、1930年代主にマルクス主義経済理論家が行った「資本主義論争」に纏わる一連の研究である。この論争は1930年代の日本共産党の支持者やマルクス主義経済理論の信奉者達が展開した戦間期の「革命戦略」に直結した論争であった。従ってこの論争は、ソ連の台頭という国際社会環境、日本の軍国主義化、西欧資本主義経済の帝国主義的対立の先鋭化、世界恐慌に象徴される資本主義経済の矛盾の顕在化、社会主義イデオロギーの台頭、日本共産党の政治戦略論争等の時代背景の枠組みの中で理解されるべきである。しかしこの「資本主義論争」は、明治維新の本質的性格や日本の資本主義経済の構造的特徴ばかりでなく、台湾および朝鮮の植民地支配、日清・日露戦争・第1次大戦・満州事変・日中戦争・太平洋戦争等を契機に加速化した日本経済の軍国主義経済化をどのように理解するべきかという大きな課題に対して1つの視点を提供しており、その現代的意味を未だ喪失していないといえよう。

　第2の視点は、戦後盛んになった明治以降の日本経済の発展プロセスに関する一連の実証研究の視点である。日本経済の実証的研究の方法論としては、計量経済史研究、クズネッツ流の産業構造分析、主に新古典派経済成長理論による成長会計分析や経済成長の計量分析、A・ルイス（Arthur Lewis）およびJ・フェイ（John C. H. Fei）・G・ラニス等の二部門経済発展理論の日

本経済への適用、一橋大学の経済学者達によるマクロ時系列データの推計と「雁行形態的発展」プロセスの研究、経済史研究者達による日本の産業革命分析や個々的な産業に関する実証分析等が挙げられよう。

第3の視点は、1950—60年代以降特に欧米の経済学者や社会科学者達を中心に行った日本経済の近代化のプロセスの実証的研究の視点である。第4に、最近顕著な傾向として注目されるのは、日本の資本主義経済システムの特徴や個々の産業の形成発展を「比較制度分析」の視点から実証的に研究しようとする試みである。この比較制度論のアプローチについては第1章の前半で説明した通りである。

明治維新以降の日本の経済システムの近代化のプロセスの特徴を理解するためには、これらの視点から行われた日本経済システムの発展プロセスに関する研究成果の主な内容を先ず概観し、ホリスティックな認識図式を持つ必要があるだろう。これらの分析視点の方法や成果をここで概観することにする。

2.1 日本資本主義論争

明治維新以降の日本の経済システムの発展過程を理解しようとする者は、1930年代に展開された「日本資本主義論争」を避けて通れないであろう。この論争に関しては、大石嘉一郎・大内力・山本義彦等を含む経済史家やマルクス主義経済理論家によって多数の解説書や解説論文が既に発表されてきている。[1] ここでこの「日本資本主義論争」の詳細を再現することは出来ないが、途上国政府の開発担当者やテクノクラート達が日本の経済システムの近代化のプロセスを自国の経済発展のモデルとして取り上げるとき留意すべき点を整理してみることにする。

(1) 時代的背景

この「日本資本主義論争」は1922年に創設された日本共産党の実践的な政治綱領の是非に関するイデオロギー論争を直接反映している。従って先ず日

本共産党が置かれた当時の政治状況を理解する必要がある。第1次大戦末期の1917年10月ロシアでソビエト革命政権が誕生し、1919年3月に世界革命を目的とする共産党の国際組織である共産主義インターナショナル（コミンテルン）がモスクワで結成された。このコミンテルンの密使が1920年10月東京の社会主義知識人のもとに現れた[2]。このコミンテルンの指導の下に堺利彦・山川均・荒畑寒村等8名が出席して1922年7月15日に開催された日本共産党創立会議によって日本共産党が結成された。この直後山川均が主催する『社会主義研究』は『前衛』と改称され、その8月号に山川は「無産階級の方向転換」を発表し、それまでの社会主義者の少数運動を批判し、運動の大衆化の必要性を論じた。これが「山川イズム」と呼ばれる政策路線である。1923年6月共産党の主要メンバーが検挙され共産党は壊滅状態になり1924年3月、党は一時的に解党する。

　1926年12月コミンテルンの指令に従って山形県五色温泉で日本共産党再建大会が開かれ、山口高商の教授であった福本和夫が共産党再建宣言を起草した。この宣言は、共産主義運動の発達のための理論闘争は、真のマルクス主義意識を獲得した革命的インテリゲンチアの結集を促し、労働運動を結集することにある。共産党の任務は、狭隘な組合意識を脱して全無産階級の政治闘争の意識を獲得し、専制支配に対する全抑圧層の反抗を指導・促進・転化することにある。共産党の当面の闘争目標は専制的遺産を打破し民主主義を獲得することにあり、この闘争はプロレタリア革命に弁証法的に転化するという主張を主な内容とするものであった。この宣言に含まれた福本和夫の主張が「福本イズム」と呼ばれる政策路線である。

　1927年2月コミンテルンのブハーリンを委員長とする日本問題委員会が日本共産党の代表者を交えて開催され、「日本問題に関するテーゼ」（27年テーゼ）を採択する。このコミンテルンの「27年テーゼ」は、日本社会はブルジョアジーと地主階級によって支配されている。日本のブルジョアジーは帝国主義的権力を握っており、資本主義的搾取の維持と保護のために全国家機構と封建的遺物を利用している。日本には社会主義革命の客観的前提条件がそろっ

ており、日本の共産主義者は闘争的な労働党を構成し、社会主義革命を遂行しなければならないと主張する。

しかし日本共産党の再建に反対であった山川均・荒畑寒村等は1927年11月雑誌『労農』を創刊した。山川均は日本の労働運動をコミンテルンが外部から指導することに批判的であった。各国の社会主義運動には独自性と自立性があると主張する。レーニン主義はロシアの特異な条件に適応した実践の中から発展した理論であり、多分にロシア的性質を持つと考える。それぞれの国の革命運動はそれぞれの革命理論を発展させる必要があると主張する。[3]

1928年以降日本政府による社会主義運動に対する弾圧が強化され、3月15日1道3府27県で一斉検挙が行われ1,500余名が逮捕された。6月には治安維持法が改正され、取締りが強化された。32年共産党の地下組織は壊滅状態になり、33年6月佐野・鍋山の転向声明を経て日本共産党は1930年代以降その政治活動を終息することになる。

(2) 資本主義論争の主要な内容

このような時代的背景の下で日本資本主義論争が展開された。この論争は、日本の資本主義はレーニンが規定する帝国主義の段階に達したかどうかという帝国主義論争、明治維新の本質的性格に関する明治維新論争、明治政治体制は天皇絶対主義政治体制か否かの絶対主義論争、徳川幕藩体制下でマニュファクチュアが既に形成されたかというマニュファクチュア論争等当時の日本の資本主義の現段階の構造的特質は何かと、日本の資本主義の本質的問題について展開された。[4]この論争は野呂栄太郎・山田盛太郎・平野義太郎等を中心とする「講座派」と呼ばれる日本共産党の正統派路線を支持するマルクス主義者達と大内兵衛・土屋喬雄・向坂逸郎等、山川均が主宰する雑誌『労農』の路線を支持する「労農派」と呼ばれるマルクス主義理論家達によって展開された。[5]

「講座派」という名称は野呂栄太郎が主導・企画し、岩波書店から1932年5月—33年8月に出版された『日本資本主義発達史講座』(全7巻)による。[6]

この『講座』には数多くの論文が収録されているが、「講座派理論」と言うときは野呂栄太郎著『日本資本主義発達史』、山田盛太郎著『日本資本主義分析』、平野義太郎著『日本資本主義社会の機構』の著作に著された理論を指すことが一般的である。[7] 以下ここでは野呂・山田・平野の論説を中心に解説し、必要に応じて「労農派」の理論に言及することにする。

(3) 帝国主義論争

　日本は明治維新後30年を経たずに日清戦争（明治27-28年：1894-95年）を経験し台湾を植民地化し、その後10年前後で日露戦争（明治37-38年：1904-05年）に突入し、明治43年（1910年）には韓国を併合し植民地化している。大正3年（1914年）にはドイツに宣戦布告し第1次世界大戦に参戦した。昭和6年（1931年）には満州事変に突入し、満州国を建設し、北東中国を植民地化した。昭和12年（1937年）には盧溝橋事件を契機に日中戦争を惹起し、昭和16年（1941年）には太平洋戦争を起こしている。明治維新以降の日本の近代国家形成と資本主義経済システムの発展の歴史は帝国主義的な侵略戦争の歴史と不可分の関係にある。このように日本の明治維新以降の経済システムの近代化のプロセスは、戦後の発展途上国が置かれた状況とは異なった歴史的状況の下で展開したことを理解すべきであろう。

　日本が明治維新を契機に近代化を開始した19世紀後半以降の時代状況は、インド大陸はイギリスの植民地統治下にあり、タイを除くインドシナ半島はフランスの植民地となっており、インドネシアはオランダの植民地、フィリピンはアメリカの統治下にあった。北東アジア地域に対してはロシアが帝国主義的な東進政策を実施していた。このようなアジアの状況下で遅れて近代化を開始した日本の経済システムは帝国主義的な侵略戦争の突入する以外の選択肢は無かったのであろうか。日本の代表的な近代史家の1人である井上清は、日本の近代化は二重の意味で帝国主義となる宿命を負っていたと指摘する。その1つは「天皇制専制政治体制」に内在する帝国主義であり、その2は、日本の資本主義経済が発展し独占的状況に達した場合の帝国主義であ

る。しかし「日本帝国主義は、欧米帝国主義に比べて、その構造は弱かった。第1に、第1次大戦を利用して独占資本主義を確立したとはいえ、なお工業生産では軽工業が重化学工業に優越しており、人口の半数以上は半封建的な零細農業に従事していた。第2に、この経済的弱さを補うために過大な軍事力を持つから、……経済力の真の充実を妨げ、政治的には国民の内発的な結集が不可能にされ、それだけにますます軍事・警察力に頼るという悪循環が拡大再生産される。第3に、経済力・資本力が弱いから、台湾・朝鮮・満州など植民地・半植民地の支配においても、何よりも先ず軍事的弾圧に頼り、……ここでも軍事的強圧—被抑圧民族の抵抗の発展—それに対する一層の軍事的強圧という悪循環が起こる。第4に、こうして軍事力第一主義であるから日本の政治構造においては、軍部を主柱とする天皇制が支配力を持ち続ける。経済的には独占資本主義になり、……その意味では権力の階級的な内容はブルジョア的になりながら、その権力を行使する政治的頭部には絶対主義的機構をいただくという矛盾がある」と井上清は鋭く観察している。[8]

近代民族国家が植民地支配を通して海外に膨張する「帝国主義」的政策を強く持つ性格についてはJ・A・ホブソン（J.A.Hobson）の古典的な研究がある。J・A・ホブソンは「帝国主義が、軍国主義、寡頭政治、官僚政治、保護貿易制度、資本の集中を伴うとき近代民族国家は最大の危機を迎える」と警告を発していた。[9] しかし日本のマルクス主義理論家が依拠するのはレーニンの帝国主義論である。[10] レーニンは帝国主義を「高度に発展した独占的な資本主義の基本的な属性であり、……資本主義が高度に発展し生産と資本が集中し、銀行資本と産業資本が融合し、この金融資本を土台として金融寡頭制が成立する。資本輸出を通した植民地支配が一般化し、国際的な独占的資本家による世界が分割され、主要な資本主義強国が地球を領土的に分割すること等の5つの属性を有する資本主義の構造的特質」と定義していた。[11]

1930年代以降日本が益々軍国主義化し中国大陸に対する帝国主義的な侵略政策を開始すると、マルクス主義理論家達は日本の資本主義が既にこのレーニンが言う帝国主義の段階に達したかどうか論じるようになる。高橋亀吉は

このレーニンの帝国主義の定義に従えば、日本の資本主義はまだ未成熟の段階にあり、「プチ帝国主義」に過ぎないと論じた。これに対して講座派の論客野呂栄太郎は、レーニンの定義によっても日本の資本主義は既に帝国主義的な段階に達していると主張した。[12] 1930年代に既に日本の資本主義経済が高度に成熟した段階に達していたかどうかは歴史的な事実認識の問題として残るが、井上清が指摘するように、「ある国において帝国主義の経済的本質＝独占資本主義がまだ成立していなくても、世界史の独占資本主義＝帝国主義段階においては、その国が帝国主義と同じ型になることがありうる」と理解するのが妥当であろう。[13] 野呂栄太郎もこの意味で、日本の経済体制の帝国主義的性格を論じていたようである。遠山茂樹等が観察するように「日本は、欧米列強の中国侵略に便乗し、その相互対立を利用して、アジアの唯一の帝国主義国となる道を歩んできた。……また国内においては、官僚・軍部は、資本家・地主の支配階級と結んで、国民の政治自由を制限し、経済的にも厳しい搾取を行って、ひたすら富国強兵への道を突き進んだ」と観察できよう。[14]

(4) 明治維新論争

遠山茂樹はその著『明治維新』(1950年) の中で、明治維新は「19世紀30—40年代の天保期の政治過程の中に、既に明治維新の政治維新の原型が形成されていた、……歴史的画期としての明治維新は、天保12 (1841) 年に始まり、明治10 (1877) 年の西南の役を以て終わる37年間の絶対主義形成の過程である」であると考え、明治維新は日本における近代国家形成の基礎を形成した政治的変革と規定している。[15] しかし石井寛治教授は経済史の立場から、明治維新を幕藩体制の崩壊から日本の資本主義経済システムの形成を画する大日本帝国憲法発布 (1869年) に至る総過程であると解釈している。[16] このように明治維新の始期と終期をどこに設定するかは明治維新の本質的性格をどのように捉えるかによって異なってくる。明治維新を封建的経済システムが崩壊し近代的な資本主義経済システムが形成された変革期であると捉える視点に立つと、石井寛治教授のように長期的な構造的変革期と把握するのが妥当と

第 2 章　日本の経済システムの発展

なる。

　従って明治維新という変革期の日本社会の構造的変革の内容は、幕藩的政治体制から中央集権的国家体制への移行と近代的な統治システムの形成（1867年の大政奉還および68年の王政復古、69年の版籍奉還と71年の廃藩置県等）、士・農・工・商の封建的身分制度や閉鎖的な株仲間制度の廃止、土地・財産に対する私的所有権や契約の自由、職業選択や移動の自由、株式会社制度等の資本主義的制度の形成等が明治維新期の画期的な構造変化の主な内容であると一般的には理解されよう。[17] この意味で明治維新は、「世界史上の市民革命（ブルジョア革命）に匹敵する歴史的役割を果たし、明治維新によって誕生した明治国家は基本的には近代国家と呼ぶことができる」と評価すべきであり、講座派が主張するように明治維新を天皇制絶対主義の形成と単純化できないと三和良一教授は考える。[18]

　日本における明治維新に関する学術的な研究は「資本主義論争」を契機として展開され、この意味でも「資本主義論争」は現代的意味を失っていないと遠山茂樹は、「論争」を非常に高く評価する。遠山茂樹は「資本主義論争」が日本の政治・経済社会の変化を単なる近代国家の形成の起点と考えるのではなく、封建的社会から資本主義社会への移行という構造的転換として捉えていることを高く評価する。これに対して欧米の日本研究家による「日本の近代化論」は、近代化を工業化として捉え第 2 次大戦前と戦後の工業化を等質的な過程と看做す傾向がある。工業化・民主化・軍国主義化・都市化・教育の普及等の近代化の指標をバラバラに評価する、日本の資本主義の帝国主義的性格の認識が甘い、指導者の役割を過大に評価しすぎる、倫理観・義務感・責任感等の封建制度が近代化に果した役割を一面的に強調する傾向がある等の欠点を指摘している。[19]

　これに反し野呂栄太郎・山田盛太郎・平野義太郎等によって代表される「講座派」マルクス理論は、明治維新を「天皇制絶対主義」的政治体制を形成した政治革命であると規定し、明治維新の市民革命（ブルジョア革命）的性格を否定する。即ち明治維新は徳川幕藩体制の基底にあった半農奴的な封建

73

的な生産関係を完全に払拭することは出来ず、徳川時代の封建的な諸制度を本質的には継承し、下級武士団が天皇制を自己の権力を正当化するイデオロギーとして利用した政治革命であると考える。即ち明治維新は、「明らかに強力な政治革命であったとともに、……広汎な社会革命でもあった。それは単なる王政復古でもなければ封建的支配階級間の権力奪取に過ぎないものでもない。といって明治維新が直ちにブルジョア革命を意味するものでもない。それは確かに旧封建的支配者に対して、資本家および資本家的地主の支配権確立への端緒を形成した画期的社会革命であった。……しかしこのことは……封建的生産様式の下における封建的搾取関係、封建的抑圧条件の揚棄を意味するものではなかった。被支配的生産様式の下における封建的搾取の諸条件は、ただ資本家的所有関係の支配的影響の下に修正され、……資本家搾取の一般的重圧により加重されるに至った」(野呂栄太郎)のであると理解される[20]。また明治維新を起点として形成され、日清・日露戦争の時期に帝国主義に転化した日本の資本主義は「軍事的半農奴制的零細耕作の基盤の上に構築された軍事機構＝軍事産業を構築した抑圧体制である」(山田盛太郎)ことに本質的性格があると考えられた[21]。従って明治維新は「ブルジョア民主革命ではなく、全国的規模で農奴制を継承した天皇制絶対主義を形成した」(平野義太郎)起点となったに過ぎないと理解される[22]。従ってこれら「講座派」理論に従えば、日本社会が必要とするのは、先ず、第1段階として「ブルジョア革命」によって民主的な近代国家を形成することであり、第2段階として「プロレタリア革命」によって社会主義国家を形成することであるという二段階革命理論である。

　これに対して「労農派」理論に同調する土屋喬雄・大内力・向坂逸郎等の理論家達は、徳川時代末期までに日本では市場経済が充分発達し、家内制工業(マニュファクチュア)が綿工業を中心に既に発達していた。大坂・江戸・京都および地方の城下町に町人階級(ブルジョアジー)が形成され、明治維新は資本主義経済システムと近代的な民族国家の形成を促した「ブルジョア革命」であった。明治維新を遂行したのは町人階級ではなく下級武士団である

第2章　日本の経済システムの発展

が、明治維新によって結果的に資本主義体制が形成されたのであるから、明治維新はブルジョア革命であると主張する。この「労農派」理論に従うと日本は1930年代当時既に「民主社会」をブルジョア革命によって確立しており、日本が必要とするのは「プロレタリア革命」よって社会主義社会を実現するという一段階革命理論であることになる。

これら「日本資本主義論争」が展開した論争は、明治維新以降の日本経済システムの近代化のプロセスの本質的性格を理解する上で大きく貢献したといえよう。現代では最早や「資本主義論争」が提起した問題は論じられなくなったが、「論争」が依拠したマルクスの経済発展段階理論は、現代の日本の経済史研究に未だ大きな影響力を持っている。[24]

2.2 日本の経済システムの発展の実証分析

(1) 日本の経済発展と成長

戦後欧米の近代経済学や経済発展理論の影響の下で、日本経済史の実証的な研究が多数行われた。これらの実証的な研究成果をここで網羅的に解説することは出来ないが、日本の明治以降の経済システムの近代化のプロセスを理解する上で参考になるので、主要な実証研究に限って以下ここで概説することにする。

日本経済史、特に近世以降の経済史の実証的な研究の1つの大きな研究分野は、日本の経済発展の動態を推計した計量的なデータを基礎に行われた。この分野での先駆的な研究は西川俊作教授の研究であろう。[25] 西川教授は、この研究の中で日本の近代的な経済成長の軌跡の起点を徳川時代に遡り、それ以降日本が持続的な経済成長を達成することが出来たのは、A・ガーシェンクロン（Alexander Gerschenkron）の「後発経済の利益」、徳川幕藩体制化で形成された商人資本の蓄積と市場経済の発達、物流システムや人的資本の形成等の条件が存在していたためであると考える。しかし西川教授は、日本の明治維新以降の持続的な経済成長を可能にした要因についての計量分析は行っていない。

表 2 − 1 ：先進国の長期的な経済成長率

国　　民	成長開始期	開始期から1963〜67年の間の平均成長率(%) 人口	開始期から1963〜67年の間の平均成長率(%) 1人当り産出高	1人当りGNP（1965年ドル） 1965年	1人当りGNP（1965年ドル） 開始期
英　　　　国	1765/85	1.0	1.2	1,870	227
フ ラ ン ス	1831/40	0.3	1.7	2,047	242
ベ ル ギ ー	(1831/40)	0.5	1.4	1,835	326
オ ラ ン ダ	(1831/40)	1.3	1.2	1,609	347
ド イ ツ	1850/59	1.0	1.7	1,939	302
ス イ ス	(1865)	0.9	1.5	2,354	529
デ ン マ ー ク	1865/69	1.0	1.9	2,238	370
ノ ル ウ ェ ー	1865/69	0.8	2.0	1,912	287
スウェーデン	1861/69	0.6	2.6	2,713	215
イ タ リ ア	1864/69	0.7	0.8	1,100	261
米　　　　国	1834/43	1.9	1.6	3,580	474
カ ナ ダ	1870/74	1.8	1.7	2,507	508
オーストラリア	1861/69	2.1	1.0	2,023	760
日　　　　本	1874/79	1.2	2.8	876	74

資料：西川俊作著『日本経済の成長史』、東洋経済新報社、1985年、4頁。

　経済成長の計量分析や経済史の計量分析の欠点は、経済発展の構造的特質、構造的な転換点、経済発展を可能にした制度的条件や外的な環境やショック、政府の経済政策の効果等の構造的な要因や政府の役割を等閑視してしまう傾向が強いことである。

　これらの欠点を補って計量経済史の枠組みの中で新保博教授が斬新な分析を行っている。新保博教授は、明治維新によって日本は多重国家体制から単一国家体制へ移行したと考える。明治政府によって法的制度、銀行制度、会社制度を含む市場経済制度が形成され、綿業・蚕糸業を中心とする在来部門が近代化された。パックス・ブリタニカを特徴とする国際経済社会へ参入し、不平等条約下で明治政府は「殖産興業政策」を実施した。日本経済の工業化を誘導したのは紡績業と造船業の発展であり、外資導入と技術移転による設備投資が主要な役割を演じた。企業家の形成と技術者教育が不可欠の条件で

表2－2：国内生産の産業別推移

(%)

	農林水産業	鉱工業	建設業	運輸・通信・公益事業	商業・サービス業
1886年	44.0	12.5	3.5	2.5	37.5
90	40.6	12.4	3.5	2.2	41.3
95	42.6	13.1	4.4	3.0	36.9
1900	40.1	16.7	4.5	3.6	35.1
05	37.4	17.9	3.8	4.9	36.0
11	36.6	20.3	4.2	5.3	33.6

表2－3：製造業の成長に対する業種別寄与率

(%)

	食料品	繊維	窯業	化学	鉄鋼	機械	その他
1874－1890年	38.7	37.4	0.2	6.1	0.5	2.1	15.5
1891－1913	29.4	31.4	2.9	9.4	2.8	2.2	21.9

資料：新保博著『近代日本経済史』、創文社、1995年、99頁。

あり、第1次大戦を契機とする重化学工業の発展等が1930年代までの日本の経済システムの近代化を促進した制度的要因であると指摘する[26]。

　明治維新から第2次大戦までの戦前の日本経済史の実証研究の代表例の1つとして中村隆英教授の一連の研究がある。中村隆英教授は日本の戦前の経済を、明治維新から第1次大戦までの時期と第1次大戦から太平洋戦争までの時期の2つの大きな時代区分に分けて分析する。第1の時期は日本の資本主義経済が成立して発展する過程であり、農業と非農業、近代産業と在来産業がそれぞれ均衡して発展を遂げた時期である。この均衡発展を可能にしたのは明治政府の「殖産興業」政策である。第2の時期は大戦によるブームとその後の不況によって均衡成長が破壊される時期である。この時期に「二重構造」が成立し独占的な企業組織の制覇が達成され「独占資本」が経済構造の特徴となった時期である。

　第1期の均衡成長を可能にした明治政府の殖産興業政策の内容としては、初期における資金の貸付と国立銀行の育成、鉄道、郵便、電信網の整備、工

表 2 - 4：輸出の商品構成

(当年価格、％)

期 間		1 次 産 品 (1)	生 糸 (2)	銅 塊 (3)	工 業 品 (4)	繊維品 (5)	化学品・金属品・機械 (6)
I	1874〜83	82.4	37.7	2.2	17.6	4.4	5.9
II	1877〜86	79.4	36.8	3.1	20.6	6.1	6.7
III	1882〜91	74.9	36.8	5.1	25.1	8.8	7.2
IV	1887〜96	65.5	34.1	5.1	34.5	14.8	8.3
V	1892〜1901	55.1	29.3	4.8	44.9	23.3	8.2
VI	1897〜1906	47.7	26.2	4.9	52.3	27.4	9.0
VII	1902〜11	45.2	26.2	4.9	54.8	27.7	12.6
VIII	1907〜16	41.8	24.6	4.9	58.2	28.9	12.5
IX	1912〜21	34.2	22.6	2.6	65.8	33.8	16.7
X	1917〜26	36.5	28.4	0.8	63.5	35.2	14.3
XI	1922〜31	38.5	31.7	0	61.5	34.1	12.8
XII	1927〜36	27.2	20.5	0	52.8	36.3	19.7
XIII	1930〜39	19.9	13.1	0	80.1	35.0	26.5
XIV	1951〜55	4.7			95.3	39.5	39.9
XV	1956〜60	4.5			95.5	32.0	45.1
XVI	1961〜65	3.5			96.5	21.3	58.6
XVII	1966〜70	1.7			98.3	13.7	71.2
XVIII	1971〜75	1.4			98.5	7.4	82.9
XIX	1976〜80	0.9			99.1	4.7	87.1

表 2 - 5：輸入の商品構成

(当年価格、％)

期 間		工 業 品 (1)	その他工業品 (2)	化学品・金属品・機械 (3)	(4)	素食料 (5)	1 次 産 品 (6)	繊維原料 (7)	金属原料 (8)	鉱物性燃料 (9)
I	1874〜83	91.2	69.6	21.3	8.8	0.7	8.1	0.7		5.0
II	1877〜86	89.7	68.4	21.3	10.3	0.8	9.5	1.6		6.1
III	1882〜91	81.3	54.7	26.6	18.7	5.0	13.7	5.8		6.4
IV	1887〜96	71.8	42.8	29.0	28.2	7.1	21.1	14.8		4.9
V	1892〜1901	63.6	31.0	32.6	36.5	9.9	26.6	20.8	0.1	4.4
VI	1897〜1906	56.9	24.1	32.8	43.1	13.8	29.3	22.9	0.1	4.6
VII	1902〜11	54.8	20.5	32.3	46.2	12.5	32.7	25.9	0.2	3.9
VIII	1907〜16	50.0	15.6	34.4	50.0	10.3	39.7	32.6	0.7	2.7
IX	1912〜21	47.4	12.1	35.3	52.6	12.5	40.1	32.4	1.0	2.2
X	1917〜26	54.7	14.9	30.8	54.3	16.1	38.2	29.5	0.8	2.9
XI	1922〜31	53.4	17.1	26.3	56.6	18.8	37.8	27.1	0.8	4.3
XII	1927〜36	39.0	13.8	25.2	61.0	19.0	42.0	28.6	1.4	5.9
XIII	1930〜39	42.0	12.3	29.7	58.0	17.5	40.5	25.1	2.6	7.4
XIV	1951〜55	14.4	4.0	10.4	85.6	25.0	60.6	27.6	6.8	11.0
XV	1956〜60	23.3	3.6	19.7	76.7	13.2	63.5	19.3	13.8	15.7
XVI	1961〜65	27.7	5.5	22.2	72.3	13.5	58.8	12.6	13.0	18.3
XVII	1966〜70	30.3	7.0	23.3	69.7	12.8	56.9	6.9	13.6	20.4
XVIII	1971〜75	27.2	9.5	17.7	72.8	14.7	58.1	3.8	9.2	33.9
XIX	1976〜80	25.2	8.9	16.3	75.5	14.3	61.2	2.3	6.4	44.2

資料：山澤逸平著『日本の経済発展と国際分業』東洋経済新報社、昭和59年、14－15頁。

第2章　日本の経済システムの発展

部省による官業工場の設立とその払い下げ、民間企業への資金、設備の貸与とその払い下げ等の4つの政策が挙げられる。明治政府は産業発展の順序として銀行・金融制度、海運業・鉄道、石炭産業を含む鉱山業、生糸と綿紡に代表される繊維産業の発展に努めたと指摘している。[27]

　明治以降の日本の産業の発展動向を主要な輸出産業の枠組みの中で実証的に研究した代表的事例は一橋大学の小島清・山澤逸平教授達による「雁行形態的発展」の研究であろう。その最近の代表者の1人である山澤逸平教授は、日本の貿易構造は明治初頭以降1930年代まで生糸と繊維産業製品を輸出し、工業製品を先進国から輸入し、繊維産業および鉄鋼産業の発展は輸入―国内産業の発展―輸出という「雁行形態的」発展パターンを遂げたと分析する。特に経済発展の初期段階で在来産業、特に蚕糸産業が果たした役割は大きく、日本の生糸は欧米市場に輸出され外貨を獲得したばかりでなく、所得生産効果・労働力雇用効果・資本形成効果・産業連関効果を持ったと分析する。[28]

　日本の経済発展を近代経済成長理論の視点から総合的な分析を行ったのは南亮進教授であろう。南教授は新古典派経済成長理論およびA・ルイスやJ・フェイ、G・ラニスの「2部門発展理論」を日本の経済発展の分析に応用し、種々の実証的な分析を行った。[29]この研究の中で南教授は、明治以降の日本の経済発展は、日本の経済の初期時点の1人当たりGNPの水準で見た経済の発展段階は他の先進国に比較して非常に低い水準にあったこと、しかしその後日本経済は高い経済成長率を長期間持続したこと、この高成長経済を可能にしたのは鉱工業、運輸・通信の経済インフラ、製造業部門の高い成長率であったこと、製造業部門の主導的な産業は1930代までは繊維・食糧産業等の軽工業であり、それ以降は金属・機械・化学等の重化学工業であるという特徴を有しているとしている。南教授は、日本が明治維新以降100年未満で先進国の経済水準に到達することを可能にしたのは、A・ガーシェンクロンの「後進経済の利益」、高い設備投資率、技術導入による高い技術進歩率、社会資本整備、産業組織の形成と政府の「殖産興業政策」等に要因によると考える。特に日本の場合「近代技術を消化し吸収する社会的能力」が非常に

表2-6:1人当たりGNPの国際比較

(単位:ドル)

国 名	近代経済成長の初期時点 (1965年ドル)	1965年 (1965年ドル)	1989年 (1989年ドル)
オーストラリア	760 (1861~69)	2,023	17,338
スイス	529 (1865)	2,354	26,348
カナダ	508 (1870~74)	2,507	20,783
アメリカ	474 (1834~43)	3,580	20,629
デンマーク	370 (1865~69)	2,238	20,402
オランダ	347 (1831~40)	1,609	15,061
ベルギー	326 (1831~40)	1,835	15,393
ドイツ	302 (1850~59)	1,939	19,183
ノルウェー	287 (1865~69)	1,912	21,500
イタリア	261 (1861~69)	1,100	15,051
フランス	242 (1831~40)	2,047	17,061
イギリス	227 (1765~85)	1,870	14,646
スウェーデン	215 (1861~69)	2,713	22,303
日本	136 (1886)	876	23,296

表2-7:主要な先進国の経済成長率

(%)

国 名	期 間	年 数	G(Y)	G(N)	G(Y/N)
日本	1885/89~1963/67	78	3.6	1.1	2.5
アメリカ	1834/43~1963/67	125.5	3.6	2.0	1.6
カナダ	1870/74~1963/67	93	3.5	1.8	1.7
スウェーデン	1861/69~1963/67	100	3.2	0.6	2.6
オーストラリア	1861/69~1963/67	100.5	3.2	2.2	1.0
デンマーク	1965/69~1963/67	98	2.9	1.0	1.9
ノルウェー	1865/69~1963/67	98	2.8	0.8	2.0
イタリア	1895/99~1963/67	68	2.8	0.7	2.1
ドイツ	1850/59~1963/67	110.5	2.7	1.0	1.7
オランダ	1860/70~1963/67	100.5	2.5	1.3	1.2
スイス	1910 ~1963/67	55	2.3	0.8	1.5
イギリス	1765/85~1963/67	180.5	2.2	1.0	1.2
フランス	1831/40~1963/67	128.5	2.0	0.3	1.7
ベルギー	1900/04~1963/67	63	1.9	0.5	1.4

(注) Y=実質GNP(国によってはGDP、NNP、国民所得など)。N=総人口。戦後のドイツは旧西ドイツ。

資料:南亮進著『日本の経済発展』、東洋経済新報社、1992年、1992年、4頁、26頁。

第2章　日本の経済システムの発展

表2－8：実質GDPの産業別成長率

(%)

期　間	1次産業(A)	鉄鋼業	建設業	運輸・通信・公益事業	M産業	S産業	非1次産業(M+S)	全産業(A+M+S)
1889～1900	1.37	5.91	5.35	9.06	6.25	3.16	3.88	2.92
1901～1910	1.66	5.82	4.17	10.30	6.44	1.55	3.10	2.62
1911～1920	1.62	6.40	2.30	8.74	6.46	4.26	5.13	4.13
1921～1930	0.75	4.82	6.33	6.79	5.57	0.44	2.91	2.41
1931～1938	1.30	8.88	9.47	2.85	7.17	3.64	5.68	4.86
（戦前平均）	1.34	6.25	5.36	7.80	6.34	2.59	4.07	3.31
1956～1960	3.34	16.18	12.56	13.69	14.47	7.83	10.35	9.30
1961～1970	2.10	14.50	11.85	10.98	12.93	9.25	10.94	10.12
1971～1980	－0.29	5.37	2.93	3.62	4.43	5.72	5.09	4.83
1981～1987	0.71	5.21	1.73	4.08	4.29	4.32	4.31	4.19
（戦後平均）	1.24	9.88	6.96	7.59	8.63	6.85	7.57	7.04

表2－9：　製造業の成長に対する業種別貢献度

(%)

業　種	1877～1900年	1900～1920年	1920～1938年	1956～1970年	1970～1987年
繊　　維	34.9	28.9	21.6	6.4	－0.1
食　　料	40.3	21.6	6.8	12.3	5.0
金　　属	1.5	11.3	17.5	19.5	8.7
機　　械	4.0	19.4	23.6	27.1	60.4
化　　学	7.5	8.9	20.3	19.7	22.7
窯　　業	1.2	2.5	2.8	4.4	1.8
製材・木製品	2.5	1.4	2.8	3.9	－2.1
そ の 他	8.1	6.0	4.6	6.7	3.6
軽 工 業	75.2	50.5	28.4	18.7	4.9
重化学工業	13.0	39.6	61.4	66.3	91.8
全 製 造 業	100.0	100.0	100.0	100.0	100.0

資料：南亮進著、同上、74頁、86頁。

表2－10：製造業生産額の業種別構成

(％)

業　　種	1877年	1900年	1920年	1938年	1955年	1970年	1987年
繊　　　　維	10.1	25.5	27.8	23.6	13.2	7.5	3.9
食　　　　料	58.5	47.2	30.6	14.5	22.2	15.2	10.4
金　　　　属	1.4	1.4	7.8	14.4	12.1	17.9	13.5
機　　　　械	1.1	2.9	13.7	20.4	11.3	23.5	41.0
化　　　　学	11.1	9.0	8.9	16.6	15.7	18.9	20.7
窯　　　　業	2.1	1.5	2.2	2.6	4.8	4.5	3.2
製材・木製品	6.6	4.1	2.3	2.6	16.8	6.6	2.5
そ　の　他	9.1	8.4	6.7	5.3	3.9	5.9	4.8
軽　工　業	68.6	72.7	58.4	38.1	35.4	22.7	14.3
重化学工業	13.6	13.3	30.4	51.4	39.1	60.3	75.2
全 製 造 業	100.0	100.0	100.0	100.0	100.0	100.0	100.0

資料：南亮進著、同上、86頁。

高いことを強調する。しかし南教授が言う「社会的能力」とは何を意味するのか明確な客観的な指標を欠く。また南教授はA・ルイスやJ・フェイ・G・ラニスが指摘する「二部門理論」の転換点が、日本の場合戦後の1950年代に到達したと実証的に証明しようとする。しかしこの「二部門理論」は、新古典派理論を前提とする非常に単純化された理論であり、意味のある作業とは思われない[30]。

　1950年代R・ソーロー（Robert Solow）等によって新古典派経済成長理論が展開され、日本でも経済成長理論への関心が高まった。それに応じて数多くの優れた解説書が経済成長理論に関して、安場安吉・荒憲次郎・宇沢弘文等によって出版された[31]。しかしこの新古典派経済成長理論を日本の経済発展に対する実証的な分析に適用された事例は多くはない。稲田献一等が行った実証研究はその数少ない研究事例の1つであろう[32]。しかしこの実証研究は必ずしも期待された成果を上げていない。その後一時経済成長理論に対する関心が薄れたが、1980年代に入り「内生的成長理論」が展開され、最近経済成長理論に対する関心が高まった。優れた解説書も最近出版されている[33]。

　発展途上国、特にインドの経済発展に関する「成長会計」分析に関しては

第2章 日本の経済システムの発展

表2-11：全要素生産性の国際比較（年平均成長率）

国 名	期 間	成長率	国 名	期 間	成長率
カナダ	1960-1989	0.5	ブラジル	1950-1985	1.6
フランス	1960-1989	1.5	チリ	1940-1985	0.8
ドイツ	1960-1989	1.6	メキシコ	1940-1985	1.2
イタリア	1960-1989	2.0	ベネズエラ	1950-1970	2.6
日本	1960-1989	2.0	韓国	1966-1990	1.7
イギリス	1960-1989	1.3	台湾	1966-1990	2.1
アメリカ	1960-1989	0.4	シンガポール	1966-1990	0.2

資料：Young, Alwyn., "The Tyranny of Numbers: Confronting the Statistical Realities of the East Asian Growth Experience," Quarterly Journal of Economics, August, 1995, pp.672-73.

表2-12：日本とアメリカの労働生産性の成長率比較

	資本分配率	労働生産性	資本装備率	資本の貢献	総合生産性	総合生産性の寄与率(%)
	β (1)	$G(Y/L)$ (2)	$G(K/L)$ (3)	$\beta G(K/L)$ (4)=(1)×(3)	$G(A)$ (5)=(2)-(4)	(6)=(5)/(2)
米国（民間GDP）						
1. 1800-55	0.34	0.4	0.6	0.2	0.2	50
2. 1855-90	0.45	1.1	1.5	0.7	0.4	36
3. 1890-1927	0.46	2.0	1.3	0.6	1.4	70
4. 1926-66	0.35	2.7	1.7	0.6	2.1	78
5. 1969-89	0.35	1.4	1.8	0.6	0.8	57
日本（民間非1次GDP）						
1. 1888-1900	0.33	2.1	5.7	1.9	0.2	10
2. 1900-20	0.39	2.7	6.1	2.4	0.3	11
3. 1920-37	0.43	2.3	2.8	1.2	1.1	48
4. 1958-70	0.33	8.2	11.6	3.8	4.4	54
5. 1970-90	0.28	3.8	7.4	2.1	1.7	45

資料：速水佑次郎著『開発経済学』（新版）、創文社、2000年、153頁。

数多くの研究が行われ、「全要素生産性」（ＴＦＰ）の種々の推計が行われている。東アジア諸国が示した1960年代以降の高経済成長率を可能にした要因の計量分析に関しては世銀の『東アジアの軌跡』（1993年）以来関心が高まっている[34]。世銀のこの報告書は日本を含む東アジア諸国の経済が1960年代以降高い成長率を記録したのは、高い投資率と人的資本の構築、生産性の急速な向上にその根本的な原因があると指摘した[35]。しかしＡ・ヤング（Alwyn Young）はこれら東アジア諸国の「全要素生産性」の伸び率は他の先進国と比較すると際立って高くはなく、東アジア諸国経済の高成長率は要素投入量の高い伸び率に起因すると推計している。従って東アジア経済が高い成長率を示したからといってこれらの国々の経済システムが他の先進国の経済システムに比較して優れていると結論することは出来ないと主張する[36]。

　日本とアメリカの長期の労働生産性の国際比較に関しては、速水佑次郎教授が推計を行っている。この推計は「全要素生産性」によって表示される日本の経済システムの効率性は明治時代から現代まで、アメリカに比較して低位の水準に止まっていたという結論を導きだしている[37]。

(2) 日本近代化論

　欧米の日本研究者達による明治維新以降の日本の近代化に関する古典的な研究はハーバード・ノーマン（Herbert Nouman）（1909−1957）の研究であろう。Ｈ・ノーマンはカナダ人の宣教師の息子として長野県軽井沢に生まれ、トロント大学を卒業後ケンブリッジ大学およびハーバード大学の大学院で日本および中国の研究を行った後にカナダ政府の外交官となる。しかし1950年代のマッカーシズムの嵐の下でアメリカ上院小委員会においてヴィットフォーゲル等の証言でＨ・ノーマンが共産党の党員でなかったかという嫌疑が掛けられる。Ｈ・ノーマンは1957年4月4日任地先のエジプトのカイロで自殺する。享年47歳であった。Ｈ・ノーマンはハーバード大学以来、都留重人とも長年の親交があった[38]。また丸山真男をはじめ数多くの日本の知識人とも交友があった。

第2章　日本の経済システムの発展

　H・ノーマンの明治維新以降の日本の近代化に関する見解は、都留重人が指摘するように「講座派」理論に近似している。H・ノーマンは、「明治維新は下級武士層が遂行した政治革命であり、この明治維新によって日本は封建制度から資本主義制度へと飛躍的に発展する。しかし日本のこの政治革命はロシア革命やフランス革命と異なり不完全な社会革命であった。徳川時代の封建制度の遺産は天皇制専制下の軍事的官僚制度に継承され、日本は帝国主義的な国家形成を行う宿命にあった」と考える[39]。H・ノーマンにとって日本の悲劇は、日本の近代化の過程の中で「資本主義社会の基礎となるべき個人主義的な合理主義の精神と人間の権威を絆とする市民社会」が未形成のまま近代国家が形成されてしまったことである。H・ノーマンは徳川時代の安藤昌益の中に日本の近代的な思想の萌芽を見出そうとする[40]。

　第2次大戦後アジア・アフリカ大陸の多くの西欧先進工業国の旧植民地が独立した国家を形成した。これらの独立国のエリートや官僚にとって近代的な「国家形成」(nation-building) を成し遂げ経済発展を加速することが緊急の課題となった。それに応じて先進国、特にアメリカの社会科学者達は社会の近代化理論の枠組みの中でこれら途上国の発展のプロセスを理解しようとする機運が高まった。この近代化理論は社会の発展のプロセスを、システム理論、機能主義、構造主義、サイバナティックス、文化人類学等の斬新的なパラダイムによって理解しようとする試みであった[41]。

　このような知識社会学的な文脈の中で明治維新以降の日本の近代化のプロセスを社会科学の発展理論を適用して実証的に分析しようとする試みが盛んに行われた[42]。W・ロックウード (William W. Lockwood) は明治維新から1930年代後半までの経済発展の軌跡を分析し、政府が国営企業や産業政策を通して日本の経済発展に積極的な役割を果たし、財閥等の民間企業が社会発展の革新力・起動力となったと解説する。またW・ロックウードは日本の発展プロセスは他の発展途上国のモデルになり得ると考える[43]。大川・H・ロゾフスキー (Henry Rosovsky) は明治維新以降の日本の近代化のプロセスには、持続的な比較的高い経済成長率、西欧先進国と同水準の人口の増加率、比較的

85

高い貯蓄率と投資率、低い消費性向、低い資本係数、比較的高い物価上昇率、構造的な経常収支の赤字、在来部門と近代部門が並存する二重構造、政府が経済発展に果たした積極的な役割、投資資金を動員・配分する金融機関の形成等の特徴が観察されるとしている。[44] H・ロゾフスキーは更に日本の工業発展の起動力はA・ガーシェンクロンが言う「先進経済と後進経済の間に存在する緊張関係であり、後進経済がこのギャップを埋めるため政府が政策的に行う資本形成」に経済成長の起動力を求めることが出来ると指摘する。[45] 大川・H・ロゾフスキーは民間企業の高い投資率に支えられた日本の戦後のマクロ経済の軌跡も分析している。[46]

　大川・J・フェイ・G・ラニス等は、日本の明治以降の工業化のプロセスと同様なプロセスが韓国および台湾の圧縮型の工業化のプロセスにも観察することが出来ると指摘する。[47] これら日本の近代化の分析の中で注目すべき研究は、A・ケリー（Allen C. Kelley）およびJ・ウイリアムソン（Jeffrey G. Williamson）が行った「ルイス・フェイ・ラニス型」の伝統部門および近代部門の2部門発展モデルを日本の明治以降の研究に適用した理論的な研究事例である。[48] この他明治以降第2次大戦以前の日本の近代化の研究に関しては、国有企業の研究や日本の伝統部門の研究等興味ある研究が欧米の社会科学者達によってなされている。[49]

　これら欧米の日本の近代化の研究者にとって大きな課題となったのは、明治維新以降100年未満の期間に日本が何故近代化に成功したのかという謎を解くことにあった。この謎に対する回答は、日本固有の伝統的な社会システムや価値観を重要視し、そこに成功の秘密を解く鍵を求める方法と、日本固有のシステムの中に西欧社会にも共通な普遍的な発展の起動力（a primary mover）を見出そうとする方法であろう。アメリカの著名な歴史家D・ランデス（David Landes）を含む経済学者たちは一般に後者の立場をとっているようである。[50]

　戦後の日本経済の発展動向に関しては数多くの研究が行われていることは周知の通りである。これらの代表的な研究としては、H・パトリック（Hugh

Patrick)・H・ロゾフスキー等のブルッキングス研究所の研究(1976年)[51]、C・ジョンソン(Chalmers Johnson)の通産省(MITI)の経済官僚の研究[52]、E. ヴォーゲル(Ezra F. Vogel)の日本の国際競争力に関する研究がある[53]。更に1980年代以降日米の貿易摩擦が深刻化するにつれて日本政府の産業政策に対する関心が高まった。この分野の研究ではL・タイソン(Laura D'Andrea Tyson)の研究が優れている[54]。

これらの研究の多くは政府の経済官僚指導の日本型の資本主義経済システムや企業システムに日本の成功の秘密を求めようとする傾向があった。しかし1990年代初頭のバブル経済の崩壊以降、日本型経済システムの構造的体質自体に日本経済の脆弱性や国際競争力を喪失する原因を求める傾向が顕著になっている。M・ポーター(Michael E. Porter)等の研究がこの代表例であろう。M・ポーター等は客観的な指標によって各国の経済システムの競争力を国際比較する研究を発表しており注目に値する[55]。

2.3 日本の経済システムの近代化の諸様相

(1) 日本の政治指導型の経済システムの形成

現代日本の経済システムの特徴として、政府指導型、キャッチアップ型、帰属型企業集団の存在、共同体的組織文化、戦略的志向性、長期雇用システム、間接金融・政策金融指導型金融システム、外的ショック反応型、伝統部門と近代部門並存型等がしばしば指摘されてきた。またこれらの特徴の幾つかはアジア型経済システムに共通するものであり、日本の開発型経済システムはアジア型の経済システムの原型を形成するとしばしば考えられてきた。しかし1990年以降の日本のバブル経済の崩壊およびアジア通貨・金融危機を契機にして、日本型・アジア型の経済システムが持つ構造的脆弱性や矛盾を顕在化させた。日本を含む東アジア諸国の経済危機は日本型・アジア型経済システムの体質に根ざす危機であると認識され、これら東アジア諸国が経済危機を克服するためには、アジア的な経済システムを改革すべきであると考えられるようになる[56]。現代の日本の経済システムは明治以降の歴史的発展の

産物であり、明治維新以降日本社会が行った近代化の歴史的プロセスの産物であると考えられる。

　以下ここでは社会工学的なシステム・モデルを「隠喩的」な認識図式として意図的に用いて、日本の経済システムの特徴や形成のプロセスを分析することにする。このようなシステム的思考はシステム疲労やシステムの機能障害の原因を理解することを可能にする。ここで作業は金子勝教授等が言う「逆システム」的方法によって、日本の近代経済史家達が行った研究成果を例証にして、日本の経済システムを「システム要素」に分解解剖してシステムの強靭性や病根を観察することにある。[57]

　ここでは明治維新の本質的な性格は政治革命であり、社会革命としては不完全であり、結果的に多分に封建的な遺産を継承したとする「講座派」理論やH・ノーマン理論を受け入れて、日本の経済の近代化の特徴を論議することにする。この政治革命の遂行者達は幕藩体制に不満を持つ薩摩・長州・土佐・肥前藩の大久保利通・木戸孝允・大隈重信・伊藤博文・井上馨・山県有朋等を中心とする下級武士層であった。彼等は明治維新によって政治権力を奪取し、日本の経済システムの設計者となる。しかし彼らは徳川幕藩体制の中核を形成した封建的な身分制度を否定しつつも、武士的な価値観や経世思想の体現者であった。彼等を地方の大名の革新者・反抗者の世界から日本社会の革新者・変革者の世界へと駆り立てたのは西欧の近代社会と遭遇することによって体験した「経済ショック」、「文明ショック」および「文化ショック」を含む多重ショックであった。

　明治4年（1871年）11月12日、全権大使右大臣岩倉具視（47歳）、副使参議木戸孝允（39歳）、大蔵卿大久保利通（42歳）、伊藤博文（31歳）等48名の遺外使節団は欧米巡遊に出発した。一行の目的は、条約改正の予備交渉、欧米先進国の文物の調査であった。使節団はアメリカを皮切りに、イギリス、フランス、ベルギー、オランダ、ドイツ、ロシア、イタリア、東欧、北欧等を歴訪し、明治6年9月に1年半ぶりに帰国した。[58]大久保利通は帰国後数年のうちに暗殺されるが（明治11年、1878年）、明治政府の中で絶大な権力を行使し、

第2章　日本の経済システムの発展

日本の政治・経済システムの設計者の1人として後世に大きな痕跡を残した。

　欧米諸国は大久保利通に鮮烈な印象を与えたが、大久保が日本の近代化のモデルとして考えたのは、アメリカやイギリス、フランスではなかった。大久保はこれらの国は日本とかけ離れすぎていると考えた。大久保が特に関心を持ったのはヨーロッパの後進国であったドイツ・ロシアであった。明治6年3月15日大久保等はドイツの鉄血宰相ビスマルクの邸に招かれた。ビスマルクは、貧弱なプロシアが弱肉強食の国際社会を生きぬいて今日の大ドイツ帝国に成長した苦闘の歴史を語り、一行に深い感銘を与えた。大久保は、万国対峙の下日本の独立を確保する唯一の道は、ドイツを手本に、強力な政府の下で富国強兵、殖産興業政策を実施することであると考えた。[59]

　明治政府は大久保利通の主導によって殖産興業政策を実施するため明治6年11月に内務省を設立し、大久保利通が長官となる。大久保利通は明治7年5月「殖産興業に関する建議書」を政府に提出し、この建議書の中で「大凡国の強弱は人民の貧富に由り人民の貧富は物産の多寡に係わる、物産の多寡は人民の工業を勉励すると否かに係わる、……その源頭は、……政府政官の誘導奨励の力に依る」と述べ、大久保は政府の誘導奨励政策による、上からの殖産興業の推進こそが国家富強の根源であると認識し、民業の育成に努めた。この内務省は勧業寮・警保寮・戸籍寮・駅逓寮・土木寮・地理寮・測量司によって構成された。[60]しかしこの内務省は伊藤博文が主導した工部省と政府の殖産興業政策の内容と方法に関して度々対立することになる。

　工部省は明治3年に設立され工学、勧工、鉱山、鉄道、土木、灯台、造船、電信、製鉄、製作等の各寮によって構成され、明治18年末に内閣制度が発足するまで、主に官営事業の運営を所轄業務とした。工部省の廃止後はその主要な業務は農商務省（明治14年創設）に引き継がれた。[61]第1次大戦を経て日本の産業構造の中で工業のウエイトが増大するにつれて工業部門を統括する政府組織の必要性が認識され、大正14年（1925年）農商務省は廃止され、農林省と商工省が分離した省となる。商工省は「商・工・鉱山・地質・度量衡・計量および軍需調査統計に関する事務」を統括することになる。1930年代

以降日本経済が軍事統制経済に移行するにつれて商工省の権限は増大し、吉野信次・岸信介等所謂「革新官僚」と呼ばれる「商工官僚」が活躍することとなる。特に岸信介は満州国の産業開発計画の企画と実施にその辣腕を振るうことになる。[62]

　明治政府が実施した殖産興業政策の内容は、資本主義経済システムの形成に不可欠な法制度の確立、民間企業の保護育成、鉄道、電信・電話等の産業インフラの整備、製糸産業等の在来産業の近代化の支援、海運業・造船業・鉄鋼業・石炭業等の基幹産業の保護育成政策等に区分されよう。戦後西欧の先進工業国の植民地支配から独立したアジアの発展途上国の工業発展政策を「開発主義」或いは「キャッチアップ型工業化」政策と特徴づけることが一般的となってきているが、明治政府が採った殖産興業政策は異時代の状況下で実施された「開発主義政策」ないしは「キャッチアップ型工業化政策」であると考えられよう。[63]

(2) 経済システムと法制度

　近代的な資本主義的な経済システムを確立するためには、私有財産権制度、会社の設立と破産、契約取引と当事者の権利・義務関係、法秩序を維持する司法制度等を確立することが不可欠の要件となる。経済システムの発展と法制度の確立の問題に関しては開発経済学の分野でも最近関心が高まってきているが、必ずしも充分な研究が行われているとは言えない。開発経済学者にとって今後の課題であろう。明治以前の日本の伝統的な法制度に関しては石井良助等の日本法制史家達の優れた研究業績がある。[64] 近代的な法制度を確立することは、不平等条約を改正する条件とされ明治政府は近代的な法制度の確立を急いだ。この初期の段階で日本の司法制度の確立に貢献したのは江藤新平である。江藤新平は、天保5年（1834年）佐賀藩の下級武士の家に生まれ佐賀藩の改革に活躍した。この功績を高く評価した大久保利通・岩倉具視の推挙によって明治維新政府の要職に就くことになる。江藤新平は、「各国とも政府と政府の交際は公法を以て整え、政府の国民との交際は国法を以て

第 2 章　日本の経済システムの発展

相整え、民と民との交際は民法を以て相整え候次第、……総て国家富強盛衰の根元も、専ら国法民法施行の厳否に関係致し候」と考え法制度の整備に努力を注いだ。しかし江藤新平は明治 6 年の「征韓論」政変で西郷隆盛・板垣退助・後藤象二郎・副島種臣等と伴に政府の職を去り、明治 7 年佐賀の乱に巻き込まれ処刑された。人民権利の保護に献身し疾風怒涛の生涯を閉じることになる。時に41歳であった。

　明治 6 年政変で下野した板垣退助・後藤象二郎等は「自由民権運動」を展開し、在野の思想家・福沢諭吉や中江兆民等は西欧の自由主義思想・個人主義思想を日本に導入しようとする。しかし市民社会が未形成の段階でこれら西欧の啓蒙思想が日本の社会に浸透したか疑問であろう。「講座派」の理論家平野義太郎は「自由民権運動」をブルジョア民主主義運動と高く評価し、自由民権運動の指導者・大井憲太郎の伝記を著している。自由民権運動の指導者の 1 人、植木枝盛の思想と行動に関しては家永三郎が詳細な伝記的研究を行っている。しかし一般的には井上清や岡義武等が指摘するように、「自由民権運動は明治の藩閥政治体制から疎外された旧武士階層が中心となって展開した抵抗運動」であるという性格を強く持っていたと解釈することが妥当であろう。しかし明治政府は自由民権運動の要求に屈し明治14年、国会を明治23年に開設する詔勅を発布する。この詔勅を受けて明治政府は伊藤博文を中心に「明治憲法」の草案の作成に着手する。明治憲法の成立のプロセスに関しては稲田正次による詳細な研究がある。また比較文明論の立場からの明治憲法の研究もある。これらの著作から明らかなことは、明治憲法はプロシア憲法をモデルにドイツの憲法学者R・V・グナイスト（Rudolf von Gneist）およびオーストリアの憲法学者L・V・シュタイン（Lorenz von Stein, 1815－1890）の指導の下にその草案が作成されたこと、この明治憲法の発布（明治22年、1889年）によって明治政府の天皇絶対主義政治体制が確立したこと、ドイツの権威主義的な官僚文化が日本に移植されたこと等が理解されよう。

　法制度を確立するという作業を法社会学的な視点から考えると、一定の国

の伝統的な文化価値に根ざす社会規範を成文化する作業、そのような社会規範が存在しない場合には、機能合理主義的な根拠によって必要な制度や行為規範を先進国から移植する作業という2つの作業に区分されよう。しかしいずれの場合にも法制度を確立するということは、社会規範や行為規範を成文化する草案者の価値判断やイデオロギーと密接不可分の関係にある。しかし「大日本帝国憲法」には明治政府を担った為政者達が持つべき日本の社会の在るべき「政治システム」や「経済システム」に関する理念やビジョンが欠如している。民法や商法の制定に関しては論争が展開されているが、これらの問題はこの範囲を越えるのでここでは触れないことにする[73]。

(3) 会社制度の発展

経済社会の近代化のプロセスを「共同体的社会」(ゲマインシャフト)から「利益社会」(ゲゼルシャフト)への移行のプロセスであると社会学的に認識すると、会社制度を確立することは経済システムの近代化や資本主義社会の形成に不可欠の要件であると考えられよう。大塚久雄は西欧資本主義の形成の歴史の中で、株式会社がどのように発展したか、南ドイツの東インド会社、イタリアの地中海都市国家の商人組織、オランダやイギリスの東インド会社等の形成の事例研究を通して分析している。大塚久雄は株式会社を資本を調達(集中)しリスクを分散し、専門的な経営資源を集積し、合目的的に活動する有限責任組織であると規定する。そして株式会社の発展のプロセスは、個人企業から、合名会社、合資会社、株式会社形態に段階的に発展し、前期商業資本の集中形態として発展した初期の株式会社が次第に近代的な株式会社に進化していく過程を分析している[74]。

このような見地からすると商業資本が支配的な前期資本主義の時代においても商業取引リスクが大きく、比較的大規模な投下資本を必要とする事業には株式会社的な組織が必要になってくると解釈される。徳川時代の商業資本的な経営形態はJ・ヒルシュマイヤー・油井常彦等経営史家達が指摘するように三都市の三井・鴻池・伊勢屋に代表されるように家族主義的な共同社会

第 2 章　日本の経済システムの発展

組織が中心であった[75]。また商人達は商業取引に固有の取引リスクを回避するため、宮本又次の古典的な研究が示すようにギルド的な「株仲間」組織を形成するのが一般的であった[76]。大塚久雄は西欧社会における株式会社の発展形態の1つとして「船舶共有組合」を挙げているが、徳川時代にも菱垣廻船・樽廻船の経営形態にこのような「船舶共有組合」に類似する組織が認められている[77]。

　近代的な株式会社という企業の組織形態が日本に導入されたのは明治に入ってからである。日本の株式会社の発展の歴史に関しては菅野和太郎教授の古典的な研究がある[78]。最近では高村直助教授が会社の誕生に関する啓蒙書を書いている[79]。これらの研究書や日本の経営史の概説書によると、幕末から明治初頭にかけて西欧の資本主義社会の制度である「会社」制度を日本に積極的に紹介したのは福沢諭吉・五代友厚・渋沢栄一等であるとされる。特に渋沢栄一は会社制度を「立会略則」(明治4年) に紹介するばかりでなく、自分自身も第一国立銀行、大阪紡績、日本鉄道、帝国ホテル、石川島造船所、東京ガス、札幌麦酒、東京海上保険等数多くの会社の設立に関係した[80]。

　明治政府は明治2年東京、大阪、京都の三都と横浜・神戸・新潟・大津・敦賀に貿易取引を行う「通商会社」と銀行業務を行う「為替会社」を結集して組織した。明治政府の最初の財政金融政策の担当者であった由利公正は、金札の発行を以て殖産興業の資金を創出しようとした。その際明治政府は京阪地方の商人の信用力を利用して金札の流通を促進しようとした。「為替会社」は預金・貸付・為替・紙幣発行業を行った。この為替会社の設立者は、三井・小野・島田・奥田等の旧豪商であった。しかしこの通商会社・為替会社は日本の商習慣に馴染まず衰退した。

　明治3年 (1870年) 伊藤博文は通貨制度・為替制度の調査のためアメリカに渡航した。この渡航調査の結果を踏まえて伊藤博文はアメリカの制度に倣って日本は金本位制と国立銀行を採用すべきであると建白した。この当時アメリカは1861年以降の南北戦争によって惹起されたインフレの整理や、増大した公債の価格を維持することが問題となっていた。アメリカのナショナル

銀行（National Bank）は、その資本金は政府の公債証書を以て構成され、銀行がこの公債を政府に供託し、政府がこれに対して銀行紙幣を下付する制度であった。伊藤博文は明治政府が金札引換公債を発行して不換紙幣をいったん公債に換え、これを基礎に銀行券を発行すれば不換紙幣の整理が可能であると考えた。明治政府はこの伊藤博文の建白に従って明治5年（1872年）11月国立銀行条例を制定し、翌年3月に金札引換公債条例を公布した。これら条例によれば、国立銀行（National Bank）の設立を希望する者は、資本金の10分の6を金札によって政府に納付し、これと引換えに政府より同額の6分利付き金札引換え公債証書の下付を受ける。銀行はこの公債証書を銀行券発行の抵当として政府に預けいれ、同額の銀行券を発行する。この制度は財政事情の窮迫によって不換紙幣の兌換を行うことが出来なかった明治政府が、近代的銀行制度を輸入して兌換制度を確立しようとして考案されたものである。この条例によって先ず、第一・第二・第四・第五の4つの国立銀行が設立された。第一国立銀行は三井・小野の出資によって設立された日本最初の銀行であり、日本で最初の本格的な株式会社であった。[82] その後この国立銀行の設立に関しては兌換準備規定が緩和され1879年までに149行の国立銀行が設立された。

　近代的な企業組織としての株式会社は、永続性の原則、法人格性、会社資産の所有権を表す資本、資本の証券化と譲渡性、会社の意思決定機関の存立、株主の有限責任制度、所有と経営の分離等を特徴とする制度であるといえよう。[83] この近代の株式会社は、その発展の歴史的状況、社会的機能ないしは役割、文化的伝統、経済の発展段階等の要因によってその発現形態は異なってこよう。レスター・サロー（Lester Thurow）はアメリカやイギリスの資本主義の企業組織は個人主義的文化によって特徴づけられ、日本・ドイツの資本主義の企業組織は共同体的文化によって特徴づけられると指摘しており示唆に富む。[84] またアメリカの著名な経営史家A・チャンドラー（Alfred D. Chandler)は、アメリカの資本主義を「競争的な経営者資本主義」、イギリスの資本主義を「個人経営的資本主義」、ドイツの資本主義を「共同経営的資

第2章　日本の経済システムの発展

表2-13：日本の会社の発展

	会社総数	会社数 構成比			払込資本金（百万円）			
		合名会社	合資会社	株式会社	合計	合名会社	合資会社	株式会社
1896年（明治29）	4,596	7.5%	36.3%	56.2%	397	3.1%	6.9%	89.9%
1900　（　33）	8,588	9.1	41.4	49.5	779	4.9	5.8	89.3
1905　（　38）	9,006	14.2	39.0	46.8	975	6.2	5.8	88.0
1910　（　43）	12,308	20.3	38.9	40.8	1,481	9.5	6.5	84.0
1915　（大正4）	17,149	17.8	40.2	41.8	2,167	8.4	5.9	85.7
1920　（　9）	29,917	15.7	30.0	54.2	8,238	7.0	4.6	88.4
1925　（大正14）	34,345	15.1	33.6	51.1	11,160	8.0	6.6	85.3
1930　（昭和5）	51,910	16.4	46.2	37.4	19,633	8.5	6.5	85.0
1935　（　10）	84,146	19.5	52.8	27.7	22,352	7.8	6.9	85.3
1939　（　14）	85,122	17.9	43.0	39.0	34,025	5.5	4.0	90.5

資料：宮本又郎著「産業化と会社制度の発展」、西川俊作・阿部武司編『日本経済史4：産業化の時代、上巻』、岩波書店、1990年、375頁。

本主義」と特徴づけている[85]。また最近イギリスの経済史家達はイギリスの資本主義を「ジェントルマン資本主義」と特徴づけロンドン・シティーを中心に発展した金融資本の形成と発展を分析しており関心の的となっている[86]。日本の企業組織に関しては青木昌彦教授が比較制度論の視点から「システムとしての日本企業」の特徴を、情報システム、階層的な構造（タテ社会構造）、終身雇用形態、下請け制度、メイン・バンク制度等の特殊性に求めている[87]。いずれにしても日本の株式会社制度は明治時代に西欧からその制度が移植され発展したが、その日本的な発現形態を理解するためには日本の経済・社会システムの根底にある共同体的な文化価値や集団志向性・帰属意識・権威主義・階層的構造等を無視することは出来ないであろう。これら企業組織の日本的な特殊性の源流を理解するためには明治時代に遡る必要があろう。

　日本の株式会社は明治10年代から設立されるようになり、その代表的な初期の会社は製紙会社（1873年、明治6年）、東京海上保険（1978年、明治11年）、日本鉄道（1881年、明治14年）、大阪紡績（1882年、明治15年）、鐘淵紡績（1887年、明治20年）等である[88]。それ以降株式会社制度の第2次大戦前までの発展

は、以下の 3 期間の勃興期に区分されて理解される。①1896―1910年（明治29年―明治43年）、②1910－1920年（明治43年―大正9年）、③1920－1939年（大正 9 年―昭和14年）。[89]

これら会社制度の形成と発展と伴に、日本の産業社会の担い手として多数の革新的な産業人・企業人が活躍する。東畑精一はこれら明治時代の企業人の精神は下級武士に特有な「忠誠の念と抑制の心」であったとする。「資本主義体制と封建体制とは概念的には、明確に区別されて非連続的なものと観念されるであろう。しかし事実の問題として日本の資本主義の建設の主体となったのは封建武士であった。ただ彼の働く場所が異なっていただけで、両体制の支配層は人的に連続していた。古きものが衣を替えて生き残っていたのであった」と考える[90]。しかし日本の資本主義の勃興期に企業家精神に富んだ企業人・産業人がすべて下級武士の出身ではなかった。町人階級の出身で旺盛な企業家精神を発揮した実業家も数多く輩出した。日本の経営史家や海外の日本研究者達はこれら日本の企業人の活動を類型化して分析している。

第 1 のタイプは動乱期の機会を手中にした商人タイプの企業家であり、この範疇に属するのは、甲州出身の商人で横浜において生糸・蚕卵紙の貿易商として成功した若尾逸平（1820－1913年）と雨宮敬次郎（1846－1910年）、横浜で製茶貿易の先駆者として活躍した大谷喜兵衛（1844－1933年）、綿糸輸入、生糸、米等の輸出で富豪となった平沼千蔵（1836－1913年）や今村清之助（1849－1901年）、戊辰戦争で軍需品の調達で巨利を得て、明治に入り貿易商人となった大倉喜八郎（1837－1928年）、小売兼両替商から金融業者として活躍した安田善次郎（1838－1911年）、農家の医師の家に生まれセメント業の先駆者となった浅野総一郎（1848－1930年）等の企業人である。これら企業人の多くは商業資本家として資本主義経済の勃興期に機を見て旺盛な企業家精神を発揮して成功した企業人である。[91]

第 2 のタイプは所謂「政商タイプ」と呼ばれる企業人達である。「政商」という言葉は山路愛山が『現代金権史』（1908年）の中で最初に「政権担当者から利権を獲得し成功した産業人」という意味で使用して以来一般に使われ

第2章　日本の経済システムの発展

表2－14：官業の払い下げ

払下年月	物件	払受人	譲渡年次・譲渡先	のちの所属先
1874（明7）.11	高島炭坑	後藤象二郎	1881年、三菱	三菱石炭鉱業
1882（明15）.6	広島紡績所	広島綿糸紡績会社	1902年、海塚紡績所	
1884（明17）.1	油戸炭坑	白勢　成熙	1896年、三菱	
〃（明17）.7	中小坂鉄山	坂本弥八ほか	廃止	
〃（明17）.7	深川セメント	浅野総一郎		日本セメント
〃（明17）.7	深川白煉化石	西村　勝三		品川白煉瓦
〃（明17）.8	小坂銀山	久原庄三郎		同和鉱業
〃（明17）.12	院内銀山	古河市兵衛		古河鉱業
1885（明18）.3	阿仁銅山	古河市兵衛		古河鉱業
〃（明18）.5	品川硝子	西村　勝三／磯辺　栄一	1892年、廃止	
〃（明18）.6	大葛金山ほか	阿部　潜	1888年、三菱	三菱金属
1886（明19）.11	愛知紡績所	篠田　直方	1896年、焼失	
〃（明19）.12	札幌醸造所	大倉喜八郎	1887年、札幌麦酒	サッポロビール
1887（明20）.5	新町紡績所	三井	浅場　靖	鐘淵紡績
〃（明20）.6	長崎造船所	三菱		三菱重工業
〃（明20）.7	兵庫造船所	川崎　正蔵		川崎重工業
〃（明20）.12	釜石鉄山	田中長兵衛	1924年、釜石鉱山㈱	新日本製鉄
1888（明21）.1	三田農具製作所	子安峻ほか	東京機械製造	東京機械製作所
〃（明21）.8	三池炭坑	佐々木八郎	1889年、三井	三井炭鉱業
1889（明22）.11	幌内炭坑・鉄道	北海道炭礦鉄道	1899年、三井	北海道炭礦汽船
1893（明26）.9	富岡製糸所	三井	1902年、原合名会社	片倉鉱業
1896（明29）.9	佐渡金山	三菱		三菱金属
〃（明29）.9	生野銀山			

資料：小林正彬著『政商の誕生』、東洋経済新報社、昭和62年、22頁。

るようになったとされる。この「政商」といわれる企業人達も、旧幕府時代の特権商人で明治維新以降も発展した三井・住友・鴻池等の政商と、出身は概して低いが徒手空拳で動乱に乗じて成功した岩崎弥太郎（三菱）、川崎正蔵、藤田伝三郎、大倉喜八郎、古川市兵衛、安田善次郎、浅野総一郎等のグループと、明治政府の官僚から転じて政商となった渋沢栄一と五代友厚等の三つのグループに区分される。これら政商の多くは三菱・三井・住友・安田の４大財閥グループを始め財閥グループを形成することとなる。日本の資本主義経済の発展に対して財閥企業グループが果たした役割については既に多くの研究書や解説書があり、ここで更に言及する必要はないであろう。

97

(4) 日本の産業革命

　日本の産業革命に関しては日本の現代の経済史家達の間で統一的な見解は無いようである。産業革命の解釈について経済史家の立場は2つの見解に大きく分かれている。1つの立場は大内力・高村直助等のように産業革命は繊維産業を中心とする軽工業における機械制工業の形成を産業革命と規定する産業革命を狭義に理解する立場であり、他方は大石嘉一郎・石井寛治・三和良一等が主張する「日本の産業革命は、軽工業及び重化学工業の近代化を含む産業資本の確立過程である」とする産業革命を広義に解釈する立場に区分されよう。

　前者の立場を取る大内力等は、「明治維新政府の保護育成政策により、1887年（明治20年）前後には軽工業特に綿糸紡績業を中心に産業の近代化が進められ、日清戦争による飛躍的発展を経て1900年前後（明治38年代前半）には一般に産業革命を達成し、産業資本の確立をもたらした。……綿糸紡績業は1890年（明治23年）頃に既に近代化を成し遂げ、……綿糸の輸出は97年には輸入高を凌駕するに至っている。……製糸業においては94年（明治27年）に機械製糸の生産高が座繰製糸を凌駕し、そのころ片倉組・郡是製糸等の巨大経営が相次いで設立されている」と観察している。この日本の産業革命は以下の3つの特徴を有しているとする。その第1の特徴は産業革命が海外の先進諸国から近代的技術と資本家的経営制度を移植することによって成し遂げられたことである。第2の特徴はそれが国家指導型の産業革命であったことである。第3の特徴はそれが短期間に急速に行われたことである。日本の産業革命が圧縮過程で遂行された結果、日本の産業の近代化は不均衡なものとなり、前資本主義的な小生産を広汎に残存せしめる結果をもたらしたとする。[94]

　これに対して大石嘉一郎は野呂栄太郎や山田盛太郎等の「講座派」マルクス理論を継承して、産業革命を「個々の産業部門の生産形態・経営形態の変革（手工業生産形態から機械制工場生産形態への転換）ではなく、……産業革命は生産過程における急激な技術変革―マニュファクチュア生産から機械制工場

生産への転換を基礎過程とするが、……資本主義発展史における資本の原始蓄積過程の最終局面に位置し、……産業革命の過程と産業資本確立過程とは同一の歴史過程の盾の両面と言うべき関係にある。……産業資本の確立とは、機械制大工業の発展によって資本制生産方式の全社会的支配が確立し、一国資本主義の資本制的再生産軌道が定着することに他ならないが、それは理論的にみて相互に関連する2つの側面が成立することを意味する。その1つは資本制的蓄積に適応した産業予備軍を形成する労働力の再生産機構が成立することであり、その2は、消費財・生産財生産部門の2部門で資本制工場生産が支配的になることである」と指摘する。[95]

以上のような見地から大石嘉一郎は日本の産業革命の始期を、大阪紡績会社が操業を開始した明治16年前後および製糸業に西洋式機械製糸工業が採用され共同出荷結社が設立された明治20年代であるとする。また産業革命の終期は、山田盛太郎の主張を継承して明治30-40年代であるとする。この時期に日本の機械工業が飛躍的な発展を遂げた。日清戦争後に芝浦製作所を先頭とする大規模機械生産が進められ、日露戦争期の軍需を契機に造船技術が世界的な水準に到達（明治40年、天洋丸竣工）、工作機械製造技術の世界水準への到達（明治38年、池貝鉄工所アメリカ式旋盤製作）、池貝鉄工所に続いて新潟・大隈・唐津各鉄工所が工作機械の製造を開始、製造業では官営八幡製鉄所が日露戦争期に高炉の正常操業に成功、30-40年代にかけて住友製鋼所・神戸製鋼所・川崎造船所・日本製鋼所・日本鋼管等の民間製鋼所が発足、石炭産業での採掘の機械化の進展等が見られたことを理由にしている。

石井寛治教授はこの大石嘉一郎の見解を基本的に継承し、「産業革命とは、機械の発明と利用を基礎にして資本制生産様式が全社会的に確立する過程である。それは技術革新や個別産業の（機械制工場生産様式への転換）と理解されるべきでなく、……産業革命は国民経済全体が資本主義的に編成され終わる画期として把握されねばならない。……換言すればマニュファクチュアがその技術的狭隘性の故に駆逐し得なかった小生産者層を機械制大工業が決定的に分解し尽くし、全社会を資本家と労働者の両極に分裂せしめていく原始

的蓄積の最終局面＝資本制的蓄積の全面的開始期である」とする[96]。この立場から石井寛治教授は大石嘉一郎と同じく、日本の産業革命の始期を大阪紡績会社の設立に象徴される機械制工場生産を採用した綿糸紡績工業の形成期とし、終期を産業用機械工業の確立期であるとしている。この見方に従って石井教授は更に詳細に日本の産業革命の分析を行っている[97]。石井教授とほぼ同じような立場で大江志乃夫が日本の産業革命論を展開している[98]。

(5) 日本の蚕糸産業の発展

　後進資本主義国や第2次大戦後の発展途上国の工業化のプロセスを分析する場合、工業部門を伝統的部門ないしは在来産業部門、近代部門ないしは重化学工業部門に分割して論じる場合が多い。前者の伝統部門ないしは在来部門の多くは軽工業部門に属し、土着の商業資本家や産業資本家が手工業的な技術を用いて小規模に経営する農村工業的な「プロト工業」的性格を有する場合が初期の段階では一般的である。業種別ではこれらの産業は地域で供給される原材料を使用し、地域市場の需要を満たすために生産する繊維産業や食品加工業であるのが一般的である[99]。これに対して近代部門ないしは重化学工業部門は先進工業国から生産技術を移植し、大規模な生産設備投資を必要とする基幹産業部門であるのが一般的である。一国の産業政策を論ずる場合、論者は後者の近代部門の工業の育成・促進政策を念頭に置く傾向が強い。従って近代部門の工業の発展政策を論じる場合、その国の比較優位産業の識別、これら産業の発展に不可欠な産業の基盤整備、開発投資資金を効率的に配分する金融システムの整備、先進国の生産・管理技術の移植と人材の育成、近代的な株式会社制度に不可欠な会計システムや資本市場の整備等に関する政策を立案・実施することが必要になってこよう。これらの政策は世銀やアジ銀が発展途上国の工業発展を促進する政策として採用する一般的なフレーム・ワークである。

　しかしこの近代部門の工業の成長・発展には長期の準備・学習期間が必要になってこよう。また海外の先進工業国から先進技術の移植、資本財や原材

第2章 日本の経済システムの発展

表2-15：戦前日本の在来産業の有業者の構成

(単位：1,000人、%)

期間	有業者総数 (1)	農林水産業 (2)	非農林水産業 (3)	近代産業 合計 (4)	近代産業 製造業(従業員5人以上の工場) (5)	近代産業 その他 (6)	在来産業 合計 (7)	在来産業 製造業(従業員5人未満の工場) (8)	商業・サービス業 計 (9)	商業・サービス業 物品販売業 (10)	商業・サービス業 その他 (11)	その他の在来産業 (12)
1885〜1890 (%)	22,554 (100.0)	14,878 (66.0)	7,675 (34.0)	577 (2.6)	186 (0.8)	391 (1.7)	7,098 (31.5)	143 (0.6)	2,024 (9.0)	1,518 (6.7)	506 (2.2)	4,932 (21.9)
1890〜1895 (%)	23,287 (100.0)	14,779 (63.5)	8,507 (36.5)	745 (3.2)	376 (1.6)	369 (1.6)	7,762 (33.3)	184 (0.8)	2,129 (9.1)	1,596 (6.9)	532 (2.3)	5,450 (23.4)
1895〜1900 (%)	23,938 (100.0)	14,807 (61.9)	9,132 (38.1)	1,043 (4.4)	511 (2.1)	532 (2.2)	8,088 (33.8)	200 (0.8)	2,234 (9.3)	1,675 (7.0)	558 (2.3)	5,655 (23.6)
1900〜1905 (%)	24,553 (100.0)	14,788 (60.2)	9,765 (39.8)	1,411 (5.7)	650 (2.6)	762 (3.1)	8,354 (34.0)	224 (0.9)	2,339 (9.5)	1,754 (7.1)	585 (2.4)	5,791 (23.6)
1905〜1910 (%)	25,074 (100.0)	14,740 (58.8)	10,334 (41.2)	1,909 (7.6)	962 (3.8)	947 (3.8)	8,425 (33.6)	313 (1.2)	2,457 (9.8)	1,843 (7.3)	614 (2.4)	5,656 (22.6)
1910〜1915 (%)	25,675 (100.0)	14,721 (57.3)	10,954 (42.7)	2,317 (9.0)	1,207 (4.7)	1,109 (4.3)	8,637 (33.6)	388 (1.5)	2,725 (10.6)	2,044 (8.0)	681 (2.7)	5,524 (21.5)
1915〜1920 (%)	26,591 (100.0)	14,718 (55.3)	11,873 (44.7)	3,378 (12.7)	1,953 (7.3)	1,425 (5.4)	8,495 (31.9)	638 (2.4)	3,172 (11.9)	2,379 (8.9)	793 (3.0)	4,685 (17.6)
1920〜1925 (%)	27,687 (100.0)	14,738 (53.2)	12,949 (46.8)	4,304 (15.5)	2,531 (9.1)	1,773 (6.4)	8,645 (31.2)	844 (3.0)	3,881 (14.0)	2,809 (10.1)	1,072 (3.9)	3,921 (14.2)
1925〜1930 (%)	28,947 (100.0)	14,768 (51.0)	14,179 (49.0)	4,622 (16.0)	2,648 (9.1)	1,974 (6.8)	9,557 (33.0)	1,031 (3.6)	4,624 (16.0)	4,134 (10.8)	1,490 (5.1)	3,902 (13.5)
1930〜1935 (%)	30,531 (100.0)	14,714 (48.2)	15,817 (51.8)	5,050 (16.5)	2,932 (9.6)	2,119 (6.9)	10,767 (35.3)	1,265 (4.1)	5,292 (17.3)	3,494 (11.4)	1,798 (5.9)	4,210 (13.8)

資料：松本貴典・奥田都子著「戦前期日本における在来産業の全国展開」、中村隆英編『日本の経済発展と在来産業』、山川出版社、1997年、15頁。

料・エネルギー資源を輸入し、および外国人アドバイザーを雇用するためには多額の外貨が必要になってくる。この外貨獲得目的のため、近代的経済システムの形成期の段階では輸出志向型の在来産業の役割が非常に重要になってくる。日本の場合、明治維新から1930年代の経済システムの近代化の過程で蚕糸、製茶、綿糸産業等の在来産業が輸出産業として外貨を獲得し、雇用

表 2 －16：製糸業の発展

	養蚕戸数 （千戸）	製糸戸数 （千戸）	製糸女工数 （千人）	生糸類生産量（千俵）				全輸出に占める比率
				器械	座繰	玉糸	計	
								%
1880							33	30.3
85							31	35.1
90				23	31	3	57	24.5
95		388		56	43	6	106	35.2
1900	1,441	428		61	47	8	118	21.8
05	1,484	411	135	75	39	6	121	24.0
10	1,462	375	178	139	47	11	198	28.5
15	1,673	288	215	198	35	18	252	21.5
20	1,894	247	277	304	32	27	364	19.6
25	1,948	185	517	451	28	36	517	38.2
30	2,216	70	472	686	28	45	710	28.5
35	1,894	40	321	682	18	27	728	15.5

資料：安藤良雄編『近代日本経済史要覧』、東京大学出版会、1975年、76頁。

　繭（マユ）、生糸の原料となる繭は蚕（カイコ）が吐き出した繭糸（ケンシ）と呼ぶ一本の連続繊維で作られている。繭糸の長さは平均的には400メートル程度であるが、現在では品種改良の結果優良品種の場合1,500メートルにも達する。[101] 繭から生糸を作ることを製糸という。製糸の最も基本的な工程は煮繭（シャケン）と繰糸（ソウシ）である。熱湯で繭を煮てセリシンという接着剤で貼り合った繭糸の接着力を弱めることを煮繭という。生糸が目標の太さになるように必要本数の繭糸を寄せ集めて一本の糸条として枠に巻き取ることを繰糸という。綿・羊毛・麻の繊維から糸を作る方法を紡績というが、煮繭から繭糸を繰り出して抱き合わせて生糸を作るのが製糸である。製糸工程は在来江戸時代から使われていた座繰器が明治時代の初期段階に使用されていたが、その後フランス・イタリアから導入された機械制製糸技術が用いられるようになる。機械制製糸技術を日本に普及する契機となったのはフランスの機械制製糸技術を採用した官営富岡製糸場が1872年（明治4年）に操業を開始してからである。

需要を形成し、地域経済を活性化する重要な機能を演じた。[100]

　この日本の在来産業の中で最も重要な産業は製糸業、即ち蚕糸業であろう。養蚕業には平均140万戸前後の農家が従事し、製糸業には25—40万戸の農家が従事し15—50万人の女工が雇用され、その最盛期には日本全体の輸出の38パーセントを占める日本の主要な輸出産業となる。先ず蚕糸業の基本的な生

第2章　日本の経済システムの発展

表2-17：主要生糸供給国

(単位：千kg)

年（平均）	フランス (生産量)	イタリア (生産量)	清　国 (輸出量)	日　本 (輸出量)
1850	3,180	5,000	1,241	－
1857	1,106	5,000	3,599	－
1863	650	3,508	3,736	777
1870	1,019	3,101	2,331	410
1871－75	658	3,171	3,941	691
1876－80	510	1,922	4,175	1,033
1881－85	631	2,766	3,342	1,360
1886－90	692	3,427	4,035	2,056
1891－95	747	3,686	5,403	3,006
1896－1900	650	4,865	6,529	3,459
1901－05	591	5,262	6,355	4,865
1906－10	583	5,654	7,191	7,448
1911－15	358	4,561	7,649	10,771

資料：石井寛治著『日本蚕糸業史分析』、東京大学出版会、1972年、28頁、43頁。

産プロセスを見てみよう。

　日本は1910年代にはフランス・イタリア・中国の生産量を凌駕し、世界最大の生糸生産国となり、1920年代にはその輸出総数の80パーセント以上がアメリカ市場向けとなりアメリカの輸入生糸の70パーセントを日本製の生糸が占めるに至る。

　日本の蚕糸業の発展に関しては近代日本経済史を専攻とする若手の研究者達が強い関心を示し、数多くの研究成果が今まで発表されている。これら研究者の初期の労作は石井寛治[102]（1972年）、滝澤秀樹[103]（1978年）の研究があり、最近の研究では松村敏[104]（1992年）、中林真幸[105]（2003年）の研究が特筆されよう。前二者の研究は講座派理論に従って日本の資本主義の発展を分析する枠組みの中で蚕糸業の発展を位置づけ分析しようとする試みで、特に石井寛治の研究はこの種の分析では最も総括的な研究であると高く評価されている。最近の研究では中林真幸の研究が注目に値する。中林真幸はこの研究のなかで製

表2－18：アメリカの輸入生糸

(単位：%)

7月－翌年6月	輸　入　量（千封度）				
	フランス	イタリア	日　本	中　国	合　計
1890	216	812	2,556 (52.0)	1,287	4,917
91	319	1,275	4,062 (54.0)	1,845	7,521
92	307	1,482	3,697 (49.8)	1,880	7,422
93	210	886	2,644 (53.3)	1,198	4,956
94	365	1,354	3,788 (47.5)	2,419	7,974
95	381	1,116	3,951 (49.4)	2,315	8,000
96	233	865	3,474 (53.3)	1,907	6,513
97	339	1,743	5,294 (51.3)	2,916	10,315
98	330	2,251	4,515 (46.6)	2,512	9,691
99	356	2,217	4,765 (42.3)	3,854	11,259
1900	322	1,832	4,658 (51.0)	2,290	9,139
01	550	2,567	6,197 (49.1)	3,027	12,620
02	577	3,098	6,810 (49.9)	3,091	13,637
03	378	2,095	6,690 (53.0)	3,385	12,630
04	795	4,571	8,304 (46.6)	3,143	17,812
05	552	3,490	7,446 (51.3)	2,905	14,505
06	511	3,729	9,346 (55.9)	2,990	16,722
07	375	2,966	9,625 (62.4)	2,386	15,424
08	710	4,979	12,694 (54.4)	4,828	23,333
09	589	3,523	11,957 (58.7)	4,084	20,363
1910	283	2,635	13,886 (62.0)	5,370	22,379
11	91	2,058	14,493 (67.1)	4,776	21,609
12	121	2,811	17,425 (66.9)	5,510	26,049
13	66	1,997	20,196 (70.6)	5,926	28,594
14	49	2,610	18,217 (70.0)	5,097	26,030

資料：石井寛治著『日本蚕糸業史分析』、東京大学出版会、1972年、28頁、43頁。

糸業の企業組織を近代的な資本主義的な企業組織の萌芽的な形態であると考え、比較制度論の立場から詳細な分析を行っている。ここでこれらの研究成果を踏まえて日本の経済システムの近代化の過程で蚕糸業の発展がどのような役割を果たしたのかを総合的に論じることは出来ないが、蚕糸業は産業連

第2章　日本の経済システムの発展

関効果や技術革新の深化度や他の産業に対する波及効果は比較的小さく、日本の資本主義経済の発展の起動力にはならなかったといえよう。しかし蚕糸業は片倉・郡是製糸等の近代的な企業を輩出し、横浜の生糸売込問屋金融制度等特殊な産業金融制度を形成し、開明社等の原料確保・品質管理・共同販売を目的とする共同結社の形成等独特な発展形態を現し、興味のある産業分野である。

おわりに

　この章の中で著者は、日本の経済システムの明治維新以降の近代化の過程の特徴を、資本主義論争、経済史の実証分析の成果、近代化論の論議に焦点を当てて分析するように試みた。更に日本の経済の近代化の諸様相を、政治指導型の経済システム、経済発展と法制度、会社制度、産業革命、蚕糸産業の発展等に焦点を当てて解説した。この章の目的は日本の経済システムの近代化に関する文献を可能な限り網羅的にサーヴェイすることであり、その作業を通して日本の経済システムの特徴を浮き彫りにすることである。しかし日本の経済システムの近代化の過程で日本政府の産業政策がどのような役割を演じたか解説しなかった。これについては第6章を参照されたい。

註

1. 「日本資本主義論争」に関しては下記の解説書が参考になる。大石嘉一郎著『日本資本主義史論』、東京大学出版会、1999年、51-103頁。大内力著『日本経済論』、上巻、東京大学出版会、1962年、41-80頁。山本義彦著『近代日本資本主義史研究』、ミネルヴァ書房、2002年12月、15-211頁。山本義彦著「資本主義論争」、石井寛治・原朗・武田晴人編『日本経済史3：両大戦間期』、東京大学出版会、2002年、301-306頁。
2. 1922年の日本共産党の成立とその後日本共産党がコミンテルンの指示に従って採用した政治路線および日本の軍国主義政府が特高警察を通して行った日本共産党に対する思想弾圧に関しては、升味準之輔による詳しい解説がある。升味準之

輔著『日本政党史論』第5巻、東京大学出版会、1979年、385－506頁参照のこと。
3．升味準之輔著『日本政治史3：政党の凋落・総力戦体制』、東京大学出版会、1988年、140頁。
4．山本義彦著「資本主義論争」、石井寛治・原朗・武田晴人編、前掲書、301－306頁。
5．Morris-Suzuki, Tessa., A History of Japanese Economic Thought, Routledge, London, 1991.（邦訳）テッサ・モーリス鈴木著・藤井隆至訳『日本の経済思想：江戸期から現代まで』、岩波書店、1991年、132－145頁。
6．この『日本資本主義発展史講座』の刊行50周年記念復刻版が岩波書店から1982年に出版されている。この『講座』刊行事情に関しては大石嘉一郎の詳しい解説がある。『日本資本主義発達史講座』、刊行50周年記念復刻版別冊1、解説・資料、1982年5月。
7．野呂栄太郎（1900－1934年）の『日本資本主義発達史』は最初1930年に鉄塔書院から出版されたが、岩波書店からは1935年に出版されている。ここでは岩波書店の最新版『日本資本主義発達史、上・下巻』1983年を使用する。山田盛太郎の『日本資本主義分析』は『講座』に掲載された山田盛太郎の論文を一冊に纏めたものであり、昭和9年（1934年）に出版された。ここでは1977年の岩波文庫版を使用する。平野義太郎著『日本資本主義社会の機構』（岩波書店　昭和9年）は『講座』に掲載された平野義太郎の論文を一冊の本に纏めたものである。
8．井上清著『日本帝国主義の形成』、岩波書店、1968年（岩波モダンクラシックス、2001年）、149－150頁、388－400頁。
9．J.A. Hobson, "Imperialism, a Study", London, George Allen & Unwin Ltd., 1902.（邦訳版）ホブソン著・矢内原忠雄訳『帝国主義論』、岩波文庫、1952年、下巻、294－308頁。
10．レーニンの『帝国主義論』のロシア語版は1917年に出版された。ここでは邦訳版、レーニン著・宇高基輔訳『帝国主義論』、岩波文庫、昭和31年を参照する。
11．レーニン著、前掲書、144－146頁。
12．野呂栄太郎著『日本資本主義発達史』、前掲書、上巻、143－216頁。
13．井上清著「日本の朝鮮侵略と帝国主義」（1968年）、井上清史論集3、『日本の軍国主義』、現代岩波文庫、2004年、123頁。
14．遠山茂樹・今井精一・藤原彰著『昭和史』、（新版）岩波新書、1959年、3頁。
15．遠山茂樹著『明治維新』（1951年）、岩波書店（岩波現代文庫版　2000年）、19頁、311頁。

第2章 日本の経済システムの発展

16. 石井寛治著『日本経済史』(第2版)、東京大学出版会、1991年、102頁。
17. 松尾正人著『維新政権』、吉川弘文館、平成7年。勝田政治著『廃藩置県』、講談社、2000年参照、三和良一著『概説日本経済史』(第2版)。これらの文献から明治維新による日本社会の構造変化は画期的なものであったことが理解されよう。
18. 三和良一著『概説日本経済史』(第2版)、東京大学出版会、2002年、31-42頁。
19. 遠山茂樹著『明治維新と現代』、岩波新書、1968年、1-41頁。
20. 野呂栄太郎、前掲書、上巻、223頁、263頁。
21. 山田盛太郎著『日本資本主義分析』(昭和9年)、岩波文庫版、1977年、7-10頁、25頁、95頁。
22. 平野義太郎著『日本資本主義社会の機構』、昭和9年、岩波書店、243-252頁。
23. 土屋喬雄著『維新経済論』、中央公論社、昭和17年、55-83頁;『日本資本主義史論』、育成社、昭和12年、137-160頁。高坂逸郎著『日本資本主義の諸問題』(昭和12年)、社会主義協会出版会版、1976年、5-62頁。大内力・楫西充速・加藤俊彦・大島清著『日本資本主義の成立I』、東京大学出版会、1954年、175-260頁。
24. 石井寛治著『日本経済史』(第2版)、東京大学出版会、1991年、1-10頁。
25. 西川俊作著『日本経済の成長史』、東洋経済新報社、1985年。
26. 新保博著『近代日本経済史』、創文社、1995年。
27. 中村隆英著『戦前期・日本経済成長の分析』、岩波書店、1971年、39-62頁。
28. 山澤逸平著『日本の経済発展と国際分業』、東洋経済新報社、昭和59年、10-114頁。雁行経済発展理論に詳しい説明については、以下の文献を参照のこと。小島清著『雁行型経済発展論』第1巻、文真堂、2003年。
29. 南亮進著『日本の経済発展』、東洋経済新報社、1992年。
30. 南亮進著、前掲書、220-229頁、307-315頁。
31. 安場安吉著『経済成長論』、筑摩書房、1980年。荒憲次郎著『経済成長論』、岩波書店、1969年。稲田献一・宇沢弘文著『経済発展と変動』、岩波書店、1972年。
32. 稲田献一・関口末夫・庄田安豊著『経済発展のメカニズム』、創文社、昭和47年。
33. Jones, Charles I., "Introduction To Economic Growth", W.W. Norton & Company, 1998.(邦訳版) チャールズ・ジョーンズ著・香西豊監訳『経済成長理論入門』、日本経済新聞社、1999年。この文献は初歩的な数学の知識で新古典派経済成長理論や内生的成長理論が理解出来るように書かれており、優れた入門書である。日本の研究者による解説書としては、以下の文献が参考になる。

秋山裕著『経済発展論入門』、東洋経済新報社、1999年。
34. World Bank, The East Asian Miracle: Economic Growth and Public Policy, Oxford University Press, 1993.（邦文訳）白鳥正喜監訳『東アジアの軌跡』、東洋経済新報社、1994年、参照のこと。
35. 世銀報告書、前掲書、29－75頁。
36. Young, Alwyn., "The Tyranny of Numbers: Confronting the Statistical Realities of the East Asian Growth Experience," Quarterly Journal of Economics, Vol. 110, August, 1995, pp. 641－80.
37. 速水佑次郎著『開発経済学』（新版）、創文社、2000年、153頁。
38. 都留重人著『都留重人自伝：いくつもの岐路を回顧して』岩波書店、2001年、135－140頁、291－295頁。H・ノーマンの生涯については大窪愿二「覚書 ハーバード・ノーマンの生涯」、大窪愿二編訳『ハーバード・ノーマン全集』第4巻、岩波書店、1978年、553－600頁。
39. H．ノーマンの日本の近代化に対する見方は以下の文献に表れている。H・ノーマン著・大窪愿二編訳「日本における近代国家の形成」(1940年)、『ハーバード・ノーマン全集』第1巻、岩波書店、1977年、1－332頁。「日本政治の封建的背景」、『ハーバード・ノーマン全集』第2巻、1997年、1－280頁。
40. H・ノーマン著・大窪愿二監訳「忘れられた思想家 安藤昌益のこと」、『ハーバード・ノーマン全集』第3巻、3－383頁。
41. 社会学的な近代化理論については、以下の文献が参考になる。Marion J. Levy, Modernization and The Structure of Societies, Princeton University Press, 1966; S.N. Eisenstadt, Modernization: Protest and Change, Prentice-Hall, 1966. 政治学の分野ではD・イーストン（D・Easton）が政治システム論を展開し（David Easton, The Political System, Alfred A. Knopf, 1953)、カール・ドイッチェ（Karl W. Deutsch）がサイバナティックス理論（情報制御理論）を政治学に適用し（Karl W. Deutsch, The Nerves of Government, The Free Press, 1966), G・アルモンド（G. Almond）が比較政治文化の概念を政治学に導入した（Gabriel A. Almond, and G. B. Powell, Comparative Politics, Little, Brown and Company, 1966)。
42. 日本の近代化に対する学際的な研究の代表例はプリンストン大学から出版された一連の研究書であろう。

    Aspects of Social Change in Modern Japan, ed., by R.P. Dore, 1967.
    The State and Economic Enterprise in Japan, ed., by William W.

第2章 日本の経済システムの発展

Lockwood, 1965.
Changing Japanese Attitudes Toward Modernization, ed., by Marius B. Jansen, 1965
Political Development in Modern Japan, ed., by Robert E. Ward, 1967.
Tradition and Modernization in Japanese Culture, ed., by Donald Shively, Dilemmas of Growth in Prewar Japan, ed., by James W. Morly.

43. Lockwood, William W., The Economic Development of Japan : Growth and Structural Change 1868−1938, Oxford University Press, 1955, pp. 499−592.
44. Ohkawa, Kazushi., and Henry Rosovsky, "A Century of Japanese Economic Growth," in The State and Economic Enterprise in Japan, ed., by William W. Lockwood, Princeton University Press, 1965, pp. 47−92.
45. Rosovsky, Henry., Capital Formation in Japan: 1868−1940, The Free Press of Glencoe, 1961, pp. 55−104.
46. Ohkawa, Kazushi., and Henry Rosovsky, Japanese Economic Growth, Stanford University Press, 1973.
47. Fei, John C. H., Kazushi Ohkawa, and Gustav Ranis, Economic Development in Historical Perspective: Japan, Korea and Taiwan, in Japan and the Developing Counties, ed., by Kazushi Ohkawa and Gustav Ranis, Basil Blackwell, 1985, pp. 35−64.
48. Kelley, Allen C., and Jeffrey G. Williamson, Lessons from Japanese Development: An Analytical Economic History, The University of Chicago Press, 1974.
49. Smith, Thomas C., Political Change and Industrial Development in Japan: Government Enterprise, 1868−1880, Stanford University Press and Native Sources of Japanese Industrialization, 1750−1920, University of California Press, 1988; Edward E. Pratt, Japan's Proto-industrial Elite, Harvard University Press, 1999.
50. Landes, David., "Japan and Europe: Contrast in Industrialization," in The State and Economic Enterprise in Japan, ed., by William W. Lockwood, Princeton University Press, 1967, pp. 93−182.
51. Asia's New Giant: How the Japanese Economy Works, ed., by Hugh

Patrick and Henry Rosovsky, The Brookings Institution, 1976.
52. Johnson, Chalmers., MITI and The Japanese Miracle; The Growth of Industrial Policy 1925−1975, Stanford University Press, 1982.
53. Vogel, Ezra F., Japan As Number One: Lessons for America, Charles E. Tuttle, 1979.
54. Tyson, Laura D'Andrea., Who's Bashing Whom ? Trade Conflict in High-Technology Industries, Institute for International Economics, 1992.
55. Porter, Michael E., Hirotaka Takeuchi, and Mariko Sakakibara, Can Japan Compete ? Perseus Publishing, 2000; Michael E. Porter and Mariko Sakakibara, "Competition in Japan," The Journal of Economic Perspectives, Winter 2004, pp. 27−50.
World Economic Forum, The Global Competitiveness Report 2002−2003.
56. 青木昌彦著『経済システムの進化と多元性』、東洋経済新報社、1995年、192−221頁。青木昌彦・奥野正寛編著『経済システムの比較制度分析』、東京大学出版会、1996年、299−341頁。青木昌彦・奥野正寛等編『東アジアの経済発展と政府の役割』、日本経済新聞社、1997年、1−55頁。原洋之助著『アジア型経済システム』、中公新書、2000年、100−184頁。青木昌彦・ロナルド・ドーア編『システムとしての日本企業』、NTT出版、1995年、13−48頁。神野直彦著『システム改革の政治経済学』、岩波書店、1998年、169−184頁。Yujiro Hayami, "Toward an East Asian Model of Economic Development," The Institutional Foundations of East Asian Economic Development, ed., by Yujiro Hayami and Mashiko Aoki, Macmillan Press, 1998, pp. 3−35.
57. 金子勝・児玉龍彦著『逆システム学』、岩波新書、2004年、1−17頁。
58. この岩倉具視使節団については以下を参照のこと。田中彰著『岩倉使節団：欧米回覧実記』、岩波現代文庫、2002年、田中彰著『明治維新と西欧文明』、岩波新書、2003年。岩倉使節団の訪問先については、久米邦武編『欧米回覧実記』、1巻―5巻、岩波文庫、1977年―1980年に詳細な記録がある。
59. 毛利敏彦著『大久保利通』、中公新書、1969年、176−178頁。勝田政治著『大久保利通』、講談社、2003年、119−127頁。久米邦武編『米欧回覧実記』、前掲書、第3巻、329−330頁。
60. 安藤哲著『大久保利通と民業奨励』、御茶の水書房、1999年、13−22頁。
61. 鈴木淳著「工部省の15年」、鈴木淳編『工部省とその時代』、山川出版社、2002

第 2 章　日本の経済システムの発展

年、3 − 22頁。
62. 通商産業省編『商工政策史』第 1 巻、昭和60年、120 − 121頁。原彬久著『岸信介』、岩波新書、1995年、36 − 76頁。
63. 末広昭著「発展途上国の開発主義」、東京大学社会科学研究所編『20世紀システム』、東京大学出版会、1998年、13 − 46頁。末広昭著『キャッチアップ型工業化論』、名古屋大学出版会、2000年、16 − 79頁。
64. 石井良助著『日本法制史概説』、弘文堂、昭和23年。
65. 毛利敏彦著『江藤新平』、中公新書、1987年、88頁。
66. 松永昌三著『福沢諭吉と中江兆民』、中公新書、2001年。中江兆民の思想と行動に関しては桑原武夫等の研究がある。以下を参照のこと。桑原武夫編『中江兆民の研究』、岩波書店、1966年。
67. 平野義太郎著「ブルジョア民主主義運動史」、『日本資本主義発達史』第 3 巻、昭和 7 年。平野義太郎著『大井憲太郎』、吉川弘文館、昭和40年。
68. 家永三郎著『植木枝盛研究』、岩波書店、昭和35年。
69. 井上清著「自由民権運動」、井上清史論集 2 、『自由民権』、岩波現代文庫、2003年、3 − 69頁。岡義武著「近代日本政治史Ⅰ」、岡義武著作集第 1 巻、『明治政治史Ⅰ』、1992年、172 − 244頁。
70. 稲田正次著『明治憲法成立史』上・下巻、有斐閣、昭和35年、37年。
71. 瀧井一博著『文明史のなかの明治憲法』、講談社、2003年。
72. 明治政府は官僚養成大学として東京帝国大学を設立するが、この東京帝国大学の法学部で加藤祐之や穂積陳重等によってドイツ法学が法学教育の主流の地位を占めることになる。穂積重行著「明治10年代におけるドイツ法の受容」、稲田正次編『明治国家形成過程の研究』、御茶の水書房、1966年、505 − 567頁。
73. 明治時代の民法・商法の制定に関する問題については、以下の文献を参照のこと。中村菊男著『新版　近代日本の法的形成』、有信堂、昭和38年。手塚豊作著『明治民法史の研究』上・下巻、慶応通信、平成 2 年。三枝一雄著『明治商法の成立と変遷』、三省堂、1992年。
74. 大塚久雄著「株式会社発生史論」（昭和13年）、『大塚久雄著作集』第 1 巻、岩波書店、1969年、13 − 154頁。
75. J・ヒルシュマイヤー・油井常彦著『日本の経営発展』、東洋経済新報社、昭和52年、3 − 86頁。石川健次郎・安岡重明著「商人の富の蓄積と企業形態」、安岡重明・天野正敏編『日本経営史 1 ：近世的経営の展開』、岩波書店、1995年、61 − 107頁。

76. 宮本又次著『株仲間の研究』、有斐閣、昭和13年を参照のこと。
77. 袖木学著「菱垣廻船と樽廻船」、豊田武・児玉幸多編『交通史』、山川出版社、1970年、264-276頁。
78. 菅野和太郎著『日本会社企業発生史の研究』、岩波書店、1931年。
79. 高村直助著『会社の誕生』、吉川弘文館、1996年。
80. 渋沢栄一に関しては多数の伝記が書かれているが、土屋喬雄の伝記が参考になる。土屋喬雄著『渋沢栄一』、吉川弘文館、1989年。
81. 菅野和太郎著、前掲書、110-258頁。
82. 大内力・楫西光速・加藤俊彦・大島清著『日本資本主義の成立II』、東京大学出版会、1956年、367-375頁。
83. 宮本又郎著「産業化と会社制度の発展」、西川俊作・阿部武司編『日本経済史4：産業化の時代、上巻』、岩波書店、1990年、363-364頁。
84. Thurow, Lester., Head To Head ; The Coming Economic Battle Among Japan, Europe, and America, William Morrow and Company, 1992, pp. 27-66.
85. Chandler, Alfred D., Scale and Scope ; The Dynamics of Industrial Capitalism, Harvard University Press, 1990, pp. 224-233, pp. 235-237, pp. 493-395.
86. Cain, P. J., and A. G. Hopkins, British Imperialism ; Innovation and Expansion 1688-1914, Addison Wesley, 1993.（邦訳版）竹内幸雄・秋田茂訳『ジェントルマン資本主義の帝国I. II』、名古屋大学出版会、1997年。
87. 青木昌彦著「システムとしての日本企業」、青木昌彦・ロナルド・ドーア編『システムとしての日本企業』、NTT出版、1995年、13-48頁。
88. 高村直助著『会社の誕生』、前掲、78頁。
89. 宮本又郎著「産業化と会社制度の発展」、前掲書、374-388頁。
90. 東畑精一著『日本資本主義の形成者』、岩波新書、1964年、107-117頁。
91. J・ヒルシュマイヤー・油井常彦著『日本の経営発展』、東洋経済新報社、昭和52年、120-121頁。
92. 小林正彬著『政商の誕生』、東洋経済新報社、昭和62年、3-23頁。
93. 武田晴人著『財閥の時代』、新潮社、1995年、18-78頁。
94. 楫西光速・加藤俊彦・大島清・大内力著『日本資本主義の発展1』、東京大学出版会、1957年、31頁-52頁。産業革命を繊維産業が工場制機械化する過程を産業革命とする見方を高村直助も取っている。高村直助著「産業革命と現代」、高

第2章　日本の経済システムの発展

村直助編『産業革命』、吉村弘文館、1994年、1－24頁。
95. 大石嘉一郎著「課題と方法」、大石嘉一郎編『日本産業革命の研究』上巻、東京大学出版会、1975年、1－42頁。
96. 石井寛治著『日本経済史』第2版、1991年、175－182頁。
97. 石井寛治著『日本の産業革命』、朝日新聞社、1997年参照のこと。この文献の中で石井寛治は日清・日露戦争を契機に日本の産業資本ないしは資本主義経済体制が確立する過程を分析している。
98. 大江志乃夫著『日本の産業革命』、岩波書店、1968年参照のこと。
99. 「プロト工業」の概念については、谷本雅之著「厳マニュ論争とプロト工業論」、石井寛治・原朗・武田晴人編『日本経済史1：幕末維新期』、東京大学出版会、2000年、207－216頁参照のこと。
100. 明治時代の日本の在来産業については、以下の文献参照のこと。谷本雅之著「在来産業の変容と展開」、石井寛治・原朗・武田晴人編『日本経済史1：幕末維新期』、東京大学出版会、2000年、153－206頁。斉藤修・谷本雅之著「在来産業の再編成」、梅村又次・山本有造編『日本経済史3：開港と維新』、岩波書店、1989年、223－283頁。
101. 製糸技術の基本工程の説明は以下の文献による。玉川寛治著『製糸工女と富国強兵の時代』、新日本出版社、2002年、28－62頁。
102. 石井寛治著『日本蚕糸業史分析』、東京大学出版会、1972年。
103. 瀧澤秀樹著『日本資本主義と蚕糸業』、未来社、1978年。
104. 村松敏著『戦間期日本蚕糸業史研究』、東京大学出版会、1992年。
105. 中村真幸著『近代資本主義の組織』、東京大学出版会、2003年。

第3章 韓国の経済システムの展開

はじめに

 韓国経済の発展は、「東アジアの奇跡」と喧伝された。先進国にとって韓国経済は油断を許さない競争相手に成長したばかりでなく、他の発展途上国にとっても韓国の経済発展は1つの発展の実践的なパラダイムを提供している。開発援助政策論や協力論を専攻にする者にとって韓国経済の発展のプロセスを1度は真剣に分析すべきであろう。この章では日本および欧米で出版された韓国経済に関する主な研究の成果を概略的にまとめ、韓国経済の発展の特徴を理解することにする。

3．1 韓国の経済危機

(1) 韓国のマクロ経済発展

 1990年代に入り韓国経済は依然好調であった。1996年韓国はOECD（経済協力開発機構）に加盟し、アジアでは日本（1964年加盟）に次いで2番目に先進国クラブに仲間入りした。1997年の韓国の1人当たりGDPは10,550ドルを記録し、ギリシャ（11,640ドル）やポルトガル（11,010ドル）と肩を並べる水準に達した。1960年の韓国の1人当たりGDPは86ドルに過ぎず、韓国経済は37年間でその経済規模は実に100倍以上の驚異的な成長を遂げたことになる。特に1961年—79年の18年間韓国経済は朴政権下が実行した輸出志向型の経済政策によって持続的な高度成長経済を達成し、「漢江の奇跡」と喧伝された。世界銀行は韓国の経済発展のプロセスが輸出志向型の経済政策が発展途上国で最も成功したモデル・ケースとして数多くの報告書の中で取り上げた。世界銀行は1993年韓国を含むその他の新興工業国（NIEs）およ

第3章　韓国の経済システムの展開

び東南アジア諸国が何故高成長経済を持続することが出来たのかを分析し、「市場原理を促進する政府指導型」の政策がその成功の理由の１つであると結論づける報告書を『東アジアの奇跡』というタイトルをつけて発表した。[1]東アジアの奇跡を象徴するのが韓国経済の驚異的な発展の成果であった。誰もが韓国は減速するにしても今後も成長軌道に乗って持続的に発展すると期待していた。

　日本の代表的な開発経済学者として知られる渡辺利雄教授は経済危機が顕在化する以前の韓国経済の発展過程について数多くの研究書を発表してきた。それらの中で渡辺教授は韓国の経済発展過程を「後発性経済が持つ外部的な経済利益が開発独裁体制の下で圧縮的に内部化したプロセス」として分析していた。[2]しかし渡辺教授は権威主義的な政治体制の下で圧縮的に発展した韓国経済が持つ構造的な歪みや脆弱性についてはあまり関心を持たなかった。韓国経済の研究者の深川由起子教授は危機の兆候が現れはじめた1997年の初頭にそれまでの韓国経済についての研究の成果を発表している。[3]この研究書の中で深川教授は韓国経済の成熟過程を産業構造のミクロの視点から実証的に分析し、韓国型の経済システムの構造的な欠陥を明かにしている。深川教授は韓国型の経済システムの特徴を、軍事権威政権を正当化するイデオロギーとして高経済成長政策、日本に対抗する経済的ナショナリズム、政府と財閥の癒着システム、大統領秘書室および経済企画院（EPB: Economic Planning Board；1961年設立、1993年金泳三政権下で財政経済院に再編）のテクノクラート・官僚による経済政策決定、「官冶金融」と呼ばれる政府指導型の政策金融システム、為替管理を含む市場経済メカニズムの政府管理、労働運動の抑圧等を韓国経済システムの特徴として掲げている。そして深川教授は中長期的には韓国型経済システムは構造改革をする必要があり、特に高投資・高インフレ・高成長から高生産性・低インフレ・安定成長への転換、経済システムの政府指導型から市場指導型への転換、民族主義的な重商主義政策から経済システムのグローバル化への転換が必要であると指摘した。しかし深川教授は韓国経済がソフト・ランディングすると予想し、急激に進展する経済

のグローバル化状況下で韓国経済システムが一時的に破綻するとは考えなかった。[4]

韓国経済が持つ構造的欠陥についてはマルクス主義経済学者達がしばしば指摘していた。例えば中川信義教授（1987年）は韓国の経済発展は「二重構造的発展」と「従属的発展」という特質を強く持つと指摘していた。「二重構造的発展」とは財閥系列化の独・寡占企業の成長と中小・零細企業の停滞という二重構造であり、「従属的発展」とは、韓国財閥、国家（軍部・官僚寡頭性、官僚的権威主義体制、権威主義国家）、と多国籍金融資本との「三者同盟」による中核的先進資本主義に対する従属的資本主義の発展と理解される。[5] この理論に従えば、韓国経済の二重構造性と従属性の持つ矛盾は韓国経済がグローバル化するにつれて顕在化し、危機的な状況になる可能性があると解釈すべきであるが、中川教授は韓国経済が持つ危機の潜在性については明言しなかった。

韓国経済が持つ危機の潜在性については早くから隅谷三喜男（1976年）が指摘していた。隅谷は韓国経済が輸出志向型の外部依存度の高い経済体質を持ち、蛸足的に拡大する財閥企業の旺盛な投資需要を対外債務に依存する借金経済であると考えた。従って韓国経済は外的ショックに対する脆弱性があり、韓国は高成長経済を持続することは出来ず、破綻する可能性があると警告していた。[6]

韓国経済については開発経済学者やマクロ経済学者が巨視的なレベルから在来分析してきた。しかしマクロ経済指標を分析するだけでは韓国の金融経済や実体経済の構造的歪みや欠陥を理解することは出来ないであろう。その意味では深川教授のように韓国のミクロ経済システムの深層を分析する必要があろう。

このような韓国経済のミクロ分析を最近アメリカのコンサルタント会社が行っている。このコンサルタント会社は韓国経済の特色は、日本の経済システムと同じく政府指導型の極度に規制・抑圧された閉鎖的経済システムであり、即急に経済の自由化政策を実施しないと21世紀のグローバル化した国際

的な市場競争の下では韓国の産業は国際競争力を喪失していくと主張した。特に韓国企業は、先端産業分野では日本の企業と、伝統的な重化学工業分野では中国企業と競争関係にあり、韓国企業はこれらの産業分野で比較優位性を失う傾向にあると指摘した。韓国の企業は両国経済の挟み撃ちに合い、財閥企業が指導的な役割を演じた鉄鋼産業、自動車産業、半導体産業、家電産業の分野で急速に国際競争力を喪失することになると指摘した。韓国経済が21世紀の北東アジアの中核経済としてダイナミズムを持続するためには、市場主導経済に移行し、財閥企業依存の産業構造を改革し企業家精神を育成し、儒教的で集団志向的な企業経営から創造的な知識を基盤とする経営に転換し、アジア地域の国際分業体制を確立し、経済のグローバル化に対応する必要があると指摘した。この報告書は韓国で経済危機が発生した年に発表され話題となった。[7]

(2) 韓国ミクロ経済システムの脆弱性

　韓国が圧縮型の経済成長を持続すると構造的な歪みや欠陥、制度疲労やシステムの機能障害を発生すると考えられる。35年前後で経済の規模が100倍に成長するということは異常に速い経済成長速度であり、いかなる経済もシステム障害の兆候を経験することになる。1996年に発表された『アジア経済発展の展望』の中でアジ銀のエコノミスト達は、韓国経済が今後も比較的高い経済成長が続くと楽観的な見通しを立てていた。[8] 韓国の経済学者達も韓国経済がIMFの支援を必要とする程危機的な状況を経験することになるとは予想もしていなかった。[9] 財閥企業グループの蛸足的企業経営の多角的拡大と間接金融による資金調達、深刻化する財閥企業グループのバランス・シート（債務比率の増大）、財閥企業グループと金融機関との癒着、政策金融による金融機関の与信審査機能の低下（所謂「官治金融」の障害）、1980年代以降資本の自由化に伴う海外からの長・短期資本の流入と拡大する企業および金融機関の累積する対外債務等の韓国経済は「借金経営・借金経済」体質であった。従って一度財閥企業の経営が悪化すると、その負の効果は即時に金融機

関に波及して経済全体を危機的な状況に陥れる可能性を秘めていた。

　財閥企業を含み韓国の企業の間接金融依存型の財務体質は一般によく知られた事実であった。韓国の資本市場は比較的未成熟であり、株式市場に上場している企業数は1996年の時点で769社、株式の時価総額は1,388億ドルの水準に止まり、対ＧＤＰ比率で28パーセント、ＰＥ比率の平均は11.7パーセントと株式市場は活発ではなかった。[10] 従って企業は旺盛な投資資金需要を満たすため金融機関からの借り入れに依存する傾向があった。韓国銀行や韓国産業銀行が毎年発表する企業財務統計資料によると、1980年代の一般の企業の平均の対自己資本負債比率は300－400パーセント、製造業の大企業の負債比率は700パーセント以上の負債依存型の財務体質を持っていた。[11] この韓国企業の高負債比率は企業が高成長を持続する場合には「梃子の効果」によって企業の高収益の原因になるが、企業の業績が悪化するとこの「梃子の効果」は逆に企業の財務体質（バランス・シート）を急激に悪化させることになる。

　1997年当時韓国の金融機関が保有する金融資産は、銀行が800兆ウォン、非銀行金融機関が550兆ウォン、金融機関全体で1,350兆ウォンに達し、金融資産総額は韓国のＧＤＰの3.2倍の規模に達していた。[12] 従って一度企業の業績が悪化し対金融機関債務の返済が不履行となると、金融機関が抱える不良債権額が膨張し金融機関のバランス・シートが悪化し、金融不安を造成し、韓国の金融システム全体を危機的な状況に陥れる可能性があった。

　韓国企業の旺盛な投資資金需要は国内貯蓄だけで満たすことは出来なかった。韓国経済の投資・貯蓄ギャップは最近数年間でも対ＧＤＰ比率で1992年の1.5パーセントから、1994年2.2パーセント、1996年4.9パーセントと拡大基調にあった。この投資・貯蓄ギャップを補うために韓国経済は過去対外貯蓄、即ち海外からの資金の流入、主に対外債務に頼ってきた。下記の表は韓国の過去の対外債務残高の状況を示している。1996年には韓国の対外債務残高の総額は1,317億ドルに達していた。しかし債務残高の対ＧＮＰ比率や債務履行能力比率から判断する限りは、韓国の対外債務は異常に高い水準には達していなかった。問題は韓国の対外債務の中で短期債務（１年未満に債務の

第3章　韓国の経済システムの展開

表3－1：韓国の対外債務

(単位：10億ドル)

	1980	1990	1992	1994	1996
対外債務残高	29.5	47.0	57.5	94.0	131.7
長期債務	18.2	24.2	32.2	53.9	66.1
短期債務	11.3	22.8	25.3	40.1	65.6
債務輸出比率(%)	133.7	61.3	64.0	81.9	83.8
債務GNP比率(%)	48.6	18.7	18.8	24.9	27.4
債務返済能力比率(%)	20.2	10.8	7.8	7.9	9.4
外貨準備比率(月)	1.3	2.3	2.2	2.6	2.3
短期債務比率(%)	35.8	45.8	43.9	42.7	49.9

資料：World Bank, Global Development Finance 1999.
　　　債務輸出比率・GNP比率はそれぞれ債務残高の対輸出額・GNPに対する比率を示す。債務返済能力比率は債務履行額（元本及び利払い額）の輸出額に対する比率を示す。
　　　外貨準備比率は外貨準備残高が何ヶ月分の輸入額をカバー出来るかを示す。

履行を必要とする債務）の占める比率が50パーセントと大きく、一度韓国経済の信用力が低下すると短期債務の借り換え（roll-over）が困難となり、国際収支の資金繰りが困難となり通貨危機をもたらす可能性があるということである。

　1996年の韓国の対外債務残高の1,317億ドルは韓国の金融機関の海外の子会社の外貨債務は含まれていない。この海外子会社の債務を含めると債務残高は1,610億ドルとなると推計されている。この内1,000億ドルが短期債務であり、韓国の金融機関が保有する短期債務が780億ドル、民間企業が保有する短期の対外債務が220億ドルである。[13] 通貨別では韓国の対外債務の78.8パーセントがドル債務、12.8パーセントが円債務であった。このような状況下では韓国に金融不安が発生し、海外の短期資本が流出すると韓国銀行は手持ちの外貨準備高（1996年290億ドル）を動員しても外国為替市場で自国通貨を買い支えることが出来なくなる。通貨不安の発生である。ウォン通貨の為替レートが下落すると韓国の金融機関および企業の持つ外貨債務の自国通貨建

119

ての債務負担が膨張し、金融機関および企業のバランス・シートを悪化させ倒産の危険が生ずる。金融不安は金融収縮（credit crunch）をもたらし、この貸し渋りは企業財務を更に悪化させる。景気は後退し企業はリストラを行い、失業率が増大し消費者の消費マインドが冷え込み国内最終需要は低迷する。企業の業績悪化—金融機関の不良債権の増大—金融不安—短期海外資本の流出—政府外貨準備高の枯渇—ウォン通貨の為替レートの下落—金融機関・企業の債務負担圧力の増大—金融収縮—金融機関・企業の倒産—経済危機の発生という負の効果の悪循環が韓国経済を危機的な状況に陥れる。

(3) 韓国経済システムの危機

　このような韓国のミクロ経済の危機の兆候が1997年初頭現れ始めた。その発端は1月に起こった韓国第2位の鉄鋼企業の韓宝鉄鋼の倒産である。韓宝鉄鋼は韓国財閥14位の韓宝グループの主力企業であった。韓宝鉄鋼は年産900万トンの新鋭の製鉄所を建設中であった。韓宝鉄鋼は製鉄所建設のため5兆ウォン（55億ドル相当）の銀行融資を第1銀行等複数の銀行から受けていた。同社は製鉄所の建設のため3.7兆ウォン（41億ドル相当）を投資し、その残りを不動産投資，政治家に対する賄賂に使用したと伝えられている。韓宝鉄鋼の賄賂は金泳三大統領の次男金賢哲を巻き込む政治スキャンダルに発展し、政府与党首脳、国務総理以下多数の閣僚が更迭された。

　韓宝鉄鋼の他、特殊鋼メーカーの三美、焼酎メーカーの真露、農薬の大農、三立食品、韓信工營等の中堅企業が倒産ないしは銀行管理に陥った。更に現代に次ぐ韓国自動車業界第2位の起亜グループが9.3兆ウォンの負債を抱え経営危機に見舞われ、破産の危機に直面した。起亜グループは系列企業38社、従業員5万6,000人、96年の年間生産台数80万台、連結売上高12兆ウォンの財閥八位の企業集団である[14]。

　企業と金融機関の信用不安が増幅し、韓国の証券市場の株式指標（ＫＯＳＰＩ）は1997年には1994年の水準の36パーセントの水準まで下降した。海外の短期資金は韓国の金融市場から急速に流出（capital flight）していった。

第3章　韓国の経済システムの展開

　韓国の通貨ウォンの為替レートは1996年の1ドル800ウォン代の水準から1997年12月には1,900ウォン代にまで下落した。金泳三大統領は11月中旬財政経済院長官、大統領経済担当秘書官を更迭し、金融市場安定対策を発表し、11月21日IMFに緊急支援を要請した。11月23日IMF協議ミッションはソウル入りし、韓国政府当局との交渉を開始した。この期間韓国は12月18日に選挙が行われる大統領選挙戦の最中であった。12月3日ソウル入りしたIMFカムドッシュ専務理事は金泳三大統領、金大中大統領候補とIMF協約についての合意に達した。

　12月4日IMF理事会は210億ドルのスタンバイ・クレジットをIMF協約に従って韓国政府に供与することを承認した。このクレジットは1995年9月にIMFが新規に設立された融資の即効性を高める「緊急融資メカニズム：EFM (Emergency Financing Mechanism) に従って支払われることとなった。それと同時に世銀とアジ銀は総額140億ドルの種々の「構造改革融資」を供与することに合意した。世銀のプログラムは30億ドルの12月23日承認の「経済再建融資プログラム」(Economic Reconstruction Loan)および1998年3月承認された20億ドルの「構造改革融資;SAL (Structural Adjustment Loan)」を含む総額100億ドルの融資である。アジ銀が1997年12月承認した40億ドルの融資は1966年アジ銀設立以来融資規模としては過去最大規模の「金融セクター・プログラム」融資である。世銀・アジ銀の融資は韓国の、金融セクターの構造改革、企業のガヴァナンスの改善や競争原理の促進を含む構造改革、労働市場の改革、社会的安全弁対策、経済政策制度の改革等を内容とするものであった。それ以外に日本、オーストラリア、カナダ、フランス、ドイツ、イギリス、アメリカ等の先進諸国政府は総額で220億ドルの支援を供与することに合意した。これら韓国経済の支援プログラムの総額は584億ドルと過去最大の援助規模となった。それと共に韓国政府は1998年1月28日海外の金融機関との220億ドルの短期債務履行を繰り延べる（リスケ）交渉で合意に達した。

　1998年2月第15代大統領に就任した金大中は、対外的不均衡を是正するマ

クロ経済安定化政策（緊縮財政と金融引締め政策）、金融セクターを政策金融志向型から市場志向型への構造改革と金融システムの再建、企業のガヴァナンスの改善、資本取引の自由化、貿易の自由化、経済・企業財務情報の開示政策を内容とするＩＭＦ協約を実行することとなる。[15]1999年韓国は大手の財閥企業の1つである大宇グループが経営の危機に直面し、数多くの金融機関が倒産ないしは再編されることとなった。韓国経済は1998年に1960年以降2回目の5.8パーセントのマイナス成長を記録した。1回目のマイナス成長は1979年10月26日の朴大統領暗殺事件、12月の全斗喚の「粛軍クーデター」事件、1980年5月多数の死傷者を出した光州事件を反映した政治・社会不安に見舞われた1980年である。

(4) 経済危機の本質と対応

1997年7月以降タイの通貨危機に端を発した東南アジアおよび韓国の経済危機に関しては既に数多くの研究や解説がなされている。タイ、インドネシアおよび韓国の経済危機の本質について書かれた解説書の一般的な見解は、資本取引の自由化に伴い、短期の国際金融資本が大量にこれらの国の金融市場に流入し攪乱要因となったこと、これらの国の金融システムが「抑圧型金融システム」として政策金融的な体質を強く持ち金融市場が歪曲されていたこと、金融機関の自己資本比率が低く財務体質が脆弱であったこと、金融機関に対する監督機能が政府と金融機関との癒着体質から十分機能しなかったこと、金融機関および企業の情報開示が不充分で、金融市場のチェック機能が効果的に作用しなかったこと、これらの国の通貨の為替レートがドルにリンクする実質的な固定為替相場制度であり短期の投機資本の大量の流入を可能にする要因となったこと、実体経済も政府指導型の産業開発政策により市場メカニズムが歪曲され、ダイナミックに変化する比較優位性を反映する柔軟な産業構造でなくなっていたこと、基幹産業に依然国営企業が重要な位置をしめ、各産業分野に対する政府の規制が強く自由な市場活動の阻害要因となっていたこと、各国の制度および政策の運用がアジア的文化・価値・習慣

第3章　韓国の経済システムの展開

によって特徴づけられ所謂「グローバル・スタンダード」に適合していなかったこと、1980年代各国は経済の自由化政策を実行したが、自由化政策の「順序性」を無視した即急な自由化政策が行われる傾向が強かったこと等の多数の要因が相乗的に作用して韓国経済を危機に陥れたと理解されている。[16]これらの見解の多くは経済危機に対するIMFの対応の方法が新古典派マクロ経済理論に依拠した教条的な処方箋でありすぎたとIMFに対して批判的であった。

　IMFのエコノミスト達は危機の発生以来種々の定期的に発表される報告書の中で見解を述べてきた。IMFの見解は以下のように要約されよう。通貨危機に端を発する金融・経済危機は国のマクロ経済のファンダメンタルズが健全でも発生し得る21世紀型の危機である。経済のグローバル化現象、特に金融資本の国際取引の増大傾向によって生ずる外的なショックや攪乱要因に対して国内の金融機関の対応能力に限界がある。各国のマクロ経済構造が不均衡となり、経済政策が非整合的である場合海外の投機的資本の攻撃的投資の対象となりやすくなり、為替投機を回避するためには各国は適切な為替政策を取ることが不可欠である。危機に対する管理能力を強化するためには金融システムを含む経済の構造改革を促進し、市場メカニズムによる自律的な調整能力を強化する必要がある。しかし危機の直接的な原因となる短期資本取引を規制することは市場のメカニズムを阻害することになるので好ましくないという考え方だった。[17]

　通貨・金融・経済危機に対する対応策については、先進国首脳会議、G－7蔵相会議、APEC首脳・蔵相会議等でしばしば論議されてきた。各国の政策担当者達の間では、危機管理能力を強化するためIMFの監視機能を強化すること、ヘッヂファンド等の短期的な投機資本取引に何らかの規制を設けること、情報開示をより徹底し金融機関の国際資本取引・金融資産内容を明確にすること等の政策が論議された。

　日本政府は当初「アジア通貨基金」構想を提案したがアメリカ政府が反対し、この構想は実現しなかった。日本の通貨当局者の発想は「アジア版IM

Ｆ」を設立し、危機に対する対応をよりアジアの実情に合った内容のものにし、日本政府がリーダーシップをとることを目的とした。しかし「アジア通貨基金」はその役割がＩＭＦと重複し、もしアジア通貨基金がＩＭＦと矛盾する政策を採れば混乱の原因となり、また同じ政策を実行するのであれば存在の意味がない。その代わり日本政府は「新宮沢構想」によって危機に直面したアジア諸国が必要とする外貨の国際流動性の確保、円の国際化による国際通貨の多角化・分散化政策を推し進めた。更に日本政府はＩＭＦの改革についても積極的である。またＡＳＥＡＮ諸国は「マニラフレームワーク」に従って相互のマクロ経済の監視機能の強化を図った。その事務局的な機能をアジ銀が果たすことを期待されたが、アジ銀は本来地域開発銀行として設立されＩＭＦのアジア版的機能を演ずるには限界がある。アジ銀の今後の課題となろう。

(5) 韓国の経済危機の克服

韓国政府は世銀やアジ銀の借手国の地位を卒業し、1996年ＯＥＣＤ（経済協力機構）に加盟し、ＩＭＦ体制の支援を受け入れざるを得なかった。長期間日本の植民地支配の下にあった韓国は国民感情として外的な影響に非常に敏感である。韓国政府が1997年12月ＩＭＦ協約を受け入れＩＭＦ体制の支援を受け入れたことは韓国の国民感情を刺激した。韓国のマスコミおよび知識人はこの状況を「ＩＭＦ管理下の韓国経済」、「国恥」と意識する傾向が観察された[18]。しかし金大中大統領はＩＭＦ支援の下で実行する韓国経済の構造改革を「第二の建国」であると把握し、財閥企業の再編を含む種々の構造改革政策を果敢に実行し危機を克服した。

韓国政府の公式の見解によると経済構造改革は以下のような手順で実行に移された[19]。先ず構造改革は第１段階（1997年12月－1998年４月）、第２段階（1998年５月－６月）、第３段階（1998年７月－現在）の３段階に分けて実行された。

第１段階では国際収支の不均衡を是正し通貨ウォンの為替レートの安定を

確保するため、IMF、世銀、アジ銀、海外の民間金融機関と交渉して外貨の国際流動性を確保し資本逃避を回避することに焦点が置かれた。IMF、世銀、アジ銀等からの融資の他に、韓国政府は1998年4月海外の資本市場で40億ドルの国債を起債すると伴に、国内では民間保有の金貨を21億ドル調達した。その結果1997年12月に39億ドルに過ぎなかった外貨準備高は1998年4月には300億ドルの水準まで回復した。通貨ウォンの為替レートは1997年12月の1ドル1,900ウォンの水準から4月には1ドル1,400ウォンの水準に回復した。それと伴に信用収縮、特に中小企業に対する金融機関の貸渋りを防ぐため、世銀およびアジ銀からそれぞれ10億ドルの中小企業融資対策のプログラムを受け入れた。1998年前期の韓国の国際収支は189億ドルの黒字に転じた。

第2段階（1998年5月―6月）では韓国政府は韓国経済の対外的信用力を回復することに主眼が置かれた。金大中大統領は4月ロンドンで開かれたアジア・ヨーロッパ首脳会議（ASEM）に出席し、6月アメリカを公式訪問して韓国政府が構造改革を断行しており、経済が回復基調にあることを先進国首脳にアピールした。5月政府は外国人に対する韓国企業の合併と買収の規制を撤廃し、6月外国人による不動産および株式取得の制限を撤廃し、韓国貿易・投資促進庁（KOTRA）を再編した。更に66企業および5商業銀行を閉鎖し、金融機関の不良債権を処理し、金融機関の自己資本力を強化するため政府は64兆ウォンの公的資金を投入する政策を発表した。

第3段階（1998年7月以降）韓国政府は金融部門と企業部門の再編を主眼とする韓国経済の構造改革を行った。9月までに韓国資産管理機構（KAMCO; Korea Asset Management Corporation）および韓国預金保険機構（KDIC; Korea Deposit Insurance Corporation)は公的資金64兆ウォンを使って金融機関の不良債権を買い取り、金融機関に対する資本注入を行った。それと伴に政府は16マーチャント銀行、5商業銀行、6証券会社、4生命保険会社を閉鎖ないしは営業停止処分し、1999年1月時点で86の金融機関を閉鎖ないしは営業停止処分にした。更に金融監督庁（FSC; Financial Supervisory Commission)は国際決済銀行（BIS）の自己資本比率の国際基準に達しない金融機

関に対して合併や買収、自己再建計画の実行を求め金融機関の体質改善を行った。その結果金融機関は平常の業務に戻った。

　企業部門の構造改革について、長期間軍事体制の迫害と抑圧に苦しんだ金大中大統領は「韓国経済の病根は政・財閥企業癒着構造」にあると考え財閥企業の改革に本格的に取り組んだ。大統領選挙が終了するや否や1998年１月13日財閥企業首脳と会談し、相互保証制度の解消、連結財務諸表の早期導入等を含む財閥企業の体質改善政策の実行を合意させた[20]。1998年12月５大財閥企業―現代、三星、大宇、ＬＧ，鮮京グループの首脳は財閥企業が負債比率を200パーセントにまで低減し、系列企業数を272社から136社に縮小し中核分野に集中するという財閥企業の自主的な体質改善計画について債権金融機関との間で合意に達した。政府はこの財閥の自主的な再建計画を支援するため５つの政策目標、すなわち企業のガヴァナンスの改善,財閥企業系列会社の債務相互保証の禁止、財務体質の改善、中核業務を中心に財閥企業グループを再編、株主の保護という原則を明確にした。

　企業のガヴァナンスの改善については、政府は1998年２月企業の透明性と責任を明確にするため30財閥企業および上場企業が独立の監査委員会を設立し、外部取締役制度を設けることを法的に義務づけた。同年10月まですべての上場企業752社は社外取締役を任命した。それと伴に1999会計年度以降連結財務諸表による決算を行うこと、および国際会計基準を遵守することが義務付けられた。企業の自由な市場取引を監督するため公正取引委員会の権限が強化された。主要取引銀行との合意に従い現代グループは系列企業数を63社から32社に、三星グループは65社から40社に、ＬＧグループは53社から32社に、鮮京グループは49社から22社に縮小することとなった。

　財閥企業グループが中核的分野を中心に企業グループを再編するために「事業交換」（ビッグ・ディール）を行い、各財閥企業は一定の産業分野に特化し国際競争力を強化することとなった。現代グループは自動車、建設、電子機器、石油化学、金融サービス産業分野を中核分野とし、三星グループは電子機器、貿易、金融サービス分野に特化し自動車分野から撤退することとな

った。大宇グループは重化学工業分野、LGグループは石油化学関連工業分野、鮮京グループはエネルギー関連分野をそれぞれ中核的な専門分野と選定することとなった。以上の財閥再建計画に従い韓国の企業部門の構造改革が進んだ。

以上概略した韓国政府の経済構造改革計画の実施が効果を現し、1999年韓国経済は回復基調の軌道に乗り、6パーセント台の経済成長を記録し金大中大統領は「韓国は経済危機を克服した」と宣言した。カムデッシュIMF専務理事は「韓国経済には驚くべき回復の潜在力」があると韓国政府の構造改革政策の成果を高く評価した。[21]

3.2 韓国の経済システム発展

韓国経済の発展の特徴としてしばしば指摘されてきたのは、後進経済の利益、開発独裁、圧縮型発展、政府主導型経済、輸出志向型発展、政策金融等である。以下ここでこれらの特徴を概観することにする。

(1) 後進性の利益

日本には数多くの韓国経済の発展過程を分析する研究書が出版されている。日本の代表的な開発経済学者の渡辺利雄教授（1982年）は既に述べた様に、韓国経済の発展のプロセスを「ガーシェンクロンの後発経済の利益命題を内部化した圧縮型の産業発展」と特徴づけた。[22] 経済史家A・ガーシェンクロンは19世紀のドイツ、イタリアや東ヨーロッパ諸国がその経済の後進性の故にイギリスやヨーロッパ先進国の工業化の先例から学習して発展することが出来たという命題を提示した。渡辺教授はこの命題をアジアに援用して、韓国は経済発展の後進性の故に先進国特に日本の発展のプロセスから学習することが可能となり、日本が100年前後かけて行った工業化を韓国は30年前後の短期間に成し遂げたと主張した。[23]

韓国経済が後進経済であったために先進国経済に既存の生産技術や経営管理技術を学習し、効率的に短期間に工業化を達成することができたという命

表3－2：浦項総合製鉄所の発展のプロセス

1968年 4月	会社設立・初代会長　朴泰俊	
1973年 3月	浦項製鉄所第 1 期設備完了（103万トン）	
1976年 5月	浦項製鉄所　第 2 期設備完了（260万トン）	
1978年12月	浦項製鉄所　第 3 期設備完了（550万トン）	
1981年 2月	浦項製鉄所　第 4 期設備完了（850万トン）	
1983年 5月	浦項製鉄所　第 4 期2時設備完了（910万トン）	
1987年 5月	光陽製鉄所　第 1 期設備完了（270万トン）	
1988年 7月	光陽製鉄所　第 2 期設備完了（540万トン）	
1990年12月	光陽製鉄所　第 3 期設備完了（810万トン）	
1992年10月	光陽製鉄所　第 4 期設備完了（1,140万トン）	
1993年10月	韓国最初のサムライ・ボンド発行；大阪に物流センター開設	
1994年 5月	福岡・鋼板メーカーの熱延鋼板工場買収	
10月	ニュー・ヨーク市場に株式上場	
1996年 1月	対日借款償還完了	
11月	インドネシアに子会社設立	
1997年 8月	光陽製鉄所　第4冷延工場完了	
1999年 1月	粗鋼生産量　年間2,557万トンを達成し新日鉄を抜き世界No.1の鉄鋼メーカーと成る	

資料：Fact Book POSCO 1999, Pohang Iron & Steel Co., Lt.

題はA・アムスデン（Alice H. Amsden）等欧米の経済学者もしばしば指摘する韓国経済の特徴である。しかしA・アムスデンはこの傾向は日本、ブラジル、トルコ等の後発工業国の発展に一般的に見られる現象であり韓国経済だけの特徴ではないと考える。[24] 世界には韓国以外にも1960年代後進経済の水準にあった国が多数あり、何故韓国および少数の国だけが短期間に工業化を達成することが出来たのかという疑問の答えにはならない。

しかし韓国は後発経済が持つ外部効果を最大限内部化し、短期間に工業化を達成したことは事実である。その典型的な例が韓国における鉄鋼産業の発展、特に浦項総合製鉄所の急速な発展であろう。浦項総合製鉄所（POSCO）は1968年に国営製鉄所として設立され、1965年6月の日韓国交正常化条約締結後可能となった日本政府の開発資金援助および新日鉄・日本鋼管の技術援助により建設が行われた。上記表3－2の様に浦項総合製鉄所は設立以

来30年の期間に世界的規模の製鉄所に成長した。日本の資金・技術援助があったとはいえ将に驚異的な学習速度である。韓国の鉄鋼産業は粗鋼生産ベースで1960年代38万トンの生産能力しか持っていなかったが1998年粗鋼生産能力は4,000万トンの水準にまで急成長した。韓国の鉄鋼産業は30年間に100倍の規模の成長を達成したことになる。この韓国の基幹産業の急成長の秘密は何処にあるのであろうか。

(2) 開発独裁

後進経済の外部利益を内部化し、途上国が先進国の成長のプロセスから学習して短期間に工業化を達成するには、市場原理だけに頼っていては不可能であり、政府が独裁的な権力を行使し、限られた経済資源を優先的に重要な産業分野に戦略的に投入する必要があった。特に南北分断国家として民族国家の形成の途上にあった韓国は、極東アジアの冷戦状況下で治安を維持し政治の安定を確保することが不可欠の条件であった。このような状況下で形成され発展したのが朴政権以降の「開発独裁」と特徴づけられる韓国の政治経済体制であると考える。開発独裁とは、「軍部と官僚を中核とする権威主義的な政治システムのもとで、財閥が前衛となって輸出志向型の工業化戦略を追求する成長至上主義を国是」とする政治経済体制であると定義されよう。[25]
韓国では朴政権（1961－79年）が軍事クーデターによって成立して以来、全斗煥政権（1980年―88年）、盧泰愚政権（1988年―93年）と三代の軍事政権が持続し、その後金泳三政権（1993年―98年）、金大中政権（1998年―2002年）と文民政権が誕生し次第に民主化する過程にあった。

韓国の近代政治システムの形成と発展について韓国の政治学者によって書かれた優れた解説書が日本でも紹介されている。[26] 日本の政治学者、森山茂徳教授（1998年）による韓国政治の分析もある。[27] これらの解説書は韓国の現代政治の特徴を「開発独裁政治体制」と単純化してはいない。韓国の政治学者達は韓国の政治体制の形成と発展をより大きな歴史的な枠組みと第2次大戦後の「米ソの冷戦構造」の中で捉えようとする。韓国は長期の中央集権的封

建体制としての李王朝（1392年—1910年）が日本の帝国主義的な植民地支配により終わりを遂げる。その後韓国は「日帝植民地支配」時代（1910年—1945年）に日本の軍事体制下で日本の食糧供給基地および中国大陸侵略の兵站基地と位置付けられ、近代的国家形成の民族的願望は蹂躙される[28]。第2次大戦の終了後朝鮮は当然日本の植民地支配から解放され近代的な独立・民族国家として形成されるはずであった。しかし「トルーマン・ドクトリン」後先鋭化した米ソ対立の戦後の冷戦構造下で「米軍軍政」（1945年—48年)が施行され1948年8月15日「大韓民国」が「外部勢力の圧倒的な規定力」によって「分断国家」として誕生する[29]。しかし韓国は「朝鮮戦争」（1950年6月—1953年7月）という民族的悲劇を体験する。「日帝」時代の民族の抑圧と抹消状況から戦後解放され「民族的熱狂の瞬間」は民族の受難を体験する。

　韓国の政治学者雀章集は「朝鮮戦争は500余万人の死傷者を含む人的損失…国土の崩壊という物的損失をもたらした民族の一大受難・不幸であった…われわれは朝鮮王朝以降を伝統的社会から近代社会に移行する近代化の過程と見るならば、朝鮮の近代化は抑圧・収奪・戦争・破壊をともないつつ進行した…もしくはこの両者が激烈に衝突する近代化の過程であると見ることが出来るであろう…朝鮮戦争は長い植民地支配と解放後の政治的混乱・南北分断・米軍政の失政が累積的に悪化し…脆弱な経済的な生産基盤が全面的に破壊され窮乏を一般化する結果をもたらした」と記述している[30]。

　韓国の朴政権以降の軍事体制は「政治システムの民主化の過程を分断国家状況下で中断し、軍事クーデターにより権力を掌握した軍部が官僚的テクノクラート・財閥の三者の暗黙的な同盟を形成し、経済システムを近代化しようとした体制」と理解されよう。この体制の下では、目標管理、資源の戦略・戦術的動員、命令・服従規範、敵対者と味方、情報操作という軍事文化が政治文化するところに韓国の「開発独裁」の特徴があったといえよう。これを象徴的に表したのが、朴政権が創設した「中央情報部（ＫＣＩＡ）」によって朴政権自体が終焉したことである[31]。

第3章 韓国の経済システムの展開

(3) 圧縮型発展

朝鮮半島は日本総督府の軍事的な植民地統治下で経済開発が進められたが、1931年満州事変、1937年の日華事変以降北朝鮮は日本軍の兵站基地としての工業化が進められ、南朝鮮は日本本土に対する食糧供給基地として農業開発が中心に開発が進められた。1948年8月15日分断国家として大韓民国（韓国）が樹立された時、韓国経済の中心は農業および軽工業であった。鉄鉱、重石、水銀鉱等の鉱物資源、石炭資源及び発電所等のエネルギー資源の80－90パーセント以上が北朝鮮に偏在し、重化学工業の工場も主に北朝鮮に建設され稼動していた。南朝鮮の韓国には紡績、製材、印刷、食品工業等の軽工業が散在するだけであった。

アメリカ軍政の下でこれら軽工業の生産設備等の旧日本人の帰属財産は軍政の管理下に置かれたが、次第に韓国人に払い下げられ独立後の韓国経済の工業化の出発点となった。[32] しかし韓国は朝鮮戦争（1950年－53年）に直面することとなった。この動乱によって南朝鮮に残された近代的な産業設備の大部分が破壊されてしまった。工業部門では紡績・染色工業の70パーセント、化学工業の70パーセント、農機具工業の40パーセントがそれぞれ破壊された。李承晩政権下（1948－60年）の韓国経済は前近代的な農業経済国の水準であった。この韓国経済が表3－3の経済指標が示すように30数余年の間に近代

表3－3：韓国経済の構造変化

	1960	1970	1980	1990	1996
一人当たりGDP（$）	79	253	1,597	5,886	11,386
産業構造					
製造業対GDP比率（％）	10.9	10.6	22.1	29.2	30.1
軽工業	8.8	7.2	11.7	9.9	6.4
重工業	2.1	3.4	10.4	19.2	23.6
農業対GDP比率（％）	41.6	28.4	15.1	8.7	6.4
サービス産業	43.2	50.5	48.7	47.6	49.0

資料：Korea Statistical Yearbook 1999, National Statistical Office
韓国政府統計局の一人当たりの時系列データはGNIデータである。

図3－1：ホフマン比率の国際比率

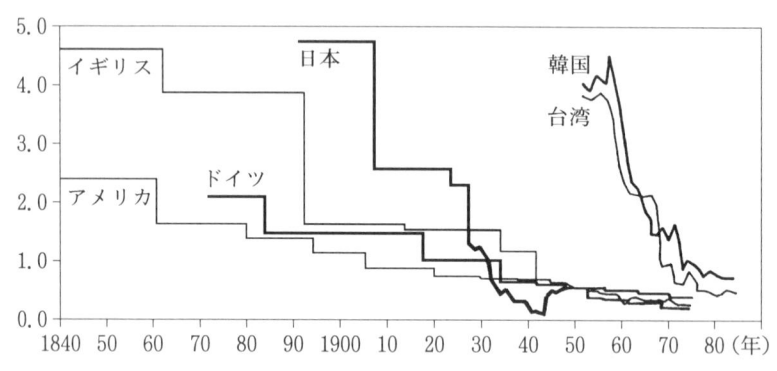

資料：渡辺俊夫・金昌男著『韓国経済発展論』、勁草書房、1996年、51頁参照。

的な工業国家に生まれ変わってしまった。

　1960年代初頭の韓国経済は農業が対GDP比率で41.6パーセントを占め、製造業は10.9パーセントしか占めなかったが、30数年後の1996年には農業の比率は6.4パーセントに低下し、製造業比率は30.1パーセントに増加している。韓国経済が農業から工業に急速に産業構造の転換を達成したことが理解される。産業構造の深化度を表わす指標としてしばしば「ホフマン比率」が用いられる。この比率は軽工業の重化学工業に対する比率であり、工業の近代化の尺度を測定する指標として用いられる。図3－1はホフマン比率の国際比較であるが、図から明らかなように韓国経済はイギリスが100年間、日本が約50年間前後掛った経済の近代化を台湾と同じく約30数年前後の期間に達成している。

　下記に掲げた表3－4は1971－97年の期間の韓国、アジアの代表的な新興工業国、ASEAN諸国および日本、アメリカの経済成長率の推移を示したものである。この時系列的な数字から明らかなように韓国経済はシンガポールや香港と並んでこの期間高い成長率を持続したことが理解されよう。この高成長経済を可能にしたのは、1960年代の輸出志向型の労働集約な軽工業の発展、1970年代以降の重化学工業の発展である。これら産業の発展のために重

要な役割を演じたのが後に紹介する韓国の財閥企業集団である。韓国は短期間に鉄鋼業、造船業、自動車，電子機械、半導体等の主要な機械産業分野で国際競争力を急速に高めていった。韓国の鉄鋼業は前述した捕項総合製鉄所 (POSCO) が中心になって発展した。造船業の発展には現代グループの現代

表3－4：韓国の経済成長率の国際比較（実質成長率）

	1971	1972	1973	1974	1975	1976	1977	1978	1979	1980
韓国	10.1	6.1	15.3	8.3	8.1	13.9	10.1	11.3	7.4	−2.2
香港	5.0	9.7	15.8	1.8	2.2	18.8	9.8	10.0	11.5	10.1
シンガポール	12.5	13.4	11.5	6.3	4.1	7.5	8.1	8.6	9.3	9.7
タイ	4.7	4.8	9.4	5.4	7.4	9.0	7.3	11.7	6.7	4.8
インドネシア		9.4	11.3	7.6	5.0	6.9	7.4	7.2	4.9	9.9
フィリピン	4.9	4.8	8.7	5.3	6.6	6.7	6.0	5.8	5.7	5.2
日本	4.2	8.4	7.9	−1.2	2.6	4.8	5.3	5.1	15.2	3.6
アメリカ	3.1	4.8	5.2	−0.6	−0.8	4.9	4.5	4.8	2.5	−0.5

	1981	1982	1983	1984	1985	1986	1987	1988	1989	1990
韓国	6.7	7.3	11.8	10.1	6.2	11.6	11.5	11.3	6.4	9.5
香港	9.4	2.7	6.3	9.8	0.2	11.1	13.0	8.0	2.6	3.4
シンガポール	9.6	6.9	8.2	8.3	−1.6	2.3	9.7	11.6	9.6	9.0
タイ	5.8	5.1	5.0	5.1	5.0	4.3	1.5	2.7	2.3	6.2
インドネシア	7.9	2.2	4.2	7.0	2.5	5.9	4.9	5.8	7.5	7.2
フィリピン	2.9	3.6	1.9	−7.3	−7.3	3.4	4.3	6.8	6.2	3.0
日本	3.6	3.2	2.7	4.3	5.0	2.6	4.1	6.2	4.7	4.8
アメリカ	1.8	−2.2	3.9	6.2	3.2	2.9	3.1	3.9	2.5	1.8

	1991	1992	1993	1994	1995	1996	1997
韓国	9.1	5.1	5.8	8.6	8.9	7.1	5.5
香港	5.1	6.3	6.1	5.4	3.9	5.0	5.3
シンガポール	7.3	6.3	10.4	10.4	8.8	7.0	
タイ	8.6	8.1	8.4	8.9	8.8	5.5	−0.4
インドネシア	7.0	6.5	6.5	7.5	8.2	8.0	4.6
フィリピン	−0.6	0.3	2.1	4.4	4.8	5.8	5.9
日本	3.8	1.0	0.3	0.6	1.5	3.9	0.9
アメリカ	−1.0	2.7	2.2	3.5	2.0	2.8	3.8

資料：IMF, International Financial Statistics; ADB, Key Indicators, 2000.

表3－5：現代重工業（HHI）㈱の発展

1971年	VLCCの造船契約受注
1972年	蔚山造船所の建設開始
1973年	現代重工業㈱の設立
1974年	2隻のVLCC竣工
1976年	現代船舶㈱設立
1977年	現代精密機械㈱設立
1978年	仁川鉄鋼業㈱取得
1993年	LNG運搬船建設
1997年	累積700隻の造船量を達成
1998年	世界最大の造船会社となる

資料：Richard M. Steers, Made in Korea; Chung Ju Yung and The Rise of Hyundai, Routledge, 1999, page 51.

表3－6：韓国の自動車生産台数の推移

（単位：1000台）

	1970	1980	1990	1995
アメリカ	8,300	11,000	13,000	12,000
日本	5,300	8,000	9,800	11,000
ドイツ	3,800	3,900	5,200	4,500

	1970	1980	1990	1996
フランス	2,600	3,400	3,800	4,000
イギリス	2,100	2,200	1,600	1,700
イタリア	1,800	1,600	2,100	1,500
カナダ	1,100	1,300	1,900	2,400
スペイン	500	1,200	2,000	2,100
韓国	28	123	1,300	2,400

資料：Richard Steers, 同上。

重工業（株）が重要な役割を果たした。現代重工業は1970年代の初頭造船業ではゼロから出発し30年の期間に世界最大の造船会社に成長した。

同じ様に韓国の自動車産業は1970年代の政府の重工業化政策によって急速に発展した。当初韓国の自動車産業は政府の輸入代替保護政策によって主に日本および欧米の自動車企業の資本参加、或いは技術導入によるノック・ダウン方式によって完成車を製造するという発展形態をとった。現代自動車（株）は三菱自動車の資本参加を仰ぎ、エンジンの製造は三菱自動車からの技術導入、車体のデザインはイタリア、生産技術はイギリスからの技術導入を図り独自の自動車生産技術の開発に努力した。現代自動車は1991年に独自のエンジン生産技術によって高性能Alphaエンジンの生産を開始し、海外技術への依存体質から脱却した。1997年現在現代自動車は年間130万台の自動車を生産し、その内56万台を輸出する水準まで発展した。[33]

韓国のより驚異的な発展は電子機械および半導体産業の発展にみられる。

第3章　韓国の経済システムの展開

表3－7：韓国の電子産業の生産・輸出の推移

(単位100万ドル)

	1985	1990	1991	1992	1993	1994	1995	1996	1997
電子産業の輸出 (A)	1,590	17,224	19,334	20,683	23,838	30,948	43,592	41,223	41,438
総輸出額 (B)	30,283	65,016	71,870	76,632	82,236	96,013	125,058	129,715	136,164
A/B（%）	15.2	28.0	26.9	27.0	28.9	32.2	34.9	31.8	30.4
電子産業の生産 (C)	2,589	7,465	8,027	8,421	9,313	11,098	13,720	15,903	19,708
製造業の生産額 (D)	28,170	52,351	57,108	60,001	63,015	69,600	77,134	82,875	88,032
C/D（%）	9.2	14.3	14.1	14.0	14.8	15.9	17.8	19.2	22.4

資料：韓国電子産業振興会：『99年韓国の電子産業』

表3－8：三星電子㈱の半導体生産の推移

1974年	ワファー生産開始
1983年	64K　DRAM製品開発
1992年	DRAM生産規模世界第一位
1993年	記憶素子生産規模世界第一位
1994年	256M　DRAM製品開発
1995年	TFT-LCD大量生産開始
1996年	IG　DRAM製品開発
1997年	30インチ　TFT-LCD製品開発・700MHz　Alpha　チップ開発
1998年	TFT-LCD生産規模世界第一位
1999年	256M　DRAM　大量生産開始

資料：三星電子㈱報告書、2000年3月。

　電子産業全体の生産規模は1985年の72.9億ドルから1997年には464.5億ドルと12年間で6.4倍に成長した。同じ期間PC等の産業用電子機器の生産規模は15.2億ドルから156億ドルと10倍の規模に成長し、テレビやVCR等の家庭用電子機器は24.1億ドルから108.4億ドルと4.5倍、半導体等の電子部品の生産規模は33.6億ドルから270.8億ドルと8倍の規模に急成長している。電子産業全体の輸出規模も1985年の45.9億ドルから1997年の414億ドルと9倍の規模に拡大している。韓国の電子機械産業は生産および輸出伴に韓国の製造業を代表する中核的な産業に成長している。

　韓国の半導体産業の中核的企業は三星電子（株）であり、三星電子は1970年に半導体産業に参入し、1992年にはDRAMで世界第一の生産規模を達成

し、TFT-LCD分野でも1998年世界第一位の生産規模を達成している。三星電子は世界の先端企業に20年遅れて半導体産業に参入し、64K—DRAM生産では4.5年遅れ、256K—DRAM生産では3年遅れ、1M—DRAMでは2年遅れ、4M—DRAMでは半年遅れ、16M—DRAM生産では世界の先端企業に追いついている。将に驚異的な成長速度である[34]。

(4) 政府指導型の輸出志向経済政策

アメリカ軍政（1945年8月—48年8月）および李承晩政権（1948年8月—1960年8月）時代の韓国経済は、第2次大戦からの復興、朝鮮戦争による国土の荒廃からの復興期にあたり、経済は低迷し年平均成長率は5パーセント以下の水準に停まっていた。旧日本人帰属財産の払い下げ、農地改革、アメリカ政府の軍事・経済援助による財政支出等がこの時期の韓国政府の大きな政策課題であった。この時期の韓国経済はアメリカ経済援助依存型の経済体質を強く持ち、アメリカの援助無くしては自立し得ない状況にあった。アメリカ政府の対韓国経済援助政策はアメリカの極東アジアの安全保障政策を直接反映したものであった。特にアメリカ政府は韓国軍が軍事力を強化し、独自に「北進」することを恐れ、韓国経済の工業化を促進する政策を積極的にはとらなかった[35]。アメリカ政府の経済支援の中心は食糧支給、社会インフラ整備等の韓国民の基礎的な福祉設備やサービスの提供に向けられた。またアメリカ政府は韓国経済の復興計画のフレームワークとして、後に5ヵ年計画のモデルとなる「ネーサン報告書」、「タスカ報告書」を作成していた[36]。しかしこのような状況下にあっても所謂「三白産業」といわれる繊維、製粉、精糖等の軽産業が次第に発展する端緒がみられた。

韓国経済が本格的な発展の出発点となったのは軍事クーデターによって誕生した朴軍事政権である。朴軍事政権は軍参謀型の戦略思考により経済発展の目標を設定し、この目標を5ヵ年経済発展計画によって達成しようとした。この経済発展計画の策定と実施のために重要な役割を演ずるのが1961年に設立された「経済企画院」（EPB: Economic Planning Board）である。この経

済企画院に優秀な経済官僚が結集した。

1971年にはこの経済企画院のシンクタンクとして「経済開発院」(KDI: Korean Development Institute) が設立された。それと伴にアメリカ政府の援助によりバッテル研究所をモデルとする「韓国科学・技術院」(KIST: Korean Institute of Science and Technology) や数多くの政府関連研究所が設立され、韓国政府の政策立案のシンクタンク的役割を果たした。1960代の初頭経済計画が立案され始めた時、経済学の分野で博士号を持つエコノミストは2人しかいなかったといわれている。しかしその後数多くの韓国の優秀な学生がアメリカの大学院で経済学の博士号を取得し、その数は1970-90年間で800人前後に達すると推定されている。[37] これら経済学者達は韓国開発院や大学や民間の研究所で活躍することとなる。

韓国の経済発展は政府指導のもとで、1960年代は輸出指向型の軽工業の発展、1973-79年の期間重化学工業の発展、1980-90年代経済の自由化と構造調整へと推移していく。韓国経済は農業経済から工業経済に発展する過程で市場メカニズムが十分形成されていなかったために限られた財政資金、投資資金、外貨等を重要な産業分野に戦略的に政府が配分する必要があった。この政策の枠組みとなったのは指示的な経済開発5ヵ年計画である。

韓国政府は輸出促進政策として、為替レートの切り下げ、輸出金融支援、

表3－9：経済開発5ヵ年計画の目標と実績

		目標	経済成長率	輸出伸び率	物価上昇率
第1次5ヵ年計画	(62－66)	自立経済基盤の確立	8.5	43.9	18.0
第2次	(67－71)	産業構造の近代化	9.7	35.4	15.7
第3次	(72－76)	重化学工業の促進	10.1	49.6	20.7
第4次	(77－81)	技術革新・社会開発	5.5	21.6	19.9
第5次	(82－86)	経済安定・福祉増進	8.6	10.3	4.5
第6次	(87－91)	衡平と経済の近代化	9.9	16.3	7.1
第7次	(92－97)	21世紀型経済	7.1	15.7	5.5

資料：催宗換著『韓国経済のマクロパフォーマンス』、税務経理協会、平成10年、3－29頁。

輸出優遇税制、輸入許可と外貨割り当て、輸出工業団地の造成等の政策を実施した。韓国の為替レート政策は、1945年10月に制定された固定為替レート制度、1964年5月の単一変動為替レート制度、1980年2月の複数通貨バスケット制、1990年3月の市場平均為替レート制度が採用されてきた。為替レートは1964年から1980年代後半まで4回の大幅な調整（第1回1965年、第2回1970—72年、第3回1975年、第4回1980—86年）が行われた。韓国の通貨ウォンの為替レートが切り下げられれば韓国の輸出製品の外貨建価格は下がり、韓国製品の輸出競争力が強くなる。輸出金融支援には、直接輸出補助金、関税減免および払い戻し（輸出業者の輸入に対する優遇政策）、各種の国内税の減免、利子補給等がある。輸出優遇税制には、海外市場開拓準備金制度、特別償却制度等がある。輸出金融支援として特に重要なのは、輸出関連産業への優遇貸出し金利の適用、輸出手形に対する優遇割引率の適用がある。1962年商業銀行は国有化され、これらの商業銀行は政府が輸入許可を与えた輸出企業に対して優先的に原料、資本財等の輸入に必要とされる外貨が割り当てられた。また短期の運転資金および長期の設備投資資金も商業銀行は、政府の輸出振興政策により輸出企業に優先的に信用供与を行った。

　韓国政府は輸出企業が必要とする工業用地、電力、工業用水、電信電話等の産業基盤整備或いは保税倉庫を有する輸出自由地域や工業団地を各地に建設した。これらの代表的なものは、蔚山工業団地、亀浦工業団地、昌原総合機械工業団地、亀尾工業団地、馬山輸出自由地域、裸里輸出自由地域等である。また財閥企業の多くは貿易業務を拡大するため日本の総合商社に習って貿易商社を設立し、輸出の促進を図った。

　韓国の輸出実績は、1960年の3,200万ドルの低水準から、1970年には8億3,500万ドルと10年間で25倍の規模に増加し、1980年には1970年の21倍に当たる175億ドルの水準に達し、1990年には同じく10年前の3.7倍に当たる650億ドルの水準に達し、1997年現在の韓国の輸出総額は1,361億ドルであり、この金額は1960年の輸出実績の4,255倍の規模である。年平均伸び率で見ると、韓国の輸出は1960—70年の期間38.2パーセント、1970—80年の期間35.5

パーセント、1980—90年の期間14.0パーセント、1990—97年の期間は8.2パーセントと1980年代以降その伸び率が鈍化してきているが脅威的な伸び率で拡大してきた。

　輸出製品別ではこの期間第一次産品―軽工業品―重化学工業品―高付加価値製品へと推移してきている。1961年の輸出製品の10大品目は、鉄鉱石、タングステン、生糸、無煙炭、イカ、魚介類、黒鉛、合板、穀物、動物毛皮であり、これらが全体の輸出額の62パーセントを占めた。30年後の1991年には、電子、繊維、鉄鋼、船舶、靴類、石油加工、一般機械、自動車、水産物、石油製品となり、これら輸出製品が全体の82パーセントを占めている。1998年現在総輸出額のうち88パーセントを重化学工業製品が占めている。

　韓国経済の研究者はしばしば韓国経済の特色を「韓国株式会社」と形容する。軍事・政治エリートが意思決定を行い、経済官僚が参謀としてこれを補佐し、財閥が輸出製品の製造を担当し、金融機関が財務担当として必要な資金を政策的に配分する。この政治・経済体制の下では市場の価格メカニズムは意図的に政策目標に合致するように歪曲される。MITのA・アムスデン教授は韓国経済のこの特徴を「Making Price Wrong」政策と呼んでいる。[38]韓国の代表的な経済官僚は「政府が経済成長というイデオロギー目標を追求する企業家的な役割」を演ずる体制と定義づけている。[39]南北分断という軍事的な緊張状況の下で政府、経済官僚、金融機関、財閥が暗黙の同盟を結び国家形成（Nation-Building）と経済の近代化を推し進めたことに韓国経済の特徴を見出すことが出来よう。[40]

　この韓国経済の特徴が最も顕著となったのが朴政権が実施した重化学工業政策（1973—79年）であろう。朴政権はベトナム戦争の終結、ニクソン・ドクトリンに反映された極東アジアに対するアメリカ政府の軍事政策の変化から韓国が独自の重化学工業を発展することが急務であると考えた。アメリカ政府の開発庁（USAID）や世銀の政策担当者は韓国が資源もなく、技術力も不足しており韓国政府の重化学工業政策には反対であった。しかし朴政権は1973年1月30日「重化学工業化政策」を発表した。韓国政府は、石油化

学工業、鉄鋼業、機械工業（精密、電子、輸送用機械、一般機械）を重点的に発展させる政策を発表した。この目的を達成するために、大統領府直属の実行委員会の設置、外貨・金融資金の優先的配分と優遇処置、浦項鉄鋼工業団地、温山石油非鉄金属工業団地、麗川総合化学工業団地等の重化学工業専門の工業団地の建設、重化学工業プロジェクトを実行する財閥企業に対する優遇措置等の政策が採られた。この韓国の重化学工業化政策は朴政権が大統領の暗殺によって終焉する1979年まで実行された。この政策の内容、プロセス、経済効果等についてはハーバード大学国際開発研究所（HIID）および韓国開発院の共同による詳細な研究報告書が最近発表されている。[41]

この政策の結果韓国の鉄鋼業、自動車産業、造船業、石油化学工業、電子機械産業、半導体産業が飛躍的な発展を遂げることになった。

(5) 政策金融

1970年代の前半スタンフォード大学のE・ショウ（Edwards Shaw）教授とR・マッキンノン（Ronald Mckinnon）教授は「途上国の金融システムは政府の金利の規制や業務の統制によって抑圧されたシステムであり、この抑圧型金融システムは資金の需要と供給が価格機能によって配分されず、政府の政策的目的を達成するために配分する政策金融的色彩を強く持つ。この途上国の抑圧型金融システムは途上国の市場経済の形成の阻害条件となる。途上国経済が持続的に発展するためには、金融システムの規制を緩和し、自由化することが不可欠の条件である」と主張した。この主張は「ショウ・マッキンノン仮説」と一般に呼ばれている。[42]この仮説が正しいかどうかという問題に関してはその後数多くの実証的な研究がなされてきた。M・J・フライ（Maxwell J. Fry）教授の研究はその代表的なものである。IMF・世銀もその役割の1つが途上国の健全な金融システムの発展を支援することにあるので、多くの研究報告書が発表している。[43]

このように韓国の金融システムは抑圧型金融システムとしての体質を強く持っていた。それにも関わらず韓国経済は順調に持続的に発展してきた。

第3章　韓国の経済システムの展開

「ショウ・マッキンノン仮説」に反して韓国経済が高成長経済を持続してきたために、金融経済学者達は韓国の金融システムを合理的に説明するのに苦労した。[44]

韓国の現在の金融システムの源流は日本植民地時代に形成された金融システムにその原型が見出される。韓国の最初の近代的な銀行は日本の第一銀行が1878年に釜山に支店を開設したことに始まる。この第一銀行は中央銀行的機能を果たしていたが、1911年12月「朝鮮銀行法」が公布され、中央銀行としての「朝鮮銀行」が設立される。

1918年10月韓国の産業開発のため長期資金を供与する「朝鮮殖産銀行」が設立された。日本植民地時代の金融システムは朝鮮銀行、朝鮮殖産銀行を含む5行と金融組合を中心とする616の非銀行金融機関によって構成されていた。この金融制度は、日本の植民政策のために日本から移植された政策金融システムとしての性格を強く持っていたこと、日本の金融システムに統合されていたこと、資金供給機関として与信業務が中心であった、資金源として債券発行を日本での起債に依存していたこと、資本市場が未発達であったこと等が特徴であったと指摘されている。[45]

大韓民国（韓国）の成立後「朝鮮銀行」は1950年6月「韓国銀行」に変更され、「朝鮮殖産銀行」は1954年4月「韓国産業銀行」として生まれ変わった。特殊銀行として1957年「国民銀行」、1961年「中小企業銀行」と「農業協同組合」が成立した。1970年以降相互信用金庫、信用協同機構、短資金融会社等の非銀行金融機関が整備された。

韓国政府は金融機関を産業開発の政策手段として活用した。特に朴政権は、韓国銀行を政府の管轄下に置き中央銀行の機能を政策目標に追従させた。商業銀行を1960年代の前半国有化し産業開発に必要な資金を供給する開発金融機関としての役割を強化した。金融機関の経営者の人事に対する支配力を行使し金融機関に対する統制力を持った。金融機関の与信業務を政府の産業目的達成のため活用し、所謂「官冶金融」的特徴を持たせた。韓国の工業化を担ったのは財閥企業集団であり、これら財閥集団に対して低利の長期投資資

金を優先的に配分した。このような韓国政府の政策の結果1960－70年代の韓国の金融機関の与信業務は「政策金融」的傾向を非常に強く持ったと指摘されている。特に朴政権は重化学工業の開発目標達成のために60－80パーセントの金融機関の資金を重化学工業プロジェクトの建設資金をして使用した。

　政策金融とは、資金の調達と運用という金融の仲介機能を市場メカニズムに任せずに、政府が介入して金融機関が動員した資金を産業政策の目的を実現するために一定の産業分野に優先的に配分することである。この政策金融にメリットが無いわけではない。その長所としては、長期の民間企業の設備投資資金は、商業銀行にはリスクが高いため、回避する傾向があるが、政府が国有の開発金融機関を設立し政府がリスクを負って途上国の基幹産業が必要とする長期資金を提供することが出来るということがある。また、中小企業および庶民等の社会的弱者が担保不足の理由から設備投資資金・運転資金を民間の商業銀行から獲得することが困難なために、政府が特殊金融機関を設立しこれら社会的弱者に資金を提供するということもある。前者の目的のために韓国は「韓国産業銀行」を設立し、政府が産業政策上重要と考えるプロジェクトに長期資金を供給した。例えば、韓国政府の重化学工業プロジェクトの典型的な事例としてPOSCOの建設資金の調達に対して韓国産業銀行は投資・融資および海外金融機関からの外資の借り入れに関して重要な役割を演じている。後者の目的のために韓国政府は中小企業銀行、国民銀行を設立している。

　しかしこの政策金融には構造的な欠陥がある。政府が信用供与のリスクを負うことになるのでモラル・ハザードや逆選択が生じ金融機関の与信業務の近代化が損なわれる。資金が財閥企業に集中し富の偏在をもたらす。資金の借手の担保能力や第三者保証中心の与信業務となり融資プロジェクトの採算性審査が疎かになる。最悪の場合には政府が救済するという期待から大企業は破産せずという不倒神話が造成され財閥企業の過剰債務、金融機関のオーバーローンの発生の契機となる。財閥と金融機関の癒着構造が慢性化し、金融機関は不良債権の発生を防ぐために企業の採算性を無視して与信業務を続

第3章　韓国の経済システムの展開

表3－10：主要金利水準の推移

年度	一般貸出	政策金融 輸出金融	政策金融 機械工業育成資金	政策金融 国民投資基金	私債	GNP デフレーター
1971	22.0	6.0	―	―	46.4	12.9
1972	15.5	6.0	―	―	39.0	16.3
1973	15.5	7.0	10.0	―	33.4	12.1
1974	15.5	9.0	12.0	12.0	40.6	30.4
1975	15.5	7.0	12.0	12.0	41.3	24.6
1976	18.0	8.0	13.0	14.0	40.5	21.2
1977	16.0	8.0	13.0	14.0	38.1	16.6
1978	19.0	9.0	15.0	16.0	39.3	22.8
1979	19.0	9.0	15.0	16.0	42.4	19.6
1980	20.0	15.0	20.0	22.0	44.9	24.0
1981	17.0	10.0	11.0	16.5－17.5	35.3	16.9
1982	10.0	10.0	10.0	10.0	32.8	7.1
1983	10.0	10.0	10.0	10.0	25.8	5.0
1984	10.0－11.5	10.0	10.0－11.5	10.0－11.5	25.8	3.9
1985	10.0－11.5	10.0	10.0－11.5	10.0－11.5	24.0	4.2
1986	10.0－11.5	10.0	10.0－11.5	10.0－11.5	23.1	2.8
1987	10.0－11.5	10.0	10.0－11.5	10.0－11.5	22.9	3.5
1988	10.0－13.0	10.0	10.0－11.5	10.0－11.5	22.7	5.9
1989	10.0－12.5	10.0	10.0－11.5	10.0－11.5	23.7	5.2
1990	10.0－12.5	10.0	10.0－11.5	10.0－11.5	20.6	10.6
1991	10.0－12.5	10.5	10.0－11.5	10.0－11.5	21.4	10.9

資料：司空壹著『韓国経済新時代の構図』、223頁。

行する悪循環が発生する。より根本的には価格機能が歪曲され、金融資源が市場原理によって配分されず実体経済を国際競争力の無い脆弱な体質にする等の欠陥が指摘されよう。韓国の金融機関の政策金融は将にこのような弊害を構造的に内在していたのである。韓国の経済学者達は「韓国は政策金融によって短期間に経済の近代化を達成したが、その結果韓国の金融システムは非常に脆弱なシステムになってしまった」と述べている。[46)]

　この政策金融の特徴が如実に現れているのが金融機関の輸出金融、産業設備投資資金の貸出し金利に対して政府が採った低金利政策である。表3－10

は主要貸し出し金利の推移を示している。

　韓国政府はしかし、1980年代以降商業銀行の民営化、金利の自由化、個別産業育成のための補助金利の撤廃等の政策を含む金融システムの自由化政策を実行する。その結果韓国の金融システムは次第に市場指導型の金融システムに移行することとなる[47]。この政府の金融自由化政策の結果顕著になったのは政府規制の対象外となった短資会社等の非銀行金融機関（NBFIs）の急激な成長である。1980年全体の融資・手形割引総額の36.7パーセントに過ぎなかった非銀行金融機関の融資・手形割引高は1995年には63.5パーセントの水準まで上昇する[48]。この非銀行金融機関は未組織金融市場(Curb Market)の金融資産を市場に吸い上げる効果をもたらしたが、不動産投機等の資産バブルの形成の原因ともなった。

　1997年12月経済危機に直面した韓国政府は1998年4月に金融監督委員会（FSC: Financial Supervisory Commission）を設立し公的資金60兆ウォンを投入して金融システムの構造改革をＩＭＦ支援の下で実施した。韓国政府は韓国第一銀行、ソウル銀行を政府管理下に置き、10商業銀行、19マーチャント銀行、43相互組合、211信用組合を含む310の金融機関を精算処分にした[49]。

３．３韓国の財閥企業

　韓国経済の急速な発展は財閥企業の形成と発展と密接不可分の関係にある。1960年代以降政府の輸出志向型の産業政策、1970年代以降の重化学工業政策、1980年代以降の先端産業育成政策は政府・官僚、財閥企業、金融機関の三者が一体となって実現された。韓国経済の成功の秘密およびその根底に隠された構造的脆弱性はこれら三者の運命共同体的な同盟関係にあると言えよう。政府の経済政策を実行するため政府は財閥を意図的に育成・活用し、財閥は政府の保護政策の下に急速に成長することが出来た。

　政府は金融機関を支配することによって財閥に影響力を行使し、財閥はその見返りに政府に種々の政治資金を提供した。政治と財閥の癒着と「官冶金融」とは韓国の経済体質の表裏の関係にあった。韓国の経済危機の本質的側

第3章　韓国の経済システムの展開

面はこの政治と財閥との癒着体質にある。以下ここで韓国の財閥の特色を概観してみる。

(1) 財閥の形成

　韓国の財閥（Chaebol）の経営学的な特質については色々論議があるが、ここでは韓国の財閥を「所有と経営が未分化の状態にある同族的な企業集団」と定義しておく。韓国の財閥企業集団の歴史は日本の植民地時代の土着企業の形成に遡ることが出来るが、韓国に本格的に財閥企業集団が形成されたのは1948年8月の大韓民国成立以降である。財閥企業集団は、16万前後の旧日本人および企業帰属財産の払い下げ、特恵的な輸入許可証の授与、海外援助資金と資材の特恵的な配分、金融機関の融資の優先的な配分等を契機に急速に形成された。[50] しかし韓国の財閥は時の政権と癒着して成長したために政権が交代する度に攻撃の対象とされた。しかも韓国の政治が地縁的性格を強く持っていたために政治エリートの出身地域の企業集団が優遇され、その他の企業集団が阻害されるという歴史的なパターンを繰り返した。この傾向は金大中政権が1998年に誕生するまで見られた。[51]

　韓国の財閥企業集団の中で比較的長い歴史を持つ三星グループは設立当初の苦い経験から政治的には中立的なスタンスで成長した。[52] 三星グループは1950年代貿易取引、繊維工場経営から出発し次第に他の産業分野に多角化していった。三星グループは現在DRAM半導体生産では世界第一の規模を誇る韓国の企業を代表する近代的な企業集団に成長した。これに反して現代グループは建設業から出発し朴政権の庇護の下で高速道路の建設、1970年代の海外建設プロジェクトによる外貨獲得、造船業・自動車産業への進出を経て近代的な企業集団に急成長した。[53]

　これら大手韓国財閥グループの1970年代から1980年代前半の成長は目覚しく各企業の売上年平均成長率は35パーセントにも達した。10大財閥企業の売上総額の対GNP比率は1974年の15パーセントから1984年には67パーセントにも達した。[54] 30大財閥企業の付加価値生産額の対国内生産額（GDP）に占

める比率については種々の推計がなされているが、1995年時点で16パーセントの比率を占めるに至っている。これら韓国の財閥企業集団は多角的に進出する産業分野で独占或いは寡占的な市場支配力を持つ傾向にあり、経済力或いは富の集中を促進する原因ともなっている。10大財閥企業の出荷額は全産業の出荷額の38パーセント、保有する固定資産額では40パーセント、雇用従業員数では16パーセントを占めるに至っている。[55]

(2) 財閥の経済便益とデメリット

財閥企業の研究は1980年代後半まで韓国ではあまり積極的には行われなかった。軍事権威主義政権と財閥との癒着関係は公然の秘密であったため、財閥企業を批判することはタブー視されていた。しかし1987年の民主化宣言以来言論の自由が次第に認められ、財閥の研究が盛んに行われるようになった。韓国の資本主義経済の発展のプロセスの枠組みの中でマルクス主義経済学或いはネオ・マルクス主義の視点から財閥企業を分析する「韓国資本主義論争」が1980年代後半以降盛んに行われるようになった。[56]特に1997年12月の韓国経済危機の顕在化以降財閥の実証的研究が韓国開発院の経済学者達によって盛んに行われてきている。[57]

これらの研究の中で次の点が財閥企業のプラスの経済効果として指摘されている。財閥が経済成長のエンジンとして経済の近代化に貢献した、財閥が新製品開発、新市場開発を通して産業構造の高度化に貢献した、財閥が革新的な起業家としての役割を果たした、財閥企業が政府の輸出産業育成、耐久消費財の大量生産システム、規模の効果による製品コストの低下等に貢献した、財閥がスコープ経済効果を発揮して要素市場にプラスの効果をもたらした、人材開発に貢献した、韓国経済の近代化の担い手として貢献した等のプラスの経済効果が指摘されている。[58]

特に韓国の財閥企業が韓国の産業技術の近代化に果たした役割を計量的に評価する実証的な研究も最近行われてきており、財閥企業の存在無くしては韓国の高成長経済は不可能であったと理解されよう。[59]

しかし財閥企業のマイナスの効果も指摘されている。財閥企業に富が集中し所得の不平等をもたらし、経済の民主化を阻害する原因となった。財閥は中小企業の発展を阻害し、政府の優遇政策の下で不当に経済力を集中させた。財閥指導型の経済成長政策は経済構造に歪みをもたらし、政府との癒着により大企業は倒産せずという神話を造成し韓国経済の脆弱性の原因となった。財閥の同族企業的特質は企業の近代化を妨ぎアジア的経営の温床となった。財閥の独占・寡占的支配は自由競争市場経済の発展の妨げとなった。財閥の蛸足的多角化は経済資源の効率的配分を妨げ、過剰投資・過剰競争の原因となり韓国経済の国際競争力の低下をもたらし、また近代的企業経営体質の発展を妨げ、企業ガヴァナンスの問題を惹起する原因となった。韓国政府はこれら財閥企業が韓国経済にもたらすマイナスの効果を低減するため、1987年には「独占・不公正取引規制法」の改正を行い、財閥グループ会社の株式相互持合い制度に対する規制、財閥企業の資本保有率の上限の設定、持ち株会社の禁止等の政策を実施した。

(3) 韓国の財閥と儒教文化

　韓国の財閥企業の特徴の1つとしてしばしば指摘されるのは家族主義的な経営体質或いは血縁関係を絆とする同族集団的な経営体質である。韓国の財閥企業を構成する関連会社の経営者のトップは創業者の家族の構成員によって占められているのが一般的である。西欧の大企業および日本の財閥の発展の初期の段階では家族主義的な経営形態が一般的であり、近代化が進展するにつれて所有と経営が分離し近代的な経営形態に移行していくという傾向は経営学者が指摘することである。従って韓国の財閥の企業経営形態は近代資本主義の経営形態の初期的な特徴を表しているに過ぎないと言えるかもしれない。

　しかし韓国の財閥の企業形態は韓国の価値意識・社会規範に由来する独特の儒教文化に基礎があるとしばしば主張されてきた。韓国の知識人や経済学者達の多くは韓国経済の驚異的な発展を可能にしたのは朝鮮王朝（1392-

1910年）時代に形成され現代の韓国社会に継承された儒教文化であると主張する[60]。日本の韓国研究者として著名な服部民夫教授も社会学的な見地から韓国の企業経営形態の儒教文化的な側面を詳細に研究している。服部教授は韓国の儒教文化は企業文化ばかりでなく韓国の政治文化の基礎となっているという命題を検証しようとしている[61]。

マックス・ウェーバーが「プロテスタンティズムは西欧の資本主義の精神」であると主張したように、儒教文化的伝統が強く残る韓国社会で「儒教は韓国の資本主義の精神」であるという命題を提起し、検証することは意味のあることと思われる。森嶋通夫教授もイギリスで盛んに「儒教は日本の資本主義の精神」であると主張している。アジア的な経営或いは経済システムに共通に認められるのは儒教的な文化であり、韓国的経済システム或いは経営形態の根底にある儒教文化的価値体系を無視することは出来ないであろう。しかしこの命題を実証的に検定することは困難を伴う。たとえこの命題が事実であるとしても、現在韓国の人口のうち1960年代の高度経済成長期以降に生まれた40才未満の人口層は全体の人口の70パーセントを占めており、儒教的な価値意識は次第にその影響力を弱めて行くことになろう。

しかし古い世代に属する韓国財閥企業の経営者達は未だに儒教的な文化・家族主義的な「内社会」の行動原理が支配している様である。最近現代グループの経営最高責任者の交代にまつわる家族間の対立が表面化している[62]。

儒教文化は社会の目標が明確化され社会の構成員が一丸となってその目標を達成するために構築された経済システムでは非常に効果的な文化であろう。しかし21世紀の韓国経済は情報関連産業が主導する経済システムとなることが予想され、そこで要求されるのは個性、創造性、革新性、自主性等の儒教文化の集団価値志向性とは相反する行動規範であり、韓国社会は意図的に儒教的な文化から脱却する努力が必要になってこよう。

韓国の代表的な財閥グループである三星グループはその経営戦略として革新的な起業家教育を重要視しており注目に値する。最近韓国でも日本と同じくベンチャー企業が活発化してきており、韓国の経済は財閥中心の経済から

第3章　韓国の経済システムの展開

次第に脱皮する兆候が見られる。

おわりに

　韓国の経済は1960年以降30数年間で100倍以上の規模の経済に急成長した。その成長の秘訣は政府・官僚、財閥、金融機関の運命共同体的な同盟関係にあった。韓国の経済の成長のプロセスはマクロ経済指標で見る限り比較的順調であった。1970年代の石油危機、1980年代の途上国の累積債務の危機を克服し、1990年代も高成長経済が持続すると予想された。しかし韓国型の経済体質はグローバル化時代に必ずしも適合せず、その構造調整をする必要があることが1997年12月に通貨危機を契機として発生した経済危機によって明らかとなった。韓国型のミクロ経済体質がマクロ経済のグローバル化に適合しなくなってきたのである。韓国政府はＩＭＦの支援を得て経済の構造改革を断行した。構造改革の目的は未だ完了していないが韓国経済は1999年12パーセントの成長率を記録している。将に驚異的な経済危機からの回復である。韓国の経済は今後も先進国・途上国の双方から驚異の眼差しでその行方を眺められるであろう。ソウル近郊に流れる漢江の水は悠久であり、岩肌を顕わにした丘陵は韓国の歴史を見つめてきた。ソウルの朝は明日も鮮明であろう。

註

1. World Bank, The East Asian Miracle; Economic Growth and Public Policy, Oxford University Press, 1993:（日本語訳）白鳥正喜監訳『東アジアの奇跡』、東洋経済新報社、1994年6月。
2. 渡辺利夫著『現代韓国経済分析』、勁草書房、1982年、15－51頁。
　　渡辺利夫、金昌男著『韓国経済発展論』、勁草書房、1996年、31－36頁、41－82頁。渡辺利夫編『概説韓国経済』、有斐閣選書、1990年、1－26頁。
3. 深川由起子『韓国・先進国経済論』、日本経済新聞社、1997年4月。この本は開発問題についての優れた研究に送られる「大平正芳記念賞」と「開発研究研究大来賞」を受賞した非常に優れた研究書である。

4. 深川 (1997)、同上、311-327頁。
5. 中川信義著「東アジア新興工業国としての韓国経済」、奥村茂治編『アジア新工業化の展望』、東京大学出版会、1987年、47-94頁。
6. 隅谷三喜男著『韓国の経済』、岩波新書、1976年、179-222頁。
7. Booz-Allen & Hamilton, Revitalizing the Korean Economy ; Toward the 21st Century, October 1997, Seoul:（日本語訳）森脇喜一・田中良和訳『韓国報告書：日本型経済システムのゆくえ』、朝日新聞社、2000年3月。
8. Asian Development Bank, Asian Development Outlook 1996/1997, Oxford University Press, 1996, pp. 41-53.
9. 宋文弘著「ＩＭＦ管理時代、知識人の自省」、韓国国際交流財団、『コリア・フォーカス』、1998年、9月・10月号、124-139頁。
10. International Finance Corporation (IFC), Emerging Stock Markets Fact Book 1999, IFC, pp. 234-237.
11. 韓国銀行『企業経営分析1984』；韓国産業銀行『1983年度財務分析』参照。
12. World Bank, Report On Structural Adjustment Loan, March 1998, 参照。
13. World Bank, 同上。
14. 池東旭（チ・トンウク）『コリア・クライシス』、時事通信社、1998年7月、13-44頁。
15. 韓国政府がＩＭＦと合意に達したＩＭＦ協定の詳細な内容はＩＭＦのウェブサイトに開示された資料に照会されている。
16. 東南アジア・東アジアの通貨・金融・経済危機に関しては数多くの研究書や解説書が発表されている。日本の解説書としては以下の文献が参考になろう。
　荒巻健二著『アジア通貨危機とＩＭＦ』、日本経済評論社、1999年；近藤健彦他著『アジア通貨危機の経済学』、東洋経済新報社、1998年；関志雄著『円と元から見るアジア通貨危機』、岩波書店、1998年；高橋琢磨他著『アジア金融危機』、東洋経済新報社、1998年；平田潤著『21世紀型金融危機とＩＭＦ』、東洋経済新報社、1999年；日下部元雄他著『アジアの金融危機は終わったか』、日本評論社、1999年。
17. 1997年7月東南アジア・東アジアの危機の発生以来ＩＭＦは詳細な分析を行ってきた。ＩＭＦの見解については以下の文献を参照のこと。IMF, World Economic Outlook, May & October, 1998 and 1999; International Capital Markets, September 1999; World Economic Outlook and International Capi-

tal Markets: Interim Assessment, December 1998; International Capital Markets, December 1998; IMF -Supported Programs in Indonesia, Korea and Thailand; A Preliminary Assessment, 1999.
18. 郭洋春著『韓国経済の実相：ＩＭＦ支配と新世界経済秩序』、つげ書房新社、1999年参照。
19. Ministry of Foreign Affairs and Trade, ROK, "The Road To Recovery in 1999,"
27. May 1999. Website of MOFAT.
20. 金大中大統領の半世紀に及ぶ大衆政治家としての信念や哲学は自叙伝の中に感動的に語られている。金大中大統領は軍事政権下で1973年の拉致事件を含み5回死に直面する抑圧と迫害を経験したと自叙伝の中で語っている。金大中著『私の自叙伝：日本へのメッセージ』、ＮＨＫ出版、1998年増補版参照。
21. Michel Camdessus, "Crisis, Restructuring, and Recovery in Korea," Conference on Economic Crisis and Restructuring, Seoul, Korea, December 1999.
22. 渡辺利夫著『現代韓国経済分析』、勁草書房、1982年、15-51頁。
23. ガーシェンクロンの後進経済の利益理論については、Alexander Gerschenkron, Economic Backwardness in Historical Perspectives, Harvard University Press, 1962. 参照のこと。このガーシェンクロンの後発経済の利益の命題はしばしば開発経済学の分野で言及される。
24. Amsen, Alice H., Asia's Next Giant: South Korea and Late Industrialization, Oxford University Press, 1989, pp. 3-54.
25. 渡辺利夫編『韓国経済』、有斐閣、1990年。
26. 雀章集著・中村福治訳『現代韓国の政治変動』、木鐸社、1997年；『韓国現代政治の条件』、法政大学出版、1999年。金浩鎮著・李健雨訳『韓国政治の研究』、三一書房、1993年参照のこと。
27. 森山茂徳著『韓国現代政治』、東京大学出版会、1998年。
28. 我々日本人が韓国の経済発展を分析しようとする時、正しい歴史認識を持つことが必要となる。朝鮮史研究会編『朝鮮の歴史』、三省堂、1995年；海野福寿著『韓国併合』、岩波新書、1995年等に書かれた韓国の近代史に関する知識は最小限度持つべきである。
29. この時期の韓国の政治体制の形成過程については、金三珠著『韓国資本主義国家の成立過程：1945-53年』、東京大学出版会、1993年が参考になる。

30. 雀章集（1997年）、前掲書、74－77頁。
31. 朴政権の「開発独裁」的特徴については、朴一著『韓国：NIES化の苦悩』、同文舘、平成11年増補版、40－59頁参照。軍事クーデターについては、金潤根著『朴軍事政権の誕生』彩流社、1996年が参考になる。近年朴大統領は安重根と並び民族的英雄として人気が高まっている。
32. 金日伸著・沈晩燮訳『韓国経済入門』、東洋経済新報社、昭和54年、3－27頁。
33. 韓国の造船業・自動車産業の発展については、Richard M. Steers, Made in Korea : Chung Ju Yung and The Rise of Hyundai, Routeledge, 1999, pp. 72－122. に詳しい記述がある。
34. 韓国の最近の産業動向については、3年に一度出版される韓国産業銀行の英文の報告者が参考になる。The Korea Development Bank, Industry in Korea 1997. 参照のこと。
35. 李鐘元著『東アジア冷戦と韓米日関係』、東京大学出版会、1996年参照。この中でアイゼンハウアー大統領時代のアメリカ政府の対韓国政策が詳細に分析されている。
36. この時期の韓国経済の復興過程については旧日本殖民地時代の経済官僚が重要な役割を演じた。徐載車著『恨の経済：私の体験的韓国経済史』、日本経済評論社、1988年参照。
37. Alice H. Amsden, "The Specter of Anglo-Saxonization Is Haunting South-Korea" in Korea's Political Economy: An Institutional Perspective, ed., by Lee-Jay Cho and YoonHyung Kim, Westview Press, 1994, pp. 87－125.
38. Amsden, Alice H., Asia's Next Giant: South Korea and Late Industrialization, Oxford University Press, 1989, pp. 139－155.
39. 司空壹著『韓国経済新時代の構図』、渡辺利夫監訳、東洋経済新報社、1994年、27－55頁。
40. Byung-Nak Song, The Rise of the Korean Economy, Oxford University Press, 1997, pp. 129－147; Cho Soon, The Dynamics of Korean Economic Development, Institute For International Economics, 1994, pp. 177－183.
41. Perkins, Dwight H., Joseph J. Stern, Ji-hong Kim and Jung-ho Yoo, Industrialization and the State: The Korean Heavy and Chemical Industry Drive, Harvard Institute for International Development (HIID), 1995.
42. Shaw, Edwards., Financial Deepening in Economic Development, Ox-

ford University Press, 1943 ; Ronald McKinnon, Money and Capital in Economic Development, Brookings Institution, 1973.
43. Fry, Maxwell J., Money, Interest, and Banking in Economic Development, The Johns Hopkins University Press, 1988 ; 世銀は途上国の金融システムに関して過去多数の研究レポートを発表している。アジアの金融システムの自由化に関しては以下のレポートが参考になる。Yoon-Je Cho and Deena Khatkhate, Lessons of Financial Liberalization in Asia: A Comparative Study, World Bank Discussion Papers, 1989.
44. Cho, Yoon-Je., and David C. Cole, "The Role of the Financial Sector in Korea's Structural Adjustment," in Structural Adjustment in a Newly Industrialized Country: The Korean Experience, World Bank, 1992, pp. 115−137.
45. 沈晩燮著『韓国経済論』、税務経理協会、昭和62年、107−151頁。
46. Cho, Yoon-Je and Joon Kyung Kim, Credit Policies and the Industrialization of Korea, Korea Development Institute, 1997. 参照。
47. Nam, Sang-Woo., "Korea's Financial Reform Since the Early 1980s" in Financial Reform ; Theory and Experience, ed., by Gerard Capiro et all, Cambridge University Press, 1994, pp. 184−222.
48. The Bank of Korea, Financial System in Korea, October 1999, page 20.
49. Oh, Seungkon., "An Institutional Perspective on Financial Reform in Korea" in The Korea Development Bank, Economic & Industrial Focus, December 1999, pp. 1−16.
50. Kang, Myung Hun., The Korean Business Conglomerate ; Chaebols Then and Now, Institute of East Asian Studies, 1996, pp. 10−35.
51. 韓国政治の地縁主義的性格については、池東旭著『韓国の族閥・軍閥・財閥』、中公新書、1997年参照。
52. 三星財閥グループの歴史と企業経営戦略については、矢島金次著『韓国経済の挑戦』、日本経済新聞社、昭和52年 ; 韓正和他著『韓国三ツ星グループの成長戦略』、日本経済新聞、1997年参照。
53. 現代グループの成長については、Richard M. Steers, Made in Korea; Chung Ju Yung and the Rise of Hyundai, Routlege, 1999. に詳しい説明がある。
54. Kang (1996)、前掲書、189頁参照。

55. Yoo, Seong Min and Youngjae Lim, Big Business in Korea: New Learning and Policy Issues, Korea Development Institute (KDI), February 1999, page 22−31.
56. 韓国の資本主義論争については、本田健吉監修『韓国資本主義論争』、世界書院、1990年参照。
57. 韓国開発院のエコノミスト達が最近発表した研究論文は以下の通りである。

(1) Seong Min Yoo, Evolution of Government-Business Interface in Korea: Progress to Date and Reform Agenda Ahead, KDI, November 1977.

(2) Bonchun Koo, Corporate Restructuring and Financial Reform in Korea, KDI, November 1998.

(3) Seong Min Yoo, Corporate Restructuring in Korea: Policy Issues Before and During the Crisis, KDI, February 1999.

(4) Seong Min Yoo and Youngjae Lim, Big Business in Korea: New Learning and Policy Issues, KDI, February 1999.

(5) Il Chong Nam and others, Corporate Governance in Korea, KDI, March 1999.

(6) Sung Wook Joh, The Korean Corporate Sector: Crisis and Reform, KDI, November 1999.

(7) Il Chong Nam, Sung Wook Joh and Others, Corporate Governance in Korea, KDI, December 1999.

(8) Il Chong Nam and Others, Comparative Corporate Governance Trends in Asia, KDI, December 1999.

(9) Sung Woo Joh, Control, Ownership and Firm Performance: the Case of Korea, KDI, January 2000.

58. Seong Min Yoo (February 1999)、前掲書、2−7頁。
59. 韓国の産業技術の近代化に果たした役割についての実証的な研究成果については下記を参照のこと。

Linsu Kim, Imitation to Innovation; The Dynamics of Korea's Technological Learning, Harvard Business School Press, 1997. Youngil Lim, Technology and Productivity: The Korean Way of Learning and Catching Up, The MIT Press, 1999.

60. 韓国経済の儒教文化的基礎については以下の文献が参考になる。金日伸著『東

第3章　韓国の経済システムの展開

　アジアの経済発展と儒教文化』、大修舘書店、1992年；金日伸著『韓国、その文
　化と経済活力』、第三出版、1985年。
61. 服部民夫著『韓国の経営発展』、文眞堂、昭和63年；『韓国；ネットワークと政
　治文化』、東京大学出版会、1992年。
62. 週間東洋経済、2000年4月8日、20－21頁。

第4章 インドネシアの経済システムの深層

はじめに

　インドネシア経済は典型的な「開発独裁」的な経済システムであるとしばしば言われてきた。ここではスハルト政権下（1966－98年）のインドネシア経済に焦点を当ててインドネシア経済の深層を探る。著者はスハルト政権下のインドネシア経済を「軍事抑圧経済システム」であると捉える。「軍事抑圧経済システム」とは政治、経済、金融および社会システム全体に対する抑圧体制であり、その特質は、スハルト大統領とその親族、国軍、経済官僚、華僑資本、国有企業、国有の金融機関による経済資源の支配と配分にある。この「軍事抑圧経済システム」を可能にしたのは大統領の独裁的な権限と国軍支配にあった。この意味でスハルト政権下のインドネシア経済システムは、経済が政治に追従する政治・経済システムであったと言えよう。ここでインドネシア経済の「深層」と言うとき、著者の意図することはフロイド精神分析学が言う「深層心理」のことであり、フロイド左派の社会心理学やフランクフルト学派のアプローチに近い。

4.1 インドネシア経済

(1) 軍事抑圧体制と癒着経済

　インドネシアの経済は、1997年タイの通貨危機に端を発したアジアの金融・経済危機の波及効果を受けて危機的な状況に突入するまで、順調な成長軌道にあると一般に理解されてきた。インドネシア経済は、東アジアのNIEs（韓国、台湾、香港、シンガポール）に継ぐアジア経済の成長の機動力を担うASEAN諸国のメンバーとして比較的高い経済が持続すると期待されていた。[1]

第4章 インドネシアの経済システムの深層

世銀エコノミストによるインドネシアのマクロ経済の動向分析も楽観的であった[2]。インドネシアの経済動向に関しては、オーストラリアの研究が盛んであるが、オーストラリアの代表的なインドネシア経済の専門家H．ヒル（Hall Hill）は、経済危機の直前に発表したインドネシア経済に関する総括的な研究書の中で、インドネシアがその経済発展史の中で最も深刻な危機に突入する構造的な脆弱性を持っているという理解はしていない[3]。インドネシア経済研究として著名なオーストラリアの研究誌に危機の直前に発表された研究論文は、スハルト政権が末期的な状態にあるにも関わらず、インドネシアのマクロ経済体質は健全であるという評価が一般的であった[4]。IMFのエコノミスト達のインドネシアのマクロ経済評価も楽観的であった[5]。

但し注目に値するのは、インドネシア駐在の新聞・雑誌記者達によるインドネシアの動向分析や観察である。これら記者達のインドネシアの動向分析には経済の実態を鋭く洞察する内容のものが多い。インドネシアに1980年代の後半数年駐在した雑誌記者A・シュワルツ（Adam Schwartz）はスハルト政権の末期症状を「大統領親族・軍部・華僑資本の病理現象」と特徴づけインドネシア社会が危機的な状況を迎えていると警告していた[6]。

日本のインドネシア研究の代表は白石隆教授の研究であろう。危機の前年に発表した白石教授のインドネシア研究はインドネシアを「軍・官僚権威主義体制の変形」と把握し、スハルト政治体制の危機は、「イスラム勢力の動向、長期間抑圧された農民、工場労働者、学生、青年の動向、経済状況の悪化に起因する政治の流動化」によって触発されるかもしれないと予測していた[7]。しかし白石教授は経済危機の発生後、スハルト体制の再評価を行っている。「どうして世界銀行の優等生といわれたインドネシアでこのように通貨危機から経済危機、社会危機、政治危機と危機の拡大・深化が起ったのか。… スハルト新秩序体制の基礎には二つの体制運転の原理『安定と開発』の政治と『家族主義』の政治があった。…この二つの体制の原理に対する国民の合意が1990年代の前半次第に崩れてきた」と再考している[8]。

インドネシア経済の実態を理解し、何故インドネシア危機が深刻になった

のかを理解するためには短期的なマクロ経済政策の是非を分析するだけでなく、インドネシア社会が持つ政治経済体質の深層や構造の本質を理解することが不可欠であろう。インドネシア経済の社会構造の古典的な研究はJ・H・ボエーク（J. H. Boeke）の研究であろう。J・H・ボエークは「第2次大戦前のインドネシア経済の特質は、前近代資本主義社会である農村共同社会とオランダ植民地経営がもたらした近代資本主義社会が共存する二重構造にあり、前者と後者のギャップを埋めることは不可能である」というテンニース的な二重経済構造理論を展開した[9]。即ちJ・H・ボエークはインドネシアの社会構造は経済の発展段階では未だ前近代資本主義の段階にあり、インドネシア経済の近代化のためには政府の「倫理政策」を含む積極的な経済支援政策ないしは植民地経営政策が必要であると主張した[10]。

　このJ・H・ボエークのドイツ歴史主義的な社会学理論視点によるインドネシア研究は、後に大きな論争の的となった。その理由は、J・H・ボエークがインドネシア社会の構造的特質は前近代的な共同社会であると規定したところにある[11]。J・H・ボエークの二重社会構造理論の是非はともかく、インドネシア経済の特質を理解するためには社会学的な分析が不可欠であろう。この視点からの分析で注目すべき研究は、インドネシアの農村社会の人類学的な分析を行ったC・ギーツ（Clifford Geertz）の一連の研究業績であろう[12]。

　著者が最も注目するのはインドネシア経済に対するR・ロビソン（Richard Robison; 1986年）の政治経済学的分析とH・クローチ（Harold A. Crouch; 1978年）が行ったスハルト体制の政治学的な分析である[13]。R・ロビソンはインドネシア経済社会の腐敗構造の深層を鋭く分析しており、H・クローチはインドネシア社会の腐敗構造の本質はスハルトの軍事権威主義体制にあるとしている。著者はこの両者の意見と白石隆教授のインドネシア研究の成果を基に以下の内容のインドネシア経済の分析の作業仮説ないしはM・ウェーバー的な理念型の認識図説を設定することにする。M・ウェーバーの理念型は言うまでもなく認識対象の事象の本質を顕在化させるために、意図的に本質的側面のみに焦点を当てて社会的事象を認識しようとする。このよ

第4章　インドネシアの経済システムの深層

インドネシアの軍事抑圧経済システム

　インドネシアのスハルト政権は、韓国の朴政権と同じく権威主義的な軍事体制であり、この抑圧的な政治体制の下で経済開発が行われた。スハルト政権の特質は、政治、経済、金融および社会システム全体に対する国軍による抑圧体制であり、市場経済は軍事権威主義体制の枠組みの中でその経済機能を発揮した。インドネシア社会の抑圧体制の特質は、スハルト大統領とその親族、軍部官僚　経済官僚ないしはテクノクラート、華僑資本、国有企業、国有金融機関等による経済資源の支配と配分にあり、市場経済原理はスハルト体制による支配の道具となった。IMF・世銀、アジ銀の経済支援、日本の政府開発援助（ODA）はスハルトの抑圧体制を支援・補強する結果をもたらした。このスハルトの軍事抑圧体制を無視した経済の自由化政策、金融システムの改革は抑圧体制そのものを強化する逆効果をもたらした。経済テクノクラートによる経済政策は短期的なマクロ経済政策の運営の局面では効果を発揮したが、経済体制の構造自体を変革することは出来なかった。スハルトの抑圧政治体制の下でインドネシア政府がIMF支援によって1970年に採用した資本取引自由政策は、経済の腐敗構造を補強する結果をもたらした。インドネシア経済がスハルト政権下で「政治化（Politicize）」されるとき、インドネシア経済の実態を理解する鍵は、政治にあると考えるべきである。インドネシアの金融・経済危機の本質はスハルト軍事抑圧体制が最早存続し得なくなった状況を意味し、通貨危機はあくまでも危機の引き金になったに過ぎない。

うな認識図式に従ってインドネシア経済システムの本質を理解しようとすることにはヒュリスティック効果があろう。以下ここでは上記の認識図式に従ってインドネシアの経済システムの特徴を詳しくみてみよう。

(2) スカルノ政権下のインドネシアの経済

　インドネシアは1949年共和国として独立するまで、日本軍による第2次大戦中の占領期間（1942-45年）を除く17世紀の初頭から3世紀以上の期間、オランダの植民地であった。インドネシアの経済発展の「初期状態」を1949年の共和国誕生の時期とすれば、インドネシア経済が、過去3世紀半の期間オランダ東インドの植民地行政の下で、どのように形成されてきたかを理解する必要がある。オランダ植民地下のインドネシア経済の実情を、限られた資料から記述すると以下のように要約されよう。第1に、インドネシアは香料、砂糖、タバコ、ゴム、錫等の一次産品を主に宗主国オランダに輸出する

農業経済国であった。しかしこれら主要な一次産品の産出はオランダ人のジャワ島を中心とするプランテーション経営によってなされ、インドネシア土着民族の商業・産業資本形成は極端に限られていた。第2に、オランダ東インド国家の財政収入は、原住民からの人頭税、地税、輸入税、輸出税、アヘンの専売収入等であり、インドネシア原住民の搾取的性質を持った。第3に、オランダの植民地経営はイギリス型の現地社会の官僚機構の形成を支援する間接統治でなく、オランダ人の植民地行政官の直接統治であるという性格を強く持った。またオランダの植民地経営では、アメリカ政府が対フィリピン統治で行った民主主義政治体制の育成支援、原住民の教育支援も限定的に過ぎなかった。これらはオランダ植民地経営の負の遺産をインドネシア社会にもたらした。第4に、オランダ植民地政府は中国人をアヘンの専売人として活用し、中国人と現地人とを隔離し、中国人を通して現地人社会を支配する政策をとった。この政策はインドネシア人が持つ反中国人偏見の要因ともなっている。第5に、オランダ植民地政府はオランダ人のプランテーション農業経営に最小限度必要な鉄道・電力・電信・電話等の産業基盤投資を行ったが、インドネシアの資本経済発展に必要不可欠な所有権、契約法、会社法等の法制度や、社会資本・人的資本の確立を行わなかった[14]。従ってインドネシアが1945年8月17日独立宣言を行い、独立戦争の結果、1949年オランダ政府から国家主権の委譲を受け、名実ともに独立国家として誕生した時の経済発展の状況は経済発展の初期条件としては十分なものでなかった。しかしインドネシア経済にとって恵まれたことは、石油・天然ガスのエネルギー資源、亜熱帯雨林の森林資源、金・錫等の鉱物資源が豊富であったことである。

　1966年にスハルト政権が誕生する以前のインドネシアの経済は「慢性的な破綻経済」と言われる状況であった[15]。B・ヒギンズ（Benjamin Higgins）によると、この当時のインドネシアの経済状態は、「一人当たりの所得水準（1966年）は1938年の水準に止まっていた。一人当たりの食糧生産の水準も1935—39年の平均水準に近く、政府の外貨準備高も必要不可欠の輸入を賄うにも不十分であった。製造業は国民総生産の10％以下に止まり、インドネシ

アの代表的な工業である繊維産業の工場の稼働率は5－10%前後の水準であった。政府の財政収支および経常収支は慢性の赤字であり、政府の放漫金融政策のためジャカルタの物価水準は1957年3月の水準を100とすると、1965年4月には約76倍の7,595の水準に達し、インドネシア経済は破綻状態であった。その理由は、オランダ植民地政府下で土着の民族資本が未形成であったこと、1949—59年の議会民主主義政治体制の時期にインドネシアは極度の政治不安に悩まされ満足な経済開発政策が実行されなかったこと、特にスカルノの「指導民主主義(Guided Democracy)」の時期(1959—66年)には社会主義経済政策により民間企業の発展の機会が抑制され、スカルノ大統領の対中国・ソ連よりの外交政策により日本・欧米からの直接投資を含む外資の流入が途絶えたためであると解説されている。[16]

特にインドネシアはスカルノの「指導民主主義」体制の時期に、西イリアン開放戦争とオランダ企業財産の没収と国有化、サバ・サラワクの領有を巡るマレーシアとの直接対決、国連からの脱退、IMF・世銀による支援の停止等経済環境は最悪の状態であった。[17]

オーストラリアの大学ではアジア・太平洋地域研究が盛んであるが、オーストラリア国立大学のインドネシア経済研究誌の創刊号(1965年)では、「インドネシア型社会主義を標榜するスカルノ大統領の指導民主主義の経済政策は国有企業や協同組合を育成することを優先し、民間企業の形成は欧米植民地搾取の復活であると判断し、インドネシアの経済発展に不可欠の条件である民間企業育成を怠っている。インドネシア経済発展には華僑資本の自由な活動を支援する政策が必要である」と洞察していた。[18]

(3) スハルト政権下のインドネシア経済

スハルト政権は1965年9月30日の謎のクーデタ事件を契機に誕生する。このクーデタ事件についてはH・クローチが詳しく解説している。[19] 所謂「コーネル報告書(Cornell Paper)」は9月30日のクーデタはインドネシア国軍内部の権力闘争に起因すると解釈しているが、インドネシア共産党(PKI)が

スカルノ政権の末期に共産党勢力を維持するために国軍内部の共産党分子と企てたクーデタ事件であると解釈するのが通説のようである[20]。このクーデタによって国軍の反乱分子と共産党（PKI）は、インドネシア国軍上層部の6名の将軍を拉致・殺害し、革命評議会を設置し権力を奪取しようと企てた。しかしこのクーデタ事件は陸軍戦略予備司令官スハルト将軍の指揮の下の国軍によって鎮圧される。それまで共産党（PKI）の支持の下で政権を維持してきたスカルノ大統領は権力を喪失し、スカルノ大統領は1966年3月11日スハルト将軍に権力を委譲し、スハルトは1968年3月正式にインドネシア共和国第2代大統領に就任する。スハルト将軍指揮下のインドネシア国軍はこのクーデタ事件を契機にしてインドネシア共産党（PKI）勢力の抹殺をはかり、1965年10—12月にインドネシア全土で共産党党員および支持者総数30—50万人が殺戮されたと推計されている。

この共産党勢力を血によって粛清し権力を奪取したスハルトは、1998年5月21日大統領を辞任し、ハビビがインドネシア共和国第3代大統領に就任するまで約30年政権を維持することになる。インドネシア経済はスハルト政権の期間（1966-98年）持続的な発展を遂げることになる。

スハルト政権下にインドネシア経済が持続的発展を維持することが出来た理由は、スハルト軍事政権による政治的安定の確保、テクノクラートによる経済安定政策・外資導入政策・構造改革政策の実施、世銀・IMF・日本政府等の支援、華僑資本を中心とする民間企業の形成、国営金融機関による優先産業分野に対する融資政策等が挙げられよう[21]。インドネシアは石油・天然ガス資源、森林資源、鉱物資源、人的資源が豊富であり、適切な経済政策が実行されれば、経済発展の初期の時期に比較的高い経済の潜在成長を持続することが出来ると考えられた。スハルト政権は30年間インドネシアが直面した複数の内的・外的な衝撃を適切な経済政策を実行することによって乗り切ることが出来た。

スハルト政権が直面した第1の課題（1966—70年）は、スカルノ政権下に破綻の状況にあったインドネシア経済を立て直すことであった。インドネシ

ア政府は高インフレ、財政収支および経常収支の恒常的赤字を解消するため、IMF・世銀の支援の下で通貨の切り下げを含む経済安定政策を実行した。欧米先進国はインドネシア支援国グループ（IGGI；Inter-Governmental Group for Indonesia）を結成しインドネシアが必要とする開発投資資金を協調して供与した。[22]

このIGGIの活動の中では世銀が指導的な役割を演じた。世銀の活動はスカルノ政権下中断していたが、マクナマラ世銀総裁が1968年6月にインドネシアを訪問して以来積極化する。世銀は同年8月にジャカルタに世銀現地事務所を設置し世銀のインドネシア支援の拠点とした。[23]

第2のインドネシア経済の試練は、国営石油開発企業プルタミナの放漫経営によってもたらされた経済危機（1975年）であるが、インドネシアはこの危機を後に述べるようにテクノクラートの政策によって乗り切ることが出来た。第3の課題は1970年代の原油価格の高騰がもたらす「オランダ病」の潜在的な危機であるが、この危機もインドネシア政府は通貨の切り下げ政策により解決することが出来た。[24] 第4の潜在的危機は1980年代の「累積債務」の危機であるが、この危機もスハルト政権は構造改革政策によって乗り切ることができた。[25] 第5番目の危機は1990年代後半スハルト政権が末期的な段階に達し、スハルト軍事抑圧体制そのものの体制の危機を露呈し始めたことである。以下ここでスハルト軍事抑圧体制下のインドネシア経済の特徴を探ってみよう。

(4) スハルト政権とテクノクラート

スハルト政権は韓国の朴政権と同じくクーデタを契機に誕生した軍事独裁政権であり、この非民主主義的政治体制を正当化するイデオロギーは「開発」により立ち遅れた経済の発展を促し国家形成を達成することであった。しかし軍人は「破壊と殺戮を専門とする組織集団」であり、国の経済システムを運営する専門家ではない。韓国の場合、朴政権はアメリカで教育された経済学者たちを経済企画院（EPB：Economic Planning Board）、財務省および韓

国開発院（KDI：Korea Development Institute）に集結・動員し、これらテクノクラート達の経済政策企画能力を活用して韓国経済の発展計画を実施した。インドネシアの場合、韓国と同じく「バークレイ・マフィア」と呼称されたカリフォルニア大学を中心としたアメリカの大学で教育を受けた経済学者達をインドネシア中央銀行、財務省、開発計画庁（Bapenas）、各主要産業経済省に集結し、経済政策企画・運用のブレーンとして活用した。「バークレイ・マフィア」と呼ばれたこれらインドネシアの経済学者達は後に自叙伝を発表している[26]。これらインドネシアの経済学者達は主にインドネシア大学の経済学者であり、スハルト政権の前半期に強い影響力を行使した。しかしこれらテクノクラート達は経済政策を企画・実施する経験は十分でなく、実務経験を通して経済政策遂行能力を習得していったようである。

これら経験不足のインドネシアのテクノクラートを直接・間接に支援したのはIMF・世銀およびハーバード大学の国際開発研究所（HIID；Harvard Institute for International Development）所属の経済学者たちである[27]。これら経済学者たちは新古典派経済学理論に依拠した「市場志向型」の経済政策をインドネシアのテクノクラートと共同で企画・実施していった。しかしスハルト政権が長期化しスハルト大統領の親族・華僑資本の同盟関係が次第に強化されるにつれて、テクノクラートの影響力は低下していく[28]。これらテクノクラート達は独自の政治基盤を持たず、スハルト大統領の恣意的な判断に依存する助言者的な機能を果たした。これら「市場志向型」のテクノクラートに対抗する勢力は国軍勢力、華僑資本と同盟関係を結び次第に影響力を持ってきたスハルト親族の企業グループ、ハビビを頂点とする民族主義的なエンジニア集団等である。スハルト政権下実行された経済政策はこれら権力エリート勢力の妥協的産物の性質を持つが、1980年代後半まで一応の成功を収めたといえる。

(5) スハルト政権の経済政策

スハルト政権下経済テクノクラートが中心になって実施した金融部門以外

第4章　インドネシアの経済システムの深層

の主要な経済政策の内容は以下の時系列的に要約されよう。1966—70年の期間にインドネシア政府は経済の復興・安定のため種々の伝統的なマクロ経済政策を実施した。1965年12月には暴落した通貨のデノミネーションと為替レートの切り下げを行い、対外債務の繰り延べ交渉とインドネシア支援国グループ（IGGI）と新規の借り入れ交渉を行う。これら海外借り入れ資金は政府の歳出の20－30％を占めることになる。1966年12月政府は輸入の数量制限を撤廃し、為替レートの漸次的な切り下げを行い、複数為替レート制度から単一為替レート制度に移行する。1967年には外資投資法（Foreign Investment Law）を制定し、海外からの直接投資を促進する。1969年から開発計画庁が経済開発五カ年計画（REPELITA）を策定し、開発投資資金を優先産業分野および経済基盤整備のために配分することとなる。1970年スハルト政権は資本取引に関する規制を撤廃しインドネシア居住者および企業が自由にインドネシア国内・国外で外貨資産を保有することを許可する政策を採用する。この政策により海外からの直接投資がさらに活発化し、海外資本の流入・流出が頻繁に行われるようになる。インドネシアの国際収支は、原油価格の高騰により経常収支が黒字に転換するが、テクノクラートはインドネシア経済が「オランダ病」に陥る可能性を除去するため、1978年11月予想外の50％の通貨の切り下げを断行する[29]。

1980年代には、スハルト政権は種々の構造改革政策を実施し、インドネシア経済の石油資源依存度を低め、民間企業を育成し、輸出指向型の産業構造の形成を促進するため経済自由化政策を実行する。海外直接投資に課せられた規制を漸次的に撤廃するとともに、1989年にはネガティブ・リスト方式に移行する。1986年9月には為替レートを31％切り下げるとともに、1988年IMF8条国に移行する。貿易の自由化を促進するため漸次的に輸入関税率を引き下げる[30]。

以上要約したようにスハルト政権は1966—96年の30年間テクノクラートが中心となって一連の経済の自由化政策を実行する。この結果インドネシア国

内総生産（GDP）は年平均7.0％の持続的な成長を遂げ、一人当たりGDPは1997年1,011ドルとなり、ASEAN諸国の中ではフィリピンと伍する水準となる。インドネシアの石油部門に対する依存度は次第に低下し、1996年石油・天然ガス関連製品の全体の輸出に占める比率は76パーセントの水準にまで低下する。これらの経済自由化政策によってインドネシア経済は持続的な経済成長を可能にする軌道に乗ったと判断された。しかしこれら経済の自由化政策によってインドネシア経済が、スカルノの政権の社会主義経済から脱却して完全に市場経済に移行したのではなく、スハルト軍事抑圧体制の範囲内で市場経済メカニズムが形成されたにすぎないと言える。[31]インドネシアの場合、経済自由化政策は経済的な強者である華僑資本に利益をもたらし、経済的な弱者である土着資本（プリブミ）に不利益をもたらすという危惧がある。従って経済的弱者であるインドネシア人を保護するため国軍、国営企業、官僚が権力を保持し、政府が市場メカニズムに介入して経済的弱者であるプリブミの経済的利益を保護すべきであるという基本原則がスハルト政権のエリートの意識構造の根底にある。この範囲内でのみ経済自由化政策が許容された。

(6) 国軍と国営企業

　1966年以降実行された経済自由化政策にも関わらずインドネシアの実体経済と金融経済の実権はスハルト大統領および大統領を支持するインドネシア国軍が強い影響力を行使した。インドネシア国軍は1990年代、陸軍23万人、海軍4万7千人、空軍2万1千人の合計約30万人の正規軍隊と40万人の予備軍を擁し、戦車275台、艦艇17隻、少数のジェット戦闘機の装備を誇る軍隊である。[32]しかしインドネシア国軍は自国を防衛し、治安を維持する単一の機能を有する軍隊ではなく、「2重機能」ドクトリンによって理論武装し直接インドネシアの国家形成の意思決定に参与する社会組織体である。インドネシア国軍は、対オランダ植民地政府軍との独立ゲリラ戦争の過程で形成され、当初から地域の政治社会に密着する軍隊として形成された。また建国の当初

第4章 インドネシアの経済システムの深層

から軍事費を賄うため密輸事業、熱帯雨林の不法伐採、種々の商業・金融機関経営に従事し、1957—58年のオランダ企業の没収・国有化以降は製造業企業を直接経営・管理し営利事業を行う複合的な軍事組織となった。このようにインドネシア国軍は設立の当初から非軍事的な営利行動を公然と行う組織として成長した。[33]

　国軍は軍事費を賄うために営利事業を行うばかりでなく、国軍エリートが個人的な利益を追求するためにも国軍直営の各種の企業経営を行った。この目的のため国軍エリートは華僑資本の資本力と経営能力を可能な限り活用し、また逆に華僑資本は自己企業の権益拡大と利益保護と自衛手段として国軍エリートと積極的に共同事業を行った。スハルトは1960年代地方方面軍の中堅将校の時から後にサリム企業集団を形成することになるリム・シュー・リョン（Liem Sioe Liong）や熱帯雨林事業の権益をもとに企業集団を形成したボブ・ハッサン（Bob Hasan）と親密な同盟関係を形成し、次第に華僑資本との癒着関係を結んでいった。これら華僑資本が1960年代から現在までスハルト大統領と共同して蓄積した膨大な資産のうち、どの部分までが華僑資本の正当な企業行動の結果なのか、どの部分がスハルト個人の資産なのか不明である。ただしこれら華僑資本はスハルトの分身であるという性質を強く持つという事実は否定し得ないであろう。国軍はこのように営利事業に従事するばかりでなく、主要な内閣の閣僚、州・県知事等の地方行政府の長官、鉱物資源開発企業、セメント・肥料製造会社等の主要な国営企業の経営者となり国営企業に対する支配力を持つようになった。特に問題となったのはインドネシア最大の国営企業で石油関連資源開発に独占的権限を持つ「プルタミナ」（Pertamina）にインドネシア国軍エリートが絶大の支配力を行使したことである。

　国営石油開発企業プルタミナの事業は、インドネシア経済に直接・間接的に非常に大きな影響力を持っている。インドネシアは石油資源が豊富であり、石油化学関連産業が潜在的に比較優位を持つ。しかし石油化学製品の原料は原油から精製されるナフサであり、このナフサの独占的な供給力を国営石油

開発企業プルタミナが握っている。石油化学関連プラントを建設するためには、インドネシアの企業は国営石油開発企業プルタミナから必要とする原料を確保する必要がある。ここに不透明なレント・シーキングの可能性が潜んでいる。インドネシア経済の腐敗の根源は、プルタミナが石油関連産業プロジェクトに対して独占的な権益を持っていることにもその原因がある。

インドネシアの石油開発は1885年に開始され、1890年ロイヤル・ダッチ・オイル会社が設立され、北スマトラ、南スマトラ、中央・東ジャワ、北東ボルネオで石油開発が行われた。1930年代までにカルテックス（Caltex）、シェル（Shell）およびスタンバック（Stanvac）の多国籍企業3社がインドネシアの石油資源開発における支配的地位を占めた。インドネシア政府はこれら多国籍企業と石油開発契約を結んでいた。1957年オランダ企業の財産が没収され国有化された。その結果国営企業プルタミナが設立され、インドネシア国軍のスハルト将軍の部下であるストモ将軍（Ibnu Sutowo）がプルタミナの会長に就任した。ストモ将軍の下でプルタミナは積極的な拡大政策を実施し、プルタミナの事業は石油開発事業に止まらず、海洋開発、船舶サービス、石油液化、製鉄、石油化学、ホテル事業等にまで多角化した。1975年にはプルタミナの事業規模は日本を除きアジアで最大の企業に成長した。1970年代までにプルタミナを中心とする石油関連産業はGDPの22％、輸出外貨獲得の70％、政府財政収入の55％を占めるに至る。ストモ将軍は1967年1月プルタミナを石油・ガス開発省の管轄から独立しスハルト大統領直轄の事業とした。この結果プルタミナの財政状況を財務省が監視することが出来なくなり、ストモ将軍はプルタミナの独裁的な経営者となった。

1975年初頭プルタミナの対外債務は105億ドルに達し、この累積債務額は政府の財政規模85億ドルを超える膨大な規模となった。この対外債務の内訳は15億ドルが短期債務、25億ドルがエンジニアリング契約、19億ドルが石油・ガス関連下流事業、21億ドルがクラカタ国営製鉄所拡大プロジェクト、33億ドルが石油タンカー賃貸契約、8億ドルがその他の契約債務であった。プルタミナは1975年2月放漫経営の結果、4千万ドルの短期債務を履行するこ

とが出来ないことが判明し、プルタミナの財務状態の実体が露呈した。プルタミナがこの過程で累積した不透明資金、受領した賄賂金額はスハルト大統領、インドネシア国軍、プルタミナ経営者等に配分されたとされる。[34]

インドネシアがプルタミナのような巨大な国営企業の存在を必要としたのは、華僑資本に対抗するには国営のプリブミ資本の形成が不可欠であると認識されたこと、石油資源開発のためには規模の効果からプルタミナのような大規模開発投資能力を持つ企業の存在が必要とされたこと、石油開発産業分野で多国籍企業に対抗するためには国営の大規模企業の存在が必要であったこと等の理由がある。

インドネシアの国軍はプルタミナ以外にもインドネシアの主要な国営企業の経営に支配権を握り、インドネシア経済に直接・間接に非常に大きな影響力を持つようになる。国営企業に止まらず民間の森林資源開発関連事業（木材・合板事業等）やセメント・化学肥料関連事業にも影響力を持つようになる。インドネシアの華僑資本は直接・間接的に国軍関係者と暗黙の同盟関係を結ぶ必要性に直面する。

(7) インドネシアの華僑資本

一般に、総人口の約3％しか占めないと推定される中国系インドネシア人がインドネシアの民間企業の総資産の70％を保有し、インドネシア経済に絶大な影響力を持つと言われてきた。しかし人口統計は人種別に記録されておらずその実態は明らかでない。しかも中国系インドネシア人にも数世代インドネシアに居住しインドネシア語しか知らない中国人もいれば、中国国籍、台湾国籍を持った中国系インドネシア人もおり多種多様である。ここでは中国系インドネシア人の経済活動にのみ関心があるので、中国系インドネシア人を華僑資本と簡略的に呼ぶことにする。

インドネシア在住の中国人は、オランダ人がインドネシアに渡来する以前から中国大陸、特に広東・福建省から移住しインドネシア各地で商業・農業に従事していた。オランダ植民地政府は中国人を隔離する政策をとり、一定

の地域に中国人を居住させ移動の自由を制限した。インドネシア人の90％は回教を信奉したため中国人は現地インドネシア社会と融合せず歴史的に種々の迫害や暴徒の犠牲となった。[35] 他の東南アジアの華僑と同じくインドネシアの華僑は商才に秀で種々の産業分野で企業集団を形成していった。しかしインドネシア社会の少数民族として自己保存のため大統領、国軍、官僚と暗黙の同盟関係を結ぶ必要があり、スハルト政権との癒着・腐敗構造の一部となる必然性があった。日本を含み欧米の多国籍企業もインドネシアで合弁事業を展開する場合、華僑資本の資金力・組織力・経営能力に対する信頼感から華僑資本をパートナーとして選択する傾向が強かった。

　インドネシアの華僑資本の代表はサリム・グループの総帥リム・シュー・リョンである。リム・シュー・リョンは若くして中国福建省から無一文でインドネシアに渡り小売商を営み、国軍の若き将校スハルトと出会いスハルト指揮下の地域方面軍に軍服・食糧等の軍需物資を供給するようになる。その後スハルト将校と共同で軍事事業を展開し、スハルトが大統領に就任するとともに急激にその事業を拡大していった。経済危機が発生する1996年時点でサリム企業集団は、インドネシアの最大の民間企業に成長する。1980年代後半400社以上の企業がサリム企業集団を構成し、その企業資産は70億ドルを超えると推計された。サリム・グループの主な企業は、インドネシア最大の民間銀行であるBCA（Bank Central Asia）、最大のセメント会社Indocement、製粉産業の85％の市場占拠率を持つBogasari Flour Mill、最大の冷延規模を誇る製鋼企業P.T. CRMI（Cold Rolling Mill Indonesia）、その他数多くの石油化学関連企業を擁している。

　サリム・グループはインドネシアの主要な産業分野で事業を展開するようになった。サリム・グループはさらにスハルト政権後期には東南アジア、欧米の各地に事業を展開し事業の多角化を行い、リスクの分散を図った。

　サリム・グループはスハルト大統領親族との関係が最も深く、大統領の異母兄弟のスデュイカトモノ（Sudwikatmono）と頻繁に合弁事業を展開し、大統領の次男の企業集団であるビマンターラ企業集団（P.T. Bimantara）と

第4章　インドネシアの経済システムの深層

の共同事業も多い。冷延製鋼企業PT. CRMIは当初クラカタ国営製鉄所が、8億5千万ドルを投資して東南アジア最大の冷延製鋼工場をクラカタ製鉄所に隣接した工業団地内に設立したものである。この工場が使用する原材料はクラカタ製鉄所が製造する圧延鋼板である。この冷延製鋼工場はフランスの最先端冷延技術を使用し、アメリカのUSスチールの技術者の技術指導の下で台湾の国営製鉄所（China Steel）との合弁事業として設立された。しかし工場の竣工後も設計した稼働率水準に達することが出来ず、財務内容が悪化し経営破綻する。この破綻した事業をサリム・グループが大統領の意向を受けて買い取ったのが、PT. CRMIである。さらにサリム・グループ事業に対しては日本の企業および金融機関が深く関わっている。日本興業銀行が主幹事として融資した総投資規模2億7千万ドルの石油化学プラント事業、PT. Tri Polyta Indonesia はその代表的な例である。[36]

スハルト大統領と次に関係の深い華僑企業グループはボブ・ハッサンの企業グループである。ボブ・ハッサンも大統領と個人的な関係が長く、主に森林資源開発関係で急速に富を築いた。経済危機の以前はインドネシア木材協会の会長、合板協会（APKINDO）の会長を務め熱帯雨林開発プロジェクトに関して絶大な影響力を行使し、森林省大臣よりも強力な政治力を持つと言われた。ボブ・ハッサン・グループ企業は1990年代前半80以上の企業を抱えインドネシア10大企業グループの中の1つである。

1990年代前半急成長を遂げたのはプラジョゴ・パンゲツ（Prajogo Pangestu）が主宰するバリト・パシフィック（Barito Pacific）グループである。P・パンゲツは合板事業で富を蓄積し、南スマトラの総投資規模10億ドルのパルプ工場建設プロジェクト、同じく当初10億ドル投資規模で計画された石油化学プラント・プロジェクト（Chandra Asri Project）を大統領の長女・次男の企業集団との共同経営者として実施するまで成長した。この石油化学プラント事業は日本の総合商社の丸紅も商社金融を通し、また合弁事業者として深く関係し、日本政府も日本輸出入銀行の融資を通して間接的に支援した。しかしこのプロジェクトの投資コストは最終的には20億ドルの水準

に達し、今回の金融・経済危機に際して企業債務返済の繰り延べ交渉の対象となっている。

インドネシアの華僑の中でスハルト政権との癒着関係を避け、中立的な経営方針をとった華僑グループはアストラ・グループ（Astra Group）である。アストラ・グループは資産規模でサリム・グループに次いで大きく、グループを主宰するW・ソエラジャヤ（William Soerjadjaja）はトヨタ自動車のインドネシアでの事業展開の合弁事業者となり、急成長した。W・ソエラジャヤは社会事業・慈善事業にも貢献し社会的に高く評価されていた。アストラ・グループは関連企業総数230社を超える大企業集団である。しかし息子が経営するスマ銀行（Bank Summa）が過度の不動産投資と急速な事業拡大戦略に失敗し破綻したことを契機にしてアストラ・グループの企業集団としての信頼性が低下した。

その他の華僑資本で事業規模および資産規模の大きいグループは、インドネシア最大のパルプ事業を展開するシナルマス・グループ（Sinar Mas）、不動産事業で成功したリポー・グループ（Lippo）、銀行・保険事業のダルマラ・グループ（Dharmala）、タイヤ事業のガジャテュンガル・グループ（Gadjah Tunggal）、合板事業のカユラピス（Kayu Lapis）グループ等の華僑企業集団がある。シナルマス・グループおよびガジャテュンガル・グループはそれぞれ系列銀行である、SII（Bank International Indonesia）およびBDNI（Bank Dagang Negara Indonesia）を擁しているが、金融・経済危機で両銀行ともに経営破綻をきたし、金融再建庁（IBRA）のもとで再建の途上にあった。

これら華僑資本がインドネシアの民間企業の中核をなし、インドネシアの民間企業資産規模の上位25社の内21社が華僑資本によって占められている。インドネシア経済はこれら華僑資本の企業経営能力、資金動員能力、組織能力の協力無しではその発展が望めない。しかしインドネシアのテクノクラートがIMF・世銀の支援の下で経済の自由化政策を促進すればするほど、華僑資本が経済自由化政策の恩恵を受け、その経済力が強大化し貧富の差、所

第4章　インドネシアの経済システムの深層

得格差が拡大し社会・政治不安を造成することになる。これら強大化する華僑資本に対抗するために、スハルト政権はプリブミが中心となる国有企業、大統領の親族企業を直接・間接的に支援し、プリブミ企業集団の形成を助成する政策を採ってきた。

(8) 大統領親族とプリブミ企業集団

　東南アジアでは華僑資本の活躍が顕著であり、特にインドネシアでは土着のプリブミ企業の形成と発展が立ち遅れていた。その理由は文化人類学的要因、歴史的要因等いろいろ指摘されている。インドネシア政府官僚はしばしば日本の明治政府が外国資本に対抗する政策として採った財閥企業育成政策を例にとり、インドネシア政府は経済発展の初期段階の企業育成戦略として「政商」としての大統領親族企業の形成を支援すべきであると主張する。

　スハルト政権の初期段階では大統領夫人、ティエン・スハルト夫人の親族企業集団および大統領の兄弟のプロボステジョ（Probosutedjo）の企業集団が小規模に展開するだけで政治問題化しなかった。しかしスハルト政権が長期化するに従って大統領家族の企業集団が蛸足的に増殖し急成長を遂げる。スハルトの長女テュテュ（Siti Hadijianti Rukmana（Tutut））のチトラ・グループ（Citra Lamtoro Gung）、次男のバンバン（Bambang Trihatmodjo）のビマンターラ（Bimantara）・グループ、三男のトミー（Hutomo Mandala Putra（Tommy））のフンプス（Humpuss）グループが独占的な権益を得て急成長を遂げた。これら大統領の親族集団は華僑集団と必要に応じて事業提携を結び、タバコ専売事業、石油化学プラント事業、大規模エンジニヤリング事業、テレコミュニケーション事業、液化ガス輸出関連事業、パルプ事業、ホテルその他の不動産事業等に進出し、その事業規模と範囲を拡大していった。[37] 日本および欧米の多国籍企業は、大規模投資プロジェクトの合弁事業相手として積極的にこれらスハルト大統領親族企業集団と事業を展開する。スハルト大統領親族の企業集団が問題視されるようになったのは、タバコ専売事業、石油化学プラント、テレコミュニケーション、液化天然ガス輸出事業、

173

国民車プロジェクト等のように独占的な権益を背景にしたレント・シーキングが顕著となったためである。

スハルト親族以外のプリブミ企業としては、インドネシア商工会議所の会長を務めた鉄鋼事業のバクリ兄弟（Bakrie & Brothers）グループ、ファーミー・イドリス（Fahmi Idris）が主宰するコデル（Kodel）グループ等の企業集団の形成が見られるが、華僑集団に対抗する企業集団にはなっていない。

(9) スハルト軍事抑圧体制の特徴

以上見てきたように、スハルト政権下のインドネシア実体経済の特徴は第1に、極度に政治化された経済システムであり、市場経済の資源配分メカニズムを支配したのは軍事抑圧体制を構成する大統領、国軍の高級官僚達のパワー・エリートである。インドネシアの経済社会の本質は、国軍のイデオロギーが政治制度化され、この軍事体制がインドネシアの経済システムを支配したことにあると言える。この軍事体制の下のインドネシア社会では、政治行動の自由、経済の自由は極端に制限された。第2に、このスハルト軍事抑圧体制の平時における「参謀的」役割を演じたのは主にアメリカで教育を受けた「カリフォルニア・マフィア」と呼ばれた経済テクノクラート達である。彼等は平時のインドネシア社会の発展目標を定め、その目標を達成する戦略や戦術を選択し、その戦略や戦術を制度化していく役割を演じたのである。またこれら経済テクノクラートの活動を支援したのは冷戦構造下のブレトン・ウッズ体制の世銀・IMFであった。第3に、このスハルト軍事抑圧体制下のインドネシア実体経済で主役を演じたのは、国軍高級官僚が支配的地位を持った巨大な国営企業プルタミナおよびその他の国営企業と、インドネシアの主要な産業分野で強大な影響力を行使した華僑資本である。第4に、この華僑資本は自己増殖・自己防衛を図るため大統領個人、および大統領親族企業集団の傘下に入り、あるいは同盟関係を形成しその経済力を強化していった。インドネシアの金融システムは、このスハルト軍事抑圧体制が必要とする資金を供給する役割を果たした。従ってインドネシアの金融危機は、イ

第4章 インドネシアの経済システムの深層

ンドネシアの実体経済の危機と表裏の関係にあり、実体経済の危機はスハルト政治体制そのものの危機であると理解されるべきである。ここにインドネシアの金融危機が他の東南アジアの金融・経済危機と異なり、危機が非常に深刻になった理由がある。即ちインドネシアの金融システムの体制危機（systemic risk）は、人々が金融システムに対する信頼性を喪失することにその根本的原因があり、金融システムに対する国民の信頼感は、国民が持つスハルト政権に対する信頼感に深く根ざしている。

このスハルトの軍事抑圧体制は、スハルト個人の独裁的な権力に依存していたために、スハルトの政治生命が終局的な段階に達するに従って末期的な症状を見せ始める。それと伴にスハルト政権が長期化すればするほど、スハルト軍事権威主義体制を根底から覆す要因が内外から押し寄せてきた。内部的にはスハルト政権下で経済発展が持続化した結果、インドネシア社会に中産階級が形成され民主化の要求が次第に顕著になり、スハルト軍事権威主義に対する反対意識が形成されてきたことである。外的にはグローバリゼーションの世界的な潮流が、インドネシア経済の自由化を不可避的にしたことである。

4.2 インドネシアの金融システム

(1) インドネシアの銀行の発展

金融システムは一般に銀行と非銀行金融機関（NBFIs：証券市場、保険、リーシング等）に区分される。途上国の金融システムは間接金融、即ち銀行による余剰資金の調達と運用機能が中心的な役割を演じ、非銀行金融機関による資金の仲介機能（intermediation）のウエイトは高くないのが一般的である。インドネシアも例外でなく、金融機関の中心は銀行である。

インドネシア政府はオランダ植民地政府が設立した銀行システムを受け継いだ。1958年スカルノ政権下のインドネシアがオランダ領ニューギニアに進攻した際、オランダ人帰属の複数の銀行は没収・国有化された。1960年代これら総ての国有銀行組織は単一の銀行、BNI（Bank Negara Indonesia）に統

合され、この銀行がスカルノ政府の中央銀行として財政収支の赤字を補塡するため紙幣を増発し、悪性インフレの要因となった。

　スハルト政権は、スカルノ政権が採用した単一銀行制度を廃止し、1967年銀行法、1968年中央銀行法を制定し、BNIをインドネシアの中央銀行となるインドネシア銀行（Bank Indonesia）と国営商業銀行、国営開発銀行と国営貯蓄銀行に再編した。国営商業銀行はさらにそれぞれ特化した融資業務をもつ五つの商業銀行に区分された。これらの商業銀行は、農村開発および中小規模の農家を主な融資の対象とするBank Rakyat Indonesia (BRI)、大規模農園・森林開発を融資業務とするBank Bumi Daya (BBD)、工業部門を融資の対象とするBNI、鉱業部門を融資の対象とするBank Dagang Negara (BDN)；および輸出入金融を業務とするBank Ekspor-Impor (BEI) である。しかしこれらの特化した融資業務は形骸化し、これらの商業銀行すべてが一般的な長・短期の信用業務を遂行するようになる。

　インドネシアの中央銀行であるインドネシア銀行（BI）は1974―83年の期間、マクロ金融・産業金融政策として銀行の融資枠の上限の設定、産業別の信用供与の割り当て制度を実施した。それと伴にインドネシア銀行は銀行を仲介としないで直接企業に対する信用供与および金融機関に対する「流動性供与（liquidity credits）」を行った。これら金融政策の中で国営銀行が優先的に取り扱われ、その結果総金融資産のうち85－90％をインドネシア銀行および国営商業銀行が占めるに至った。

　インドネシア銀行は産業を育成するため種々の補助金利政策を実施した。1978年には政府プロジェクト受注業者に対して借り入れ金利水準を21％から13.5％に引き下げ、融資銀行は融資額の70％をインドネシア銀行が優遇金利で再割引出来る制度を導入した。この期間インドネシア銀行が実施した産業金融政策には以下の融資制度がある。投資資金融資制度（KIB：Kredit Investasi Biasa）；この融資制度は1969年4月に導入された長期の投資資金を融資する制度で、国営および民間の金融機関が投資プロジェクトに融資する場合には返済期間は10年、政府開発銀行（Bapindo）が融資する場合には15

第4章　インドネシアの経済システムの深層

年の長期資金である。借り入れ企業は融資額の150％相当額の担保物件を提供することを必要とし、プロジェクト費用の35％以上を自己資金で充当することが要求される。一定額以上の投資プロジェクトについては事業化調査(F/S)の実施が条件となる。中小企業投資・運転資金融資制度(KIK/KMKP；Kredit Investasi Kecil/Kredit Modal Kerja Permanen)；この制度は1973年12月に導入され、プリブミ企業家を主に融資の対象とし、経済的弱者が融資を受けやすいように融資の担保の提供義務を融資額の50％とし、起業者の自己資金は必要とされない。BIMAS/INMAS 農業金融制度；1965－66年に導入され、BIMAS融資制度は米の収穫を拡大するため高収穫品種、肥料、殺虫剤購入資金を融資するために導入された。INMAS融資は主に農業改善事業・農業機具購入資金を補助するために導入されBank Rakyat Indonesiaが融資銀行として融資業務を担当した。

　以上を主な特徴とするインドネシアの開発金融システムはスハルト政権下急速に発展した。通貨供給量M2とGDP比率で示される金融システムの深化度は1966年の3.3％から1994年には46.2％に30年間に10倍以上に拡大した。[38]

(2) インドネシアの政策金融

　インドネシアの銀行制度はE. ショウおよびR. マッキンノン等が「抑圧型金融システム(Financial Repression)」と呼ぶ、政府が政策目的を実現するために積極的に金融市場に介入する途上国の金融システムの典型である。[39]一般に途上国経済の場合、財やサービスの生産要素市場、生産物市場等の資金の不足部門に短期・長期の資金を、仲介する金融市場の形成が十分に発達していない。従って政府が実体・金融経済の市場の発展を促進し、市場の形成を支援する政策を採る必要がある。それと伴に実体・金融経済市場が未形成の段階にあるときに、市場に代替して社会が必要とする財・サービスを最も必要としている部門に優先的に配分する機能を政府が果たす必要がある。即ち途上国の場合、民間金融システムが十分発達しておらず、政府金融機関が余剰資金、即ち貯金を動員し、これらの資金を政府が戦略的に重要視する産

業分野や産業基盤、社会・福祉サービス部門の発展のために優先的に配分する必要がある。

　途上国の政府は経済の発展過程で、マクロ経済の安定、経済開発の促進、所得の公平な配分等の経済政策の目的を実現するために、預金・貸出金利の規制、金融機関の与信枠の制限、短期・長期資金を産業部門別に優先的に配分する金融政策を中央銀行が国営金融機関を通して実施するのが一般的である。

　どのような経済政策目標を重要視し、その目的を実現するために政府がどのような金融政策の手段を選択するかという問題は、途上国政府が置かれた経済状況によって異なってくる。スハルト政権下のインドネシア経済の場合、1966－73年の期間政府の政策課題は先ず悪性インフレを沈静化し、マクロ経済を安定させることであった。この目的のためにインドネシア銀行は「金融機関の流動性（liquidity credits）」および金融機関の与信枠の上限を厳しく制限し、信用供与の総量即ち通貨の流通量を制限することによって物価の安定を図った。この結果インフレ率は1968年の125.2％から1973年には6.7％の水準まで沈静化する。しかし1974－82年は石油価格の高騰によってインドネシア経済は過熱化する。石油関連製品の輸出は全輸出の約70％、政府の財政収入の60％前後を占めるようになる。それに伴って増大する外貨の流入がインドネシア経済に過剰流動性をもたらし、再びインドネシア政府は年率20－30％代の高インフレに悩まされた。政府は金融機関に対する与信額の上限の設定、インドネシア銀行による高率の再割引率の設定等により物価の安定化を図った。[40] 1983年以降のスハルト政権の政策課題は、石油関連製品の輸出価格の低下、それに連動したインドネシアの主要輸出品である１次産品の輸出価格の低下により、政府は輸出外貨・財政収入が急激に減少する新たな問題に直面し、インドネシアの石油依存型の経済体質を構造的に転換する必要に迫られた。この目的のためにスハルト政府は種々の経済の自由化政策を実施することになる。金融システムに関しても、金融の自由化政策、証券市場、リーシング保険市場等の非銀行金融市場の活性化を図り「市場志向型」の金

第4章　インドネシアの経済システムの深層

融制度の確立をし、「抑圧型金融」体質を変革しようとした。

インドネシア経済の発展を目的とした金融政策として、スハルト政府は、当初農業部門の発展を重要視し、食糧増産・流通システムの近代化等を図るためインドネシア銀行が直接融資、優遇融資を実施した。1970年後半にはプルタミナ危機の事後処理のため、インドネシア銀行はプルタミナが抱える対外債務の肩代わりをし、この債務がインドネシア全体の債務の50％を超えた。インドネシア銀行がプルタミナの債務を完済することが出来たのは1983年である。投資資金融資制度（KIB）は第一次五カ年計画を実施するため「国家開発計画庁」が、長期の開発投資資金を融資するために設けた制度である。この長期の投資資金は、開発銀行ばかりでなく国営商業銀行も融資実施銀行となった。この理由は日常の融資業務を通して国営商業銀行が顧客企業の資金の需要状況を良く理解していると考えたからである。

中小企業投資融資・運転資金融資制度（KIK/KMPK）は特にプリブミ中小企業が必要とする投資・運転資金を融資する制度として導入された。インドネシアは他の途上国のように中小企業融資を専門とする中小企業金融公庫等の国営の開発金融機関を設立せず、国営・民間銀行が一定の与信枠を中小企業向け融資として義務づける政策を採った。

このインドネシアの政策金融制度は、スハルト政権の発足の当初その効果を発揮し、必要とする開発資金が重要な産業分野に優先的に配分されインドネシアの経済発展に貢献した。世銀・アジ銀はインドネシアを含む途上国の長期の開発資金を融資する「開発金融機関（DFIs：Development Finance Institutions）を支援するための資金・技術協力を積極的に行った。資金協力は「二段階DFI融資制度」と呼ばれ、途上国の中小企業が必要とする開発資金を途上国の国営の開発金融機関を通して融資する制度である。インドネシアに対しても世銀・アジ銀はこの融資制度を活用して、開発銀行および国営商業銀行に「DFI融資」枠（Line of Credits）を供与した。世銀・アジ銀はこれら開発金融機関がインドネシアの企業が必要とする長期の開発資金を仲介する機能を有する機関として重要視していた。[41]しかし政策金融が持つ種々

の弊害が認識されるようになる。

　第1の大きな問題は、実体経済そのものが国営企業、大統領親族、華僑資本に支配され市場機能が極端に歪曲されているとき、政策金融は更にこの実体経済の歪曲度を補強してしまうということである。インドネシアの実体経済の比較優位性は石油・森林・鉱物資源立地型の産業にある。しかしこれら資源立地型の産業が大統領親族、華僑資本、国軍官僚が影響力を持つ国営企業によって支配されているとき、政策金融はこれらインドネシア産業の権力支配関係を強化してしまうという結果をもたらすことになる。第2の弊害は、政策金融自体が金融機関の持つ本来の仲介機能を弱めてしまうことである。国営金融機関が融資の審査を厳密に行い、企業の投資プロジェクトの財務的な採算性や経済的な費用・便益分析を行う場合には第1の弊害は生じない。しかし融資プロジェクトの審査官が政治的な配慮で審査業務を行う場合、審査そのものが2次的な作業になってしまう。第3に、政策金融は金融機関が癒着・汚職の温床になってしまうことである。融資が金融機関の関係企業に優先的に行われ、融資を受ける企業は金融機関の融資担当者に融資額の一定額を報酬として支払う慣行が一般化し、更に金融機関の融資リスク管理機能そのものが麻痺してしまうということである。世銀・アジ銀は技術協力プロジェクトをインドネシアの開発金融機関に供与し、これら金融機関の審査能力・リスク管理能力を強化しようとしたが失敗する。またこれらインドネシアの開発金融機関は世銀・アジ銀の「DFI融資」制度を悪用し、政策金融の道具としてしまう傾向があった。これらの政策金融の弊害が凝縮して顕在化するのが国営開発金融機関「Bapindoのスキャンダル」である。この事件は1993年に発覚したスキャンダルで、開発銀行バピンドが華僑資本 Golden Key企業グループに石油化学プラント建設資金の4億2千万ドルの無担保融資を十分な審査もせずに行い、資金が持ち逃げされたというもので、この結果開発銀行バピンドの頭取、専務が逮捕・投獄されるという事件である。[42]

(3) 資本取引の自由化政策

　インドネシアの金融システムを特徴づけた制度的なパラメーターの1つは、インドネシア政府が金融システムの未発展の初期段階であった1970年に、資本取引の自由化政策を実施したことである。この資本取引の自由化政策により、インドネシア個人、企業、金融機関は自由にインドネシア通貨を外貨に交換可能となり、外貨建て金融資産を海外で保持することも自由となり、外貨建て債務を保持することも自由となった。唯一の規制は公的機関が海外の金融市場から外貨資金を調達する場合には、事前の許可が必要であるという制限である。しかし公的機関も国内の金融機関に外貨資産を預託することは自由とされた。この資本取引の自由化政策により、インドネシア政府は国内の金利水準を設定する自由を喪失し、為替レートの不安定化をもたらした。またこの不安定化を除去するため政府は、度々為替レートの切り下げを断行する必要が生じた。更に投機目的の短期の資本流入や資本逃避を回避することが不可能となるという制約条件が課されることである。即ちインドネシア政府は国内の金融システムが未発達の段階で、自国の金融システムを海外の金融システムに連動させるという政策決定をしたことになる。[43]

　この資本取引自由化政策により、大統領親族企業、華僑資本は大規模投資プロジェクトを遂行するために必要な投資資金を直接海外市場から調達することが容易となり、海外の多国籍企業はこれら現地企業と合弁で大規模プロジェクトを遂行することが可能となる。それと伴にこれら企業は国内投資プロジェクトの資金調達の手段として海外市場で資金を調達した結果、多額の外貨債務を累積し膨大な為替リスクを負う結果となる。

　金融市場は、資金の調達と運用を行う市場であり、資金は企業が必要とする生産要素の一つである。即ち金融市場は生産要素市場でもある。従ってインドネシア政府は、最初に実体経済である生産物市場を規制の緩和、独占事業の除去、貿易の自由化政策等により「正常化」し、実体経済の市場機能が十分に発揮するようになってから、金融市場の確立を行い、最後に資本取引

の自由化を実施し、海外資金を活用する政策を採るべきであった。これに反してインドネシア政府は実体経済が正常化する以前、しかも金融システムが十分に確立する以前に資本の自由化を行うという全く逆の政策を採った。この資本取引の自由化政策は、実体経済の腐敗構造の炎に油を注ぐ結果となり、実体経済の体質を悪化させる結果をもたらした。

インドネシアの実体経済はスハルト政権に深く癒着した構造を持ち、金融システムはこの腐敗した実態経済に政策的に資金を供与する機能を果たした。このインドネシア金融・経済システムの信頼性は、スハルト政権の権力の持続性に依存しており、スハルト政権が末期的な状況に達すると、インドネシア金融・経済の体制の危機が露呈することとなる。通貨危機はインドネシア金融経済の体質の脆弱性が顕在化する契機となったに過ぎない。通貨危機が発生しなくともインドネシア経済が何時かはフィリピンのマルコス政権下の経済と同じ宿命となると予想された。

(4) 資本市場の形成

インドネシアの金融システムは銀行中心の金融システムであり、この特徴は他の途上国と変わりはない。しかしインドネシア政府は、金融市場の多角化、リスクの分散、金融資産の効率的配分、金融政策を効率的に運用する目的等のため、株式・債券市場、リーシング、保険市場等の非銀行金融市場（NBFIs）の開発を1980年代以降進めてきた。世銀・アジ銀もインドネシアの非銀行金融機関の開発を支援するため、種々の資金・技術協力を行ってきた。[44] インドネシアの実体経済は銀行に対する依存度が高く、企業のバランス・シートの悪化は直接銀行のバランス・シートの悪化をもたらし、銀行は自分のバランス・シートが悪化すると信用収縮・圧縮（credit crunch）、即ち貸し渋りを行い企業の財務状況が更に悪化するという負の相乗効果を持つ構図があった。この悪循環から脱却するため、インドネシア政府は非銀行金融機関の育成を進めようとした。

インドネシアの資本市場・金融市場は未成熟であった。インドネシア政府

第4章　インドネシアの経済システムの深層

は財政収支均衡政策を採ったため財政赤字を補填するために国債発行に依存する必要がなかった。従って国債市場が発達せず、その結果短期の金融市場の発達が立ち遅れた。インドネシアの資本市場の発展を促したのは株式市場の発達である。

　ジャカルタの株式市場は1952年に開設されたが、スカルノ政権下の混乱時 (1958年) に閉鎖された。株式市場が再開されたのは1977年8月からである。政府はジャカルタ株式市場を活性化するため、証券市場の監督官庁である資本市場監督庁 (BAPEPAM)、国営の投資信託会社 (P.T. Danareksa) を設立し、民間の証券会社やブローカーの設立を支援した。ジャカルタ株式市場開設の初期段階では、株式市場に上場する企業は海外企業との合弁企業が過半数を占めた。その理由はインドネシア政府の政策により、海外からの直接投資によって設立された合弁企業は一定の期間内に株式保有数の現地化比率を増大することが要求されたからである。インドネシアの優良民間企業の多くは華僑資本である。華僑資本は同族企業集団を形成し、家族・親類縁者が経営する企業の株を相互に持ち合う傾向が強く、新規の事業投資や既存の事業の設備拡大投資資金は内部保留資金や系列銀行からの融資から賄うのが一般的であった。また華僑資本は所属企業の財務内容を公開するのを嫌い、財務諸表を公開するのが条件とされる自社株を株式市場に上場することに消極的であった。しかしスハルト政権は華僑資本を含む大企業が株式を公開し、金融資産の保有の大衆化 (プリブミ化) を奨励した。その結果1985年にジャカルタ株式市場の上場企業数は24社であったのが、1990年には122社、2000年には287社に増大した。ジャカルタ株式指数も1985年の66.5の水準から、金融・経済危機以前の1996年には637.4の水準に達した。ジャカルタ株式市場の時価総額は2000年時点で451.8兆ルピア、GDP比率で35％の水準に達した。ジャカルタの株式市場は他の東南アジアの株式市場に比較して、上場企業が農業・森林関係企業13社、製造業155社、金融関係企業47社、不動産企業33社等多数の産業分野に分散しており、将来株式市場が活性化するものと期待された。株価は金融・経済危機を反映して株価指数は1997年のピーク時700

代の水準から1998年には300代の水準に急落したが、1999—2000年には500－600の水準に回復した。[45]

おわりに

以上見てきたようにインドネシアの実体経済および金融システム伴にスハルト抑圧体制によって特徴づけられよう。この抑圧体制の正当性は国民全体の平均的な所得水準を向上させることであるが、インドネシア経済システムはスハルト軍事抑圧体制の下でスハルト親族企業集団、華僑資本、国営企業、国営金融機関等の経営者達に富と所得が偏在し経済格差が拡大した。インドネシアの経済システムの安定的な成長は1つにスハルト政治システムの安定に掛かっていた。しかしインドネシアの経済システムは1997年の東南アジアの通貨危機を契機に金融危機・経済危機・政治危機をもたらした。ここに30年以上継続したスハルト軍事抑圧体制は終わりを告げることになる。

註

1. しかしインドネシアは1993年に発表された世銀の報告書『東アジアの奇跡』の中で分析された高成長経済国の中には含まれていない。
2. The World Bank, Indonesia ; Sustainable Development, 1994.
3. Hall Hill, The Indonesian Economy, Cambridge University Press, 1996; ヒル教授は1997年の経済危機以降この本の改訂版を出版してきるが（2000年）、インドネシア経済の本質的な評価を変えていない。
4. Ross H. McLeod, "Survey of Recent Developments," in Bulletin of Indonesan Economic Studies (BIES), Vol.33, No.1, April 1997, pp. 3－43.
5. IMF, Growth and Productivity in ASEAN Countries, August, 1997.
6. Schwartz, Adam., A Nation In Waiting ; Indonesia in the 1990s, Allen & Unwin, 1994.
7. 白石隆著『新版・インドネシア』、NTT出版、1996年、234－267頁参照。
8. 白石隆著『崩壊・インドネシアは何処に行く』、NTT出版、1999年、13－51頁

第4章 インドネシアの経済システムの深層

参照。
9. J. H. Boeke, "The Evolution of the Netherlands Indies Economy," Institute of Pacific Relations, 1946; H. D. Tjeenk Willink & Zoon N. V. "Economics and Economic Policy of Dual Societies"; as exemplified by Indonesia, 1953.
10. J. H. ボエークはライデン大学で亜熱帯地域の経済学の講義を担当する以前インドネシアでオランダ植民地政府の行政官であった。The Royal Tropical Institute, ed., Indonesain Economics: The Concept of Dualism in Theory and Policy, W. van Hoeve Publishers, 1961. 参照のこと。
11. Mohammad Sadli, "Reflections on Boeke's Theory of Dualistic Economies," in the Economy of Indonesia, ed. by Bruce Glassburner, Cornell University Press, 1971, pp. 99-123 ; Benjamin Higgins, "Jan Boeke and the Doctrine of the Little Push," in Bulletin of Indonesain Economic Studies, Vol. 20. No. 3. December 1984, pp. 55－69.
12. Clifford Geertz, Peddlers and Princes; Social Changes and Economic Modernization in Two Indonesian Towns, The University of Chicago Press, 1963; Agricultural Involution, University of Chicago Press, 1971. 宮本謙介教授によるインドネシア経済社会の発展に関する社会学的分析は非常に示唆に富む。宮本謙介著『インドネシア経済史』、有斐閣、2003年。
13. Richard Robison, Indonesia ; The Rise of Capital, Asian Studies Association of Australia, 1986; Harold Crouch, The Army and Politics in Indonesia, Cornell University Press, 1978.
14. J. H. Boeke, 前掲書参照。
15. この時期のインドネシア経済については、Benjamin Higgins, Indonesia's Economic Stabilization and Development, Institute of Pacific Relations, 1957. に詳しい記述がある。
16. Benjamin Higgins, "Indonesia: The Chronic Drop-out," in Economic Development; Problems, Principles and Policies, W. W. Norton, 1968, pp. 678－705.
17. この時期のインドネシア経済についてはさらに以下の文献を参照のこと。
J. A. C. Mackie, " The Indonesian Economy; 1950－1963," and Bruce Glassburner, "Economic Policy-Making in Indonesia; 1950－57," in The Economy of Indonesia, ed. by Bruce Glassburner, Cornell University Press,

1971, pp. 16-69, pp. 70-98.
18. Bulletin of Indonesian Economic Studies, Australian National University, No. 1, June 1965, pp. 1-68.
19. Harold A. Crouch, The Army and Politics in Indonesia, Cornell University Press, 1978; 2nd Edition, 1988. なお白石隆著『スカルノとスハルト』、岩波書店、1997年にも詳しい説明がある。
20. この1965年9月30日のインドネシア共産党 (PKI) とインドネシア国軍の共産党分子によるクーデタ事件は、インドネシア語の9月30日運動「Gerekan Tigapuluh September」を略称して「Gestapu事件」と呼ばれている。Arnold C. Brackman, Indonesia ; The Gestapu Affiar, American-Asian Educational Exchange, 1969. 参照のこと。
21. このスハルト政権下のインドネシア経済については以下の文献の中で詳しい評価がなされている。Wing Thye Woo, Bruce Glassburner and Anwar Nasution, Macroeconomic Policies, Crises, and Long-Term Growth in Indonesia, 1965-90, World Bank, 1994.
22. G. A. Posthumus, "The Inter-Govermental Group on Indonesia" in Bulletin of Indonesian Economic Studies, Vol. 8. No. 2, July 1972, pp. 29-54. インドネシア支援国会議は年二回開かれ、12月にインドネシアの経済状況を分析し、4月に各国が支援資金の提示を行うのが慣例となった。
23. G. Thompson and R. C. Manning, "The World Bank in Indonesia," in Bulletin of Indonesian Economic Studies, Vol. 10, No. 2, July 1974, pp. 56-82.
24. このインドネシアの「オランダ病」の危機については、Wing Thye Woo, Bruce Glassburner and AnwarNasution、前掲書、pp. 73-96. 参照。
25. インドネシアが1980年代に直面した「累積債務の危機」については、Wing Thye Woo and Anwar Nasution, "Indonesian Economic Policies and Their Relations to External Debt Management," in Jeffrey Sachs and Susan M. Collins ed., *Developing Country Debt and Economic Performance*, Vol. 3, The University of Chicago Press, 1989, pp. 19-149.
26. これらインドネシアの経済学者たちの自叙伝は、Bulletin of Indonesian Economic Studies (BIES) に記載されている。
　(1) Sarbini Suunanija, "Recollections of My Career," Vol. 28, No. 2, August 1992; pp. 3-41;

第4章 インドネシアの経済システムの深層

(2) Mohammad Sadli, "Recollections of My Career" Vol. 29, No. 1, April 1993, pp. 35-51;
(3) Soedarpo Sastrosatomo, "Recollections of My Career," Vol. 30. No. 1, April 1994, pp. 3-38;
(4) Suhadi Mangkusunondo, "Recollections of My Career," Vol. 32, No. 1, April 1996, pp. 33-49;
(5) Emil Salim, "Ecollections of My Career," Vol. 33. No. 1, April 1997, pp. 45-74.
27. Stern, Joseph J., "Indonesia-Harvard University: Lessons From A Long-Term Technical Assistance Project," in Bulletin of Indonesian Economic Studies, Vol. 36, No. 3, December 2000, pp. 113-125.
28. Schwarrz, Adam, A Nation in Waiting; Indonesia in the 1990s, Allen & Unwin, 1994, pp. 71-97.
29. インドネシア経済が原油価格の高騰により「オランダ病」に陥る可能性については、Wing Thye Woo, Bruce Glassburner and Anwar Nasution, 前掲書、pp. 73-96. 参照のこと。
30. IMF, Sequencing Capital Account Liberalization: Lessons from the experiences in Chile, Indonesia, Korea and Thailand, November, 1997, 57-71.
31. Hall Hill, "The Economy," in Indonesia's New Order, ed. by Hall Hill, Allen & Unwin, 1994, pp. 54-122.
32. IISS (The International Institute for Strategic Studies), The Military Balance, Oxford University Press, 1999/2000, pp. 189-191.
33. Alexis Rieffel and Aninda S. Wirjasuputra, "Military Enterprises" in Bulletin of Indonesian Economic Studies, Vol. 8, No. 2, July 1972, pp. 104-109; Richard Robison, Indonesia; The Rise of Capital, Asian Studies Association of Australia, 1986, pp. 250-270.
34. Robison, Richard., Indonesia; The Rise of Capital, 1986, pp. 233-242; Wing Thye Woo, Bruce Glassburner and Anwar Nasution, op. cit., pp. 54-72.
35. Coppel, Charles A., Indonesian Chinese in Crisis, Oxford University Press, 1983; Mackie, J. A. C. ed., The Chinese in Indonesia, The University of Hawaii Press, 1976;

白石隆著『新版インドネシア』、前掲書、参照のこと。
36. Pusat Data Business Indonesia, Conglomeration in Indonesia, Vol. I, II and III, 1989. 参照。
37. Schwarz, Adam, A Nation in Waiting:Indoneshia in the 1990s, Allen & Unwin, 1994, pp. 133−161.
38. Cole, David C., and Betty F. Slade, Building A Modern Financial System; The Indonesian Experience, Cambridge University Press, 1996, p. 10. これは金融・経済危機以前に発表された最も総括的なインドネシアの金融システムに関する研究書である。
39. Shaw, Edward, "Financial Deepening in Economic Development," Oxford University Press, 1973; Ronald J. McKinnon, "Money and Capital in Economic Development," Brookings Institute, 1973.「抑圧型金融システム」については前述の通りである。
40. MacIntyre, Andrew J., "The Politics of Finance in Indonesia; Command, Confusion, and Competition," in Stephan Haggard et al., ed., "The Politics of Finance in Developing Countries," Cornell University Press, pp. 123−164. 1966−94年の期間インドネシア政府の金融政策については、David C. Cole and Betty F. Slade, 前掲書、37−81頁に詳しい解説がある。
41. World Bank, "Indonesia ; Policies and Prospects for Long Term Financial Development," 1985.
42. 著者は、アジア銀行在職中に仕事の関係でしばしば開発銀行バピンドを訪問し、頭取、融資審査担当専務等と面談したことがある。著者も個人的に面識のある頭取・専務等が逮捕された。
43. World Bank, 前掲書（1985年)、18−27頁参照。
44. Asian Development Bank, TA 1514 Indonesia Financial Sector Review, 1992; Bank, Indonesia; A Capital Market Study; A Strategy for Raising Domestic Capital for Dynamic Corporate Sector, 1984; A Study of Venture Capital Financing in Indonesia, 1986.
45. ジャカルタ株式市場に動向については以下の文献を参照のこと。
　　Jakarta Stock Exchange, Fact Book 2001.
　　Jakarta Stock Exchange, JSX Statistics 2000.
　　Jakarta Stock Exchange, JSX Monthly Statistics, June 2001.
　　Institute for Economic and Financial Research, Indonesian Capital Mar-

第4章 インドネシアの経済システムの深層

ket Directory 2000.

第Ⅰ部:経済システムの形成と発展

―要約―

日本・韓国・インドネシアおよびアジアのその他の国における経済システムの形成と発展のプロセスからアジア型経済システムの特徴として以下の点が指摘されよう。

後進国のナショナリズム

日本およびタイを除きアジア諸国は西欧先進国による長期間の植民地支配を経験した。これらの国々の経済・政治システムの近代化は、指導者達の民族主義的な願望、即ち植民地支配からの脱却と先進国の水準へのキャッチアップという民族主義的なイデオロギーがエネルギーとなっていた。

システム設計と過去の遺産

これらの国の経済システムの近代化は国家形成(Nation-Building)と同時並行的に遂行する必要があった。これらの国々の共通の課題は西欧先進国の制度やシステムを伝統的な社会構造の上に短期間のうちに移植することであった。しかし国家形成や経済システムの近代化は伝統的な社会構造を変革することなく進められた。

開発国家

これらの国々の経済システムの近代化は国家指導型の上からの近代化であり、個人主義および合理主義の価値観や規範によって形成された市民社会の構成員による下からの近代化ではなかった。多くの場合日本のように伝統的社会の指導層が近代国家の政治家・官僚・軍部の指導者となり近代化を推し進めた。

テクノクラートの活躍

国家指導型の経済発展で経済参謀的役割を演じたのが欧米で教育されたテクノクラート達である。彼らは開発庁・計画委員会等の機関でマクロ経済政策・産業開発計画・公共投資の配分等で中核的な役割を演じる。

冷戦構造下のブレトン・ウッズ体制の支援

戦後独立国家となったアジアの発展途上国は、世銀・ＩＭＦの経済・技術支援を受け入れ経済発展に不可欠の外貨資金および技術を海外から獲得することが可能であった。特にアメリカは冷戦構造下で発展途上国に対する経済支援に積極的であった。このことは先進工業国の植民地支配を通しての工業化のプロセスおよび19世紀に独立した中南米諸国と状況が異なっている。

計画経済体制の失敗と市場経済体制への移行

ここでは直接触れることが出来なかったが、旧ソ連・東欧諸国と同じく中国・ベトナムの社会主義経済体制は失敗し、市場経済体制に移行した。同じようにインドの計画経済体制も1990年代以降次第に規制が緩和され自由化された。このようにして地球規模で資本主義的市場経済体制が確立し、経済のグローバル化が進展する。それと伴に競争が激化し産業・企業の新陳代謝が加速化し、勝ち組・負け組みの格差が拡大し、社会不安が造成され、文明・文化の衝突が顕在化する。

主導的産業

経済システムの近代化の過程で伝統的な軽工業（日本の場合、蚕糸工業と綿紡績工業）が主導的な役割を果たした。経済の近代化には資源賦存は不可欠の条件ではない。資源賦存に恵まれたアジアの国々（マレーシア・フィリピン・インドネシア）は大土地所有制度に基礎を置くプランテーション農業経営による収奪的な開発が進み経済格差が拡大する傾向にあった。東アジアの工

業化は、軽工業―重化学工業―サービス産業―先端技術産業と段階的に発展した。

土着産業資本

　日本・韓国の財閥、インドネシアの華僑資本等土着の産業資本が政府の支援の下で急速に形成され、産業の発展のために主導的な役割を演じた。多国籍企業の海外直接投資はインドネシアの石油開発、マレーシアやフィリピンの一次産品輸出産業、台湾の電子産業等を除いては、これらの国々の工業化の不可欠の条件ではなかった。

政策金融

　これらの国では産業の発展に必要な設備投資のための長期資金は、国営の産業開発金融機関が供与した。これら産業開発銀行は政府の指導によって政府が選定する重要産業分野に優先的に配分された。金融市場に対する政府の規制が強く、所謂「抑圧型金融システム」を特徴とし、資本市場の発展が遅れた。このことはアジア諸国の金融システムの脆弱性の原因ともなる。

国有企業

　国有企業が官僚・軍部と同盟関係を形成し、国有金融機関の資金を得て主要な産業分野（エネルギー開発・基幹産業・公益事業）で重要な役割をもつ。国有企業が成功した事例は欧米の先進国でも例外であり、アジア諸国の国有企業はその多くが資源の浪費をもたらした。

政治・経済システム

　発展途上国の悲劇は、西欧先進国にキャッチアップするため「圧縮型の経済発展」を急ぐあまり、政治の論理が経済システムを動かす体制が形成されることである。この体制の下では発展途上の韓国やスハルト政権下のインドネシアのように政治と経済が完全には機能的に分化していなかった。このよ

第Ⅰ部:経済システムの形成と発展

うな体制では政治と経済は、システムの相乗効果が働き危機のスパイラルに陥る危険性がある。

第II部

経済システムと産業開発

はじめに

　開発経済学の目的は、発展途上国の経済システムの発展のプロセスを分析し、開発政策の具体的な処方箋を検討し、その実行を支援することにある。この意味で開発経済学は実践性を要求される社会科学の一分野である。発展途上国政府の開発政策の担当者は、先進国に遅れた自国の経済システムを発展させるためには市場の価格メカニズムだけに依存することは出来ず、経済システムの近代化に必要な基礎的な条件を満たすため政府が積極的な役割を演ずる必要があると考える。経済システムの近代化のためには、資本主義経済制度（私有財産制度、契約法、会計制度等の法制度）、産業基盤の整備（電力等のエネルギー供給システム、物流システム、鉄道等の産業インフラ）、教育制度等を確立するため、途上国政府は公共投資およびその他の必要な政策を遂行する必要がある。特に途上国政府の役割として重要なのは、長期的な産業政策を立案・実施し、この産業政策を資金的な側面から支援する産業開発金融システムを確立することである。途上国政府は、一定の制約条件の下で非常に限られた経済資源を効率的に投入して中・長期的に達成すべき目標を明確にし、産業政策のヴィジョンを国民に提示し国民の合意を形成することが求められる。しかし民間企業を一定の方向に誘導するヴィジョン的な産業政策と民間企業の活動を直接規制する産業政策の間では政府の市場への介入の度合いが異なってくる。発展途上国の産業政策は、経済発展の初期段階での育成的な産業政策から、成長期の規制的な産業政策、成熟期の誘導的な産業政策とその政策の目的・性格が異なってこよう。

　以下ここでは、第5章で経済の発展の初期段階で頻繁に使用されてきた幼稚産業保護政策に関する論議を紹介し、産業政策が持つ問題点を説明する。第6章では、日本の産業政策が明治時代の「殖産興業政策」から戦前の統制経済下の規制的な産業政策に移行し、さらに戦後の経済復興期および高度経済成長期以降の誘導的な産業政策にどのように変化してきたかを解説する。

日本の産業政策の発展史は、途上国の開発担当者にとって参考になろう。発展途上国では企業の長期の設備投資資金を供与するため国営の産業開発金融機関を設立するのが一般的である。第7章では、日本の経済発展の過程で産業開発金融機関がどのような役割を果たしてきたかを見ていく。また産業政策は経済の発展段階に応じて柔軟に適用されるのが望ましく、産業規制が長期間続行すると非効率的な投資・競争意欲・活力や生産性の低下・資源の浪費等のマイナスの効果をもたらす。この産業政策が持つ負の側面を、第8章ではインドの産業政策の事例を参照しながら考える。経済システムが成熟期に達すると、開放的な経済システムに移行し産業政策も誘導的なものに移行することが望ましい。日本の経済システムは1960年代以降実体経済および金融経済システムともに次第に開放的な自由経済体制に移行する。途上国の経済システムも段階的に、実体経済の自由化から金融経済の自由化も含む開放的な経済体制に移行するのが望ましいと考えられよう。第9章では、途上国の貿易政策の問題点や課題を解説する。貿易政策一般の問題に関しては標準的な国際経済論のテキストで理論的な説明があるので、詳しくはこれらのテキストを参照されたい。

第5章 開発経済システムと産業政策

はじめに

　途上国の経済システムの発展過程を分析することを目的とする開発経済学は実践的な政策科学としての性質を持つ。開発経済学は途上国および先進国の開発政策担当者が開発政策を実施するうえで有用な処方箋を提供する必要がある。途上国および援助供与国の政策担当者にとって途上国経済の発展を促進する経済政策の処方箋は、マクロ経済政策に関する処方箋とミクロ経済政策に関する処方箋に大きく区分されよう。この章では、最初に開発ミクロ経済政策の目的とその主要な内容を説明し、その開発ミクロ経済政策の中で重要な産業政策の内容を検討する。そして発展途上国の経済発展を促進する政策としてしばしば論じられてきた幼稚産業保護政策に関する論争を整理して紹介する。途上国の経済発展を支援するIMF・世銀は一般的に新古典派経済学理論の立場から、幼稚産業保護政策に否定的な立場をとる。他方途上国の開発政策担当者は産業開発を促進する立場から幼稚産業保護論を是認する立場をとる。日本の開発援助政策担当者はどの立場をとるべきか、幼稚産業保護政策に関する論争の歴史から日本の開発援助の政策を模索することにする。この章の中では開放経済体制における貿易財の産業政策は、その国の貿易政策と密接不可分の関係にあるので、両者を区別せずに論じることにする。

5.1 開発経済システムの発展と産業政策

(1) 開発経済学の政策科学志向性

　人類の歴史は破壊と創造、危機の発生とその克服、停滞と革新的進化、問

題の発生とその解決の試みの積み重ねの歴史であった。特に20世紀の前半人類は2度の世界大戦を体験し、地球規模的な大量虐殺を行い、無数の人命が偏見や紛争の犠牲となった。現在でも人間社会は富める国および貧困国を問わず、地球の隅々で深刻な社会問題を抱え、人間の権威が否定される状況から脱することが出来ずにいる。このような人間の社会現象を研究の対象とする社会科学は、本来問題解決を志向する実践的な政策科学としての性質を強く持っている。この社会科学が持つべき政策志向性については2人の社会科学者が既に指摘していた。その1人は社会学者のK・マンハイム（Karl Mannheim）であり、ヨーロッパでナチズムが台頭した1930年代の激動期にK・マンハイムは、社会学が社会問題を解決するための「社会工学」であるべきであると説いた。[1] もう1人はH・D・ラスウェル（Harold D. Lasswell）である。戦後アメリカの行動科学の創設者の1人と言われ、人間の政治行動の分析に精神分析学を導入したH・D・ラスウェルは「社会科学は民主的な社会における人間の権威を実現するための政策科学であるべきである」と主張した。[2]

しかし社会科学全体を政策科学として捉え、政策科学の一般理論を構築することは非常に困難を伴う。その理由は、社会現象は政治・経済・文化・心理等の複数の側面を有しており、これらの側面を総合的に分析する理論を構築することが困難であるからである。これらの困難さにもかかわらず宮川公男教授は政策科学の基礎理論を構築しようと努力されており注目すべきであろう。[3] 日本の教育機関の幾つかは革新的な試みとして政策研究大学院や総合政策学部を設立し、社会科学を総合政策科学と捉え種々の革新的なカリキュラムを創設している。これらの試みは歓迎すべきであろう。

以上のような視点から考えると、途上国の経済発展を分析の対象とする開発経済学は当然政策志向性の強い実践的な社会科学であるべきである。開発経済学は途上国の計画省・開発庁等の開発政策担当者や関連するテクノクラート達が開発政策を立案・実行する場合必要となる理論や政策の処方箋を提供する役割を持つ。先進国の開発援助機関の担当者にとっても、開発経済学

第5章 開発経済システムと産業政策

が単に後進国の経済発展のプロセスを認識する理論的な道具を提供するばかりでなく、具体的な開発支援政策の処方箋を提供する使命を帯びている。

これらの理由からすると先進国・途上国を問わず開発経済学者達は可能な限り途上国の開発の実務に従事し、政策の立案・実施・評価に直接参画すべきであろう。この点で注目に値するのはハーバード大学国際開発研究所（HIID：Harvard Institute For International Development）所属の経済学者達の活躍であろう。HIIDの設立以来1960年から40年間以上彼等はアジアやアフリカの途上国政府の助言者として数多くの開発政策の実務に従事した[4]。更に彼等は共同でアメリカの大学の開発経済学の教科書として使用される実践的なテキストを著している[5]。

その他アメリカの代表的な開発経済学者であるM・トダロ（Michael P. Todaro）やG・マイヤー（Gerald M. Meier）達も政策志向性の強い開発経済学の教科書や参考書を著している[6]。また途上国の開発経済学者達が著した開発経済学に関する教材の中にも政策志向性の強い研究書が多い。

しかしこのように政策志向性が強く、発展途上国が抱える深刻な問題に対する実践的な処方箋を提示すべき開発経済学も、途上国の「産業開発政策」の是非については論争が絶えない。その理由はアダム・スミス以来の「国家」対「市場」という経済政策のイデオロギー的対立があるからである。

インド生まれの開発経済学者のディーパック・ラル（Deepak Lal）は、「途上国の経済発展が遅れたのは、政府が市場に介入し価格の資源配分機能を歪曲したためである」と主張し、途上国政府は市場の価格機能や競争機能を促進する開発政策を採用すべきであると強調した。その理由は、「市場の失敗」がもたらす社会的コストよりも「政府の市場介入の失敗」がもたらす社会的コストのほうが大きいと判断するためである[7]。しかしK・バス（Kaushik Basu）は「新古典派および反・新古典派開発経済学の理論的・イデオロギー的対立は途上国の貧困の現実を等閑視する不毛の対立であり、開発経済学者は途上国の発展を阻害する制度や政治・社会的要因に対してより強い関心を向けるべきである」と述べ、この神学論争的な不毛の論議はや

めるべきであると説く。[8]

　最近日本の若手の開発経済学者達が、日本の政府開発援助プログラムやプロジェクトに積極的に参画し、日本政府の開発援助政策の策定に貢献しようとしている。この傾向は歓迎すべきであろう。日本の開発経済学者の中には日本のODAや、IMF・世銀の構造調整政策に反対の意見を表明する者がいるが、IMF・世銀が依拠する新古典派経済学理論に代替する実行可能な実践的政策理論を展開するに至っていない。[9] 日本の経済学者としては新古典派経済理論に批判的な比較制度論の立場から、青木昌彦教授等が東アジアの経済発展に果たした政府の役割を積極的に評価する理論を展開している。[10]

　途上国の社会制度の比較分析には社会学ないしは人類学的な分析が欠かせない。しかし途上国の社会変動や社会制度の社会学的な実証分析には現在までのところ注目すべき成果が発表されていない。一方途上国の制度や組織の人類学的な分析、特に農村地域のミクロ開発金融組織の人類学的な分析には、M・S・ロビンソン（Marguerite S. Robinson）等の注目すべき研究実績がある。[11] 途上国の社会変動や制度に関しては1960年代アメリカの社会学者が関心を持ち、特に社会の近代化のプロセスに関する理論分析や実証研究が盛んに行われた。日本でも富永健一教授等の社会学者による社会の近代化に関する分析がある。しかしこれら社会変化は経済変化に従属して事後的に発生する傾向を強く持ち、開発や経済発展の政策手段として社会変化を政策変数と考えるのには無理がある。[12] しかし経済発展と社会変動とが深く構造的な関係を持つことは否定できないと考えられるので、今後途上国の経済制度や社会制度の実証的な比較研究が必要になってこよう。今後の開発経済学の大きな研究課題となろう。

(2) 開発ミクロ経済政策

　発展途上国の多くは経済開発政策の立案・実施・評価・調整機能を持つ「計画委員会」（インドやパキスタンのPlanning Commission）、「開発庁」（タイ、フィリピン、インドネシア）および「企画院」（韓国のEconomic Planning Board）

第 5 章　開発経済システムと産業政策

がそれぞれの国の経済発展に重要な役割を演じた。特に韓国の「企画院」は経済開発計画の策定ばかりでなく予算配分権限を有し1960－70年代朴政権下で非常に大きな影響力を行使した。これら途上国の経済開発政策担当省庁は、中長期の経済計画の策定（経済成長率予測、国際収支および財政収支目標、物価・失業率目標等のマクロ経済政策目標の策定）、農業・工業・中小企業開発計画および金融セクターの開発計画、産業部門別開発投資計画と投資資金計画、拠点開発方式による地域開発計画等を内容とする経済開発政策を立案・実施・評価する機能等多くの重要な役割を果たしてきた。特に限られた財政資金および海外援助資金を開発援助計画の優先順位に従って各省庁に配分する調整機能は、開発独裁的性質を持つ途上国の政治体制の下で非常に重要な意味を持っていた。欧米の大学院で経済学や開発経済学を学んだこれら経済開発政策担当各省庁のテクノクラートが重要な役割を演じた。特にインドネシアの「バークレー・マフィア」と呼ばれる一群のカリフォルニア大学で経済学を学んだテクノクラート達が演じた役割が有名となった。

　しかしこれら途上国のテクノクラート達は長年の試行錯誤の結果、経済開発計画の方法論と実践的な手順を習得していったようである。その理由は欧米の開発経済学の標準的な教科書には経済計画の作成の手順に関する実践的な処方箋は含まれていないからである。さらに途上国には統計的なデータが非常に限られており、先進国の産業動向を分析するために開発された産業連関分析等の計量分析の手法を途上国に適用するのは限界があった。[13] さらに先進国で主に展開されてきた経済政策理論はマクロ経済の経済政策が主な内容で、ミクロ経済政策を論じないのが一般的であった。

　ケインズ経済学の影響を強く受けた日本の代表的な経済学者達は国の経済政策論として政府が積極的に市場に介入し経済発展を促進する政策を是認する立場をとる。熊谷尚夫教授（1964年）は経済発展を促進するための政府の役割として、経済発展のフレームワークの策定、社会的共通資本と公共投資、財政・金融政策、経済計画の策定等を掲げている。[14] 渡部経彦・筑井甚吉教授（1972年）は政府の経済政策の目標として、完全雇用、物価安定、国際収支の

203

改善、経済成長、資源の有効配分、社会的必要の充足、所得・富の分配の改善、特定の地域や産業の保護・育成、個人消費水準の改善、供給の確保、人口構成の改善、労働時間の短縮、生活環境の改善、発展途上国援助等を列挙している。またこれらの政策目標を実現する政策手段としては、財政政策、金融政策　為替政策、直接統制、誘導的介入、制度の変更等の手段を掲げている。[15] 館龍一郎・小宮隆太郎教授（1964年）は、通常のマクロ経済政策目標である経済成長、景気循環対策、インフレ対策、国際収支の安定等のマクロ経済目標の他に、貿易の自由化、国際競争力のある産業組織の育成等のミクロ経済産業目標を明示したことが注目に値する。また1国の産業の比較優位は動的に変化するものであり、後に見るように「ミル・バステーブル基準」に従って一時的に幼稚産業を政府が保護育成することは是認し得ると述べている。[16]

衆知のように小宮隆太郎教授は戦後日本に新古典派経済学を普及することに指導的な役割を演じた経済学者である。新古典派経済理論は「完全競争化で成立する均衡価格は資源の最適配分、即ちパレート最適な資源配分を実現する」という福祉経済理論の原則に従って政府が市場に介入することを極力排除しようとする。小宮教授は後に経済産業省（旧通産省）が1987年に設立した通商産業研究所の初代の所長に就任する（1987-97年）が、それ以前小宮教授は通産省の産業政策に対して批判的であった。[17]

これら先進国で展開されているマクロ経済政策理論は、経済・社会構造や制度の発展状況や特殊性、人的・物的資本不足等の制約条件、外的ショックに対する脆弱性、国際収支の構造的赤字体質等の途上国の特殊要因を考慮するにしても、途上国のマクロ経済にも適用可能と暗黙に前提していた。しかし最近IMFのエコノミスト達が中心となって途上国の開発マクロ経済学理論を展開しようとしており注目に値する。[18] 但し新古典派経済学に依拠する途上国のマクロ経済理論はL・テイラー（Lance Taylor）等が構造主義マクロ経済理論の立場から批判を行っており、イデオロギー的対立があることを留意する必要があろう。[19]

第5章　開発経済システムと産業政策

　我々がここで途上国の開発政策の問題として取り上げているのは、途上国の開発ミクロ経済政策の問題である。一般に途上国のマクロ経済政策の支援に関してはIMFが担当し、ミクロ経済政策に関しては世銀が中心になって支援を行うという機能分担がIMF・世銀の両国際機関の間の暗黙の合意のようである。即ちIMFが途上国経済の短期のマクロ需要政策を担当し、世銀が長期のミクロの供給構造改革を担当するという了解である。しかし世銀の場合、途上国のミクロ経済政策に関してIMFのように総合的な開発ミクロ政策理論を展開してきていない。その理由は世銀が政府の市場介入に消極的な新古典派経済理論にその開発支援活動の理論的妥当性を求めるためといえよう。世銀は過去膨大な量の途上国の農業・工業・金融・産業・社会インフラ・セクターに関する研究報告書を発表しているが、開発ミクロ経済政策理論を体系化していない。過去オランダの経済学者Ｊ・ティンバーゲン（Jan Tinbergen）が企画庁の経済計画の実務体験から、経済政策や経済開発計画の方法論を展開したように、世銀は過去50年以上蓄積した途上国のミクロ経済支援の体験を基礎にして実践的な「開発ミクロ経済政策論」を展開すべきである。[20]

　最近「開発ミクロ経済学」に対する関心が経済学者達の間で高まってきている。Ｋ・バスは農村経済のミクロ経済分析を行っているし[21]、その他多くの開発経済学者達が途上国のミクロ経済の個々的な問題に対する理論研究や実証研究の成果を発表している[22]。日本でも若手の開発経済学者が「開発ミクロ経済学」の理論を展開してきている。途上国の人々が生活水準を改善するのはミクロの家庭生活や企業やその他の社会組織での日常生活である。その意味で開発経済学者が途上国のミクロの世界に関心を持つのは歓迎すべきことである。しかし注意する必要があるのは、先進国で発達したミクロ経済学理論は極度に抽象化された理論前提の条件下での資源の効率的配分を追求する「規範的理論」であるということである。先進国でもこの規範的ミクロ経済理論が現実の世界でそのまま応用され得ないように、途上国の人々が貧困と対峙する現実の世界で「開発ミクロ経済理論」がそのまま応用されることは

期待出来ない。I・M・D・リトル（I. M. D. Little）が警告するように経済学者が「思考の遊戯」に陥らないように注意する必要がある。途上国の具体的な問題を解決するという政策的ニーズの現実の課題を等閑視し、ミクロ経済理論の精緻化を希求することは避けるべきであろう[23]。

　途上国の開発政策担当者および先進国の開発支援担当者が開発ミクロ経済政策の課題として取り上げるべき問題は、途上国が比較優位の原則に従ってどのような産業を育成すべきかという産業政策の問題である。以下ここでは途上国政府の産業政策の問題について見ていこう。

(3) 産業政策

　途上国の産業政策論を論じる場合先ず「産業政策」とは何なのかを定義する必要があろう。しかし「産業政策」という言葉ほど不明確な概念はない。産業政策に関しては今まで経済学者達の間で標準的な理解が確立されてきていないと指摘されている。開発経済学も途上国の産業の発展に関しては纏まった政策論議を行ってこなかった。開発経済学は在来途上国の伝統的部門としての農業と近代的部門としての工業の2部門理論を中心にA・ルイス以来開発政策論を論じてきた。最近の日本や欧米の開発経済学も、農業開発政策、工業開発政策、貿易政策等を個々的に分析してきたが途上国の産業政策の一般理論を展開することは稀であった[24]。日本の経済学者達は産業政策を、「競争的な市場機構の欠陥（市場の欠陥）のために、自由競争によって資源配分あるいは所得配分上何らかの問題が発生するときに、当該経済の厚生水準を高めるため実施される政策である。しかもその政策目標を、産業ないし部門間の資源配分または個別産業の産業組織に介入することよって達成しようとする政策の総体である」と新古典派経済理論の立場から定義している。このように定義された産業政策は次の4つのポイントに要約される。

　一国の産業構造に影響を与える政策：即ち貿易・直接投資などの海外諸国との取引に介入し、補助金・税制などの金銭的誘因を使用することによって、産業を育成・保護したり、衰退産業からの資源の移転を調整・支援する政策。

第5章　開発経済システムと産業政策

技術開発や情報の不完全性などに伴う市場の失敗を是正する政策：即ち的確な情報を提供したり、補助金や税制に政策手段を用いて種々の市場の失敗を是正し、資源配分を望ましい方向に誘導する政策。個別の産業組織に介入し、経済厚生を高めようとする政策：不況カルテル・設備投資カルテルなどを通して産業内の競争構造や資源配分に直接介入しようとする政策。非経済的な政治的な目的を追求する政策：貿易摩擦を回避するため輸出自主規制や多国間協定を締結する政策。[25]

これらの主張は「市場の失敗」等の一定の条件で政府が市場に介入し一定の産業を保護・育成する政策を是認することを意味する。小宮教授は、産業政策（industrial policy）という言葉は欧米ではあまり使用されず、日本でも経済産業省に「産業政策局」という原局があるが産業政策という言葉が使用されるようになったのは1970年以降であると指摘している。それ以前は産業合理化、産業構造の高度化、産業再編成といった言葉で産業政策の諸問題が論じられた。ここで「産業政策」というときの産業は一般に工業、特に製造業を指し、産業一般を支援する工業用地、道路・港湾・工業用水・電力供給等の産業基盤整備政策や資本・労働力等の経済資源を比較優位産業に配分する政策、産業の合理化・再編成・操短・生産・設備調整や中小企業支援等の個々の産業組織を支援する政策と理解される。[26] この産業政策の定義は先進国の産業政策を念頭においた定義である。日本の戦後の傾斜生産方式、構造不況業種の調整政策、省エネルギー政策、知識・先端産業育成政策等が上記の産業政策の定義の背景にある。1960年代以降日本および欧米の産業のメタボリズム、即ち成長産業と衰退産業の交替の速度が技術革新によって加速化した。このような状況下で先進国諸国は、衰退産業から成長産業に労働力・資本等の国内資源がスムースに移行することを助成する「構造調整政策」を実施する必要に迫られた。経済協力開発機構（OECD：Organization for Economic Cooperation and Development）は1978年10月の閣僚理事会で加盟国政府が積極的産業調整政策（POP：Positive Adjustment Policy）を実施し、

各国が「構造調整政策」を実施する指針を公表している。

　しかし各国経済は異なった経済発展の歴史を持っており、先進国は技術革新により生産性が上昇し高い国際競争力を持つが、後進国は技術水準も低く、資本や熟練労働者や経験も不足しており政府の保護なしには産業が自発的に発展することは不可能であるというのが一般的な認識であった。19世紀にはドイツやアメリカが主に先進工業国イギリスに対抗して、保護貿易によって自国の産業を育成する政策を打ち出した。20世紀後半には、発展途上国が先進国の工業水準にキャッチアップするため、種々の政府指導型の工業政策を打ち出した。この後発国が自国の産業を保護育成する政策の根拠となったのが「幼稚産業保護政策」である。幼稚産業保護政策とは「成長の初期段階にある産業で現在比較劣位にあり国際競争力がなくても、政府の保護の下に一定の期間内に技術や知識を習得し、この学習効果によって生産コストを削減し、国際競争力を得ることを可能にする政策」と定義されよう。しかしこの幼稚産業保護政策論はアダム・スミス以来長期間自由貿易論者と保護貿易主義者の論争の理論的道具として発展してきた。以下ここではこの幼稚産業保護政策の賛成論と反対論の論争の争点を整理することによって幼稚産業保護政策の問題点を理解することにする。

5.2 幼稚産業保護政策論争

(1) A・ハミルトンとF・リスト

　近代国家形成の初期段階で最初に幼稚産業保護論を展開したのは、アメリカの初代財務長官のアレキザンダー・ハミルトン（Alexander Hamilton: 1757－1804）である。ワシントン大統領の下で5年半財務長官を勤めたA・ハミルトンはその在任期間中議会に財政・経済・金融に関する報告書を提出した。その1つ「製造業に関する報告書：Report on Manufactures」の中でA・ハミルトンはイギリスの重商主義的な植民地体制から脱却して経済的に後進的なアメリカが自立するためには、ヨーロッパ先進国からの工業製品の競争を保護関税や輸入規制により排除しアメリカが比較優位を持つ製造業を育成

第5章 開発経済システムと産業政策

すべきであると主張した。[27] 1776年7月4日アメリカは13州独立宣言によってイギリスから独立した。A・ハミルトンはアメリカは建国の初期の段階で国家が産業の育成のために積極的な役割を演ずべきであると主張し、「ハミルトン経済体制」と呼ばれる経済政策を展開した。A・ハミルトンはこの報告書の中でアメリカが比較優位を持ちうる資源立地型の製造業（木綿・木材・石炭・皮・銅・ガラス・紙）等を保護育成すべきであると主張している。

アメリカの産業革命はニュー・イングランド地域の木綿工業を基幹部門として出発し、中部や中西部の鉄鋼業に波及・拡大する形で進展した。時期的にはアメリカの産業革命は1810年頃から始まり1850－60年頃の南北戦争の時期にほぼ完了したと経済史家は述べている。アメリカでは地域が広大で絶えず西進運動が進んだため工業発展の地域格差が著しく、19世紀前半には産業革命は主として北東部に限定され、西部や南部は農業地域であった。[28] A・ハミルトンは勃興しつつある北東部の工業部門の経済的な利益の代弁者であったともしばしば指摘されている。

F・リスト（Friedrich List, 1789－1846）は19世紀前半イギリスやフランスに比較して経済発展が遅れたドイツで民族主義的なイデオロギーを展開した。F・リストはドイツの国民経済形成のために全ドイツ的な関税同盟を設立し、ドイツ国内市場の形成およびドイツの政治的・経済的統一を達成する政治運動に指導的な役割を演じた。この政治活動のためアメリカに亡命し（1825年）、A・ハミルトンの経済政策思想の影響を強く受ける。F・リストの経済理論は、『経済学の国民的体系』(Das Nationale System der Politischen Okonomie, 1841)に展開されている。[29] J・シュンペーター（Joseph A. Schumpeter, 1883－1980）はF・リストをアメリカナイズされたドイツの歴史主義経済発展理論の先駆者としか評価していないが、日本の西洋経済史家の大塚久雄は、F・リストを後進資本主義社会であるドイツにおける「国民経済理論」の形成者として高く評価している。大塚久雄によると、F・リストはイギリスに対峙するアメリカの建国の歴史的プロセスの中にドイツの「国民経済」の形成の原型を見出していた。[30] いずれにしてもF・リストはこの著『経済学の国民的

209

体系』の中で、後進国であるドイツがイギリスに競争して経済発展を達成するためには、産業を育成しドイツが自足的な国民経済を形成する必要があると考える。この目的のためにドイツで発展途上にある幼稚産業を政府は保護関税等によって保護育成する必要があると主張する。F・リストは「国民経済は単に国民1人1人の経済活動の集計ではなく……ドイツ社会に勃興する産業はドイツの国民経済の発展を促進する重要な担い手なのであり、アダム・スミスが主張する自由理論はドイツ社会には適用され得ない」と主張したのである。[31] これらA・ハミルトンやF・リストの幼稚産業保護理論は現代の途上国の経済発展理論と同じく、「先進国対後進国」の対峙関係の文脈の中で経済発展政策を考える途上国の政策当局者には現代的な響きを未だ失わないであろう。

(2) 幼稚産業保護の基準：「ミル・バステーブルの基準」

　重商主義の保護政策に反対し自由貿易政策理論を展開したアダム・スミスやデイビット・リカード（David Ricardo, 1772-1823）の政治経済学理論に依拠しつつも、一定の条件の下で幼稚産業を保護する政策を是認する理論を展開したのが、J・S・ミル（John Stuart Mill, 1806-1873）とC・F・バステーブル（C.F.Bastable）である。衆知のようにアダム・スミスはその著『国富論；The Wealth of Nations』(1776年) 第4編の中で18世紀のイギリスの保護貿易政策を「重商主義政策（Mercantilism）」と称してその弊害を指摘した。このイギリスの重商主義政策は、輸出を奨励し輸入を制限し、貿易の黒字によって金保有額が増大することが国富の増大をもたらし、この目的を達成するために自国の産業を積極的に保護・育成する政策である。[31] 同じくデイビット・リカードはその著『経済学及び課税の原理』（The Principles of Political Economy, 1817) 第7章の中で労働力の比較生産性原理（比較生産費説）により、各国がそれぞれ比較優位産業に特化し自由に貿易取引を行えば、それぞれの国に利益をもたらすという自由貿易理論を展開した。[32]

　J・S・ミルは自由貿易思想を受け容れながらも一定の条件下で幼稚産業

を保護する政策を是認した。J・S・ミルはその著名な著作『政治経済学原理』(Principles of Political Economy, 1848) 第5巻の中で「如何なる産業もその産業が先に発展した国が必要とされる技術と経験を先に蓄積し有利に立つ。一定の国が一定の産業に潜在的に比較優位を持つのではない。従って後発国が必要とする技術と経験を蓄積するまでの限定された期間保護関税政策によって幼稚産業を保護する政策は是認しうる。……しかしこの産業が一定の期間を経た後保護政策なくても自立し国際競争力を得る場合に限られる。」という主旨の限定的な幼稚産業保護政策を容認する見解を表明した。[33]このJ・S・ミルの見解は、M・ケンプ(Murray C. Kemp)ら国際経済学者らによって幼稚産業保護政策を肯定する「ミルの基準」と呼ばれるようになる。[34]

このJ・S・ミルの基準に更に制約条件をつけたのがC・F・バステーブルである。[35]C・F・バステーブルもJ・S・ミルと同じく自由貿易論者であり、一定の条件で幼稚産業保護政策を容認する。しかし幼稚産業保護論者のF・リストをドイツ民族主義運動の煽動者であると酷評していた。[36]C・F・バステーブルは国が保護貿易政策を採用する経済的根拠として、幼稚産業保護論、国内産業の競争力の強化、国内の労働市場の拡大と多角化、国内産業の活性化による海外からの資本・労働力の流入等の理由を掲げ、これらの理由は幼稚産業保護政策以外正当化出来ないとしている。しかも幼稚産業政策も一定の条件下で限定的に適用されるべきであると主張する。この条件とは、その産業が一定の保護期間経過後自立し得ること(ミルの条件)、保護政策によって生じる経済的損失が自立後その産業がもたらす便益(一定の割引率で現在価値に転換)によって充分補塡可能なことという2つの条件である。[37]この後者の条件が「バステーブルの基準」と呼ばれ、両者を合わせて「ミル・バステーブルの基準」と呼ばれるようになった。[38]

(3) R・プレビッシュの輸入代替工業化戦略

1964年3月下旬から6月上旬までの約3ヶ月間スイスのジュネーブで国連貿易開発会議 (UNCTAD: United Nations Conference on Trade and Development）が開催された。この国連貿易開発会議（UNCTAD）は1964年12月から国連総会の常設機関として、途上国の開発と貿易を促進する組織として設立された。この組織の最高の意思決定機関は4年に1度開催される閣僚会議であり、10回目の閣僚会議が2002年2月にバンコクで開催され、国際経済の加速化されるグローバル化と途上国経済の問題が論議された。11回目の会議は2004年ブラジルで開催された。1950年代途上国はその主要な輸出品である1次産品の国際価格の停滞、交易条件の悪化、慢性的な外貨不足の問題に悩まされていた。1964年の第1回の会議は初代の事務局長であるアルゼンチンの経済学者R・プレビッシュ（Raul Prebisch）が提出した報告書を基礎に論議が展開され、先進国と後進国の利害が正面から対立した。[39]

　R・プレビッシュはこの報告書およびその他の論文の中で、途上国の主要な輸出品である1次産品の価格は、これら途上国が先進工業国から輸入する工業製品に比較して相対的に低下する傾向にあり、周辺途上国の交易条件は悪化する傾向にあると主張した。

　この途上国の先進工業国に対する従属性の呪縛から途上国経済が離脱して経済発展を遂げるためには、途上国が先進国から輸入される工業製品に代替する国内産業を保護育成する必要があると考えた。[40]このプレビッシュ理論は従属性理論ないしは構造主義理論と呼ばれ中南米諸国ばかりでなく、アジア・アフリカの途上国政府の産業・貿易政策に強い影響を与えた。このプレビッシュ理論が説く途上国の工業化戦略は「輸入代替工業化戦略」ないしは「内部志向型工業化戦略」と呼ばれた。この「輸入代替工業化戦略」を正当化するのが幼稚産業保護論である。

　1950－60年代中南米諸国の多くがこの「輸入代替工業化戦略」を採用した。[41]しかしこれらの国々の経済はその後停滞することとなる。その理由として指摘されたのは、輸入を制限・抑制する輸入代替工業化政策の下でも必要とする工業原料・中間製品・資本財等の輸入は不可欠となり、かえって途上国の国際収支が悪化し外貨不足が深刻化したこと、国内に国際競争力の無い産業・企業集団が形成され資源の浪費をもたらし、途上国経済全体の効率や生産

性の低下をもたらしたこと、輸入割当等の利権を獲得するレント・シーキング行為が蔓延し、企業集団と官僚の癒着構造が経済体制や政策の信頼性の喪失をもたらし経済不安の原因となったこと、政府の市場介入政策が市場の価格機能を歪曲し、資源の効率的配分を阻害したこと、所得の不平等度が増し、社会・政治不安を造成する結果をもたらしたこと等の要因がそれぞれ負の相乗効果をもたらした結果であるといわれている。従って1960年代後半以降途上国の多くは輸入代替工業化政策から「輸出志向型」ないしは「外部志向型」の工業化戦略に転換することとなる。[42]

　輸入代替工業化政策および幼稚産業保護政策は明治以来の日本政府の産業・貿易政策の根幹であったと小島清・山澤逸平教授等は主張する。小島・山澤教授は日本の工業化のプロセスを「雁行形態的発展」と特徴づける。この雁行形態的発展とは、日本の工業化のプロセスが最初に工業製品輸入によって国内市場が形成され、この工業製品の輸入に代替する国内産業が形成され、この国内産業が学習効果の結果生産力が増大し国際競争力をつけると輸出産業に転換していく、蓄積された外貨が更に高次の工業製品や資本財の輸入を可能にする。この輸入代替・国内産業の形成・輸出産業への発展のプロセスが増幅し、日本の産業構造が次第に高度化してく。この経済発展のプロセスを小島・山澤教授は図に描くと雁が空を飛ぶような姿になるので、「雁行形態的発展」と呼ぶ。この雁行形態的発展は日本の繊維産業および鉄鋼産業に典型的に観察され、この「日本モデル」は途上国の経済発展のモデルとなり得ると主張する。[43]

(4) K・G・ミュダールおよびH・ミントの開発戦略

　スウェーデンのストックホルム大学の経済学部教授、社会民主党の指導者、上院議員、商工大臣等を歴任したK・G・ミュダール（Karl Gunnar Myrdal, 1898-1987年、1974年ノーベル経済学賞受賞）は、途上国政府が市場に介入し、工業の発展を経済成長のエンジンと考え工業を積極的に保護育成する政策を奨励した。その理由は次の通りである。途上国が先進国との所得格差を縮小

して行くためには、動的な発展のプロセスを加速化させる必要がある。財の需要と供給が低位の水準に止まっている途上国経済では市場の価格の資源配分機能だけに依存することは出来ず、政府が政策介入し工業の発展を加速化させることが不可欠である。途上国は工業発展の基盤が弱体であり、個々的な企業が行う投資活動は現在および将来の産業や経済一般に与える外部効果を持つ。この私的便益と社会的便益に乖離が生じる場合、政府が補助金等の支援政策をとらないと、企業投資が低位の水準に留まる可能性がある。途上国は過剰労働力を農村部門に多く抱えており、輸入代替産業が過剰労働力を雇用すれば、「輸入代替による外貨節約効果」と農村地域の過剰労働力が持つ限界労働力の機会費用の差額が社会的便益の増分となる。従って政府の保護政策は途上国の厚生水準を向上させる。途上国の国内の価格構造は工業部門に不利であり、自然の市場の価格機能は途上国の工業化を阻害する等の理由を挙げている。このような理由から「私的企業の利潤極大化という投資基準は途上国経済では適切な基準となりえず」政府の保護政策が必要になると論じた。K・G・ミュダールは原則的にはR・プレビッシュの輸入代替工業化政策を支持していたが、途上国が国際収支の構造的赤字体質を克服するため輸出産業育成政策をとるべきであると主張した。[44]

　一方H・ミント（H. Myint）は1950年代盛んに行われたR・ヌルクセ（Raguar Nurkse, 1907－1959）の「均衡成長理論」とA・ヒルシュマン（Albert Hirschman）の「不均衡成長理論」の論争の文脈のなかで保護貿易政策および幼稚産業保護政策の問題を考えようとした。H・ミントによるとこれらの開発戦略は伴に政府の保護政策を不可欠の条件とする。「均衡成長政策」は低次の均衡から高次の均衡状態に移行するために政府の「臨界最少努力」としてのビッグ・プッシュが必要だとする。この政策を政府が実行するためには市場に介入し、主要産業・産業基盤が均衡的に発展するように民間の投資活動を制御する必要がある。但しこの政策の欠陥は物価上昇の圧力が各産業の均衡的発展を阻害してしまうことである。一方A・ヒルシュマンの「不均衡成長戦略」は政府が指導的な産業部門を選択し、この指導産業部

門を保護育成することが不可欠の条件となる。しかし政府が間違って比較優位のない産業を指導的な産業と選択する可能性がある。また政府によって選択された産業が独占的な市場支配力を持つ可能性もある。しかしこれらの「不均衡成長戦略」がもたらす負の効果は、途上国の長期的な経済発展の社会的便益によって相殺されると考える。H・ミントはこの「不均衡成長戦略」から幼稚産業保護論を是認しようとした。[45]

K・G・ミュダールやH・ミントと異なりより理論的な立場から保護政策の妥当性を指摘したのがE・ハーゲン（Everett E. Hagen）である。E・ハーゲンは経済成長に伴い工業部門の労働力コストが農業部門の労働力コストよりも高くなることに注目した。従ってたとえ途上国がある工業部門に比較優位性を持っていても先進国から輸入される工業製品と競争することが出来ず、この工業部門を発展させるためには政府が保護政策をとることが必要不可欠となると主張した。このE・ハーゲンの主張は、「1国の一定の産業が比較優位を持つかどうかの基準は、その国のその産業と他の産業との相対的な国内生産コストと、これら産業の輸入財の国際的な相対価格との比較によって判断されるのではないというものである。判断基準はその産業が生産する財の機会費用（その産業の財と他産業の財との限界代替率）とこれらの産業の財

表5-1：製造業と農業部門の1人当たり平均賃金の相対比率

	初期 期間	比率	後期 期間	比率
フランス	1815-1898	1.5	1906-1949	1.89
ドイツ	1882-1899	1.42	1905-1951	2.16
スウェーデン	1869-1901	1.81	1909-1951	2.52
イギリス	1895	1.08	1911-1954	1.46
イタリア	1862-1901	0.94	1906-1954	1.63
ハンガリー	1899-1901	1.66	1911-1943	2.12
日本	1878-1902	2.29	1903-1942	2.41
カナダ	1880-1900	1.23	1910-1953	2.03
アメリカ	1869-1899	2.17	1904-1954	1.67
オーストラリア	1891-1901	0.71	1911-1939	1.04
ニュージーランド	1901	0.65	1926-1936	0.53

資料：Everett Hagen, "An Economic Justification of Protectionism" in Quarterly Journal of Economics, Vol. 72, 1958, page 501.

の国際的な相対価格との比較によって判断されるべきである」という後述の
J・ヴァイナー（Jacob Viner）とG・ハバーラー（Gottfried Haberler）の理
論を援用する。先ずE・ハーゲンは先進国における工業と農業の相対的な労
働力コストの違いを過去の統計的なデータから比較している。発展途上国の
場合平均的に工業部門と農業部門の１人当たり平均賃金比率は2.0－2.5と工
業部門の労働力コストが高いと推計する。

　この前提の下で、ある途上国が工業部門と農業部門で労働力のみを生産要
素として生産する場合を考える。下記の図５－１は自由貿易と保護貿易の経
済効果を示している。縦軸Aは農業生産物、横軸Mは製造業生産物を示す。
AM直線は農産物と製造業製品の労働力を使った生産可能直線（農作物と製
造業製品との限界代替率）を示している。労働力が唯一の生産コストであるた

　　　　　　　図５－１：自由貿易と保護貿易の経済効果

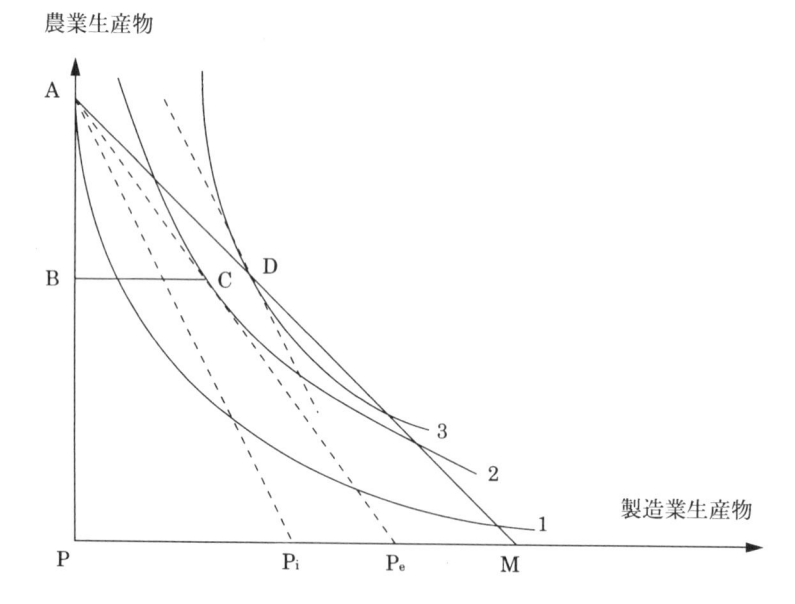

農業生産物

A

B　　　　　C　D

　　　　　　　　　　　　　3
　　　　　　　　　　　　　　2
　　　　　　　　　　　　　　　　　　　　　製造業生産物
　　　　　　　　　　　　　　　　1
P　　　　P_i　　P_e　　M

資料：Everett Hagen, "An Economic Justification of Protectionism," Quarterly
　　　Journal of Economics, Vol. 72, 1958, page 504.

め、国内市場での製造業と農業との国内価格相対比率（PM/PA）および製造業製品と農業製品1単位の交換比率は生産可能直線（限界代替率）の勾配の1/2になる。図のApi直線は製造業製品と農業生産物との国内の交換比率を示し、APとAM直線の間に位置するApe直線を国際的な価格比率とする。原点に向かって凸の曲線は農作物と製造業製品との無差別曲線を示し、この無差別曲線と原点との距離の違いがこの国の厚生水準の違いを示す。

　この前提の下で自由貿易が行われると、製造業製品の国内の相対価格は国際的相対価格よりも割高となり、製造業の生産は行われずこの国は農業製品に特化したA点で生産が行われる。そして消費者が持つ両産業製品の無差別曲線の限界率と国際的相対価格が同一となるC点で消費が行われ、AB単位の農作物とBC単位の製造業製品とが交換される。この時政府が保護政策をとると、両財の生産は、生産可能直線上で国内相対価格のApi線に平行な線と無差別曲線との接線D点で生産と消費が行われる。このD点は自由貿易下の消費点Cよりも厚生水準が高い。それ故工業と農業との間に構造的な生産力コストの差が認められるとき、政府の保護政策は是認し得ると主張する。しかしこのE・ハーゲンの論理は幼稚産業保護論自体とは本質的に異なることに留意する必要がある。幼稚産業保護論は政府の保護政策の結果、国内の生産可能直線が上方にシフトすることを前提に論議を進める。[46]

(5) 産業戦略論の動学的アプローチ

　途上国政府が幼稚産業を保護育成すべきかという問題は、産業政策の根幹に関連する問題である。途上国政府は比較優位産業を育成するため積極的に市場に介入する政策をとるべきか、産業の発展を短期・中期・長期のどのタイム・フレームで把握するか、すなわち産業政策を短期の静態的な資源配分の問題として捉えるか、あるいは長期的な産業の動態的な発展の問題として捉えるかという途上国政府の政策課題に関連してくる。従って経済発展に対する途上国政府の役割をどう評価するかという基本的なスタンスによって、幼稚産業保護政策の経済学的分析の方法と評価の結果も異なってくる。

アルフレッド・マーシャル（Alfred Marshall, 1842-1924）以来の近代経済学の主流ないしは正統派理論は新古典派経済学理論である。この新古典派経済学理論を信奉する経済学者達は次のように主張する。政府の基本的な役割は市場の価格機能によって資源の効率配分が可能となるような政策環境や制度を確立することであり、政府の最も重要な政策は価格が其の機能を発揮出来るような環境（making the price right）を確立することである。この目標を達成する最善の策は市場の完全自由競争がパレート最適な厚生水準を達成することを可能にするような政策環境を確立することである。従ってどの産業に国が比較優位を持つかという産業の選択は市場の自然の選択に任せるべきで、政府が産業を選択（picking the winners）すべきでない。政府の政策は市場の選択・調整機能に中立的であるべきである。政府は自由貿易政策によって国内の貿易財の価格が国際価格によって決定される貿易政策をとるべきである。各国が自国の比較優位産業に特化し自由貿易取引を行うとき、これらの国々の厚生水準が最大となる。政府が市場に介入するのは市場が、不完全競争、情報の非対称性、外部効果の存在、規模の効果、市場参加者の非合理性等の要因によって「市場の失敗」が認められる場合に限る。[47]これらの新古典派経済学理論によると、P・サミュエルソンが指摘するように、産業政策としての幼稚保護政策論は市場の失敗がある場合に限って是認し得る政策である。[48]これらの論議は新古典派ミクロ経済学理論に依拠する現代の国際貿易論の標準的な論議である。

　これらの新古典派経済学理論の信奉者達は、新古典派理論に反する経済学者の理論を「修正主義理論（revisionism）」と呼ぶ。しかし世銀の新古典派経済学者達は東アジア諸国（日本・韓国・台湾・香港・シンガポール・インドネシア・マレーシア・タイ）の過去25年間（1965-90年）の驚異的な高成長経済の主要な原因の１つが、これら政府が実施した政府指導型の輸出志向の産業政策であると認めざるを得なかった。これらの国々の経済発展の要因分析は世銀の報告書『東アジアの奇跡』（1993年）にまとめられている。[49]この報告書を作成した世銀のプロジェクト・チームの中に新古典派経済学の貿易理論の代

表格である元オックスフォード教授のW・M・コーデン（W. Max Corden）もアドバイザーとして参加している。

しかしこの世銀の報告書が出る以前から欧米の経済学者達は、日本および韓国が達成した過去の高経済成長の原因を政府指導型ないしは政府誘導型の輸出志向の産業政策に求めていた。日本の高度経済成長に関してはC・ジョンソン（Chalmers Johnson）が旧通産省の個別産業を差別的に支援した戦略的産業政策が高度経済成長の大きな要因の1つであると分析していた。[50] 同じように韓国の経済に関してはMITの経済学者A・アムスデン（Alice Amsden）が、韓国の高成長のプロセスを次のように要約している。「韓国経済体制には、韓国株式会社的な一体感があり、軍事政治エリートが意思決定を行い、優秀な経済官僚がこれを補佐し、財閥企業が輸出製品の製造を担当し、金融機関が財務担当として必要な資金を政策金融に従って配分する。この政治・経済体制の下では市場の価格メカニズムは意図的に政策目標に合致するよう歪曲される。韓国政府の産業政策は意図的に価格を歪曲する（making price wrong）政策である」と指摘する。[51]

韓国の工業化政策に関して世銀のエコノミスト（1974-85）であったL・ウエストファール（Larry E. Westphal）等は「体制派経済理論である新古典派的分析には意図的な事実誤認があり、韓国政府がとった産業技術革新政策が輸出産業を促進する上で重要な役割を演じたことを過小評価している。韓国政府の取った選別的な幼稚産業育成政策は失敗も経験したが、総じて成功を収めた」と主張する。L・ウエストファール等は自分達の主張を「経済発展を動学的に分析する産業戦略論」であり、新古典派経済学理論が非難の対象とする修正主義者でないと主張する。[52] これら産業戦略論者にとって重要な課題は、途上国政府が採用した幼稚産業保護政策の成功・不成功の原因を先ず実証的に研究し、個々的な途上国政府の幼稚産業保護政策の費用・便益分析を行うことである考える。

図5-2のOAは幼稚産業の初期の1単位当たりの生産コスト；OFは財の輸入コスト；ABC線は幼稚産業の生産性が増大するにつれて減少する1

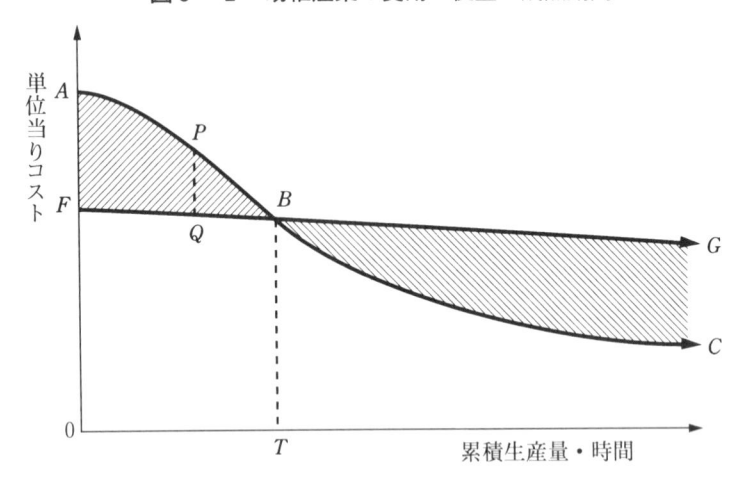

図5－2：幼稚産業の費用・便益と成熟期間

Larry E. Westphal, Bruce Ross-Larson and Martin Bell," Assessing The Performance of Infant Industries," Journal of Development Economics, Vol. 16, 1984, page 104.

単位当たりの生産コスト；ＦＧ線は財の輸入コストを示す。図5－2は横軸が生産量の累積は示すのか時間の経過を示すのかによって2つの解釈が可能である。先ず横軸がアウトプットの累積量とすると、面積ＦＡＢは幼稚産業の一定の割引率で割引く前の生産の社会的費用の合計を示し、面積ＣＢＧは割引前の外部効果を除く社会的便益の合計を示す。純社会便益は一定の割引率で割り引いた便益と費用の差額によって示される。図5－2は平均生産コスト線が同一財の輸入コスト線を下回る傾向を示しており、純社会的便益はプラスになることを示している。外部効果を無視すると、幼稚産業企業の生産が純社会的便益を持つためには、その企業が成熟するにつれて生産性が増大し平均生産費用が減少すること、成熟点Ｂを越えた便益の総計が幼稚産業の幼児期の生産の社会費用の合計より大であることが必要である。

　他方横軸が時間の経過を示す軸と考えると、線分0Tは産業の幼児期間を示すことになる。曲線ABCの勾配は平均生産コストの変化率を示し、この変化率はアウトプットの変化率と生産に必要なインプット（資本、労働力、原

材料、エネルギー等)の加重平均変化率の差に等しくなる。図は幼稚産業の生産性の変化率が輸入財コストの変化率よりも大きく、幼稚産業の純社会的便益がプラスになることを示している。但しＦＧ曲線が財の輸入コストの変化率を示し、この変化率はシャドー為替レートが一定と仮定すると外国の輸出企業の生産性の変化率に等しい。従って幼稚産業の生産がその国に純社会的便益をもたらすためには、幼稚産業の生産性の伸び率が外国の競争企業の生産性の伸び率よりも高いことが必要となる。それゆえに途上国の幼稚産業保護政策が経済的に妥当な政策かどうかを判断する基準として、これら幼稚産業が持つ比較生産性の伸び率を実証的に分析することが重要となってくる。

幼稚産業が曲線ＡＢ上を移行し成熟することはその産業が国際競争力、即ち図5－2のＴ点の右側に移行するための不可欠の条件となる。従って産業の成熟とは、国際市場で品質・コストともに競争力を維持する技術的能力を

表5－2：途上国の産業の生産性の伸び率

国　名	産　業	期　間	年平均伸び率 労働力	資　本	全　体
ブラジル	鉄鋼	1966－70	14.0	13.0	
アルゼンチン	電子機器	1960－68			10.6
プエルトリコ	ガーメント	1951－61	9.5		
アルゼンチン	化学	1960－68			9.1
トルコ	電子機器	1963－76			5.8
インド	一般機械	1951－59	4.1		
インド	綿紡績	1961－69	1.4		
インド	綿織布	1961－69	1.0		
トルコ	繊維	1963－76			0.7
ブラジル	機械	1938－79	0.5		0.1
トルコ	食品	1963－76			0.3
インド	金属加工	1960－65	－0.3	1.5	2.3
トルコ	金属加工	1960－76			－0.1

資料：Larry Westphal, Martin Bell, and Bruce Ross-Larson, "Assessing the Performance of Infant Industries," Journal of Development Economics, Vol. 16, 1984, pp. 101-128, page 113.

蓄積することである。

　表5－2は途上国の代表的な産業の生産性の年平均伸び率の具体例を示したものである。この表の数字が示すように途上国の産業の生産性の伸び率には大きな差があり、多くの途上国は国際競争力を持つに必要な生産性の伸び率を達成していない。もしこれら幼稚産業の生産性の伸び率が高くなく、初期値の先進国との生産性のギャップが大きい場合、途上国の幼稚産業が成熟するためには相当の年月が必要とされる。例えば初期値の生産性のギャップが2倍で、先進国の競争企業の生産性の伸び率が年率2パーセントとし、途上国の幼稚産業が年平均5パーセントの生産性の伸びで成長すると、その途上国の企業が成熟期に達するのに23年間必要になる。したがって途上国の幼稚産業が成熟するためには学習効果により技術能力を蓄積し、不断にその生産性を向上する努力が必要になる。

　しかしながら、途上国の幼稚産業政策の費用・便益分析に関する実証的な研究成果は今までのところ少なく、幼稚産業保護政策の是非を結論することは出来ないとL・ウエストファール等は主張する。確かに輸入代替工業化政策を採用した多くの途上国で幼稚産業保護政策が失敗している。しかしその失敗の理由は、政府が比較優位の無い産業を保護政策の対象とするような間違った幼稚産業保護政策を採用したこと、途上国が資源賦存量に見合った適正な生産技術を使用しなかったこと、政府が産業基盤整備や人的資本の開発を怠ったこと、外部効果を適正に内部化する方策を怠ったこと等種々の原因が考えられよう。いずれにしても途上国の幼稚産業の成熟プロセスに関する実証的研究が幼稚産業保護政策の是非を論じる場合不可欠であろう。[53]

(6) 日本の幼稚産業保護論

　日本の経済学者としては1960年代に根岸隆教授が、新古典派の貿易理論に反駁して幼稚産業保護論を展開していた。[54] 当時M・ケンプ等の新古典派貿易理論家達は、ミル・バステーブルの基準から保護可能と判断される幼稚産業も、幼稚期に発生した損失はその企業が成熟期に達する利益によって補填可

能と考えた。従って過去の損失は将来の利益によって回収し得るのであるから、幼稚産業は資本市場から資金を調達すべきで、それが可能かどうかは資本市場の判断にまかすべきであり、政府が介入し保護する必要はないと判断していた。政府が幼稚産業を保護することの唯一の条件は、幼稚産業が私的利益以上の社会的便益をもたらす外部効果のある場合であると主張していた。後述するようにこの基準は「ケンプの基準」と呼ばれている。これに対して根岸教授は、知識・経験等の学習効果が企業内部に留まる「動態的内部経済(dynamic internal economies)」(企業内部の職場訓練等の企業特有の知識や技術)がある場合には、幼稚産業保護論が成立し得ると考えた。その理由は、その企業が将来利益を発生させる条件として、幼児期に発生する損失を対価にこの「動態的な内部経済」を得るのであるから、この費用はこの企業にとって「不可分の固定費」的な性質を有する。もし政府が保護政策によって補助を供与しなければこの企業は存立し得ず、「動態的な内部経済」も発生しない。従ってこの場合政府が保護を与えれば、企業が存立し得るのだから社会の厚生水準が増大する結果をもたらし保護の対象となるという主旨の主張である。しかしM・ケンプ等は、この場合企業は幼児期に資本市場から資金を調達可能であり、政府の保護は必要がないと主張する。

　現代の経済学者、特に旧通産官僚エコノミスト達は日本の対欧米諸国との通商政策の文脈の中で産業政策の経済効果や妥当性を論議してきた。研究開発型産業や規模の効果がある先端技術等の戦略的産業を育成する戦略的貿易政策が最近の主な関心事であった。

　日本は最早幼稚産業論を展開する状況にはなく、最近の経済学者達の産業政策の経済分析の対象は、産業設立のセットアップコスト、規模の経済性と情報、戦略的行動、研究開発と産業政策、貿易摩擦と構造調整、管理貿易の問題等の分析が主要な課題となっていた。[55]

　しかし発展途上国が日本の戦後の産業政策に対する関心を高めるに従って、特に通産官僚エコノミストが日本の産業政策を途上国政府に紹介する試みが最近なされてきている。その中に小野五郎氏の著作がある。[56] この中で小野は

「途上国は日本の産業政策の成功と失敗から教訓を得るべき、……しかし静態的な比較優位理論に基づく幼稚産業保護政策には限界があり、途上国政府は技術革新や環境変化に戦略的に対応する政策をとるべきである」と主張する。[57]

但し日本の代表的な経済学者達は、原則的には新古典派経済理論に従って幼稚産業政策論を限定的にしか評価しない。次節で欧米の新古典派理論による幼稚産業保護論を説明するので、その準備として日本の経済学者の幼稚産業保護論の説明の若干例を見てみよう。

幼稚産業保護政策は、しばしば指摘するように或る産業を一時的に保護することによって長期的に自立させようとする。その対象となる企業は「学習効果 (learning by doing)」により生産コストが時間の経過と供に改善する性質を持つことが最低の必要条件となる。このような特質は「動学的規模の効果 (dynamic economies of scale)」ないしは「時間の経済効果 (economies of time)」と呼ばれる。さらに幼稚産業保護政策は、政府が市場に介入することによって経済厚生を高める政策であるから、何らかの市場の失敗が存在す

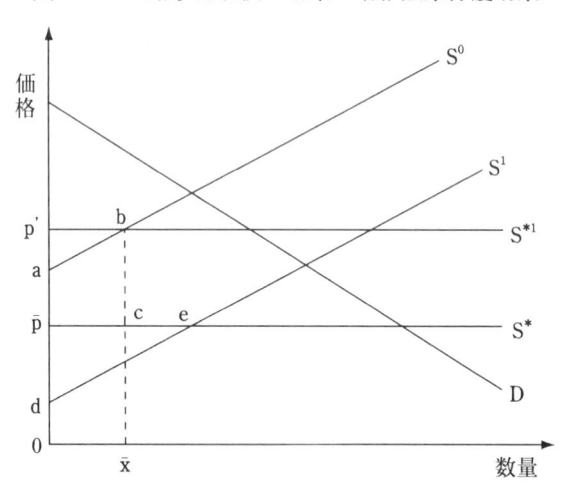

図5－3：動学的規模の効果と幼稚産業保護効果

資料：伊藤元重・奥野正寛・鈴村興太郎・清野一治著『産業政策の経済分析』、東京大学出版会、1988年、46頁。

第5章　開発経済システムと産業政策

ることが条件となる。即ち民間企業の利潤極大化という私的誘因に基づいた意思決定だけでは社会的に最適な資源配分ができないことを明確にする必要がある。図5－3は幼稚産業の動学的規模の効果を説明したものである。

現在、この産業の生産は高い限界費用を持つ供給曲線S^0で表わされる。もし現在時点で$0_{\bar{x}}$以上の生産が行われると、動学的規模の効果が発生し供給曲線はS^1にシフトダウンして限界費用が改善される。他方現時点での生産量が$0_{\bar{x}}$以下の場合動学的規模の効果が発生せず、将来の生産曲線はS^0のままに留まる。この産業の国内需要は右下がりの曲線Dで表され、世界価格は$\bar{p}$の水準である。この状況下で政府が自由貿易政策をとると、外国企業の供給曲線はS^*となり、その時の国内市場価格は$\bar{p}$となる。このとき政府が幼稚産業保護政策をとり、国内生産者に生産量1単位当たり$\bar{p}p'$の生産補助金（或いは関税）を供与すると国内価格はp'に上昇する。この結果国内産業の現在時点の生産量は$0_{\bar{x}}$に増加し、将来の供給曲線はS^1にシフトする。

このような状況下で自国政府が一時的に保護政策を採用することが自国の経済厚生水準を改善出来る場合のみ、政府の幼稚産業保護政策は正当化しうる。$\bar{p}p'$の生産補助金が幼稚産業に支給されると、その企業は$0_{\bar{x}}$の生産を行うことが可能となり、この生産の学習効果の「動学的規模の効果」によりその産業の供給曲線はS^1に改善される。その結果自国企業は将来時点で$\bar{p}de$で表される利潤（生産者余剰）を得ることが出来る。この利潤はプラスであるから「ミルの基準」を満たすことになる。この将来時点の社会的便益$\bar{p}de$を社会的割引率で割り引いた現在価値が、幼稚産業の社会的費用としての補助金支出額$abc\bar{p}$より大であることが「バステーブルの基準」である。しかしこの説明では社会的便益のなかに消費者余剰が含まれていないことに留意する必要がある。幼稚産業保護政策の「ミルの基準」および「バステーブルの基準」を生産者・消費者余剰概念を使った費用・便益分析に関してはH・グルーベル（Herbert G. Grubel）がより明確に行っており参照されたい。[59]

日本の経済学者達は原則的には新古典派経済理論に立脚した後述の「ケンプの基準」の「動態的外部経済（dynamic external economies）」が立証され

225

る場合のみ幼稚産業保護政策を是認すべきであると主張する。従って企業の生産性格差や情報不足、企業の危険回避性、企業と消費者と時間選好度の違い等の理由は幼稚産業を保護する理由にならないと考える。また実際の政策の実施に当たっては、幼稚産業を保護する政策として関税・輸入制限等は最善の策でないこと、保護を必要とする幼稚産業の選択の困難さ、保護政策はあくまでも時限的な政策であること等を留意すべきであるとしている[60]。それでは以下ここで新古典派経済理論に基礎をおいた反対論を見てみよう。

5.3 新古典派理論の反対論

(1) G・ハバーラー・J・ヴァイナー・J・ミードの反対論と「ケンプの基準」

初期の段階で新古典派理論の枠組の中で貿易理論を展開したG・ハバーラーは、幼稚産業を保護するために保護関税を課することに消極的であった。その理由はJ・S・ミルやF・リストの主張のメリットを認めつつも幼稚産業保護政策の「機会費用」を実証的に分析することが困難であると判断したからである。また外部効果の存在を根拠に幼稚産業保護政策をとる場合でも、果たして全ての企業が学習効果によって生産性を改善し、その結果社会の厚生水準が向上するとは限らないと懸念した。その反対も考えられると警告していた[61]。

G・ハバーラーの説明は図5-4のP点が自由貿易下の生産点、T点が貿易点であり、AB線が生産可能曲線である。政府が幼稚産業を保護するためにA財に輸入関税を課すると、生産点はPからP^{1}に移行し、貿易点もT点からT^{1}点に移行する。T^{1}点はT点よりも下に位置し保護関税は経済的にマイナスの効果を持つ。幼稚産業保護論の本質は、保護政策によって短期の生産可能曲線ABが長期の生産可能曲線に不可逆的に移行すると前提することにある。この移行した生産可能曲線上の点P^{11}で生産が行われるが、貿易点が何処になるかはA財、B財の需要条件次第である。しかし問題は幼稚産業保護政策の結果、生産可能曲線が上方に確実にシフトするかどうかは不明であ

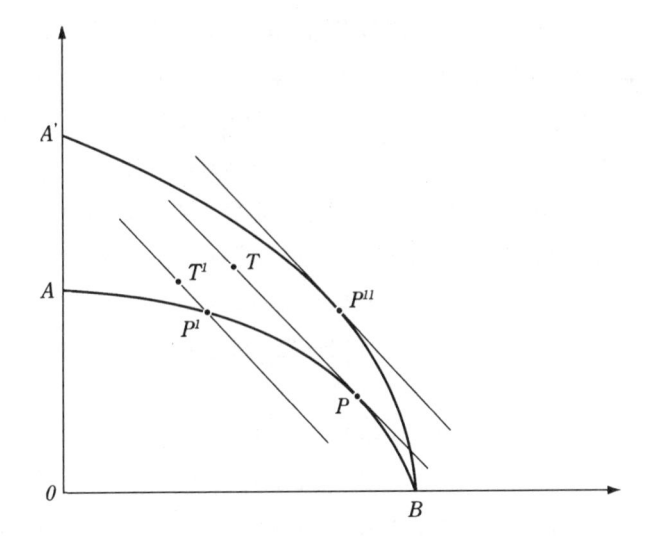

第5章　開発経済システムと産業政策

図5－4：幼稚産業保護の効果（ハバーラー）

資料：Gottfried Haberler, "Some Problems of The Pure Theory of International Trade," The Economic Journal, June 1950, page 239.

るということである。生産可能曲線が政府の保護政策の結果下方にシフトする可能性も否定し得ない。従ってG・ハバーラーは幼稚産業保護政策がプラスの効果を持つかどうかを判断するためには途上国政府の貿易政策の実証研究が不可欠であると主張する。[62]

　G・ハバーラーと同じく新古典派経済学の貿易理論を展開したJ・ヴァイナーは「幼稚産業を育成するために保護貿易政策を主張する論者は18・19世紀の重商主義政策下に論じられた保護貿易政策と同じ理論であり是認できない」と主張した。[63] J・ミード（J. Meade）も「幼稚産業が保護政策後に成熟して利益を得ることが出来る場合には、その企業は成熟後の利益で幼児期の損失を補填することが可能であり、政府が保護する必要はない。幼児期にそのような企業は資本市場から資金を調達して、利益が生じる成熟期以降に返済することが可能である。従って幼稚産業を保護することを是認する条件は

外部効果がある場合のみである」と考える。[64]

　このJ・ミードの主張をより理論的に説明したのがM・ケンプである。M・ケンプは幼稚産業保護論の曖昧さは「産業」と「企業」とを明確に区別していないから生ずると考える。幼稚産業保護論は企業が一定の期間政府の保護の下で生産活動を経験することにより必要とされる知識・技術を体得する「学習効果」により自立し利益を上げられる企業を保護しようとする政策である。しかしこの企業は「ミル・バステーブルの基準」を満たしていても保護する必要はない。その理由はJ・ミードが主張するように自立後その企業は将来獲得する利益によって幼児期の損失を補填することが可能であるからである。

　企業の「学習効果」は2つに区別する必要がある。第1の学習効果は「企業に内的な学習効果」であり、これは企業が生産経験を通して蓄積した知識や技術が企業の排他的な所有となる学習効果である（例：企業が開発した技術が特許権を取得する場合）。このような内的な学習効果は「動態的な内部経済」(dynamic internal economies) と呼ぶ。その理由は経済効果が現在の生産プロセスばかりではなく、過去の生産プロセスの効果と考えられるからである。この場合には「ミル・バステーブルの基準」を満たしていても保護する必要が無い。もし企業が資金不足の場合には金融市場から資金を調達可能であり、情報不足で将来を予知できない場合でも幼稚企業だけが情報を持たないわけでない。

　第2番目の学習効果は、企業が自己の学習成果を他の企業が活用するのを排除出来ない場合の外部効果であり、企業が開発した知識や技術開発の効果が自由に外部に波及し、これらを習得した熟練労働者が同一産業の他企業に転職するような場合である。このような企業の外部に波及する学習効果を「動態的外部経済」(dynamic external economies) とM・ケンプは呼ぶ。このような場合には、政府の一時的な保護関税やその他の保護手段によって保護することが正当化されようと論じた。しかしM・ケンプはこのような外部効果の問題は、市場の失敗の一例にしか過ぎず、幼稚産業に特有の問題は無い

と主張して、「ミル・バステーブルの基準」は「ミル・バステーブルのドグマ」にしか過ぎないという。このM・ケンプが主張する基準は「ケンプの基準」とよばれるようになる。[65]

しかしこのM・ケンプの論議に反駁して先に紹介したように根岸隆教授は「ミル・バステーブルの基準」を救済しようと試みている。その理由は、企業の内部的な学習効果「動態的な内部経済」の場合でも、企業の学習プロセスは一体化したプロセスで幼児期に企業が蒙る損失は、将来の企業利益にとって「不可分の固定費」的性質を持つからである。政府の保護が無ければ企業そのものが存立し得ないのであるから、政府の保護政策によってその国の民間企業が育成され、その結果経済厚生が改善されると主張した。[66]

先進国の幼稚産業保護の問題に関しては「ケンプの基準」は妥当な基準と考えられよう。但し途上国の産業政策としての幼稚産業保護の政策としては、「ケンプの基準」は問題が残る。途上国の場合「ミル・バステーブル基準」に合致した企業でも資本市場から創業初期の段階で必要な投資資金を調達することは困難であろう。その場合には政府が産業開発銀行を設立し優遇融資等の補助政策を実施する必要が出てこよう。そもそも途上国の場合、学習能力に限界があり、「動態的内部効果」「動態的外部効果」にかかわらず本来比較優位のある産業を長期間学習し、生産性を向上する必要があり、そのような長期的な見地から幼稚産業を保護育成する必要がある。「ケンプの基準」は途上国の条件下では適用不可能な抽象論であると考えるべきであろう。このことはサハラ砂漠以南のアフリカ諸国および南アジア諸国や東南アジアの最貧国で、貧困層や社会的弱者を救済するため政府が軽工業に従事する民間企業や労働集約的な中小企業を保護育成する必要性を考えると理解できよう。

(2) R・ボールドウィン・H・グルーベルの反対論

アメリカの新古典派貿易理論の論客の1人であるR・ボールドウイン（Robert E. Baldwin）は、「幼稚産業を保護する政策目的の為に保護関税を課すことは、国民の消費行動を歪曲するばかりでなく、生産資源の非効率な配

分をもたらし国民経済の厚生水準の低下をもたらす結果となる。幼稚産業を育成する政策手段としては個々的な企業に供与する生産補助金政策が望ましい」と述べ、幼稚産業を保護する政策目的のために特別な輸入関税を課することに反対する。[67] R・ボールドウィンは近代的な幼稚産業保護理論が保護政策の根拠として掲げる4つの理由を列挙し、これら4つの理由は幼稚産業の保護を正当化する理由にならないと主張する。第1に、企業の学習効果が他企業に波及する「技術的な外部効果」がある場合も、産業全体に課せられる保護関税は企業に技術を習得する誘因とならず社会的に非効率な生産技術が保護関税の下で蔓延することになる。第2に、「ケンプの基準」に合致する学習の外部効果すなわち「動態的外部経済」がある場合にも保護政策は是認できない。その理由は、企業内訓練で技術を習得し労働市場で転職によって利益を得るのは労働者であり、労働者は訓練を受ける企業で限界生産性以下の賃金を受け容れ、他企業に転職することが可能である。従って政府が市場に介入する理由にならない。R・ボールドウィンは「ケンプの基準」の幼稚産業保護政策の正当性を否定する。第3に、その他一般の私的費用・便益と社会的費用・便益が乖離する「外部経済」が存在する場合には、これは「市場の失敗」を是正する国の経済政策の問題であり、幼稚産業に固有の問題ではない。この場合にも保護関税は消費・生産資源の浪費をもたらし是認出来ない。第4に、「幼稚産業保護政策を正当化する唯一の根拠は、政府の保護がなければ自由市場の価格機能だけでは社会的に最適な水準の訓練・技術習得・資源の活用を新企業が実施できない場合に政府がその企業に一時的な保護を与える」ことである。これを正当化する根拠は「市場の失敗」が存在する場合のみである。第3の理由と同じくこの問題は幼稚産業に特有な問題でないと指摘する。

　同じような否定論をH・グルーベル（Herbert G. Grubel）も展開している。H・グルーベルは「政府が幼稚産業を保護する唯一の経済政策的根拠は、政府が介入することによって自由経済市場による資源配分効率を改善すること」にあると考える。しかし近代の幼稚産業保護政策理論は、2つの重大な誤謬

を犯しているとH・グルーベルは考える。第1に、幼稚産業保護政策論はどの産業をどのような場合に保護するか具体的な実証的な指針を提示していないことである。その結果、政府が「不良・未熟産業」、「老衰産業」を保護する結果となり、間違った産業を保護することによって蒙る社会的費用の方が、保護しない場合より膨大になる傾向が頻繁に見られる。第2に、幼稚産業を保護することが正当化され得る場合でも、保護関税は最善の策ではなく、補助金の供与等消費者余剰にマイナスの効果を及ぼさない次善の代替政策を提示すべきであると主張する。[68]

しかしR・ボールドウィンやH・グルーベルが行った幼稚産業保護論に対する批判は以下の問題に対する認識を欠いていると考えられよう。第1に、古典的なA・ハミルトン、F・リスト、J・S・ミル、C・F・バステーブル等が論じたのは後発工業国が先進工業国にキャチアップするため、一時的に自国の産業を保護育成しようとする政策である。1960年代以降東アジア諸国が驚異的な経済発展を遂げたのはこれら政府が採用した「キャッチアップ型の工業政策」である。[69] 途上国政府が幼稚産業保護政策によって達成しようとする政策目標は、「自由市場の価格機能による静態的な資源の効率的配分」ではなく、長期的な経済発展を促進する自国の比較優位産業の保護育成である。効率的資源配分という静態的な市場均衡はこの途上国の長期的な産業開発目標に貢献する場合にのみ意味がある。第2に、途上国の国民の願望は「世界政府が欠如」している状況下で地球的な規模で公正な所得配分を自国の産業発展、経済発展を通して達成しようとすることにある。第3に、欧米先進国の新古典派経済学者達は世界の最貧国が人間の権威を喪失した極限状態から脱出するためには産業の発展が急務であることを理解していない。

(3) W・M・コーデンの「比較劣位の政策」論とA・クルーガーの計量分析

新古典派経済理論に従って自由貿易理論を展開している現代の代表的な貿易理論家の1人はW・M・コーデンであろう。W・M・コーデンはR・ハ

ロッド教授の後、オックスフォード大学の経済学部教授に就任した。現在はジョンズ・ホプキンス大学の教授職にあり、しばしばIMF・世銀のアドバイザーとして国際経済問題の研究に従事し、影響力の大きな「IMF・世銀のブレットン・ウッズ体制派」経済学者といえよう。W・M・コーデンは新古典派経済理論から幼稚産業保護政策理論の批判論文を書いているが、その内容は新古典派正統的な経済理論からの批判の繰り返しで、特に注目すべき理論を展開しているわけではない。[70] 多少繰り返しになるがW・M・コーデンの論議の要点を若干まとめておこう。

　W・M・コーデンは幼稚産業保護論を正確に理解するため2つの区別を明確にする必要があると説く。第1の区別は、生産規模が拡大するにつれて生産コストが低下する傾向を示す「規模の効果（economies of scale）」と生産活動が時間の経過と伴に蓄積されるに従って生産コストが学習効果の結果低減する「時間経済ないしは動態的経済効果（economies of time or dynamic economies）」との区別である。第2の区別は、これら「規模の効果」や「時間経済」が企業の内部に生じる「内部経済」（internal economies）なのか、或いは外部に生じる「外部経済」（external economies）なのかの区別である。W・M・コーデンはJ・ミードやM・ケンプ等が既に論議したように幼稚産業が「動態的内部経済」効果を持つ場合には、政府が保護する必要はないと考える。この場合には、政府の「最善の策」は先ず資本市場の不完全性を是正し、政府が必要な情報を企業が入手出来るようにすることであると主張する。政府が幼稚産業を保護することが妥当になるのは、「ケンプの基準」に合致する企業の学習効果が「動態的外部経済」を持つ場合のみである。この場合、2つのケースが考えられる。第1は、「マーシャル型」外部効果を持つ場合であり、学習効果が「企業の外部」に及ぶが「産業の内部」に留まる場合である。第2は「リスト型」の現在発展途上国が主張するように企業の外部に効果が及ぶが経済全体ないしは工業部門全体の内部に効果が留まる「幼稚経済ないしは幼稚産業保護論」である。しかしこの場合にも、労働者の訓練、知識の拡散、評判・信頼性（goodwill）等の学習効果を支援するため

W・M・コーデンの「ミル・バステーブルの基準」の動態的内部効果の経済分析

下記の図で幼稚産業の初期の供給曲線がHH'で、ST分の保護関税が課せられると、幼稚産業は0Gの国内生産が可能となる。自由貿易下では国際価格0Sで輸入が可能となり、輸入コストを越えた生産コストの超過コストは斜線部分SHKLである。DD'は国内需要曲線であり、関税賦課の結果生じる消費者余剰の減少分、即ち消費者の便益の損失分は斜線の三角形FBEによって示されている。この斜線部分の面積（台形SHKLプラス三角形FBEの合計）が幼稚産業保護関税の社会的費用である。しかし幼稚産業は保護関税下で学習し、この学習効果によって供給曲線はhh'に改善される。この結果国内生産量は0G'に拡大し、この時に国内生産の限界費用は輸入国際価格に一致する。この時点で政府が保護関税を撤廃すると、幼稚産業の生産者余剰は三角形hSJとなる。「バステーブルの基準」はこの時一定の社会的割引率で割り引いた三角形hSJ現在価値が台形SHKLより大であることである。

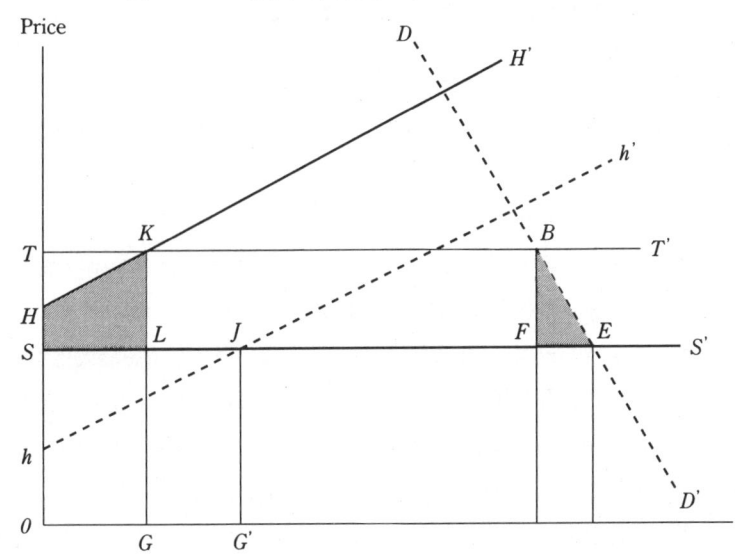

図5－5：幼稚産業保護政策の動態的内部経済効果

資料：W, Max Corden, Trade Policy and Economic Welfare, Clarendon Press, 1974, page 153.

しかし幼稚産業政策の費用・便益分析は消費者余剰の変化によって示される消費者の便益も考慮する必要がある。自由貿易下の国際価格0SにSTの幼稚産業保護関税が賦課され、生産者がHH'の国内供給曲線で生産すると、消費者は台形の面積STBEの消費者余剰分の便益を喪失する。この場合生産者の生産者余剰分は三角形HTKとなる。しかし政府は関税収入として長方形の面積LKBFを得ることが出来る。従って社会全体の厚生の損失分は消費者が負担する台形SHKLと三角形FBEとなる。このことは消費者の便益を犠牲に幼稚産業が便益を得るということを意味する。問題は政府の財政収入の長方形の面積LKBFの問題である。国際経済学のテキストは、「政府が消費者の利益のために財政支出を行うから、この部分の消費者余剰の損失分は消費者に還元される」と説明するのが一般的である。しかし途上国の実情は、政府と企業の癒着・腐敗構造から財政収入の増分が消費者の利益のために還元されないことである。問題は幼稚産業が学習効果の結果、生産曲線をHH'からhh'に確実に改善することが出来るかどうかである。もし実際に国内産業の生産性が改善され生産曲線がhh'にシフトすると、生産者の生産者余剰の便益は三角形hSJ、消費者の消費者余剰分は台形STBE分改善される。このように考えると政府の幼稚産業保護政策は経済全体の費用・便益の視点から判断する必要が生じてこよう。この問題についてはW・M・コーデンはこの論文の中では言及していない。

には補助金の供与の方が優位の政策であり、保護関税は劣位の政策であると主張する。

　A・クルーガー（Anne O. Krueger）はW・M・コーデンと並ぶ新古典派貿易理論家である。そればかりでなくA・クルーガーは世銀の副総裁、IMFの副専務理事職を務め途上国の貿易・産業政策に大きな影響力を及ぼしている。A・クルーガーは、自由貿易政策が途上国の経済厚生を最大化する政策であること、途上国の自由貿易政策が世界全体の経済厚生を改善すること、市場の失敗の状況下でも自由貿易政策を志向することが望ましい政策であること等の理由から幼稚産業保護政策に対して否定的である。

　幼稚産業保護政策はこの自由貿易政策を前提として例外的に認められる政策であり、幼稚産業保護政策が実際に途上国の福祉水準を改善する場合にのみその政策が是認し得ると主張する。またR・ボールドウィンの反対論を援

第5章　開発経済システムと産業政策

用し、幼稚産業保護論者は幼稚産業の生産コストが一定の保護期間が経過した後に学習効果によって低下すると主張するが、保護論者は未だかつてこの主張を実証的に立証していないと指摘する。A・クルーガーは政府の保護を受けた幼稚産業が一定の期間後生産性を向上させ生産コストを低下させたかどうかトルコの事例を使用して検証しようとする。このトルコの保護産業の計量分析の結果は幼稚産業保護の保護効果に否定的であり、その政策効果は認められないと結論する[71]。但しこのA・クルーガーの実証研究の目的は「保護された産業が一定の期間後生産性を向上させたか」という問題の計量分析であり、「動態的外部経済効果」を条件とする幼稚産業の計量分析ではない。[72]

おわりにかえて

以上繰り返しみてきたように新古典派経済理論は、発展途上国の幼稚産業保護政策に非常に消極的である。新古典派経済理論は産業政策に中立的ないしは消極的であり、途上国の開発政策担当者や開発援助政策担当者が具体的な処方箋を新古典派理論から導きだすことには限界がある。新古典派経済理論の立場からすると、途上国の幼稚産業保護政策の問題は先進国政府が「市場の失敗」の状況下で検討する経済政策の一般論の事例でしかない。新古典派経済理論は「資源の効率的配分を通して厚生経済の静態的な最適化」を求めようとする。しかし途上国が求めるのは20－30年以上の長期の産業発展を促進する動学的なアプローチである。確かに市場の価格機能は非常に重要である。しかし市場参加者の視点は短期的で近視眼的である。時にはL・ウェストファールやA・アムスデン等が指摘するように自国の産業が持つ長期的な発展の潜在力を発揮させるために「意図的に価格機能を歪曲」させる政策をとる必要性が生じよう。産業政策として途上国政府が必要なのは、「静態的な資源の効率的配分による厚生水準の最適化」ではなく、自国の産業を発展させ自国国民の福祉水準を改善する長期的な産業開発戦略である。先進国の経営学では企業の「経営戦略論」が最近非常に重要視され、M・ポーター等の企業競争戦略論が企業経営者達によく読まれる。またM・ポーターはJ

・サックス（Jeffrey D. Sachs）教授等と共同で「国の競争力指標」を作成し発表している。[73] 現在途上国政府が必要としているのは自国の産業の競争力を長期的に強化する開発戦略であろう。企業レベルの開発戦略を論じる場合、経済学者も経営学者の理論や実証的な研究から学ぶべきであろう。

註

1. 著者が1964年カナダのウエスタン・オンタリオ大学大学院政治学部に修士論文として提出した「大衆社会論」はカール・マンハイム（Karl Mannheim）の社会学理論に触発されて書いた論文であった。Morimitsu Inaba, A Study of Some Mass Society Theories, A Dissertation for Master of Arts, Faculty of Graduate Studies, The University of Western Ontario, October 1964. カール・マンハイムはその著、Mensch und Gesellschaft in Zeitalter des Umbaus, 1935（英訳；Man and Society in an Age of Reconstruction, 1940）の中でナチズムが台頭するヨーロッパ社会で社会科学が果たす役割は、民主社会を防御する「社会工学」としての役割であると主張した。
2. ハラルド・D・ラスウエル（Harold D. Lasswell）の行動科学理論の分析は、著者がトロント大学大学院政治経済学部に提出した博士論文のテーマであった。Morimitsu Inaba, The Politics of Mechanomorphism : A Critique of Harold D. Lasswell's Manipulative Image of Politics, 1969.
3. 宮川公男著『政策科学の基礎』、東洋経済新報社、1994年；『政策科学入門』、東洋経済新報社、1995年：宮川公男編『政策科学の新展開』、東洋経済新報社、1997年。
4. ハーバード大学国際開発研究所（HIID）が途上国政府に対して行った開発政策支援に関する最近の実績に関しては以下の文献を参照のこと。Dwight H. Perkins, Michael Roemoer, Joseph J. Stern et al. ed., Assisting Development in A Changing World : The Harvard Institute for International Development 1980−1995, 1997. 著者もアジ銀在職中数ヶ月間客員研究員としてHIIDで研究に従事したことがある。しかし残念ながらHIIDは最近廃止されることとなった。
5. Perkins, Dwight H., Malcolm Gills, Michael Roemer and Donald R.

第5章　開発経済システムと産業政策

　　Snodgrass, Economics of Development, 1st Ed., 1983 and 4th Ed., 1996.
 6．Todaro, Michael P., Economic Development, 7th Ed., 2000; Gerald M. Meier, Leading Issues in Economic Development, 5th Ed., 1989.
 7．Lal, Deepak., The Poverty of Development Economics, 2nd Ed., 2000, pp. 103−109.
 8．Basu, Kaushik., Analytical Development Economics, The MIT Press, 1997, pp. 319−329.
 9．日本のODA批判の急先鋒は鷲見一夫教授であろう。鷲見一夫著『ODA援助の現実』、岩波新書参照。
10．青木昌彦等編『東アジアの経済発展と政府の役割』、白鳥正喜監訳、日本経済新聞社、1997年、11−55頁参照。青木昌彦教授の比較制度論的分析の理論的な体系が最近『比較制度分析に向けて』、(NTT出版　2001年)の中で展開されている。しかしその内容は、ゲーム理論を中心とする数理経済理論で非常に難解であり、途上国の比較制度の実証的な分析の理論的枠組としては不適当であると考えられる。
11．Marguerite S. Robinson, The Micro Finance Revolution; Sustainable Finance for Poor, World Bank, 2001.
12．途上国の社会変化や近代化の社会学的分析としては以下の文献がその代表的なものであろう。Marion J. Levy, Jr. Modernization and The Structure of Societies, Princeton University Press, 1966; S. N. Eisenstadt, Modernization; Protest and Change, Prentice Hall, 1966 ; Wilbert E, Moore, Social Change, Prentice Hall, 1963. 日本の社会学者、富永健一教授はタルコット・パーソンズのシステムズ社会理論の日本への紹介者として知られ、社会の近代化に関する研究としては以下の研究業績がある。富永健一著『日本の近代化と社会変動』、講談社学術文庫、1990年；『近代化の理論』、講談社学術文庫、1996年。
13．著者がアジ銀在職中、計画経済的体制を強くもつインド政府の計画委員会を訪問する機会があったが、そこで使用されていた産業連関表は非常に簡単な内容のものであった。日本政府はJICAの技術協力のプロジェクトとしてアジアの途上国の産業連関分析の基礎となる工業統計表の整備を支援してきている。
14．熊谷尚夫著『経済政策原論』、岩波書店、1964年、79−95頁。この著者の福祉経済論、経済政策論に関する知識や理解は熊谷尚夫教授の著作に負うところが大きい。
15．渡部経彦・筑井甚吉著『経済政策』、岩波書店、1972年、102−128頁。

16. 館龍一郎・小宮隆太郎著『経済政策の理論』、勁草書房、1964年、2－71頁。384－417頁。
17. 小宮隆太郎著『日本の産業・貿易の経済分析』、東洋経済新報社、1999年、3－92頁。
18. 途上国の開発マクロ形成政策に関しては、以下の文献参照のこと。Pierre-Richard Agnor and Peter J. Montiel, Development Macro-Economics, Princeton University Press, 2nd Ed., 1999. この本は欧米の大学院の開発経済学の教材として使用されている。
19. Lance Taylor ed., The Rocky Road to Reform ; Adjustment, Income Distribution and Growth in the Developing World, The MIT Press, 1993, pp. 1－99.
20. J. ティンバーゲンの経済政策および開発計画に関する理論および方法論に関しては以下の文献参照のこと。Jan Tinbergen, Economic Policy: Principles and Design, North-Holland, 1956; Development Planning, McGraw-Hill, 1967.
21. Kaushik Basu (1997), op. cit, pp. 223－329.
22. 途上国のミクロ経済学に関しては下記の文献が代表的なものである。Pranab Bardhan and Christopher Udry, Readings in Development Economics, Vol I., Micro-Theory and Vol II : Empirical Microeconomics, The MT Press, 2000.
23. 黒崎卓著『開発のミクロ経済学』、岩波書店、2001年。この本の著者は、開発ミクロ経済理論が途上国のミクロの世界で具体的な開発政策を導きだす必要性を認識している。229－238頁参照。
24. Michael Todaro (2000) やMalcolm Gillis, Dwight H. Perkins, Michael Roemer and Donald R. Snodgrass (1996) は農業・工業・貿易政策を個々的に分析しているに過ぎない。日本の代表的な開発経済学者の速水佑次郎は其の著『新版 開発経済学』、(2000年) の中で途上国のマクロ経済発展のプロセスを解説し、産業の発展というミクロの開発問題に対しては関心を示していない。しかし原洋之助はその著『開発経済論』、岩波書店、(1996年) の中で途上国経済の「産業化」のプロセスの分析している。
25. 伊藤元重・鈴村興太郎・奥野正寛・清野一治著『産業政策の経済政策』、東京大学出版会、1988年、3－9頁。
26. 小宮隆太郎・奥野正寛・鈴村興太郎編『日本の産業政策』、東京大学出版会、

1984年、1 −22頁。
27. このA.ハミルトンの報告書（Report on Manufactures 1791), は以下に収録されている。The Works of Alexander Hamilton, New York, Williams & Whiting, Vol. I, 1980, pp. 157−274.
28. 鈴木圭介編『アメリカ経済史』、東京大学出版会、1972年、115−138頁、225−259頁。
29. List, Friedrich., The National System of Political Economy, translated from the original German by Sampson S. Lloyd, London, Longmans, 1885.
30. Shumpeter, Joseph A., History of Economic Analysis, Oxford University Press, 1954, pp. 504−506；大塚久雄著作集第6巻　『国民経済』、1969年、79−100頁。
31. アダム・スミスの重商主義政策批判については、大塚久雄、前掲書（1969年）、127−181頁参照のこと。
32. Ricardo, David., The Principles of Political Economy and Taxation (1817), David Campbell Publishers, 1973, pp. 77−93.
33. Mill, John Stuart., Principles of Political Economy with Some of Their Applications to Social Philosophy (1848), Collected Works of John Stuart Mill, Vol. III, pp. 918−919, University of Toronto Press, 1965.
34. Kemp, Murray C., "The Mill-Bastable Infant Industry Dogma," in Journal of Political Economy, Vol. 68, 1960, pp. 65−67.
35. C・F・バステーブルは以下の国際貿易論に関する本の著者である。C. F. Bastable, The Commerce of Nations, 1891 and The Theory of International Trade, 1903. John S. Chipman の古典派貿易理論の発展史を説明した論文の中にも詳しい紹介がなく比較的無名のダブリン大学の国際貿易理論の教授であった。John S. Chipman, "A Survey of The Theory of International Trade: Part I: The Classical Theory," Econometrica, July 1965, pp. 477−519.
36. Bastable, C. F., The Commerce of Nations, Methuen & Co., Ltd, 9 th Ed., 1923, pp. 127−139. バステーブルの自由貿易論については、The Theory of International Trade, McMillan and Co., 4 th Ed., 1903, pp. 128−138. イギリスは1815−1846年の期間穀物条例によって小麦等の農作物の輸入制限政策が実施された時代に自由貿易論争が盛んであり、イギリスの知識人が自由貿易論者アメリカが保護貿易主義者という構図があった。

37. Bastable, C. F. (1923), op. cit., pp. 140-143.
38. Kemp, Murray C., (1960), op. cit.,
39. Prebisch, Raul., Towards a New Trade Policy for Development, UNCTAD, 1964.
40. Prebisch, Raul., "International Trade and Payments in An Era of Coexistence: Commercial Policy in the Underdeveloped Countries," American Economic Rview, Vol. 49, 1959, pp. 251-273.
41. 途上国の保護貿易・産業政策の実態に関しては「有効保護率」（ＥＲＰ：Effective Rate of Protection）指標を使ったＢ・バラサ（Bela Balassa）の実証研究の成果がある。Bela Balassa and Associates, The Structure of Protection in Developing Countries, The Johns Hopkins University Press, 1971.
42. 途上国の輸入代替工業化政策および輸出志向型の工業化政策に関しては、ハーバード大学の国際開発研究所（ＨＩＩＤ）の研究員等が書いた開発経済学のテキストに簡単な説明がある。Malcolm Gillis, Dwight H. Perkins, Michael Roemer and Donald R. Snodgrass, Economics of Development, 4th. Ed., W. W. Norton & Company, 1996, pp. 501-535.
43. 山澤逸平著『日本の経済発展と国際分業』、東洋経済新報社、1984年、29-30頁、214-227頁。
44. Myrdal, Gunnar., An International Economy: Problems and Prospects, Harper & Brothers, 1956, pp. 222-279.
45. Mint, H., "Infant Industry Arguments for Assistance to Industries in The Setting of Dynamic Trade Theory," International Trade Theory in Developing World, ed., by Roy Harrod and Douglas Hague, MacMillan & Co., 1963, pp. 173-193.
46. Hagen, Everett E., "An Economic Justification of Protectionism," in Quarterly Journal of Economics, Vol. 72, 1958, pp. 496-514; Anthony Y. C. Koo, "An Economic Justification of Protectionism: Comments," Quarterly Journal of Economics, Vol. 75, 1961, pp. 133-151; Alexander Kafka, "A New Theory for Protectionism," in Quarterly Journal of Economics, Vol. 62, 1962, pp. 163-167.
47. これら新古典派経済理論の命題、定理および原則は厚生経済学やミクロ経済学のテキストに解説されているので参照されたい。厚生経済学のテキストとしては、熊谷尚夫著『厚生経済学』、創文社、昭和53年。筆者の厚生経済学に関する理解

第 5 章　開発経済システムと産業政策

はこのテキストに負うところが大きい。ミクロ経済学のテキストとしては、James M. Henderson and Richard E. Quandt, Microeconomic Theory, McGraw Hill, 1958（小宮隆太郎・兼光秀郎訳『現代経済学』、創文社、昭和49年）。このテキストは筆者がハーバード大学の大学院で経済学の勉強をやっていた時（1974－75年）、ノーベル賞受賞経済学者のケネス・アロウ（K. Arrow）教授がミクロ経済学の標準的なテキストとして使っていた。日本のミクロ経済学のテキストとしては下記の文献が最適であろう。奥野正寛・鈴村興幸太郎著『ミクロ経済学　I, II』、岩波書店、1985、1988年。

48. Samuelson, Paul A., and William D. Nordhaus, Economics, 16th Ed., Irwin-McGraw Hill, 1998, pp. 688－711.
49. The World Bank, The East Asian Miracle: Economic Growth and Public Policy, Oxford University Press, 1993, pp. 79－103; pp. 347－368.
50. Johnson, Chalmers., MITI and The Japanese Miracle: The Growth of Industrial Policy 1925－1975, Stanford University Press, 1982.
51. Amsden, Alice H., Asia's Next Giant: South Korea and Late Industrialization, Oxford University Press, 1989, pp. 139－155.
52. Pack, Howard., and Larry E. Westphal, "Industrial Strategy and Technological Change," Journal of Development Economics, Vol. 22, 1986, pp. 87－128.
53. Bell, Martin., Bruce Ross-Larson and Larry E. Westphal, "Assessing The Performance of Infant Industries," in Journal of Development Economics, Vol. 16, 1984, pp. 101－128.
54. Negishi, Takashi., "Protection of The Infant Industry and The Dynamic Internal Economies," The Economic Record, March 1968, pp. 56－67.
55. 日本の経済学者による産業分析の経済分析については伊藤元重・奥野正寛・鈴村興太郎・清野一治著『産業政策の経済分析』、東京大学出版会、1988年を参照のこと。
56. 小野五郎著『実践的産業政策論：日本の経験からの教訓』、通商産業調査会、平成 4 年、『現代日本の産業政策：段階別政策決定のメカニズム』、日本評論社、1999年。
57. 小野五郎、前掲書（平成14年）、79－111頁。
58. 伊藤元重・奥野正寛・鈴村興太郎・清野一治著（1988年）、前掲書、44－47頁。
59. Grubel, Herbert G., "The Anatomy of Classical and Modern Infant In-

dustry Arguments," Weltwirtschaftliches Archiv, Band 97, 1966, pp. 325 −344.
60. 伊藤元重・大山道広著『国際貿易』、岩波書店、1985年、283−291頁。
61. Harberler, Gottfried Von., The Theory of International Trade, William Hodge, 1936, pp. 278−285.
62. Haberler, Gottfried G., "Some Problems in The Pure Theory of International Trade," The Economic Journal, June 1950, pp. 238−240.
63. Viner, Jacob., Studies in The International Trade, London, George Allen, 1955, pp. 71−74.
64. Meade, J.E., Trade and Welfare, Oxford University Press, 1955, pp. 254−259.
65. Kempt, Murray C., "The Mill-Bastable Infant-Industry Dogma," Journal of Political Economy, Vol. 68, 1960, pp. 65−67; The Pure Theory of International Trade, Prentice-Hall, 1964, pp. 184−187.
66. Negishi, Takashi, op.cit., (1968) pp. 56−67.
67. Baldwin, Robert E., "The Case against Infant-Industry Tariff Protection," Journal of Political Economy, Vol. 77, 1969, pp. 295−305.
68. Grubel, Herbert G., "The Anatomy of Classical and Modern Infant Industry Arguments," in Weltwirtschaftliches Archiv, Band 97, 1966, pp. 325−344.
69. 東アジアのキャッチアップ型の工業化政策に関しては以下の文献を参照されたい。末廣昭著『キャチアップ型工業化論』、名古屋大学出版会、2000年。
70. Corden, W. Max., Trade Policy and Economic Welfare, Clarendon Press, Oxford, 1974, 2nd Ed., 1997, pp. 139−161.
71. Krueger, Anne O., "Trade Policies in Developing Countries," Handbook of International Economics, ed., by Ronald Jones and Peter B. Kenen, Vol. 1, North-Holland, 1984, pp. 519−569.
72. Krueger, Anne and Baran Tuncer, "An Empirical Test of the Infant Industry Argument," The American Economic Review, Vol. 72, 1982, pp. 1142−1152.
73. M・ポーターの企業経営戦略論に関しては以下の文献参照のこと。Michael E. Porter, Competitive Strategies, The Free Press, 1980; Competitive Advantage, The Free Press, 1985; The Competitive Advantage of Nations, 1990.

第5章 開発経済システムと産業政策

世界の国々の「競争力指標」に関しては以下の文献参照のこと。Michael Porter, Jeffrey Sachs et al, The Global Competitive Report, 1999, World Economic Forum, Oxford University Press, 1999.

第6章　日本の産業政策

はじめに

　この章では戦前期の時代的背景と日本の産業政策の特徴を1930年代に顕著になった統制経済に焦点をあてて分析している。日本の戦後の産業政策の原型を戦前の統制経済下で形成された産業政策に求めようとする解釈論が最近一部の経済学者や経済史の研究者達によって展開されている。現代の発展途上国で産業開発政策を担当するテクノクラート達にとって、日本の戦前の産業政策の形成の経緯とその内容は参考になると思われるので、以下開発経済学の視点から分析することにする。

6.1 日本の産業政策論争

(1) 経済発展と産業政策

　発展途上国の多くは資本・労働力・エネルギーおよび天然資源等の生産要素資源が乏しくまた生産技術の水準も低い。また電力・電信・電話・鉄道・道路・港湾設備等の産業基盤の発達が不十分である。さらに経済活動の担い手である民間企業も充分に発展していない。従って途上国の開発当局者はこのような非常に厳しい制約条件の下で経済資源を効率的に活用し経済発展を促進する計画を企画・実施する必要がある。この目的を実現するために途上国の工業・資源・産業基盤の開発を担当する各省は中・長期の産業開発計画を策定し、自国の限られた資源を活用し経済発展に必要な基幹産業を育成しようとする。またこれら発展途上国の多くは戦前植民地国であり旧宗主国による経済的・政治的搾取の苦い経験を持つ。それゆえ海外の資本・技術に依存することを避け、可能な限り自国の主要な産業を自立的に発展させる政策

をとろうとする。このように経済の自律的発展を至上課題とするナショナリズムのイデオロギーに基礎を置く工業開発政策は先進国・発展途上国を問わず発展の後進段階にある国の経済発展に共通した歴史的な軌跡であるといえよう。この様な理由から後進資本主義工業国、特に途上国では政府が市場に積極的に介入し政府指導型の産業発展政策をとり、国営企業によって鉄鋼・石油資源開発・電力・セメント・化学肥料等の基幹産業を開発し、これら基幹産業に従事する民間企業を保護育成する工業開発政策をとろうとする。このような途上国の産業開発政策を「キャッチ・アップ型工業化政策」と把握することも可能であろう。このキャッチ・アップ型産業政策は、後進性の故に先進国から資本主義的経済制度や技術を導入・学習し、短期間に自立的な経済体制を確立し、国際競争力を強化しようとする経済ナショナリズムの経済思想に基礎を持つ政策であるということが出来よう。[1]

　ここで誤解を避けるために「産業政策」の意味を再度小宮隆太郎教授に従って以下のように定義しておく。産業政策とは「政府の経済政策のうち、所謂市場の失敗に対処するために、或いはその他の何らかの目的で、政策当局がさまざまな手段を使って産業間の資源配分に影響を及ぼし、また民間企業のある種の経済行動を規制・抑制・促進しようとする諸政策」であると理解しておく。[2] またここでは産業とは鉱工業、特に製造業を指し、農業およびサービス産業等の第3次産業を含まないとしておく。政府が産業政策の手段とし使用する方法には、情報の提供、法律・行政指導による抑制・誘導、財政・金融・税制上の経済的インセンティブ等がある。この産業政策と関連する政策に貿易・通商政策がある。貿易・通商政策は関税・数量制限・補助金・自主規制等の政策手段によって輸出を奨励し輸入を制限することによって国際的な貿易取引を規制する政策であると理解される。この通商政策或いは貿易政策は、一国の産業間の資源配分に直接・間接的に影響を及ぼすと考えられるので、この章では両者を厳密に区別しないで論ずることにする。

　日本の産業政策の課題は、明治維新政府が採用した「殖産興業政策」、1930年代以降の軍需産業育成を目的とする重化学工業育成政策、第2次大戦

後に政府が採用した経済復興のための「傾斜生産」産業政策、1950年代の産業合理化・自立化政策、1960年代の高度経済成長を支える国際競争力強化政策、1970年代の省資源・エネルギー政策、1980年代の構造調整および貿易摩擦を回避する国際協調政策、1990年代以降の先端技術・知識集約型・高付加価値指向型の産業組織政策等のように明治維新以降130数年の期間に、日本の経済の外的・内的環境変化と伴にその内容や重要度が変化してきた。しかし日本の経済史家達は、政府の個々的な産業政策とその経済発展の役割の問題に対してはあまり関心を持たなかったようである。例外的に、中村隆英教授が日本経済の発展の「離陸期」に明治政府が実施した殖産興業政策の内容として銀行・金融制度の導入、鉄道、郵便、電信網の整備、官業工場による西欧の先端技術の導入とその払い下げ、比較的自立的に発展した繊維産業に対する産業開発金融制度の整備を目的とした産業政策の役割を強調しているに過ぎない。また橋本寿朗教授は明治政府が実施した特殊銀行の設立や海運・造船業の奨励政策を日本政府が後に採用した政府指導型の「産業政策の原型」であると説明している[3]。しかし戦後の産業政策に関しては、後にこの章でしばしば言及するように、小宮隆太郎教授等や鶴田俊正教授の注目すべき研究があり、最近経済学者達が関心を持つようになってきた[4]。

(2) 産業政策擁護論

しかし日本の産業政策が個々的な産業の発展にどのような効果をもたらしたのかという経済効果の評価に関しては意見が極端に分かれている。通産省（現在の経済産業省の前身をこの章ではしばしば通産省と略称する）産業政策の当局者達の意見も一枚岩ではない。戦前の統制経済から戦後1950・60年代の自由経済への転換期には、通産官僚の間で「開発派」と「貿易派」、「産業政策派」と「通商政策派」、「佐橋派」と「反佐橋派」支持者達の間でイデオロギーや政策スタンスの激しい対立があったと言われている[5]。特にこの時期に通産省の主要な産業政策を担当する重工業局・企業局を歴任した佐橋滋元通産事務次官は異色の官僚でその影響力が絶大で、城山三郎の小説『官僚達の夏』

第6章　日本の産業政策

の主人公として描かれた通産官僚として注目された[6]。しかし一般的に官僚エコノミストと称される元通産官僚達は、これら省内の意見の対立にも関わらず通産省の産業政策を当然のごとく積極的に評価しようとする傾向がある[7]。

　元通産官僚の小野五郎教授は、通産省が行った産業政策は、その政策が対象とする個々的な産業を促進する直接的な効果を持ったばかりでなく、現在の途上国の産業政策当局者達に参考になる産業政策のモデルであると主張し、日本の明治以降の経験に鑑み経済の発展段階に対応した産業政策の一般理論を展開しようとする。小野五郎教授によると、先ず第1段階の経済発展の準備段階では行政組織・法体系・教育制度・産業基盤等の整備が不可欠であるが、この段階では「貧困の悪循環」が支配し、この低位均衡の罠から脱却するため海外からの資金・技術支援を得て政府が積極的に市場経済の制度設計と発展に努力する必要があると考える。第2段階の育成・振興初期段階では、限られた経済資源を効率的に活用するため、準統制経済・計画経済的な産業政策が不可欠となる。この段階では政府が市場に積極的に介入しその国の基幹産業を国営企業や民間企業に対する補助・支援政策を通して育成する必要がある。しかしこの上からの産業開発はドイツや日本に見られるように全体主義、軍国主義に陥る危険性を孕んでいる。この政府の統制経済的な規制は、産業が発展するにつれて次第に緩和され経済は自由化される。この経済の自由化政策は、その国がGATT11条国（日本は1962年に移行）やIMF8条国（日本は1964年に移行）およびOECD体制が形成する国際経済秩序に参加する条件とされ、国は自国の産業の国際競争力を強化する政策を実施する必要に迫られる。通産省はこの段階で、所得弾性値および生産性基準からターゲット産業を選定し、保護育成する政策を実施した。具体的には機械産業を育成するために通産省は、5ヶ年間の時限立法として機械工業振興臨時処置法（機振法；この機振法は第2次、3次機振法としてそれぞれ5年間延長）を1956年に公布・施行した。1971年には特定電子工業および特定機械工業振興臨時処置法（機電法）を公布・施行している。第3段階の政策は対内的には比較優位の変動による産業の新陳代謝を支援する構造的な不況業種に対する構造調整

支援政策、対外的には貿易・経済摩擦を回避するため輸出自主規制等の管理貿易的政策を実施するようになる。日本は1980年代のこの貿易調整段階に達し、通産省は対米貿易摩擦の解消が大きな政策課題となった[8]。

しかし海外の日本研究者達は日本の経済発展に対する政府の産業政策の役割を過大評価も過小評価もしていなかった。戦前の日本の経済発展は、政府の財政・金融政策、富国・強兵の産業政策、金融システムの発展、財閥グループの形成、鉄道・電力等の産業基盤の発達、日本の教育制度、集団的価値意識、貯蓄・勤労意欲等複数の政治・経済・社会要素が組み合わさった結果可能となったのであり、政府・官僚が産業政策を通して果たした役割を限定的にしか評価していなかった[9]。政府の産業政策を高く評価するようになったのはアメリカの政治学者C・ジョンソンの研究（1982年）からであろう。C・ジョンソンは、明治維新以降の日本の経済発展は政府が直接産業発展を支援する「開発国家」(developmental state)であることにその特徴があると考える。C・ジョンソンは農商務省が農林省・商工省に分離され、通産省の前身である商工省が設立された1925年（大正14年）から、この商工省が1949年（昭和24年）通商産業省（通産省）に発展した官僚組織の1975年までの歴史を分析している。C・ジョンソンは通産省の官僚指導型の産業政策の源流を、1931年（昭和6年）の満州事変勃発以降顕著になった軍事統制経済に求めている。この日本の統制経済的な通商・産業政策は連合軍の占領統治（1945－51年）がサンフランシスコ講和条約（1951年9月調印）によって終了するまで継承された。この時期日本経済は戦後経済の復興期に当たり物価統制、輸出入管理、資金規制、生産規制等統制経済的な傾向を持ち、通産省の官僚の権限が強化された。この通産省の通商・産業規制権限は、日本がIMF8条国に移行し、経済協力機構（OECD）に加盟した1964年以降実施された貿易の自由化政策および資本の自由化政策によって次第に縮小していく。この通産省の歴史的発展を踏まえてC・ジョンソンは戦後の通産省の産業政策の源流を吉野信次・岸信介・椎名悦三郎等が活躍した商工省時代に求めている。

通産省の経済官僚は軍隊の参謀的な役割を経済の分野で演じたとC・ジョ

ンソンは考える。[10] C・ジョンソンと同じようにE・ボーゲルも戦後の日本経済成功の秘密の1つをエリート官僚の優秀さに求めており、通産官僚が実施した産業政策を高く評価している。[11] 1990年代に入り先進工業国の間で先端技術産業の国際競争が激化する中、規模の効果、動態的な外部効果、寡占的な不完全競争、多額の研究開発投資の必要性等を特徴とする先端技術産業を育成するために市場介入型の政府の産業政策を積極的に是認する経済学者の活動が目立つようになる。このような見地からローラ・タイソン等は「戦略的通商政策論」の見地から欧米の先進工業国も日本の通産省の通商・産業政策を見習うべきであると主張するようになる。[12] ローラ・タイソン等の「戦略的通商政策論」は、一国の経済政策の究極的な目的は国民の福祉水準を向上することにあり、現代の開放的な国際経済体制で先進工業国の主要な産業である先端技術・高付加価値の産業分野で国際競争に打ち勝つことであると主張する。そのためには政府はこれら産業を育成するため研究開発投資や人材開発を積極的に支援する産業政策をとるべきであると主張する。最近国際経済学者達の間で、技術革新がもたらす産業の国際競争力の強化に対する関心が高まり、研究開発が持つ「動学的な学習効果」や「動学的外部効果」を重要視する機運が高まってきている。[13] このアメリカの一部の経済学者達の間で最近顕著になった政府の産業政策を是認しようとする傾向は、アメリカが半導体、家電、鉄鋼、繊維、自動車、工作機械等の主要な産業分野で労働生産性が低下し、製品の品質が極端に下がり、国際競争力を喪失したという危機意識があると観察されよう。[14] この戦略的通商政策論の立場から通産省の若手エコノミストの冨浦栄一教授が、先端産業分野での政府の産業政策を擁護する理論を展開しており注目に値する。[15]

　日本の産業政策を積極的に評価しているのは鶴田俊正教授であろう。鶴田教授は戦後の日本の産業政策を大きく3段階に区分し、それぞれの局面で日本の産業政策は経済が直面した政策課題をそれなりに解決することに成功したと高く評価する。第1の局面は第2次大戦後の戦後経済の復興期に日本の基幹産業をどのように復興させるかという政策課題であった。この目的を達

成するため政府は、有沢広巳教授が提唱した「傾斜生産方式」によって石炭産業、鉄鋼産業および造船業等の基幹産業を復興させるため、復興金融公庫の集中融資、重油等の輸入物資の優先的割当、価格統制、価格差補給金等の政策手段を実施した。それと伴に、政府は日本経済の自律的復興を促進するため産業合理化政策、輸入外貨を獲得するため輸出振興政策を実行した。第2の局面は1960年代であり、この時期の産業政策は貿易自由化と資本の自由化の国際経済秩序に日本経済を適応させ、日本の産業の国際競争力を強化するためにとられた新産業体制論、産業再編成論であり、鉄鋼・自動車・石油化学産業等の基幹産業の規模の効果を発揮させるため主要な企業の合併・提携を促進する政策がとられた。この政策目的を達成するため通産省の政策当局は「行政指導」を主な政策手段として用いた。第3の局面は1970年代の石油ショックに直面した通産省がとった省資源・省エネルギー政策および知識集約型産業への産業構造の転換政策である。これらの3段階の経済発展の局面で通産省が実施した産業政策は総体的には成功であったと高く評価する。[16]

(3) 産業政策批判論

しかし自由競争市場での価格の資源配分機能を重要視する近代経済学者と言われる戦後の経済学者達は一般的に通産省の産業政策に批判的であった。その代表は小宮隆太郎教授であろう。小宮教授は日本政府の産業政策を消極的にしか評価していない。即ち日本の基幹産業である鉄鋼・造船業は戦後の経済復興期に政府の「傾斜生産方式」による支援政策によりその生産力を回復したが、戦後急成長を遂げた大多数の産業は、小規模から出発し、産業政策上政府の優遇政策の処置を受けることなく自力で発展したと指摘する。これら自力で戦後急成長を遂げた産業には、ミシン、カメラ、自転車、自動二輪車、ピアノ、ジッパー、トランジスター・ラジオ、カラー・テレビ、テープ・レコーダー、音響機器、時計、電卓、工作機械、NC工作機械、繊維・農業機械、セラミックス、産業用ロボット等多数に上る。通産省の産業政策当局は戦後初期の段階では、輸入割当制度、外資導入・技術導入の許可制度、

開銀融資、租税特別処置等の強力な政策遂行上の梃子を有していたが、1960年代の高度成長期に実施された貿易の自由化、資本の自由化以降これらの政策遂行の梃子を喪失した。通産省の行政組織は1960年代までは重工業局・化学工業局・繊維雑貨局・石炭鉱山局・公益事業局等の縦割り行政組織が主体であったが、1970代以降は通商政策局、貿易局、産業政策局、立地公害局等の横割り行政組織に変化していく必要があった。その理由は、通産省が通商摩擦対策、公害対策、エネルギー対策、産業配置、構造不況業種に対する調整促進といった産業政策全般、さらには経済政策全般の広い範囲に横断的に関わる政策課題に取り組む必要が生じたからである。このような変化を、通産省の政策が特定の産業の保護育成に大きな重点を置いた政策から、より広い経済政策を課題とする「政策官庁化」に転換する必要があったからであると認識する。

　小宮教授はまた産業政策擁護論者が、産業政策を正当化する根拠として「所得弾性値」、「生産性」基準を主張するが、これら論拠は個々的な産業を保護育成する理由にはならないと批判する。その理由は、もし個々的な産業が生産する製品の海外市場での需要の所得弾性値が高く、さらにその産業の比較生産性が高ければ政府の保護育成政策を必要としないからである。また市場での「過当競争」を根拠とする新産業体制論や産業再編成論は、通産省が強権的に上から産業の秩序ある競争を企業に求めようとするものであり、企業の市場への自由参加、市場から退出の自由という企業の自主的な判断を阻害する政策であり、是認できないと主張する。小宮教授に従えば1980年代以降の通産省の産業政策の本質的性格は産業構想やヴィジョンという誘導的な性格に変わってきているのである。小宮教授は冨浦英一教授等が主張する政府の市場介入を一定の条件で是認する「戦略的通商政策論」は第3世代の産業政策論であり、未だその正当性が確立されていない未成熟の理論であると退けている[17]。

　通産省の産業政策批判の急先鋒は三輪芳郎教授であろう。第1に、三輪教授は戦後の通産省の産業政策の原型を1930年代以降の戦前の統制経済下に実

施された産業政策に求められるとする岡崎哲二・奥野正寛教授等の解釈の妥当性を否定する。岡崎・奥野教授等は戦後政府が実施した競争管理と計画的資源配分という思想は、戦時期の計画・統制システムから継承された政策であると認識する。戦時期の統制経済システムと戦後の産業政策との違いは、戦時動員の代わりに経済自立・経済成長が目的となり、指令的統制システムの代わりに多様化・ソフト化した政策手段を使った分権的誘導システムがその実行を担ったことにある。この岡崎・奥野教授等の主張はマスコミが好んで喧伝する「通念」や「神話」を理論化しているに過ぎず、種々の疑問点を三輪教授は提起する。[18] 第2に、戦後の通産省の産業政策が有効であったとする「通説」や「通念」は歴史的事実を正確に反映していないと批判する。三輪教授はその理由として以下の5点を掲げている。①産業政策を実施したとする省庁（多くの場合、通産省）は、個別企業や産業等の民間の経済主体の行動に重大な影響を与え得る有効な「政策手段」を持たなかった。②石油業法下にあった石油精製業を所管する通産省のように、例外的に有効な「政策手段」を有したケースでも、政府は「手段」の行使に極めて慎重であり、ほとんど行使しなかった。③「産業再編成」「産業体制整備」「産業秩序の維持」という政策目標はスローガンに過ぎず具体的な「政策目標」および「政策手段」を持たず、これらは産業政策の実体を持っていなかった。④市場介入的な産業政策を実施せず、自由な市場機能によって戦後の経済成長を実現したという点で、日本は他の先進市場経済国と本質的に異ならないと主張する。従って産業政策が有効に機能し、戦後日本の急速な経済成長の実現に大きく貢献したとする一般的な「通念」には根拠がなく、事実に反すると三輪教授は主張するのである。[19]

　三輪教授は産業政策の「政策手段」として、各企業の意思決定に直接関与する直接的手段と補助金の供与や低利の政策融資等を通して実質価格に影響を与える間接的手段に区分する。前者には、参入規制、設備投資の許認可、生産量・価格規制、資金の配分、外貨の割当、原材料の配分、外資導入・技術導入規制等を具体的な例として掲げている。後者の間接的手段には、課税

の軽減、補助金、低利融資、工場用地の提供等の優遇処置、独禁法の適用除外等の政策手段を掲げている[20]。三輪教授はこれらの直接・間接的な政策手段は有効な政策手段ではなかったと判断する。さらに産業政策の有効性を支持する論者がしばしば論拠として掲げる「日本開発銀行」の政策融資の「呼び水効果」も実際には融資規模も小さく、融資条件も都市銀行融資の融資条件と大差なく効果がなかったと考える[21]。三輪教授は、自己の主張の論拠として、通産省の産業政策が限定的であった事例を掲げ、繊維工業政策と「日清紡事件」、石油政策と「出光事件」、行政指導と「住金事件」の問題ケースを具体例として、いかに日本の産業政策の有効性が乏しかったかを実証しようとする。「日清紡事件」とは通産省が提案した綿紡績不況カルテルの行政指導に日清紡が反対した事例（1966年）であり、「出光事件」とは出光興産が通産省・石油連盟の生産調整に反対して、石油連盟を脱退し自主操業を行った事例（1963年・1966年）であり、「住金事件」とは、高炉7社（八幡、富士、鋼管、川鉄、住金、神鋼、東海製鉄）に対する通産省の粗鋼勧告操短に対抗した住友金属工業が自主的な生産判断（1965年）をとった事例である。

6.2 官僚機構と政策決定過程

(1) 官僚機構の形成

以下ここで産業政策肯定論・否定論のどちらが正しい見解なのか見てみよう。判断の資料として主に使用するのは通商産業省編「商工政策史」（全24巻）および「通商産業政策史」（全17巻）である。最初に、日本の通商・産業政策を所管した行政機構ないしは官僚機構の明治維新以降の発展のプロセスを見ていくことにする。

表6－1：通産省（現経済産業省）行政組織の変遷

工部省設立（明治3年）：
工学、勧工、鉱山、土木、灯台、造船、電信、製鉄、製作等の各寮によって構成。初代長官は伊藤博文。明治18年に内閣制度が発足し、工部省が廃止されるまで主に官営

事業を所轄業務とする。自由主義経済学者田口卯吉が「東京経済雑誌」(明治12年創刊)紙上で官営事業に反対意見を表明。

内務省設立（明治6年）：
勧業、警保、戸籍、駅逓、土木、地理、測量等の寮によって構成。初代長官は大久保利通。主に在来産業を保護育成する「殖産興業政策」を実施。富岡製糸場を所管する。

農商務省設立（明治14年）
伊藤博文・大隈重信の建議によって農商業に関する殖産興業業務を統一的に所管する。農務局（陸産課、水産課、農学校、農具製作所等）、商務局（貿易、船舶、会社、商法講習所、商法会議所等）、工務局（富岡製糸場、千住製絨所、愛知紡績所、広島紡績所等、共進会、調査、紡績機械払い下げ等）、山林局、駅逓局（駅逓、郵便、郵便為替、郵便貯金）等によって構成。

内閣制の発足（明治18年）
工部省が廃止され、鉱山、工作の事務は農商務省に移管、電信・灯台業務は新設の逓信省に移管される。富岡製糸場、三池鉱山、生野鉱山、佐渡鉱山事務所は農商省の所轄となる。

国営製鉄所官制の制定（明治29年）
農商務省、八幡で製鉄所の建設に着手（明治30年）、官営八幡製鉄所操業開始。

臨時産業調査局の設立（大正6年、1917年）
第1次世界大戦期に新しい経済、産業情勢に対応するため専任事務官19名、技師18名、専任事務・技士47名によって構成する調査局を新規に省内に設立。

商工省が農商務省より分離独立して設立（大正14年、1925年）
商工省は大臣官房、商務局（貿易課、商政課等）、工務局（工業の改良、軍需調査、軍需工業の奨励に関する事項を所管する工業課、工政課、工務課）、鉱山局等によって構成。

臨時産業合理局の設立（昭和5年、1930年）
第1次大戦後の世界的恐慌に対応するため商工省内部に産業合理局が設立。貿易課が貿易局に昇格。

統制局の設立（昭和12年、1937年）
重要な産業統制および産業合理化に関する事項を所轄する統制局が設立。鉱山局の燃料課が昇格して燃料局となる。7月7日日中戦争勃発（蘆溝橋事件）時の商工省の構成は、大臣官房、主務局、工務局、鉱山局、貿易局、保険局、統制局、特許局（外局）、燃料局（外局）、商工大臣吉野信次であった。

統制経済体制下の商工省体制

第 6 章　日本の産業政策

企画院設置（昭和12年、1937年 5 月）、国家総動員法成立・軍需工業動員法発動（昭和13年、1938年）賃金統制・価格統制令（昭和14年、1939年）、新経済体制要綱発表（昭和15年、1940年）、産業統制法公布（昭和17年、1942年）。昭和14年（1939年）時の商工省の組織体制は、大臣官房、総務局、鉱産局、機械局、繊維局、鉄鋼局、化学局、監理局、振興部、外局（貿易局、物価局、燃料局、特許局）であり、戦後の縦割り現業管理体制の原型がこの時点でほぼ形成されたといえよう。

軍需省の設立（昭和18年、1943年）

農林・商工・鉄道・逓信省が廃止され、農商・軍需・運輸通信の 3 省が設置される。昭和18年 2 月、政府は軍需生産の目標を航空機・鉄鋼・石炭・船舶・軽金属の 5 大重要産業に集中しその生産体制の整備を図り、6 月企業整備要綱を発表して重点産業への設備転換を強力に推し進める。軍需会社法・統制会社令公布。昭和18年 9 月航空機生産行政機関として軍需省の設定が閣議によって決定され、商工省業務の中で軍需生産に関係のない業務は農林省に移管され、農商省と改名された。軍需省は、国家総動員、鉱工業、鉱産物・工業品の生産・配給・消費・価格に関する事項、主要軍需品の原料・材料並びに特定軍需品の生産管理に関する事項、民間工場の利用・統制、所轄物資・電力を生産・配給し企業の管理・統制をする事項等を所轄する。軍需省は、総動員局、航空兵器総局、機械局、鉄鋼局、軽金属局、非鉄金属局、化学局、燃料局および電力局によって構成。

商工省の復活（昭和20年 8 月、1945年）と占領下の行政機構

軍需省は農商省と共に廃止され、商工省・農林省が設置。貿易庁・石炭庁が設置。地方商工局の発足（昭和21年、1946年）。昭和21年 6 月内閣直属の機関として物資の生産、配給、消費、労務、金融、輸送に関する経済安定の企画立案と、各省経済政策の総合調整を所管する経済安定本部が設立。昭和22年の商工省体制は、大臣官房、総務局、機械局、電気通信機械局、化学局、繊維局、鉱山局、電力局、生活物資局、調査統計局、賠償実施局、産業復興公団、石油配給公団、石炭庁、貿易庁および貿易公団法（昭和22年）により鉱工品、繊維貿易、食糧貿易、原材料貿易公団の4公団が設立。中小企業庁および工業技術庁の設置（昭和23年、1948年）。各種公団の設立と解散、配炭公団（22・4－24・9）、石油配給公団（22・4－24・3）。

通商産業省（通産省）の設置（昭和24年 5 月）

通産省の本省は大臣官房および通商 8 局（通商、通商振興、通商企業、通商繊維、通商雑貨、通商機械、通商化学、通商鉄鋼）および 4 外局（資源庁、工業技術院、特許庁、中小企業庁）によって構成。その他各種付属機関および地方支分局として札幌・仙台・東京・名古屋・大阪・広島・四国・福岡の 8 通商産業局が設置。

255

講和条約発効（昭和27年4月、1952年）後の通産省体制

昭和27年7月経済安定本部が廃止され、8月から経済審議庁が発足。通商産業省設置法（昭和27年7月）および通商産業省組織令により通産省の組織の骨格が決定。大臣官房1,200人（調査統計部643人）、通産局428人、企業局282人、重工業局204人、軽工業局253人、繊維局112人、鉱山局94人、石炭局58人、鉱山保安局58人、公益事業局302人の大臣官房および9内部局局、合計3,108人その他工業技術院所管の11試験所4,422人、地方支分局としての8通商産業局および鉱山保安監督部職員5,135人、合計13,412人および特許庁・中小企業庁の体制である。この通産体制で1950年代以降高度経済成長期に重要な機能を持った局・課は通産省の所轄行政全般の総合調整を担当する大臣官房・総務課、外為予算・外貨資金の割当担当の通商局・予算課、企業局の企業合理化の総合調整・産業合理化審議会担当の企業第1課、企業の税制担当の企業第2課、企業の産業資金担当の産業資金課、12の重工業業種（製鉄、産業機械、電気機械、自動車等）の重工業課の縦割り行政組織の現業課等であろう。

通産省の政策官庁化（昭和48年7月、1973年以降）

1970年代の低成長経済期に顕在化した省資源・省エネルギー問題、環境・過疎・過密等の工業立地問題等の政策課題に対応するため、通産省の内部組織は横断的な政策指向の強い行政組織に転換していく。通産省の本省の体制は、大臣官房、通商政策局、貿易局、産業政策局、立地公害局、基礎産業局、機械情報産業局、生活産業局と外局としての資源エネルギー庁（公益事業部を含む）、特許庁、中小企業庁、工業技術院である。異色通産官僚として有名な佐橋滋事務次官（39年10月—41年4月）は事務次官就任前に重工業局長・企業局長を歴任している。大慈彌嘉久事務次官（44年11月—46年6月）は官房長・企業局長を歴任し、両角良彦事務次官（46年6月—48年7月）も同じく企業局長・官房長を歴任している。[22]

通産省から経済産業省へ（平成13年、2001年）

通産省は行政改革の一環として平成13年、経済産業省に省名の変更と組織変更があった。現在の経済産業省の体制は以下の通りである。大臣官房、経済産業政策局、通商政策局、貿易経済協力局、産業技術環境局、製造産業局、商務情報政策局という大臣官房と本省6局体制と地方経済産業局と外局（資源エネルギー庁、特許庁、中小企業庁）によって構成され、政策官庁としての組織体制の性格が強くなっている。

資料：通商産業省『商工政策史』第3巻、行政機構、昭和37年および『通商産業政策史』第17巻、資料・索引編、平成6年より作成。

(2) 政策決定過程

　通産省の産業政策の決定過程については通産官僚経験者による解説がある。産業政策は、①大臣官房総務課による総合調整、②担当局・課の入省15年前後課長補佐を中心とする起案、③法令委員会・総務課長会議・局長省議による論議、④次官会議・閣議承認、⑤国会での予算・法令討議というプロセスを経て一定の産業政策が形成されていく。このプロセスの過程で、非常に重要となるのがその産業政策が対象とする産業の業界団体の事前了解、外部有識者を構成員とする審議会・調査会での問題点・争点の論議、政権政党の担当産業部会の調整と承認等である。[23] 日本の官僚制度に関しては辻清明の古典的な研究があるが、[24] 個々的な政府の政策や産業政策が、官僚、政治家および政党、産業界および圧力団体、学識経験者、戦前の軍事統制下の軍部、戦後の占領下の総司令部（GHQ）等の利害調整を経て具体的にどのようなプロセスで形成されるかという問題について実証的かつ行動科学的な研究は残念ながら日本ではあまり行われていない。しかし佐橋滋企業局長・事務次官時代に通産省が構想した新産業論を基礎に起案された「特定産業振興臨時処置法」（所謂「特振法」）は内閣が閣議決定（昭和38年、1963年）したのにも関わらず国会で審議未了となり流産したことからも、産業政策の策定には政権政党・業界団体の了解が不可欠の要件であることが理解されよう。

図6−1：産業新政策の決定過程

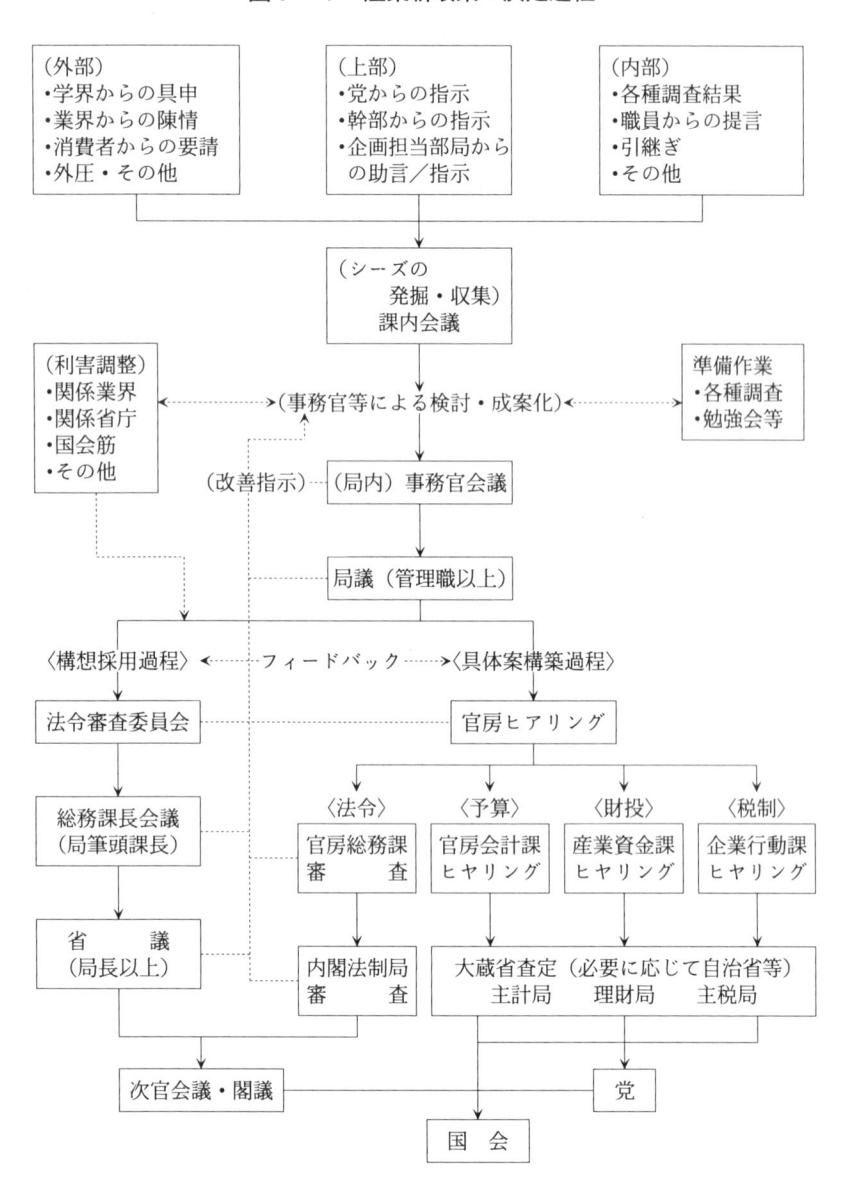

```
(外部)                    (上部)                    (内部)
・学界からの具申          ・党からの指示            ・各種調査結果
・業界からの陳情          ・幹部からの指示          ・職員からの提言
・消費者からの要請        ・企画担当部局から        ・引継ぎ
・外圧・その他              の助言／指示            ・その他
```

                            ↓
                    （シーズの
                      発掘・収集）
                      課内会議

(利害調整)   準備作業
・関係業界   ←… (事務官等による検討・成案化) …→   ・各種調査
・関係省庁   ・勉強会等
・国会筋
・その他
              (改善指示)…(局内)事務官会議
                            ↓
                      局議（管理職以上）
                            ↓
    〈構想採用過程〉 ←…フィードバック…→ 〈具体案構築過程〉

    法令審査委員会   官房ヒアリング

                        〈法令〉 〈予算〉   〈財投〉   〈税制〉
    総務課長会議   官房総務課 官房会計課 産業資金課 企業行動課
    （局筆頭課長）   審 査   ヒヤリング ヒヤリング ヒヤリング

    省 議   内閣法制局 大蔵省査定（必要に応じて自治省等）
    （局長以上）   審 査   主計局   理財局   主税局

              次官会議・閣議 ――――――――― 党
                            ↓
                          国 会

資料：小野五郎著『実践的産業政策論』、通商産業調査会、平成4年、218頁。

258

6.3 経済恐慌と産業合理化政策

(1) 産業調査

　産業政策を策定するために政策当局者達は、当然対象とする産業の実態とその産業が直面する政策課題を分析し、その産業の将来目標を設定し、必要と判断される政策手段を選択する作業を行う必要がある。しかし日本の産業政策の当局者達は、明治維新以降種々の産業調査を行ってきたが、1930年代に至るまで包括的な産業政策を策定することはなかった。明治維新政府が初期の段階で実施した国家主導型の殖産興業政策の目的は、政府が直接財政資金を使って西欧技術を導入し官営工場を設立し、近代的な工業を育成することにあったが、この政策は大幅な財政収支の赤字をもたらし挫折する。明治政府は松方正義の緊縮財政政策の実施によりこれら官営工場を明治14年民営化し、それ以降明治政府は財閥企業や民間企業を保護育成することによって近代的な産業を育成する「民間企業主導型」の産業政策をとるようになる。後述するように明治・大正時代に日本の工業発展で主導的な役割を演じたのは製糸・食品加工産業等の在来産業および綿糸紡績産業を中心とする軽工業である。これら在来産業および軽工業は民間企業によって発展し、政府の支援は産業資金を提供する金融システムおよび産業基盤整備の確立等間接的なものであった。政府が直接関与して発展した産業は陸軍・海軍工廠による兵器生産と官営八幡製鉄所による鉄鋼業の育成に限られていた。欧米の資本主義経済の発展に重要な役割を演じた鉄道産業も明治39年（1906年）日本国有鉄道が設立されるまで、民間企業主導で発展する。また日本は明治44年（1911年）に関税自主権を回復するまで自主的に輸入関税率を設定することが出来ず、保護貿易政策をとる道は閉ざされていた。即ちそれまで日本の産業は比較的開放された経済体制下で発展することになる。この民間企業主導型の日本の産業発展は昭和経済恐慌以降台頭する軍国主義政治体制下で実施された統制経済政策によって一変する。

　日本政府の産業政策当局は農商務省時代の明治14年（1881年）―大正14年

(1925年)の期間種々の産業調査を行ってきた。その主な調査は、主務官庁の中堅官僚・商工業界・経済界の代表者によって構成された農商工高等会議(明治29－31年)、生産調査会(明治43年－大正元年)、経済調査会(大正5年－6年)、臨時国民経済調査会(大正7－8年)によって行われた。これらの産業調査の目的は個々的な産業の一般的な動向を調査するに留まり、これらの調査結果を基礎に一定の産業政策を策定することを目的としていなかった。しかし商工省の設立(大正14年、1925年)を前後して、日本経済は危機的な状況を体験することになる。1920年(大正9年)3月以降の経済恐慌、1923年(大正12年)の関東大震災、1927年(昭和2年)金融恐慌、1929年(昭和4年)ニューヨーク株式市場の大暴落に始まる世界恐慌、1930年(昭和5年)浜口内閣の井上準之助大蔵大臣による金解禁政策の実施が招いた経済恐慌の深刻化、1931年(昭和6年)3月満州事変(柳条溝事件)の勃発等この時期に日本の経済社会は危機的な状況を象徴する事件や事象が集中的に勃発する。

(2) 経済恐慌と産業合理化政策

この第1次世界大戦後の混乱期に企業・銀行の集中が進展し、5大財閥(三菱・三井・住友・安田・古河)の産業支配力が増大し、経済が二重構造化(大企業と中小企業の所得格差の増大)、極左・極右イデオロギーの台頭が顕著となる。マルクス主義経済史家達の多くはこの時期に日本は「国家独占資本主義体制」を形成したと主張する。[25] 大正11年(1922年)日本共産党が結成されマルクス主義経済理論家達は昭和7年(1932年)以降日本資本主義論争を展開する。昭和7年(1932年)の5・15事件および昭和11年(1936年)の2・26事件を端緒とする軍・ファシズムの思想的支柱となった北一輝の『国家改造案原理大綱』は大正8年(1919年)、北一輝が36歳のときに出版されている。[26] 日本の政治体制の軍国主義化(ファシズム化)は満州事変(昭和6年、1931年)および5・15事件以降急速に進展する。[27] 丸山真男は日本のファシズム思想の特徴として、家族主義的で超国家主義的な国体論、共同体的な農本主義、アジア民族の共同体思想がイデオロギーの中核となっていると解釈している。[28]

第6章　日本の産業政策

日本の軍国主義（ファシズム）は、長幸男が指摘するように、第1次大戦後の経済恐慌がもたらした経済危機・社会および政治不安に対する日本的な対応の表われという特徴を持っていたと解釈されよう。[29]

このような時代状況を反省して商工省の産業政策も国家主義的或いは共同体的な性格を次第に帯びてくる。これら国家主義或いは共同体的な産業政策は、個人主義・自由主義経済思想に基礎を置く資本主義的経済体制の形成・発展と相対立する政策である。商工省は金解禁が実施（昭和5年、1930年）される以前に商工審議会を設置（昭和2年、1927年）し、第1次大戦後の世界経済の混乱期に後進工業国である日本がとるべき通商・産業政策を審議した。[30]この商工審議会は4つの特別小委員会（産業振興、重要工業、改善策、産業行政）によって構成され3年後の昭和5年に商工大臣に答申を行った。更に政府は昭和5年（1930年）臨時産業審議会を設置し、日本の産業が必要とする国際競争力を強化すため、企業合同や連合（カルテル）の促進、企業の生産・販売・財務管理の改善等を促進する臨時産業合理局を商工省に設置すべく答申を行った。この答申に従って商工省に臨時産業合理局が設置（昭和5－10年、1930－35年）され、この産業合理局の下で生産管理委員会、財務管理委員会、販売管理委員会、消費経済委員会、国産品愛用委員会、統制委員会、業態別委員会、標準化委員会等の各委員会が設立され主に商工会議所を通して種々の産業合理化政策が実施された。[31]この産業合理化政策は20世紀初頭にアメリカで発達した生産管理・財務管理・販売管理に関する科学的な方法を企業経営に適用し、産業の効率化を図ると伴に、「過当競争」を排除し企業間の生産・販売・価格に関する共同行為（カルテル）の結成を促進し、日本の産業の国際競争力を強化するのが目的であった。この商工省の産業合理化政策の立案・実施に主導的な役割を演じたのは吉野信二（工務局長・商工次官・商工大臣を歴任）と岸信介（東条内閣の商工大臣）である。[32]

岸信介（明治29－昭和62年）は山口県に生まれ、東京帝国大学に大正6年（1917年）に入学し、同大学法学部で首席を我妻栄と争う秀才であった。在学中国粋主義者の上杉慎吉教授に師事し、北一輝の国家社会主義、大川周明の

大アジア主義思想に強い影響を受ける。大正9年（1920年）東京帝国大学卒業後多くの秀才が選択する大蔵・内務省に代わって農商務省に入省する。大正15年（1926年）欧米の政治・経済情勢を半年間視察し、ドイツの産業合理化運動に感銘を受け、帰国後詳細な報告書をまとめる。浜口雄幸内閣時代（1929－31年）再度ドイツに出張し（昭和5年、1930年）ドイツの産業合理化運動を調査する。浜口内閣はドイツ式の産業合理化運動を強力に推し進めたが、その中心人物は当時工務局長であった吉野信次とその部下岸信介であった。この産業合理化運動の商工省の推進母体となったのが臨時産業合理局であった。この産業合理化運動を具体化する法案として岸信介が中心となって起案したのが「重要産業統制法」（昭和6年4月公布）である[33]。この重要産業統制法は大企業の生産・販売に関する共同行為（カルテル）と企業間の資本支配による結合（トラスト）を通して、過剰競争を排し企業間の協調を促進することが目的であった。それと伴に岸信介は工業組合法を制定（昭和6年、1931年）し、中小企業の共同化を図った[34]。

6.4 満州国の産業政策

(1) 関東軍の誕生

　日本は資本主義経済および近代的な民主主義政治体制が未成熟の段階で、日清戦争（明治27－28年、1894－95年）に突入し下関条約によって台湾を植民地化し、その後10年たらずのうちに日露戦争（明治37－38年、1904－05年）を経験し、ポーツマス条約によって朝鮮に対する支配権を確立し明治43年（1910年）に韓国を併合し領有化する。日露講和条約（ポーツマス条約）によって日本はロシア軍を満州（東三省、遼寧・吉林・黒竜江）から撤退させ、ロシアが清国から租借していた遼東半島、およびロシアが経営していた東清鉄道の南支線に関する権利を譲り受けた。これら日本がロシアから譲り受けた権益である関東州の租借権、長春－旅順―大連間の鉄道経営とそれに付随する権利、安東―奉天間の鉄道経営権は「日清条約」（北京条約）（明治38年5月）によって確認された[35]。

日露講和条約締結後の明治38年（1905年）9月関東総督府が設置され、新設の第14・16師団（兵力約1万人）が総督の指揮下に入る。翌年明治39年関東総督府は関東都督府と名称が変更される。この関東都督府は関東州を管轄し、南満州の鉄道路線の保護・取締りを司り、一般行政と司法行政を司る「民生部」と、在満軍隊の統率と陸軍一般事務を司る「陸軍部」から構成された。都督には新任の陸軍大臣または中将が就任するとされた。都督は政務に関しては外務大臣の監督を受け、軍政・軍人・軍属の人事については陸軍大臣、作戦・動員計画については参謀総長、軍隊教育に関しては陸軍教育総監の所轄事項とされた。大正18年（1919年）関東都督府の官制が改正され、民生部門が「関東庁」に、陸軍部門が「関東軍司令部」として独立した。ここに天皇直属の関東軍が誕生する。この関東軍が暴走して満州事変（昭和6年、1931年）を引き起こすことになる。[36]

(2) 南満州鉄道株式会社（満鉄）と満鉄調査部

　この日露講和条約によって譲渡された南満州の鉄道を経営・管理する「南満州鉄道株式会社設立の件」が公布され（明治39年6月）、元満州軍総参謀長・陸軍大将の児玉源太郎を委員長とする満鉄設立委員が任命された。しかしこの直後児玉源太郎が急逝したため陸軍大将寺内毅が委員長に就任する。南満州鉄道株式会社（満鉄）は資本金2億円、そのうち半分は日本政府の現物出資の国策会社として明治39年（1906年）9月に設立された。翌年本社が大連に移転し、初代満鉄総裁に後藤新平（1857－1924年）が任命された。後藤新平は現在の岩手県に生まれ医療を学び、ドイツ留学後衛生局長に就任する。その後、衛生局長時代の業績を高く評価した第4代台湾総督児玉源太郎の招きに応じ、台湾総督府民生局長に就任し（明治31年、1898年）、この民生局長の職を8年8ヶ月勤めた。

　後藤新平は植民地国策会社の運営には情報の収集と実証的な調査が不可欠であると判断し、満鉄に「調査部」を設立する。[37]

　満鉄の事業は、鉄道業と付随するホテルや倉庫の経営、撫順炭鉱と鞍山製

鉄所、大連港の経営と海運業、鉄道附属地の経営等多岐に亘る。社員数は1907年の13,217人から1937年には116,293人に増大する。[38] 満鉄の「調査部」は明治40年（1906年）から第2次大戦の終戦まで約40年間、満州、北東中国およびアジアの経済・産業の動向分析等を行いその研究成果を発表している。満鉄の調査部には大川周明のような国粋主義者、野々村一雄のようなマルクス主義経済学者、[39] 宮崎正義のようなロシア経済専門家等数多く優秀な研究者が集まり、その最盛期には総員2,354人を抱える一大シンクタンクとなった。この満鉄調査部の40年間の業績に関しては原覚天による非常に詳細な解説が[40]る。

この満鉄調査部、特に宮崎正義の研究グループは関東軍参謀石原莞爾大佐の依頼で満州国および日本・満州国経済の中長期産業計画案を策定することになる。満鉄調査部は、その活動期間中に組織の機構や名称変更が行われたが、戦後日本の高度経済成長期に設立された野村総合研究所（野村総研）や三菱総合研究所（三菱総研）等の民間の研究機関と異なり、政策立案機能を持つ政策志向性の強い研究機関であった。

(3) 満州事変と満州国の形成

昭和6年（1931年）9月18日、高級参謀板垣征四郎大佐・作戦参謀石原莞爾大佐に率いられた関東軍は年来の満蒙領有計画を実施すべく柳条溝で満鉄線を爆破し、一斉に軍事行動を開始した。満州事変の勃発である。以降1万人の兵力をもって関東軍は奉天、営口、安東、遼陽、長春等の南満州の主要都市を占領し、昭和7年（1932年）2月までにハルピンを占領し、中国東北3省を制圧した。[41] この満州事変の謀略で中心的な役割を演じたのは作戦参謀石原莞爾大佐である。石原莞爾は明治22年（1889年）山形県に生まれ、明治42年（1909年）20歳のとき陸軍士官学校を卒業し陸軍歩兵少尉に任官、大正7年（1918年）陸軍大学校卒業（29歳）、大正10年（1921年）陸軍大学校教官（32歳）、大正11年－14年（1922－25年）軍事研究のためドイツに駐在、昭和3年（1928年）関東軍作戦参謀大佐、昭和7年（1932年）国際連盟総会帝国代表

随員（43歳）、昭和10年（1935年）参謀本部作戦課長（46歳）、昭和11年（1936年）2・26事件戒厳参謀兼務、参謀本部戦争指導課長（47歳）、昭和12年（1937年）陸軍少将参謀本部作戦部長（48歳）、関東軍参謀副長（48歳）、昭和13年（1938年）予備役編入・舞鶴要塞司令官（49歳）、14年（1939年）陸軍中将第16師団長（京都）（50歳）、昭和16年（1941年）待命、予備役（52歳）等を歴任する[42]。この略歴が示すように、石原莞爾は日本の帝国陸軍のエリート・コースを進み「陸軍の異端児」、「異色の参謀」といわれた逸材であったが、東条英機と確執し太平洋戦争勃発以前に陸軍の現役から引退する。

日本の陸軍大学校では陸軍のエリート将校に対して参謀教育が行われる。陸軍大学卒業者で特に優秀な中堅の将校が師団の作戦参謀、更には日本陸軍の参謀本部の作戦参謀に任命される。陸軍大学では軍事戦略・作戦戦略を立案・実施する実践的能力を習得するよう訓練される。日本の参謀教育は明治15年（1882年）陸軍大学が創設されて以来メッケルによって導入されたドイツ陸軍の参謀教育が範となっているとされる[43]。石原莞爾は第1次大戦後ドイツに3年間駐在し、第1次大戦の軍事・作戦戦略を研究し、近代戦争は国家が物的・人的資源を総動員して一定の戦略目標を実現する「総力戦」であるという認識を強く持つようになる。このような戦略的発想から石原莞爾は日本が総力戦に備えて国力の充実を図るため満蒙領有論・満蒙独立国家計画を展開した[44]。

(4) 傀儡国家：満州国

昭和7年（1932年）3月1日、奉天、吉林、黒竜江、熱河の4省によって構成された満州国政府は「建国宣言」を行い、ここに満州国が設立された。この満州国は昭和20年（1945年）8月18日溥儀皇帝が退位し満州国が消滅するまで13年5ヶ月存続する日本の傀儡国家となった。溥儀が執政という名前の元首の地位に就任し、本庄関東軍司令官宛の書簡に署名させられた。溥儀が署名したこの書簡は、国防、治安は日本に委託し、その経費は満州国が支払うこと、鉄道、港湾、水路、航空路等の管理や敷設は日本に委託すること、

満州国は日本軍が必要とする施設を提供すること、日本軍司令官の推薦により、日本人を参議府のメンバーに任命し、その解職は司令官の同意を必要とすること、日本軍司令官の推薦により日本人を中央官庁・地方官庁の職員に任命すること等を内容としていた。この書簡は昭和7年（1932年）9月15日に締結された「日満議定書」の付属文書とされたが、その内容は戦後まで公表されることはなかった。[45]

　満州国の建国時に中央官制は、立法院（立法）、国務院（行政）、法院（司法）、監察院（監察）によって構成されたが、立法院は開催されたことはなく、最も重要な機関は国務院であった。国務院の長は国務総理大臣であったが、強大で実質的な権限を有していたのは総務庁であった。総務庁は機構上では国務総理に属するが、国政に関する機密・人事・予算を審議する機関であった。この最高責任者である総務庁官には必ず日本人が就任した。この総務庁を中心とする満州国の統治機構（総務庁中心主義）は、日本の国家機構を戦時下に再編するにあたって大きな影響力を及ぼしたとされる。企画院の設置（昭和12年、1937年10月）に際しても、総務庁中心主義をモデルとする行政機関案が論議された。

　総務庁中心主義と並んで重要なのが、関東軍の「内面指導」であった。関東軍司令官は日系官吏の任用権を巧妙に活用し、任免された日系官吏を通して満州国の行政機構の実質的支配権をこの「内面指導」を通して行使した。このように満州国の行政機構を実際に統治したのは、国務総理でなく、総務庁と関東軍であった。[46]

　満州国の中央官庁の主要な地位には日本人の高級官僚が任命された。昭和10年当時には中央官吏数4,940人中2,386人（48パーセント）を日本人官僚が占め、財政・金融制度確立のために大蔵省から星野直樹、古海忠之、阪谷希一等が派遣され、内務省からは治安維持と地方制度確立のため多数の有能な若手官僚が派遣された。[47]

　このように満州国は傀儡国家であった。この傀儡国家を山室信一は、T・ホッブズが国家を旧約聖書・ヨブ記に登場する怪獣レバイアサンと称し、F

第6章 日本の産業政策

・ノイマンがナチス第三帝国を怪獣ベヒモスと称したのに擬えて、満州国の肖像をギリシャ神話の怪物キメラ（Chimera）と称する。怪獣キメラは頭が獅子、胴が羊、尾が龍という怪物である。満州国の獅子は関東軍、羊は天皇制国家、龍は中国皇帝・近代中国に擬えるとする。岡崎哲二・小林英夫教授等はこの「満州国の肖像」のスケッチを描いたのは関東軍作戦参謀の石原莞爾と満鉄調査部の宮崎正義であり、このスケッチを日本で完成させたのは軍国主義統制経済体制下で活躍した岸信介等の「革新官僚」であると主張する。彼らはこのスケッチを「日本型経済システム」と称している。

　宮崎正義は（明治26年、1893年）石川県に生まれ、苦学して中学校を卒業後石川県のロシア語研修生としてハルピン、モスクワに3年間留学、その後更に3年間満鉄の奨学生としてモスクワ大学に留学、1917年6月法学部を卒業し、大正6年（1917年）満鉄に入社した。満鉄の調査課で宮崎正義はソビエトの経済政策の研究に没頭する。石原莞爾と宮崎正義の出会いは昭和5年（1930年）であるとされる。関東軍の要請に従って昭和7年（1932年）に満鉄調査課を主体とし、満鉄理事の十河信二を委員長に満鉄経済調査会が設立され、宮崎正義が事実上の事務局長となる。この満鉄経済調査会は満州国の建国の骨格を形成する政策作成に従事する。この枠組みとなったのは宮崎正義が立案した「満州経済統制策」であるとされる。関東軍特務部と満鉄経済調査会は「満州第1期経済建設計画」を策定し、この計画に従い満州国政府は「満州国経済建設要綱」を昭和8年（1933年）3月に発表する。この建設要綱は満州国経済建設の「憲法」と擬せられ、無統制の資本主義経済の弊害に鑑み国家統制を行い資本の効果を活用し、重要産業は公営または特殊会社によって経営する等の原則を内容とする要綱である。これを受けて日本政府は昭和9年（1934年）3月に「日満経済統制方策要綱」を閣議決定し、日本と満州経済を不可分の一体化した経済と看做し、交通通信、鉄鋼、軽金属、自動車、石油・石炭、兵器等の14業種の重化学工業を「特殊会社」によって直接・間接的に統制する方針を明らかにした。

(5) 革新官僚と産業政策

　満州国では民間企業は未成熟であった。従ってこの当時台頭した計画経済や統制経済思想の下で、国家が経済建設の主導的な役割を果たす必要があるという思想は当然のごとく受け入れられた。しかし満州経済が向かうべき方向や方法論に関しては種々の意見の対立があった。満州国経済建設の目的は日本本土に対する食糧供給基地説、日満一体の経済圏説、満州経済は日本の本土経済と共同体を形成する共同体説（中野正剛）、満州経済は開発の参謀本部的機能を持つ機関によって管理される統制経済体制説（高橋亀吉）、日満経済ブロック論（土方成美）、満州の軍事・国防産業国家説、満州経済は満鉄経済を中心にして発展すべきであるという主張（満鉄団体）等、様々な意見の表明があった。[52]

　しかし日本の官僚が満州国の実権を握るにつれて満州国の経済は国防国家の建設を目的とし、日満経済が一体化して発展し、重要産業の発展は独占的な民間特殊会社が担当（一業一社主義）すべきで、満鉄は鉄道事業に専念すべきであるという主張が主流を占めるようになる。満州国の国家形成が進展するに従い、「石原・宮崎構想」の実現は次第に後退し、官僚指導型の統制経済体制が形成されていく。この統制経済体制下で重要な役割を演ずるのが一群の「革新官僚」といわれる日本の高級官僚である。満州国の行政機構の中で強大な権限を握った総務庁長官には歴代7名の日本の高級官僚が就任（4名の内務省官僚、星野直樹・阪谷希一等の大蔵官僚）した。総務庁には、企画所、企画委員会等の国策企画・政策立案機関が設けられ、それが満州行政の特徴とされる企画政治・計画政治となって現れた。この企画・指導・経営、計画・統制・動員という統制主義・計画主義は、アメリカの科学的経営管理方法論、ソビエトのゴスプラン、ナチス・ドイツの統制経済がモデルとなっていた。この企画政治は、統制経済・計画経済的手法を星野直樹・美濃部洋次等が、日本に還流させ日本の企画院（昭和12年設置）のモデルとなったと山室信一教授は解釈する。[53]

第6章　日本の産業政策

　産業開発政策担当の日本人官僚としては岸信介の先人として商工省から椎名悦三郎が実業部の官僚として着任（昭和7年、1932年）した。岸信介自身は商工省工務局長から満州国総務司長に就任する（昭和11年、1936年10月）。岸信介は翌年産業部長に就くと伴に、総務庁次長に昇格する。総務庁長官は星野直樹（大蔵省出身）であった。星野直樹は帰国後企画院総裁に就任する。岸信介が最初に手がけたのは満州産業5ヶ年計画の実行である。満州5ヶ年計画の土台となったのは宮崎正義等が軍部に提出した「満州における軍需産業建設計画」である。宮崎正義は昭和8年（1933年）日本に帰国し、石原莞爾が主宰する日満財政経済研究会に活躍の場を移していた。この日満財政経済研究会には永田鉄山・板垣征四郎・秋永月三等の陸軍・関東軍の参謀・中堅将校および東大の経済学部長土方成美等が参加していた。この宮崎正義が作成した石原構想「軍需産業建設計画」は昭和11年（1936年）10月、大連の北方にある湯崗子温泉での会議で検討された。この会議には関東軍から秋永月三、満州国から総務長官星野直樹および岸信介の腹心・椎名悦三郎、満鉄の経済調査会のスタッフが参加した。この会議で産業開発5ヶ年計画の起案が作成された[54]。この産業開発5ヶ年計画は、主要な軍需産業（鉄鋼・石炭・非鉄金属・自動車・飛行機等）の生産目標を設定し、資金計画を作成することに主眼が置かれていた[55]。この産業開発計画は所要資金25億円を投入して重工業（鉄鋼・石炭・電力・車両・兵器・自動車・飛行機）を重点的に育成し、対ソ戦に備える軍事力を備え、日本に資源・資材を供給する基地を建設することを目的とした。

　この産業開発計画を実施する段階で中心的役割を演じたのは岸信介であるが、岸信介が特に力を注いだのは鮎川義介の日産コンツェルン（複数の産業にまたがる企業結合）の満州誘致である。鮎川義介は山口県生まれで井上馨とは遠縁に当たり、久原鉱業の久原房之助とは姻戚関係にある。鮎川義介の日産コンツェルンは新興財閥グループを構成し、その傘下に日本産業、日本産業自動車、日本鉱業、日立製作所、日立電力、日本水産等130社、15万人の従業員を擁するコンツェルンである。鮎川義介は、岸信介の誘致に応じ日産

の本社を新京に移し、「満州重工業開発」(満業)と名称を変更し、その傘下に石炭、鉄鋼、自動車、航空機、水力発電等を収める企業グループとなる。[56] 満州国の産業政策の計画と実施に影響力を行使したのは「二キ三スケ」と呼称される「満州の実力者」の東条英機・星野直樹、松岡洋介・鮎川義介・岸信介らであり、満州国の企画政治に活躍した官僚達は「革新官僚」と呼ばれるようになる。[57] この革新官僚の中で最も影響力を行使したのは岸信介である。岸信介は昭和14年10月に商工省に復帰し、阿部、米内、近衛内閣で商工次官、東条内閣で商工大臣となる。これら革新官僚の台頭を可能にしたのは統制経済体制下で官僚の権限が増大したことに根本的な理由があると遠藤茂樹等は指摘している。[58]

6.5 統制経済体制下の産業政策

(1) 統制経済体制の形成

1930年代以降世界経済の統制化が急速に進展した。アメリカのニューディール政策、ソビエトの計画経済、ドイツのナチス全体主義体制、日本の満州事変(昭和6年、1931年)以降の軍国主義経済体制の形成等欧米および日本でも統制経済化の傾向が顕著となった。イギリスではフェビアン社会主義思想が台頭し、労働党の政治勢力が増大した。国家の財政支出によって景気変動を管理する経済政策の有効性を主張したケインズの「一般理論」が出版されたのは1936年であった。[59] 日本でマルクス主義経済学者達が「資本主義論争」を展開したのもこの時期であった。[60] このような世界の主要な資本主義経済の統制経済化は、世界恐慌を契機に資本主義経済の構造的矛盾が顕在化し、この矛盾を解決するために先進工業国がとった対策の表れであると理解されよう。大内力・加藤俊彦・大島清・楫西光速等は、この時代を、「金本位制停止を契機として世界の資本主義がブロック化・広域経済圏形成へと進んだ時期であり、また主要資本主義国においていわゆる国家独占資本主義体制への移転の行われた時期である。こうした動向の原因をなしたのが世界恐慌であり、またそれに伴なう全体的危機の深化である」と指摘している。[61]

第6章　日本の産業政策

　世界経済恐慌の原因に関しては多くの優れた分析がなされている[62]が、それは世界経済に次のような深刻な後遺症をもたらした。即ち、主要資本主義国家はこぞって金本位制を離脱して金本位制の束縛から解放されて経済政策の自由度を獲得した。政府は市場に介入し価格・生産・販売等の本来自由であるべき経済行為を統制する政策をとるようになり、自国の産業を保護・育成し国際競争力を強化する産業政策をとるようになった。各国は自国通貨の為替レートを切り下げ保護貿易政策をとることによって閉鎖的な経済体制を形成し、その結果、世界経済がブロック経済化し国家間の経済的利害の対立が先鋭化した。これらが原因で第2次世界大戦が発生する契機となったと理解されよう。

　1930年代日本の経済学者達は盛んに統制経済論を展開する。奇妙なことに政府の統制経済政策の是非に関しては極左・極右思想家達の間で極端な意見の対立が認められない。左翼は「社会化」と「革命」による資本主義体制の打倒を叫び、右翼は国内体制の「改造」と「革新」を叫び、統制の強化を主張した。石原莞爾・宮崎正義が主宰する「日満財政経済研究会」（所謂「宮崎機関」）のブレーンでもあった東京大学の経済学部教授の土方成美は、「アダム・スミス以来の個人の自由な経済行為に基礎を置く資本主義経済は、第1次大戦後の世界経済恐慌の下で危機的な状況にあり、資本主義経済は国家による規制が必要であり、国家の政治的意思や精神は個人の経済的意思や精神に優先する」と主張し、ドイツ、イタリア、ロシア諸国の統制経済下の政治機構について分析を行っている[63]。有沢広巳は、第2次大戦後日本政府が有沢広巳の提案に従って採用した「傾斜生産方式」を彷彿させるような分析をこの当時行っていた。即ち、第1次世界大戦に対応するため交戦国が戦争遂行に必要な国家資源をどのように動員したか、石油・兵器産業に対する国家統制の必要性を分析していた[64]。

　一方高橋亀吉は、経済統制を種々の形態に区分して論議する。経済統制には、自由競争を確保するための統制（不正競争防止規制等）、規模の効果を発揮させるための統制（産業合理化政策）、独占企業に対する統制（独占禁止政策）、

計画経済体制における統制（経済計画、国営金融機関）等が資本主義経済の発展段階に応じて政府が企業の私的経済活動を規制する本来的な意味での経済統制であるとする。これに対して、資本主義の発展段階に関係なく私企業の経済活動に介入する場合として、幼稚産業保護或いは特定産業を保護・育成するための規制、公共の利益を確保する政府の公益事業の規制、財政目的のために実施する経済統制等があると、現代の公共経済論の議論を髣髴させる議論を展開する。高橋亀吉によると1930年代の日本の資本主義経済が直面した主な政策課題は、第1次大戦下で拡大した経済の過剰生産力を産業合理化政策によって調整すること、そのために労働力、資本、経済資源を効率的に配分・活用すること、その結果国民の福祉水準を向上することであり、これらの目的を達成するために行う私的経済主体の市場行為に対する政府の規制政策は正当化し得ると主張する。この見地から高橋亀吉は、1930年代の日本政府が行った種々の経済統制政策、即ち、カルテル助成政策による産業規制、商業・工業・輸出組合による産業規制、産業合理化政策による規制、農業規制等の政府の経済統制政策の内容と効果を積極的に評価している。[65]

　これに対して経済統制政策は結果的に企業の独占的産業支配を強化することになると猪俣津南雄等のマルクス主義経済学者は批判する。[66]大内力・加藤俊彦・大島清・楫西光速等は、「全体主義政治体制の下で繰り広げられた戦時統制経済は、その本質からいえば国家独占資本主義であり、……国家独占資本主義は帝国主義段階にある資本主義が危機に対応するためにとらざるを得なくなった体制である。……国鉄・軍工廠、特殊銀行、日銀のような特殊法人の国家資本は益々拡大され、……日銀は名実共に国家機関化され、……株式会社の所有と経営の分離が強制化され、後者を国家の手中に収め、……国家独占資本主義的な組織化を極限化」するに至ると指摘している。[67]大内力等はこの時期日本経済は、軍需産業を中心に産業の重化学工業化が進展し、企業と銀行の集中化が進み、企業のカルテル化が顕著となり、財閥企業の支配力が増大したと分析している。これらの傾向を種々の統計資料に依拠しつつ見たのが以下の表に示された数値である。

第6章　日本の産業政策

表6−2：産業別純国内生産

(a) 産業別純国内生産 1

(単位：百万円)

年次	農林水産業	鉱工業	製造業	建設業	運輸通信公益事業	商業サービス業	合計
1885	339 (45.2)	86 (11.5)	80 (10.7)	24 (3.2)	18 (2.4)	283 (37.7)	750 (100.0)
90	496 (48.4)	121 (11.8)	110 (10.7)	36 (3.5)	21 (2.1)	350 (34.2)	1,024 (100.0)
95	567 (42.7)	193 (14.5)	176 (13.2)	48 (3.6)	39 (2.9)	482 (36.3)	1,329 (100.0)
1900	858 (39.4)	365 (16.8)	326 (15.0)	97 (4.5)	85 (3.9)	772 (35.4)	2,177 (100.0)
05	877 (32.9)	477 (17.9)	414 (15.5)	144 (5.4)	1,085 (40.8)		2,669 (100.0)
10	1,119 (32.5)	741 (21.5)	660 (19.1)	86 (3.2)	230 (6.7)	1,201 (34.7)	3,448 (100.0)
15	1,289 (29.0)	1,130 (25.4)	988 (22.2)	157 (4.6)	343 (7.7)	1,487 (33.5)	4,446 (100.0)
20	4,036 (30.2)	3,218 (24.1)	2,759 (20.6)	197 (4.4)	1,066 (8.0)	4,374 (32.7)	13,363 (100.0)
25	4,193 (28.1)	3,187 (21.4)	2,899 (19.5)	669 (5.7)	1,583 (10.6)	5,081 (34.2)	14,896 (100.0)
30	2,163 (17.6)	2,166 (25.7)	2,916 (23.7)	852 (5.9)	1,596 (13.0)	4,659 (37.8)	12,311 (100.0)
35	2,844 (18.1)	4,765 (30.3)	4,356 (27.7)	727 (6.3)	1,607 (10.2)	5,508 (35.1)	15,709 (100.0)
40	6,527 (18.8)	13,758 (39.7)	12,835 (37.0)	2,661 (7.7)	2,443 (7.0)	9,275 (26.8)	34,664 (100.0)

(b) 産業別純国内生産 2

(単位：百万円、1950年以降十億円)

年次	農林水産業	鉱工業	製造業	建設業	電気・ガス・水道・運輸・通信	商業・金融・保険・不動産・サービス・公務	合計
1930	1,983 (16.9)	2,472 (23.3)	2,520 (21.4)	456 (3.9)	1,586 (13.5)	4,998 (42.5)	11,765 (100.0)
35	2,858 (19.8)	4,019 (27.8)	3,683 (25.5)	458 (3.2)	1,518 (10.5)	5,602 (38.8)	14,455 (100.0)
40	7,465 (24.1)	10,164 (32.8)	9,277 (30.0)	964 (3.1)	2,715 (8.8)	9,665 (31.2)	30,973 (100.0)
44	10,104 (17.8)	20,740 (36.5)	19,340 (34.1)	2,243 (4.0)	5,134 (9.0)	18,551 (32.7)	56,772 (100.0)
50	879 (26.0)	938 (27.7)	840 (24.8)	137 (4.0)	250 (7.4)	1,180 (34.9)	3,384 (100.0)
55	1,634 (23.1)	1,729 (24.4)	1,592 (22.5)	301 (4.2)	630 (8.9)	2,793 (39.4)	7,087 (100.0)
60	1,906 (14.9)	3,953 (30.8)	3,743 (29.2)	701 (5.5)	1,184 (9.2)	5,089 (39.7)	12,833 (100.0)
65	2,881 (11.3)	7,386 (28.9)	7,165 (28.0)	1,807 (7.1)	2,218 (8.7)	11,379 (44.7)	25,691 (100.0)
70	4,415 (7.8)	17,759 (31.2)	17,427 (30.6)	4,231 (7.4)	4,556 (8.0)	26,071 (45.8)	57,032 (100.0)
75	8,301 (6.6)	34,085 (27.2)	33,571 (26.9)	10,795 (8.6)	9,551 (7.6)	62,437 (49.9)	125,169 (100.0)

資料：安藤良雄編『近代日本経済史要覧』、東京大学出版会、1975年、8頁。

表 6 − 3 : 製造業の業種別構成比

(a) 製造業の業種別構成比 1

(単位：％)

年次	鉄鋼	非鉄金属	機械	化学	食料品	繊維	製材	窯業	印刷製本	その他	合計	鉄鋼・非鉄・機械・化学合計
1875	1.0	2.2	2.1	19.0	40.2	22.3	4.6	2.1	0.2	6.2	100	24.3
80	0.7	2.1	2.7	20.0	33.7	27.9	5.2	2.5	0.5	5.1	100	25.5
85	0.4	2.5	2.5	13.9	41.5	28.4	3.7	1.3	0.4	6.1	100	18.8
90	0.6	2.6	1.8	13.5	35.2	36.1	3.7	1.8	0.3	5.3	100	18.6
95	0.6	1.6	2.2	10.6	35.9	47.3	2.6	1.6	0.5	5.1	100	14.9
1900	0.5	2.2	2.2	10.6	35.9	35.8	3.9	2.0	0.6	5.1	100	14.9
05	0.4	2.2	4.0	10.7	34.4	31.9	3.7	1.9	1.0	4.6	100	17.3
10	1.5	2.5	7.1	11.6	34.0	33.6	2.5	2.5	1.1	4.6	100	22.7
15	1.8	1.6	6.5	11.4	34.0	32.9	2.4	1.9	1.6	5.8	100	21.3
20	4.5	3.8	9.3	11.7	27.1	33.6	2.9	1.5	1.5	4.1	100	29.3
25	4.4	2.0	7.2	12.2	25.6	39.4	2.7	1.9	1.2	3.4	100	25.8
30	6.2	2.5	14.2	10.1	23.0	30.6	2.6	2.0	2.9	5.9	100	32.8
35	12.0	2.8	11.3	12.8	25.0	29.1	3.0	2.6	2.3	3.3	100	32.8
40	14.0	2.4	16.3	14.4	16.2	30.1	2.7	2.6	2.9	3.3	100	43.5
40	14.0	2.4	25.9	16.6	12.2	16.8	4.4	2.4	1.6	3.8	100	58.9

(b) 製造業の業種別構成比 2

	従業員構成比					生産額構成比				
	1909	20	30	40	42	47	1909	20	30	40	42	47
金属	2.3	5.3	5.2	12.0	11.5	11.2	2.2	5.3	9.1	20.4	21.4	14.7
機械器具	5.9	13.5	11.0	34.3	44.0	31.4	5.3	15.3	10.8	23.1	30.6	24.7
化学	5.5	7.0	7.6	10.8	10.0	13.1	11.1	12.5	16.1	19.3	18.3	21.1
窯業・土石	4.3	4.7	3.7	3.7	3.2	4.7	3.2	3.2	2.8	2.9	2.6	5.2
紡績・織物	61.0	52.8	51.4	23.8	17.2	17.0	50.2	42.4	35.4	17.4	11.9	8.8
製材・木製品	2.4	2.9	3.6	4.3	4.1	11.2	2.6	2.8	2.8	3.8	3.7	10.1
食料品	11.1	7.4	5.9	5.9	5.0	5.7	19.1	13.6	16.6	9.4	10.3	10.3
印刷・製本	2.7	2.3	8.8	1.7	1.5	3.8	1.6	1.6	1.3	1.3	3.1
その他	4.9	4.1	3.4	3.3	3.4	3.8	4.2	3.2	3.4	2.3	2.2
合計	100.0	100.0	100.0	100.0	100.0	100.0	100.0	100.0	100.0	100.0	100.0	100.0
(実数)	798千人	1,758	1,875	4,486	4,737	3,583	772百万円	5,808	5,726	25,821	30,107	255,140

資料：同、11頁。

第6章　日本の産業政策

表6－4：銀行の集中
金融の5大銀行集中（Ⅱ）　　　　　　　　（百万円）

	預　金			貸　付　金		
	普通銀行 (A)	5大銀行 (B)	$\frac{B}{A}\times 100$	普通銀行 (A)	5大銀行 (B)	$\frac{B}{A}\times 100$
1930	8,738	3,060	35.0	6,190	1,788	28.9
31	8,269	3,169	38.3	6,031	1,853	30.7
32	8,319	3,431	41.2	5,619	1,820	32.4
33	8,727	3,703	42.4	5,317	1,794	33.7
34	9,354	4,003	42.8	5,118	1,784	34.9
35	9,874	4,225	42.8	5,258	2,057	39.1
36	10,932	4,585	41.9	5,595	2,275	40.7

資料：大内・加藤・大島・楫西著『日本資本主義の没落Ⅲ』、東京大学出版会、1963年、729頁。

(2) 統制経済下の産業政策

　日本が以上のように満州事変（昭和6年、1931年）、日華事変（昭和12年、1937年）、太平洋戦争（昭和16年、1941年）と準戦時体制から戦時体制に移行するにつれて統制経済体制が強化されていく。この日本において統制経済体制が本格化するのは1930年代以降であるが、この統制経済体制の出発点となったのは第1次大戦期間中に交戦国がとった「総動員」体制に触発されて陸軍が採用した「軍需工業動員法」（大正7年、1918年）であると理解されよう。[68]この「軍需工業動員法」を実施する機関として内閣に資源局が設置された（昭和2年、1927年）。昭和6年（1931年）には「重要産業統制法」が制定され前述した産業合理化政策が商工省の臨時産業合理局によって実施された。満州事変勃発以降は、外国為替管理法（昭和8年、1933年）、重要輸出品取締法（昭和11年、1936年）が制定され、為替・輸出取引に対する規制が強化された。昭和9年（1934年）官営八幡製鉄と輪西・釜石・三菱製鉄、富士・九州製鋼の5社が合併して国営企業の日本製鉄（日鉄）が設立され、日鉄は銑鉄95パーセント、鋼材52パーセントの国内市場占拠率を持つ大企業となる。同年（1934年）石油業法が制定され石油輸入・石油精製に関する規制が強化された。

政府は自動車の軍事上の重要性に着目して「軍用自動車保護法」(大正7年、1918年) を制定し、軍用トラック生産を支援したが、満州事変以降自動車産業は活発化する。昭和7年石川島自動車がダット自動車と合併して自動車工業㈱を設立し、戸畑鋳物は日産自動車と改名して国産自動車の大量生産に乗り出した。昭和11年 (1936年) 政府は国産自動車の生産を奨励するため「自動車製造事業法」を制定し、自動車製造会社を許可制とし5カ年間所得税、営業収益税、必要な機器材の輸入税を免除する特典を与えた。この事業法に応じて、豊田自動織機はトヨタ自動車工業を設立し、昭和11年 (1936年) 9月日産自動車と伴に許可会社に指定された。[69]

　陸軍省は昭和12年 (1937年) 当時陸軍参謀本部の作戦課長であった石原莞爾大佐が主宰する「日満財政経済研究会」が立案した軍需産業拡充計画に関する計画要綱を発表した。これらの計画案は、陸軍省「重要産業5ヵ年計画要綱」(昭和12年5月)、陸軍試案「重要産業5ヵ年計画実施に関する政策大綱」(昭和12年6月)、陸軍省「軍需品製造工業5ヵ年計画要綱」(昭和12年6月) である。これらの計画案は、兵器、飛行機、自動車、工作機械、鉄鋼、液体燃料、石炭、一般機械、アルミニウム、マグネシウム、船舶、電力、鉄道車両工業を重要産業と指定し、これら産業の5カ年間の生産目標を設定し、必要とされる設備投資・運転資金の総計85億円の調達計画を策定し、必要とされる技術者・熟練工、一般労働者数を推計している。これら計画案によると重要軍需産業の生産力が5カ年間で2－18倍に拡大することが目標とされた。そして第1次近衛内閣の賀屋大蔵・吉野商工大臣は国際収支の適合、物資需給の調整、生産力の拡充を今後の財政経済政策の三大方針とする、所謂「財政経済三原則」を宣言した。[70]

　昭和12年9月には「戦時統制3法」と呼ばれる大規模な統制立法が制定された。これらは「輸出入品等臨時処置法」、「臨時資金調整法」、「軍需工業動員法の適用法」である。「輸出入品臨時処置法」は、輸出・輸入を制限・禁止する権限を政府に付与するばかりでなく、輸入品を原料とする製品の製造・販売を制限・禁止する法律である。「臨時資金調整法」は長期資金の調達

と運用を政府の許可制とする法律である。「軍需工業動員法の適用法」は大正7年（1918年）制定の法律を戦時に適用する法律で、この法律によって政府は戦時に工場・鉱山・その他の設備を管理・使用・収用することが出来るという法律である。[71]

日華事変勃発（昭和12年、1937年7月）の3ヶ月後第1次近衛内閣の下で内閣に「企画院」が設立された（昭和12年10月）。この企画院は以前内閣に設立された資源局（昭和2年）および企画庁（昭和12年5月）を統合して設立され、その目的は、平時、戦時における総合国力の拡充運用に関する案の起草、各省大臣から閣議に提出される案件の大綱審査、予算統制に関する意見具申、国家総動員計画の設定および遂行に関する各庁事務の調整・統一等を行う機関として絶大な権限を付与され、当時のマスコミはこの企画院を「経済参謀本部の出現」と呼んだ。この企画院は昭和14年改組され、第1部（総合国力の拡充・運用）、第2部（総動員計画）、第3部（労務動員計画、国民動員計画）、第4部（物資動員計画、生産力拡充計画）、第5部（貿易・資金動員計画）、第6部（交通・通信）、第7部（科学）という編成であった。このように企画院は絶大な権限を持つ内閣直属の機関であるが、物資動員計画（物動）、生産力拡充計画で中核的な役割を演じ、昭和13年4月に公布された「国家総動員法」は企画院第1部で立案された。

この企画院で革新官僚と呼ばれる高級官僚が活躍した。これら官僚の中には戦後種々の分野で活躍することになる勝間田精一、正木千冬、稲葉秀三、佐伯喜一、和田博雄、美濃部洋次、迫水久常、曾根益等がいた。企画院総裁の4代目には大蔵省の星野直樹が就任している。昭和15年第2次近衛内閣で、近衛文麿のブレーンである「昭和研究会」の笠信太郎等が「日本経済再編試案」を起草した。これを土台に企画院が「利潤」よりも「生産本位」の経済体制の転換を主張した「経済新体制論」構想を展開した。しかし昭和16年1月以降和田・勝間田・稲葉・正木・和田等の調査官・嘱託職員が治安維持法違反で検挙・投獄される所謂「企画院事件」が発生した。[72]

昭和13年（1938年）には「国家総動員法」が制定された。この法律によっ

て政府は経済活動のあらゆる分野にわたって白紙委任に等しい権限を与えられた。この法律によって政府は、労務の徴用・雇用・賃金、物資の生産・修理・配給・処分・使用・収用・消費・貿易・関税、会社の設立・増資・合併、利益処分・経理、金融機関の資金の運用、設備の新設拡張、カルテルや組合の設立、価格等経済活動の全分野の統制に関する権限を付与された。それと伴に企画院が中心となって各年度毎の物資動員計画および生産力拡充計画が作成されるようになる。これ以降日本経済は益々全体主義的な戦時経済統制体制を強化していくことになる。[73]

6.6 戦後の産業政策

戦後の日本の産業政策については通産省の通商産業調査会が編纂した通商産業政策史（1945－80年）に詳しい説明がある。通産省の通商産業調査会が平成6年（1994年）に編纂した『通商産業政策史』（全17巻）は戦後35年間（1945－80年）の日本の通商・産業政策史を、①経済復興期（昭和20－27年、1945－52年）、②自立基盤確立期（昭和27－35年、1952－60年）、③高度経済成長期（昭和35年―46年、1960－71年）、④多様化時期（昭和46年―54年、1971－79年）に大きく区分して分析している。ここではこの『政策史』の時代区分に従ってそれぞれの時期の通商・産業政策の主要な特徴を概観することにする。

(1) 経済復興期（昭和20－27年）

この時期日本は連合軍の占領下にあり、日本政府は連合軍総司令部の直接の指揮・監督下にあり自主的な経済・産業政策を実施する権限を有していなかった。占領軍総司令部の指揮・監督の下でこの時期に実施した経済・産業政策の主なものは、①財閥の解体・農地改革・労働立法の整備等の経済の民主化、②軍需産業および戦時統制経済体制の改廃、③ドッジ・ラインに代表される緊縮マクロ経済政策によるマクロ経済安定化政策、④独占禁止法の制定による大企業の独占的支配力の排除、⑤傾斜生産力強化政策による石炭・鉄鋼業等の基幹産業の復興政策等である。これらの経済政策の内、特に1947

年制定の「独占禁止法」は過去の日本の経済制度に無いアメリカの反トラスト法の直訳的導入であり、これ以降通産省と不公正取引を所管する「公正取引委員会」との間に企業連合（カルテル）の規制や日本の産業の競争政策に関して意見の対立や緊張関係を造成することになる。[74]

昭和24年5月「通商産業省設置法」が公布され、商工省が廃止され「通商産業省」となる。終戦直後貿易取引は連合軍総司令部の直接的な管理の下に置かれた。昭和24年民間貿易取引が認められるまで輸出入取引は貿易庁・貿易公団を経由して行われた。海外市場での取引は総司令部の機関が行い、民間の輸出入業者の直接的な貿易取引は認められなかった。輸出業者は輸出財を貿易庁・貿易公団に市場価格で売却し、この輸出財は総司令部の海外機関が海外市場で売却し、獲得した輸出外貨は総司令部の指示に従い大蔵省が「外国為替勘定」を設けこれを管理した。輸入も同じような経路で取引が行われた。この結果日本円と外国通貨との為替レートは輸出入取引毎に異なり商品群別の多数の為替レートが実質上形成されることになる。この複数為替レート制度はドッジ使節団の勧告を受けて昭和24年4月から単一為替レート（1ドル360円）に変更され、民間企業の直接貿易取引も昭和25年1月から許可された。しかし「外国為替・外国貿易管理法」が昭和24年12月に公布され、輸出入取引は政府による直接の規制の対象とされる。[75] この「外国為替・外国貿易管理法」は昭和39年（1964年）3月に改正されるが、この期間日本の企業は輸入取引・技術導入に必要な外貨を取得するため政府（通産省・大蔵省）の許認可を得る必要があった。この結果大蔵・通産官僚は絶大な権限を行使することになる。

(2) 自立基盤確立期（昭和27-35年）

昭和26年（1951年）9月「サンフランシスコ講和条約」が調印され、翌年4月「講和条約」が発効し、日本は主権国家として国際社会に復帰する。昭和27年（1952年）日本はIMF/国際復興開発銀行（世界銀行）に加盟し、GATTには日本はイギリス等の反対を押し切って米国の支援を得て昭和30年

（1955年）に加入する。しかし日本がこれら国際機関によって代表される国際社会の自由主義的な経済秩序や規範に従って経済の自由化政策を積極的に押し進めるのは、日本がOECD（経済協力開発機構）に加入した昭和39年（1964年）以降である。OECDは先進国相互の経済協力を促進するために1961年に設立された国際組織である。OECDは西欧諸国がアメリカ政府の要請に応じてマーシャル計画を実施するために1948年に設立したOEEC（欧州経済協力機構）を前身とする。[76]

さらに日本はOECDに加盟した昭和39年（1964年）に経常取引に関わる外国為替取引の規制を禁止するIMF 8条国に移行し、貿易・資本取引の自由化政策を実施することを義務づけられる。

しかし日本政府はこの期間「外国為替および外国貿易管理法」に依拠した外貨予算制度・外貨割当制度によって民間企業に対する規制・影響力を強化していく。この期間「自動承認制度」（AA制：Automatic Approval）によって自由に輸入が可能であった「自由化率」は40パーセントに留まっていた。この輸入管理制度によって綿紡績業・石油精製業・鉄鋼業・機械産業は必要不可欠な原料・中間生産財・先端技術の輸入に必要な外貨を優先的に配分された。[77] それと伴に通産省は「企業合理化促進法」（昭和27年）、「輸出取引法」（昭和27年）、「石炭鉱業合理化臨時処置法」（昭和30年）、「繊維工業設備臨時処置法」（昭和31年）、「機械工業振興臨時処置法」（昭和31年）、「電子工業振興臨時処置法」（昭和32年）、「プラント類輸出促進臨時処置法」（昭和34年）等一連の個々的なターゲット産業を対象にした産業合理化政策を実施した。これら時限立法は、特別償却制度、固定資産税・輸入税免除、機械設備の貸与、助成金の交付等により機械設備の近代化を促進することを目的とした。この目的達成のため通産省は個々的な産業の合理化・近代化を促進する65以上の「産業合理化審議会」を設置した。通産省はまた企業の生産性の改善を支援するため「財団法人日本生産性本部」を昭和30年に設置した。これと平行して通産省は「外資法」（昭和25年）に従ってこれら機械産業の技術導入を積極的に支援する政策を実施した。日本の企業はこの期間（昭和27－35年）に設

備の近代化のため総計1,265件の技術を欧米から導入することとなる。[78]

(3) 高度経済成長期（昭和35－46年）

　この高度経済成長期の日本の通商・産業政策は、①開放経済体制への移行と貿易・資本の自由化政策，②新産業体制論と特定産業振興臨時処置法の流産、③総合エネルギー対策、④産業立地と公害、⑤経済摩擦等という政策課題によって特徴づけられよう。ここでは①、②の問題を中心に見ていくことにする。

　西欧諸国は昭和34年（1959年）までに通貨の交換性を回復し、日本政府は最早IMF14条に依拠して外国為替の管理政策を続行することが困難になることをIMF総会・GATT総会の出席を契機に認識するようになる。昭和34年12月経済閣僚懇談会は、日本が段階的に貿易・資本取引の自由化を実施し、昭和39年までに95パーセントの貿易の自由化率を達成し、外貨予算制度の廃止と外資導入の全面自由化を達成する目標を掲げる。この勧告を受けて岸内閣の貿易・為替自由化促進閣僚会議は昭和35年6月「貿易・為替自由化計画大綱」を発表し、翌年池田内閣は「貿易・為替の自由化促進計画」を策定する。それ以降IMF第14条の年次協議を経てIMF理事会は昭和38年2月日本のIMF第8条国移行への勧告を行い、日本は昭和39年4月IMF8条国に移行する。それと伴に日本は昭和38年GATT12条国（国際収支を理由とする輸入制限）から11条国（輸入制限禁止）に移行することになる。同年日本はOECDに加盟しOECD規約の「資本自由化政策」を受け入れ、それと伴にGATTの多国間貿易・関税交渉の「ケネディー・ラウンド」（1964-67年）に参加し輸入関税の一律引下げ交渉結果を受け入れる。[79] このように高度経済成長期における日本経済の開放経済体制への移行の政策決定は国際社会の「外圧」に対する日本の指導者達の「サバイバル・インスティンクト（生存本能）」の産物である色彩が濃厚であると解釈されよう。

　1960年代日本経済が閉鎖経済から開放経済に移行するにつれて日本の為政者達にとって日本の産業の国際競争力を維持・育成することが緊急の課題と

なってくる。通産省の通商・産業政策は外部の業界・金融・経済団体・識者を構成員とする調査会・研究会・審議会等の名称で呼ばれる会議体で論議される。その多くは対象とする産業を所轄する現局の通産官僚が事務局を務める。これら合議体の代表的なものは、「産業合理化審議会」（昭和24年12月設置）、「産業構造調査会」（昭和27年8月）、「日本産業構造研究会」（昭和29年3月）、「産業構造審議会」（昭和39年4月）等である。これらの合議体は対象とする産業毎に部会を形成し、各部会は対象とする産業の国際動向や業界動向を分析し政策提言を行うのが主な作業であった。1960年代の開放経済体制下で通産官僚達は日本の産業の国際競争力に対して危機意識を持つようになる。その理由は重化学工業分野で日本の産業の特徴は、①小規模、②多数企業の過当競争、③低い技術水準である。このような状況で登場するのが城山三郎の小説『官僚達の夏』の主人公のモデルとなった佐橋滋企業局長（当時）と両角良彦企業局第一課長（当時）等が展開した「新産業体制論」である。[80]

　この「新産業体制論」は、①通産省が企業と協同して新産業秩序の具体的な目標を設定し、②税制、金融面での優遇処置によって企業を誘導すること、③企業の自主調整が不可能な場合には、通産省が積極的に新産業秩序の形成を図ることを内容とする産業政策である。この産業政策を具体化するため佐橋・両角等は「特定産業振興臨時処置法」（特振法）法案を閣議の了解を得て昭和38年3月衆議院に提出した。しかしこの法案は審議未了となる。この「特振法」案は第44回臨時国会（昭和38年10月）および第46回通常国会（昭和38年12月－昭和39年6月）に再度提出されるが審議未了廃案となる。この「特振法」は、特殊鋼、自動車、石油化学その他政令で定める業種のうち関係産業団体から申請のあった産業に適用され、規格の統一、生産分野および投資の調整、部品の共同購入、施設の共同利用、転換資金の共同行為（合理化カルテル）等を公正取引委員会の許可の下で実施することを目的とした。しかしこの法案は廃案となるが、その理由は与党自民党、野党、産業界、大蔵省、公正取引委員会、金融界、学界の積極的な賛同を得られなかったことである。これ以降通産省の産業政策は行政指導や産業金融による誘導、シンクタンク

的機能に次第に移行していくことになる。

(4) 多様化時代（昭和46－54年）

この時期日本の産業は、①変動相場制度への移行とオイル・ショックと資源エネルギー政策、②深刻化する貿易摩擦、③構造的不況業種と産業調整政策、④産業公害と鉱業の再配置政策等の政策課題に直面する。この時期日本ばかりでなく西欧先進工業国は、①経済の停滞とスタグフレーション、②貿易の不均衡がもたらす経済的利害の先鋭化、③加速化する技術革新と産業の新陳代謝、④深刻化する環境破壊と政府による環境規制の強化等企業を取り巻く経済環境が激変する。日本の企業は省エネルギー政策の実施、高付加価値・知識集約・先端技術集約産業への構造転換、産業公害の削減と除去努力等の企業努力によって企業環境の変化に対応することができた。[81] 以下ここでは、日本の主要な輸出市場であるアメリカとの貿易摩擦および構造不況業種と産業調整政策の問題に限定して見ていくことにする。

昭和20年代後半の日本の対米輸出は冷凍マグロ・マグロ缶詰・綿製品・金属洋食器・傘・履物・陶磁器・合板・ミシン・玩具等の軽工業品が中心であった。これら中小の零細企業による軽工業品の輸出の品質を保持し、廉売競争や過当競争を排除するため通産省は「輸出取引法」（昭和27年）によって秩序ある輸出を確保しようとした。昭和30年代および40年代に入り綿製品の対米輸出が急増し、「綿製品の国際貿易に関する短期取決」（STA: Short Term Arrangement Regarding Trade in Cotton Textile）および、「綿製品の国際貿易に関する長期取決め」（LTA: Long Term Arrangement Regarding International Trade in Cotton Textiles）に基づく日米綿製品交渉が行われた。ニクソン大統領は南部の綿繊維産業の各州の大統領選挙での支持を得るため強行な姿勢で臨み、日本政府は繊維業界の輸出自主規制による対米綿製品の輸出を抑制することとなる。日米両政府はGATTの自由貿易原則を遵守しつつ、個々的な産業の貿易不均衡がもたらす利害の対立を調整しアメリカ議会に台頭する保護貿易的な風潮に対抗するため次第に「管理貿易」政策に依拠

するようになる。これ以降鉄鋼・テレビ等の家電製品・工作機械・自動車等主要な機械産業の貿易不均衡を是正し日米貿易摩擦を回避するため、通産省は業界に対して種々の「行政指導」を行い、日本の経済団体および各業界は対米輸出を自主的に規制する処置をとり対米輸出額を一定の上限以下に規制する[82]。これら産業別の日米貿易摩擦は1980年代後半には半導体産業の貿易摩擦に拡大するが、日米両政府はこれら個別の産業の貿易摩擦の原因が、日本の経済構造の体質に根ざしているという認識から「日米構造協議」、「包括的構造協議」交渉の場を通して日本経済の構造調整問題を論議するようになる。[83]

　日本の産業が重化学工業化し、日本の経済が閉鎖経済から開放経済に移行するにつれて日本の産業は需要・供給の両側面で国際経済との関わり合いを強めていく。このことは日本の産業、特に資源・エネルギー多消費型の産業が外的ショックに対する脆弱性を増すことを意味する。特に1970年代のニクソン・ショックと石油ショックは貿易財の相対的価格を劇的に変化させ、日本の産業は動態的に変化する比較優位性を反映して構造調整を迫られる。しかし産業の新陳代謝は市場の価格機能だけに依存することは出来ず、政府の市場介入による産業政策が必要になってくる。日本の場合、通産省は「特定不況産業安定臨時処置法」（特安法、昭和53年）を公布・施行することによって産業の構造調整・新陳代謝を支援することになる。この「特安法」は、①特定不況業種の「安定基本計画」を策定し過剰設備の処理等業界が講ずべき行動計画を明らかにし、②「不況カルテル」等の共同行為を指示し、③過剰設備を処理するのに必要な資金を供給するため「特定不況産業信用基金」を設立することを内容とする。この「特安法」に基づき平電炉・合繊（4業種）・造船・化学肥料（3業種）の14業種が構造不況業種に指定され、そのうち8業種が指定カルテルに認定され産業調整が行われた。[84]

第6章　日本の産業政策

註

1. 末廣昭著『キャッチアップ型工業化論』、名古屋大学出版会、2000年、1-59頁。
2. 小宮隆太郎著『日本の産業・貿易の経済分析』、東洋経済新報社、1999年、5頁。
3. 中村隆英著『戦前期日本経済成長の分析』、岩波書店、1971年、53-75頁。橋本寿朗・大杉由香著『近代日本経済史』、岩波書店、2000年、147頁。その他以下の日本の代表的な近代経済史の研究者達の文献の中に産業政策に関する系統的な理論・実証分析はない。山口和雄著『日本経済史』、筑摩書房、1976年。新保博著『近代日本経済史』、創文社、1995年。石井寛治著『日本経済史』、東京大学出版会、1976年。三輪良一著『概説日本経済史』、東京大学出版会、1993年。
4. 小宮隆太郎・奥野正寛・鈴村興太郎編『日本の産業政策』、東京大学出版会、1984年。鶴田俊正著『戦後日本の産業政策』、日本経済新聞社、昭和57年。
5. これら通産官僚の産業政策に関する意見対立に関しては、林信太郎元立地公害局長、佐橋滋元通産事務次官、今井善衛元通産事務次官等の回顧的な証言の中から推測することが出来る。伊東光晴監修・エコノミスト編集部編『戦後産業史の証言：産業政策』、毎日新聞社、昭和52年、61-179頁。
6. 城山三郎著『官僚達の夏』、新潮文庫、昭和55年。
7. 元通産省産業構造課長の並木信義は、通産省内部の官僚の権力闘争に批判的であるが、日本の産業政策の主人公は通産官僚であるという強い矜持心を持っている。並木信義著『通産省の終焉』、ダイヤモンド社、1989年参照のこと。
8. 小野五郎著『実践的産業政策論』、通商産業調査会、平成4年および『現代日本の産業政策』、日本経済新聞社、1999年、155-263頁参照。
9. Lockwood, William., The Economic Development of Japan ; Growth and Structural Change, Princeton University Press, 1954, pp. 593-668. Hugh Patrick and Henry Rosovsky," Japan's Economic Performance : An Overview, " in Hugh Patrick and Henry Rosovsky, ed., Asia's New Giant, The Brookings Institution, 1976, pp. 1-61.
10. Johnson, Chalmers., MITI and the Japanese Miracle: The Growth of Industrial Policy 1925-1975, Charles E. Tuttle, 1986, pp.83-115 and pp. 305-324.
11. Vogel, F. Ezra., Japan As Number One: Lessons for America, Charles

E. Tuttle, 1980, pp.70-79.
12. Tyson, Laura D'Andrea., Who Is Bashing Whom: Trade Conflict in High-Technology Industries, Institute for International Economics, 1993, pp. 286-296.
13. この分野での注目すべき分析成果は以下の文献であろう。Gene M. Grossman and Elhanan Helpman, Innovation and Growth in the Global Economy, The MIT Press, 1992.
14. この危機意識の現れは、MITの産業生産性を研究する委員会における日米の主要な産業の生産性の比較分析であろう。The MIT Commission on Industrial Productivity, Made in America: Regaining in the Productive Edge, Harper Perennial, 1989. 参照のこと。
15. 冨浦英一著『戦略的通商政策の経済学』、日本経済新聞社、1995年参照のこと。残念ながらこの著作の中で冨浦英一はアメリカの最近の戦略的通商政策理論の紹介に終始しており、通産省の通商政策や産業政策を理論的に擁護しようとはしていない。
16. 鶴田俊正著『戦後日本の産業政策』、日本経済新聞社、昭和57年、277-287頁。鶴田俊正・伊東元重著『日本産業構造論』、NTT出版、2001年、69-71頁、84-94頁、137-140頁。
17. 小宮隆太郎・奥野正寛・鈴村興太郎編『日本の産業政策』、東京大学出版会、1984年、1-21頁。小宮隆太郎著『日本の産業・貿易の経済分析』、東洋経済新報社、1999年、3-56頁。
18. 三輪芳郎・J・マーク・ラムザイヤー著『産業政策論の誤解』、東洋経済新報社、2002年、114-121頁。この著作はJ・マーク・ラムザイヤーとの共同の著作であるが三輪芳郎を代表者として言及することにする。
19. 三輪芳郎、前掲書、520-521頁。
20. 三輪芳郎、前掲書、94-103頁。
21. 三輪芳郎、前掲書、87-92頁。
22. 佐橋滋元事務次官は通産省の当時の産業政策について自伝的な発言を行っており、通産省の産業政策を知る上で非常に参考になる。佐橋滋「通産行政：特振法の流産」（語る人）伊東光晴監修『戦後産業史への証言：産業政策』、毎日新聞社、昭和52年、123-158頁。両角良彦は日本経済新聞に自叙伝を書いている。両角良彦著『私の履歴書』（経済人）32巻、日本経済新聞社、平成16年、160-237頁。
23. 城山英明・鈴木寛・細野助博編著『中央省庁の政策形成過程』、中央大学出版

部、1999年、89-127頁。
24. 辻清明著『新版・日本官僚制の研究』、東京大学出版会、1969年参照のこと。
25. 第1次大戦後の日本経済の状況に関しては、以下の文献に詳しい解説がある。大内力・加藤俊彦・大島清・楫西光速著『日本資本主義の没落』、東京大学出版会、特に第1巻（1960）、73-102頁；第2巻（1961年）、392-424頁、470-524頁；第3巻（1963年）、848-912頁を参照のこと。
26. 北一輝の思想と行動に関しては、以下の文献を参照のこと。渡辺京一著『評伝北一輝』、朝日新聞社、1985年および松本健一著『評伝北一輝』、岩波書店、第Ⅰ-Ⅴ巻、2004年。
27. 日本のファシズム運動の歴史に関しては以下の文献に詳しい説明がある。秦郁彦著『軍ファシズム運動史』、河出書房新社、昭和37年；田中惣五郎著『日本ファシズム史』、河出書房新社、1960年。
28. 丸山真男著『現代政治の思想と行動：増補版』、未来社、1964年、29-87頁。
29. 長幸男著『昭和恐慌：日本ファシズム前夜』、岩波書店、1973年（岩波現代文庫版）、2001年、195-241頁。昭和恐慌に関しては、1990年以降のデフレ経済不況の長期化を踏まえて関心が高まっている。岩田規久男編著『昭和恐慌の研究』、東洋経済新報社、2004年参照のこと。
30. 通商産業省編『商工政策史』第4巻、重要調査会、昭和36年、299-339頁。
31. 通商産業省編『商工政策史』第9巻、産業合理化、昭和36年、3-157頁。
32. 吉野信二著『我国の工業の合理化』昭和5年（1930年）、通商産業省編『商工政策史』、第9巻に収録、229-351頁。
33. 原彬久著『岸信介：権勢の政治家』、岩波新書、1995年、2-51頁。
34. 通商産業省編『商工政策史』、第9巻、前掲書、158-170頁。
35. 児玉幸多・永原慶二等編『明治憲法体制の展開』、山川出版社、1996年、上巻、4-92頁、下巻、91-123頁。岡義武著作集第2巻、明治政治史2、岩波書店、1992年、24-65頁、112-139頁参照。
36. 中山隆志著『関東軍』、講談社、2000年、5-76頁。
37. 北岡伸一著『後藤新平』、中公新書、1988年、35-118頁。御厨貴編『時代の先覚者：後藤新平1857-1929』、藤原書店、2004年参照のこと。現在、鶴見祐輔著『正伝：強盗新平』全8巻が藤原書店から出版中である。
38. 西澤泰彦著『図説：満鉄』、河出書房新社、2000年、34-71頁。小林英夫著『満鉄：知の集団の誕生と死』、吉川弘文館、1996年、51-102頁。
39. 野々村一雄は戦後一橋大学の教授となり、満鉄調査部の回顧録を書いている。

野々村一雄著『回想満鉄調査部』、勁草書房、1986年参照。野々村一雄は昭和17年（1942年）関東軍憲兵隊に検挙され、長期間獄中生活を送った。

40. 原覚天著『現代アジア研究成立史論』、勁草書房、1984年、327－958頁。
41. 臼井勝美著『満州事変』、中公新書、1974年参照。
42. 仲条立一・菅原一編『石原莞爾のすべて』、新人物往来社、1989年参照。
43. 大江志乃夫著『日本の参謀本部』、中公新書、1985年；黒野耐著『参謀本部と陸軍大学校』、講談社、2004年参照。
44. 佐治芳彦著『甦る戦略家の肖像：石原莞爾』下巻、日本文芸社、平成元年、9－65頁。
45. 太平洋戦争研究会著『図説：満州帝国』、河出書房新社、1996年、64－71頁。
    山室信一著『キメラ：満州国の肖像』、中公新書、1993年、163頁。
46. 塚瀬進著『満州国：民族協和の実像』、吉川弘文館、1998年、30頁。
47. 山室信一、前掲書（1993年）、170－171頁。
48. 山室信一、前掲書（1993年）、16頁。
49. 小林英夫・岡崎哲二・米倉誠一郎・ＮＨＫ取材班著『日本株式会社の昭和史』、創元社、1995年参照。
50. 小林英夫・岡崎哲二・米倉誠一郎、前掲書（1995）、71－90頁。
51. 山本有造著『満州国経済史研究』、名古屋大学出版会、2003年、27－73頁。
    原覚天著、前掲書（1984年）、364－373頁。
52. 小島精一著『日満統制経済』、改造社、昭和8年、35－93頁。
53. 山室信一著、前掲書（1993年）、268－269頁。
54. 原彬久著『岸信介』、岩波新書、1995年、59－66頁。小林英夫・岡崎哲二・米倉誠一郎著、前掲書、56－64頁。
55. この産業開発計画の内容および実績に関しては、山本有造著『満州国経済史研究』、名古屋大学出版会、2003年、107－135頁参照のこと。
56. 大内力・加藤俊彦・大島清・楫西光速著『日本資本主義の没落』Ⅲ、東京大学出版会、1963年、741－746頁。由井常彦・中川敬一郎・森川英正編『近代日本経営史』、有斐閣、1974年、204－207頁、220－221頁。
57. 古川隆久著「革新官僚の思想と行動」、『史学雑誌』、99巻4号、1990年、1－36頁。この論文の中で古川隆久は奥村喜和男と毛里英於菟の2人の革新官僚に焦点を当て1930—1940年代に活躍した革新官僚の思想的系譜と国粋主義的な軍部中堅将校との思想的な絆を分析している。
58. 遠山茂樹・今井精一・藤原彰著『昭和史』、岩波新書、1959年、105－108頁。

第 6 章　日本の産業政策

59. ケインズの経済理論を理解するうえで下記の伝記は非常に参考になろう。D. E. Moggeridge, Maynard Keynes: An Economist's Biography, Routledge, 1992.
60. 「日本資本主義論争」に関しては多くの解説書があるが、以下の論文が参考になろう。毛利健三著「ファシズム下における日本資本主義論争」、長幸男・住谷一彦編『近代日本経済思想史Ⅱ』、有斐閣、昭和46年、129－174頁。
61. 大内力・加藤俊彦・大島清・楫西光速著『日本資本主義の没落Ⅲ』、東京大学出版会、1963年、607頁。
62. 金融経済学者B・アイケングリーンは、「世界経済恐慌の究極的な原因は、主要資本主義国家が金本位制を採用したことである」と主張し、金本位制度と世界経済恐慌に関する鋭い分析を行っている。Barry Eichengreen, Golden Fetters: The Gold Standard and the Great Depression 1919－1939, Oxford University Press, 1995.
63. 土方成美著『統制経済政治機構』、日本統制経済全集第7巻、改造社、昭和8年、9－27頁。
64. 有沢広巳著『産業動員計画』、日本統制経済全集第6巻、改造社、昭和8年参照のこと。
65. 高橋亀吉著『日本経済統制論』、日本統制経済全集第5巻、改造社、昭和8年、3－89頁。
66. 猪俣津南雄著『統制経済批判』、日本統制経済全集第9巻、改造社、昭和8年、197－211頁。
67. 大内力・加藤俊彦・大島清・楫西光速著『日本資本主義の没落　Ⅳ』、東京大学出版会、1964年、1175－1207頁。
68. 児玉幸多・永原慶二・井上光貞・大久保利謙編『革新と戦争の時代』、日本歴史体系第17巻、1997年、132－154頁。
69. 通商産業省編『商工政策史』、第11巻、産業統制、昭和39年、88－89頁。
70. 通産産業省編『商工政策史』、第11巻、産業統制、同上、98－127頁。
71. 中村隆英著『昭和経済史』、岩波書店、1986年、106－108頁。
72. 安藤良雄著「企画院」、有沢広巳監修『昭和経済史上巻』、日経文庫、1994年、216－219頁。
73. 通商産業省編『商工政策史』、第11巻、産業統制、全掲書、174－235頁。
74. 村上政博著『独占禁止法』、岩波書店、2005年、58－82頁。来生新著「日本の競争政策の歴史的概観 (1)」、古城誠著「日本の競争政策の歴史的概観 (2)」、後藤

晃・鈴村興太郎編『日本の競争政策』、東京大学出版会、1999年、17－44頁、45－70頁。
75. 通商産業省編『通商産業政策史』、第4巻、平成2年、262－368頁。
76. OECDの機構と役割については、村田良平著『OECD』、中公新書、2000年を参照のこと。
77. 通商産業省編『通商産業政策史』、第6巻、平成2年、77－339頁。
78. 通商産業省編『通商産業政策史』、同上、341－687頁。
79. この時期の貿易と資本の自由化政策の経過については以下の文献に詳しい説明がある。通商産業省編『通商産業政策史』、第8巻、平成3年、169－494頁。
80. 城山三郎著『官僚達の夏』、新潮文庫、昭和55年。「新産業体制論」については以下の文献を参照のこと。通商産業省編『通商産業政策史』、第10巻、平成2年、47－90頁。
81. 日本企業の戦後の経営革新に関しては多くの研究があるが以下の文献が参考になる。伊丹敬之・加護野忠男・宮本又郎・米倉誠一郎編『日本企業の経営行動』、第1－4巻、有斐閣、1998年。
82. 通商産業省編『通商産業政策史』、第9巻、平成3年、277－555頁、第12巻、平成5年、423－530頁。
83. 日米の貿易摩擦が日米のマクロ経済の不均衡という構造的問題に根ざしているという論議については以下の文献が参考になる。石井菜穂子著『政策協調の経済学』、日本経済新聞社、1990年；竹中平蔵著『日米摩擦の経済学』、日本経済新聞、1991年；グレン・フクシマ著『日米経済摩擦の経済学』、朝日新聞社、1992年；小宮隆太郎著『貿易黒字・赤字の経済学』、東洋経済新報社、1994年；花崎正晴著『アメリカの貿易赤字・日本の貿易黒字』、東洋経済新報社、1996年。
84. 通商産業省編『通商産業政策史』、第14巻、平成5年、1－59頁。

第7章 日本の産業金融システム

はじめに

　日本における戦前および戦後の工業の発展の過程で産業金融システムが非常に重要な役割を演じた。この章では前章で説明した日本の産業政策の目的を達成するため、産業金融システムが果たした具体的な役割を説明することにする。

7.1 日本の金融システム

(1) 金融システムの機能

　金融経済学者が指摘するように、金融システムの安定的発展は一国の実体経済の発展にとって不可欠の前提条件となる。一国の金融システムはその国の市場経済の発展段階に応じて必要・不可欠の機能を果たす。これらの機能とは、通貨制度の確立と安定、経済取引の決済、信用制度の形成と確立、商業資本・産業資本の蓄積、資金の調達と運用、市場メカニズムによる金融資産の効率的配分、リスク分散機能、金融資産の期間転換および多様化、金融資産のモニタリング、価値の保存・保管、取引コストの軽減、資金の仲介（資金過剰部門から資金不足部門への資金の仲介）機能等が挙げられよう。これらの金融システムの機能に関しては金融経済学のテキストの中で一般的に説明されているので参照されたい。[1]

　金融システムの健全な発展は、商業資本や産業資本が不十分にしか蓄積されていない後発工業国や発展途上国の経済発展にとって特に重要であることはA・ガーシェンクロンが指摘するところである。すなわち後発工業国では、金融システムが工業部門の発展に必要不可欠の長期の産業資金を動員し、重

要な産業分野に優先的に配分する仕組みを先ず構築する必要があると考えられるからである。A・ガーシェンクロンは先進工業国であるイギリス経済にキャッチアップするため後発工業国ドイツでは金融機関、特に銀行が重要な役割を果たしたと指摘する[2]。一方金融経済学者E・ショウは「自由な金融市場の存在は経済発展にとって不可欠の条件である」と主張し、途上国政府がしばしば金融市場に対して行う規制政策は、金融市場の健全な市場機能を抑圧し、その国の経済発展にマイナスの効果をもたらすと警告していた[3]。同じようにR・マッキンノンは「金融システムの自由化は経済発展の不可欠の条件である」と主張し、これら金融システムの自由化理論は「ショウ・マッキンノン理論」と呼ばれるようになる[4]。これら新古典派経済学者達は当然のごとくに、金融経済も実体経済と同じく自由競争という市場原理に従って運用されるべきであると考えるのである。

　世界銀行（以下世銀と略称）は1980年代「構造調整融資」支援の条件として被援助国政府に対して経済自由化政策の履行を求めたが、この経済自由化政策の一環としてショウ・マッキンノン理論に従って「金融市場の自由化」政策を求めるのが一般的であった。しかし後発工業国或いは発展途上国の場合、実体経済および金融経済の発展が遅れ市場に代わって国家が主導的な役割を演じ、実体経済および金融経済の発展を政府が積極的に支援する必要があった。発展途上国の多くは未成熟な民間企業に代わって国営企業が主要な産業を所有・経営し、国有の金融機関が必要な投資資金を調達・運用する傾向が強かった。アジア諸国では、日本を含み韓国・中国・インド・インドネシア・タイ・フィリピン等で国営ないしは特殊銀行としての産業開発銀行（Development Financing Institutions; DFIs）が、これらの国々の経済発展を促進する過程で重要な役割を演じたことは周知の事実である。

　そればかりでなく発展途上国や後発工業国の場合、近代的な貨幣制度を確立し、金融機関を監視・監督し健全な金融システムの発展を促進するため中央銀行を早期に設立する必要があった。さらに西欧先進国から近代的な金融制度（商業銀行、証券会社、保険会社等）を導入し、商業資本・産業資本を効

率的に調達・運用する金融市場や資本市場を速急に確立する必要があった。

　日本の場合、徳川時代に既に大坂商人・近江商人・伊勢商人や地方の特権商人等によって蓄積された商人資本や両替商人達によって開発された為替取引や手形取引等の信用取引の慣行があった。しかし明治政府はこれらの伝統的な金融制度や慣行を速急に近代化し、民間企業が必要とする産業資金を動員し、運用する金融市場メカニズムを形成する課題に直面した。日本の近代金融史家の伊牟田敏充教授は、「日本の資本主義経済体制の発展は、内発的な生産諸力や商品生産・流通システムが自律的に発展したものではなく、外圧によって欧米の先進資本主義の制度を、その制度の確立に必要な知識や技術を導入することによって発展したものである。日本の資本主義は資本の原始的蓄積や生産力が未熟で、高度の生産力を有する先進資本主義国と対抗せざるを得なかった。そこで、彼我の生産力格差を可能な限り早急に是正すべく、政府の指導の下に機械制工業が移植され、その資金的支柱として近代的な信用制度の形成と会社制度の普及が行われた」と指摘している。さらに「明治以降の日本の経済発展にとって金融の役割は不可欠であり、……日本の資本主義は財政・金融を通して上からの育成を不可避にした。為替銀行、国立銀行、日本銀行、横浜正金銀行、私立銀行等の主要な金融機関は政府のイニシアチブによって創設された。政府の直接・間接の保護育成を受けたこれらの金融機関の融資なしには綿糸紡績等の近代工業も、鉄道や海運等の近代的な交通業も、更に在来的な製糸・製茶業のような輸出産業も発展し得たか否かは疑問である」と述懐している。[5)]

　しかしこれら西欧の近代的な金融システムの導入も、日本の文化的伝統や社会的価値観、社会的状況に応じて選別的に行われ、結果的に「日本型金融システム」と呼ばれる独特の金融システムが明治以降現代まで約130年の期間に形成されてきた。

(2) 日本の金融システムの特徴

　日本の金融システムの特徴として、①分業体制（銀行と証券、短期・長期金

融、普通銀行と特殊銀行の分離等)、②間接金融の優位、③オーバー・ローンとオーバー・ボロイング、④「機関銀行化」、⑤メイン・バンク制度、⑥重層的金融構造等の特徴がしばしば指摘されてきた。これらの特徴を持つ日本の金融システムは明治維新以降の歴史的状況の中から形成されてきたと一般に理解されている[6]。

　日本の戦前期における金融システムの形成の歴史に関してはマルクス主義経済理論の立場から、三井・三菱等の特権商人による商人資本の原始的蓄積、商業資本を土台に形成された産業資本の形成、第1次大戦後の財閥コンツェルンの形成と金融資本の集中プロセスという金融資本の日本的発展過程に対する分析がある。これらマルクス主義理論からの分析はそれなりの洞察力があるが、以下ここでは金融経済学者達の日本の金融システムに関する通説的な見解を概観するに留めることにする[7]。

(3) 分業体制

　日本の金融システムの分業体制とは、銀行と証券、商業金融と産業金融、長・短期金融等機能的に分化・特化した金融機関の分業体制を指す。それぞれの金融機関は特化した金融業務にのみ営業が認められ他分野の業務の兼業が原則的に認められず、それぞれ大蔵省の金融行政の監督・規制の下に置かれた。この日本の金融システムの分業体制は、明治初頭以降金融システムの形成と伴に次第に顕著になったのが特徴である。ドイツと同じく後発工業国として出発した明治政府は、国策としての「殖産興業」を実行するため銀行制度を先ず優先的に育成・整備する必要があった。日本の銀行制度は設立の当初より産業を育成する必要から産業金融或いは長期金融が重要視され、ドイツと同じく銀行が産業金融上支配的な力を持つ金融構造を持つに至った[8]。しかし日本は近代的銀行制度を西欧から導入した際イギリスの商業銀行制度の影響を強く受け、商業銀行制度の確立を同時に指向するようになる。即ち、当時の日本の銀行制度はイギリス流の商業銀行に倣って商業銀行としての普通銀行、大衆貯蓄銀行としての貯蓄銀行、ドイツ型の長期金融・貿易金融に

第 7 章　日本の産業金融システム

特化した特殊銀行等という資金需要の性質に見合った専門金融機関が分業的に創設された。

　日本の金融システムは1990年代の後半以降所謂「金融ビッグバン」と呼ばれる構造改革によって根本的に変革されることになるが、それまで存続した戦後の日本の金融システムは戦前に形成された銀行の分業体制が1950年代に

表7－1：金融機関の資金量と構成比

(単位：億円、％)

	1975年末 金額	構成比	1985年末 金額	構成比	1993年末 金額	構成比
全国銀行銀行勘定	1,206,326	49.2	3,082,598	42.3	4,939,433	36.1
都市銀行	536,267	21.9	1,331,090	18.3	2,058,461	15.0
地方銀行	334,267	13.6	924,963	12.7	1,595,416	11.7
地方銀行II	159,408	6.5	382,241	5.2	605,682	4.4
長期信用銀行	137,776	5.6	350,799	4.8	584,360	4.3
信託銀行	38,742	1.6	93,502	1.3	95,509	0.7
全国銀行信託勘定	148,505	6.1	527,486	7.2	1,229,749	9.0
協同組織金融機関	420,283	17.2	1,092,150	15.0	1,922,275	14.0
信用金庫	195,568	8.0	503,983	6.9	914,257	6.7
信用組合	49,671	2.0	125,764	1.7	236,689	1.7
労働金庫	13,322	0.5	49,654	0.7	86,983	0.6
農業協同組合	155,404	6.3	397,221	5.5	663,016	4.8
漁業協同組合	6,318	0.3	15,528	0.2	21,330	0.2
商工組合中央金庫	33,949	1.4	89,611	1.2	146,734	1.1
農林中央金庫	51,855	2.1	187,374	2.6	394,035	2.9
保険会社	160,698	6.6	635,734	8.7	1,869,768	13.7
生命保険会社	127,942	5.2	529,451	7.3	1,616,361	11.8
損害保険会社	32,756	1.3	106,283	1.5	253,407	1.9
資金運用部	428,096	17.5	1,670,681	22.9	3,184,769	23.3
うち郵便貯金	241,986	9.9	1,013,243	13.9	1,808,832	13.2
計	2,449,712	100.0	7,285,634	100.0	13,686,763	100.0

資料：日本銀行金融研究所編『わが国の金融制度』、平成7年、14頁。

295

再編成されたものと理解される。第 2 次大戦後、日本の金融制度は経済の速急な回復、日本経済の重化学工業発展のために必要となる多額の長期資金供給のシステムとしての長期信用銀行、信託銀行という長期金融機関を設立した。一方、雇用機会創出のために雇用吸収力に富む中小企業の育成・発展を金融面から支援するため中小企業金融、農林水産業金融に特化した相互銀行、信用金庫、信用組合等の中小企業金融専門金融機関が整備・拡充された。一方、銀行、証券会社の業務範囲に関してはアメリカのグラス・スティーガル法に習って導入された証券取引法第65条に従い、銀行は投資目的の証券取引や公共債に関する業務を除き証券業務が禁止された。

　資金は投資収益率の低い運用（低金利）から投資収益率の高い運用（高金利）分野に自由に投資され、市場原理に従い資金が効率的に配分されるべき性質の「モノ」である。しかし日本の金融システムは政府・大蔵省が意図的に造った「分業体制」によって金融市場が細分化され、資金は種々の金融法によって規制された「垣根」に囲まれた範囲内で金融行政官僚のシグナルに従って流れる体質が形成されることになる。

(3) 間接金融の優位性

　日本の金融システムの第 2 の特徴は間接金融の優位性である。金融経済学者の鈴木淑夫は、間接金融の優位性は明治以来日本の金融システムを構造的に特徴づけた日本的特色であると指摘する。資金余剰部門（家計）が証券市場（株式、債券）で資金不足部門（企業・政府）が発行する証券（本源的証券）を直接購入するのが直接金融である。資金余剰部門が金融機関に預金し、金融機関がその預かった資金を資金不足部門に融資し、その発行する証券を購入するのが間接金融である。日本の場合、証券市場の発達の遅れ、証券市場の投機的性格、個人および家計の安全な金融資産に対する高い選好度、人為的な低金利政策による間接金融市場の低資金コスト、間接金融の税制上の優遇政策等の一連の理由により間接金融が優先されたと解釈されている。昭和45年（1970年）時点で日本の間接金融の比重は87％で、アメリカの47％に比

較して非常に高かった。[10]

(4)「オーバー・ローン」現象

 日本の金融システムの第3番目の特徴として金融システムの「オーバー・ローン」(過剰貸付) と「オーバー・ボロイング」(過剰借入) 現象の問題がある。しかしこれら和製英語は金融システムが持つ表裏の関係を表す特徴ではない。金融機関、特に銀行は主に自己資本および預金を資金源として動員或いは調達した資金を資金不足部門である企業に投資或いは融資するという資金の仲介機能を持つ。この場合企業の旺盛な資金需要に応ずるため、銀行が保有する自己資金および預金額を補填するため借入金、特に日銀からの借入金に依存する体質を「オーバー・ローン」の状態であると金融経済学者は定義づける。一方「オーバー・ボロイング」という現象は、金融機関(銀行)の特性を現す概念ではなく、日本の企業の「他人資本依存型」即ち負債比率の高い財務体質を表す概念である。銀行のバランス・シート(貸借対照表)から判断すると、資産項目は資金の投資・融資等の資金の運用状況を示し、負債項目は自己資本・預金・借金等の資金源を表す。具体的には銀行の資産は、現金としての中央銀行貨幣および中央銀行準備金預金(法定準備金)、コール・ローン、政府短期証券(財務省証券)、商業手形等の短期資産、貸出し、有価証券(株式・債券)投資、不動産投資その他の資産がある。一方負債には、自己資金、預金、中央銀行からの借入金およびコール市場からの借り入れ等がある。銀行の「オーバー・ローン」状態は預金と自己資本の合計以上に貸出し・有価証券投資を行う結果、与信超過となった状態を指す。日本の銀行の場合、「銀行が恒常的に与信超過となり日本銀行からの借り入れ依存度」が高いのが特徴とされる。この日本の銀行の「オーバー・ローン」状態は、企業の設備投資資金(長期資金)と運転資金(短期資金)需要に対して銀行が自己資金と預金量では対応できずに、日本銀行からの借り入れに依存する状態を示しているわけである。これを中央銀行としての日本銀行の視点からすると、後で触れるように本来中央銀行業務を遂行すべき日本銀行が産業

金融業務を遂行するという特徴を持つことになる。この銀行の「オーバー・ローン」状態は、日本の経済発展の速度が速く、金融システムの資金供給量以上に実体である企業の産業資金の需要が旺盛のときに顕著となる。或いは実体経済の成長の速度に金融経済の成長の速度が追いつかない場合に「オーバー・ローン」状態が顕著になると考えられよう[11]。

　日本企業の負債比率が高いこと（鈴木淑夫は1966－70年時点で日本の企業の平均的な負債依存率が50％であったのに、アメリカの企業は12％に過ぎなかったという数字を例証として挙げている）のその他の理由として、日本の企業経営者が「負債の梃子の効果」を財務戦略として積極的に活用したと解釈することが可能であろう[12]。

　一方、「オーバー・ボロイング」の問題として、日本の企業の他人資本依存度が高い現象、或いは企業の資本構造の負債比率が高い現象が日本企業或いは日本の経済システムの特徴としてしばしば指摘される。この現象は、日本の金融システムの発展過程で証券市場が遅れて発展したことにも関連がある。日本では東京・大阪に証券取引所が開設されたのは明治11年（1878年）であるが、明治15年（1882年）上場企業数は9社、20年（1887年）には銀行、鉄道会社を中心に34社が上場されたに過ぎなかった。日清戦争後戦争景気に刺激され株式会社の勃興ブームが発生し、鉄道、紡績、製糸、海運等の会社が設立され、明治29年（1896年）には会社設立数は5,924社に達したが、明治30年（1897年）の上場企業数は紡績・食品会社を中心に117社にすぎなかった。その後日露戦争・第1次大戦後数度の企業勃興ブームを経験するが、株式市場は活性化しなかったといわれる。その基本的な理由は、徳川時代に発展した大坂堂島の米の先物取引の影響を受けて、日本の株取引は投機的な清算取引が中心で、株式市場は投機的な「賭け」の市場という意識が強かったこと、証券会社は「株屋」に過ぎず銀行に比較して社会的評価が低かったこと、昭和8年（1933年）まで日本の企業グループの中核を占めた三井・三菱・住友等の財閥企業グループの株は持ち株会社が所有し一般に公開されなかったこと、後に見るように普通銀行が「機関銀行化」或いは「メイン・バンク化」

し、企業は主要な取引銀行から容易に必要な投資・運転資金の融資を受けられたこと、所有と経営の分離という近代的な企業経営理念が定着していなかったこと等の理由が挙げられよう。

　負債比率が高いという日本の企業の財務体質を示す「オーバー・ボロイング」現象は、一面では企業が意図的に「負債の梃子の効果」を活用するという財務戦略の結果であると解釈出来ないことはない。この「負債の梃子の効果」原理は、企業は負債比率を増大させることによって自己資本利益率を改善することが出来るという原理である[13]。但し、藤野正三郎・寺西重郎教授等の日本の金融システムの資金循環に関する計量分析によると、この日本企業の「オーバー・ボロイング」という高い負債比率を持つ日本企業の財務体質は、明治維新以降一貫して認められる現象ではなく、戦後特に顕著になった現象であるようだ。彼等の計量分析によると戦前の日本の企業の財務体質は、国際水準並みの高い自己資本比率を持っていたと考えられる[14]。

(5) 機関銀行化

　日本の金融システムの第4番目の特徴としてしばしば指摘されるのは銀行の「機関銀行化」傾向である。この傾向は金融機関（銀行）が取引先企業に対して包括的な金融サービスを提供する専属の機関となる傾向をさす。日本の銀行は、取引先の企業が行う商取引に付随する金融サービス、即ち短期の運転資金の融資、信用枠供与、商業手形の引受や割引、取引の決済等の商業銀行的なサービスを提供するに留まらず、企業が必要とする設備投資資金という長期資金の提供、輸出入取引に伴う貿易金融サービス、企業の取引先の信用調査、業界の動向調査等を含む包括的な金融サービスを提供する「機関銀行」となる傾向がある。この日本の普通銀行が持つ「機関銀行」的特徴は、加藤俊彦が明治維新以降の日本の銀行の発展史の分析の中で、日本の資本主義が後進的である故に顕著となった傾向であると指摘した。加藤俊彦によると、日本では資本主義的工業が発展する以前に、西欧から近代的な銀行制度を輸入移植したために、銀行が単に商業銀行であることに留まらず、産

業銀行としての機能を果たす必要があった。即ち日本は後進性の故に、資本主義経済体制は上からの保護育成が必要であり、産業の発展に必要な資金の集中と蓄積を政府が上から支援し近代的な銀行制度を確立しようとした。この産業資金を銀行が企業に提供する過程で、一定の銀行と企業が密接な関係を形成し「機関銀行化」する傾向を持つようになったと解釈される。この日本の普通銀行が「機関銀行化」する傾向は、特に第1次大戦戦後企業と銀行の集中化傾向が進展した段階で、特に顕著になったと観察される[15]。

(6) メイン・バンク制度

日本の金融システムの次の特徴として挙げられるのは日本の銀行の「メイン・バンク」制度である。「メイン・バンク」制度は上記の「機関銀行」制度と直接関係する特性といえよう。一般に日本の「メイン・バンク」制度は企業が最大の貸出し銀行との間に、決済口座の保有、株式保有、社債発行、経営参加等の機会を通して長期的で密接な関係を持つ制度であるとされる。またこの関係を通し銀行が企業の業績および財務状況をモニターし、企業が危機に瀕した場合には救済処置を講ずる制度であると理解されている。「メイン・バンク」となった銀行は当該企業に対して「メイン・バンク」としての役割を演じる社会的責任が生じる。この日本の「メイン・バンク」制度はプラスとマイナスの効果があり、プラスの効果としては、効果的な信用調査、経営活動・財務状況の監視、事前・事後の企業救済処置等を可能にする。一方マイナスの効果として、銀行と企業の癒着、モラル・ハザード、ガバナンスの不在等日本の銀行、金融システムの脆弱性の原因になっていると危惧されよう[16]。

(7) 重層的構造

次に挙げられるべき特徴は、金融史家伊牟田敏充教授が強調する日本の金融システムの「重層的構造」である。この伊牟田敏充教授の「重層的金融構造理論」は非常に示唆に富むと思われるので、多少長くなるが伊牟田教授の

説明を引用することにする。「後進資本主義国として急速な資本主義化を促進する必要があったわが国では、資本の集中的利用が不可欠であり、銀行制度の早期確立と株式会社の普及が政府指導の下に明治初期から推進された。明治政府の外資排除政策により、……わが国の産業資本確立には外資導入による資本形成は殆んどネグリジブルな役割しか果たさず、ごく一部の産業に合弁事業が見られるにすぎなかった。……わが国の金融制度の効率性は、普通銀行のオーバー・ローンを支える、日本銀行―有力都市銀行―地方銀行というピラミッド的構造のもとに、日本銀行の選別的な金融政策によって維持されたと言ってよいが、他方において普通銀行の特定企業・特定個人への選別的融資によって維持されていた。この後者の関係が、所謂機関銀行の概念として加藤俊彦博士によって定式化され、イギリスの商業銀行、ドイツの信用銀行、アメリカの投資銀行と対照的な日本資本主義の特殊性に根ざす銀行類型とされた。普通銀行はまた、直接的な株式保有・役員派遣・業務提携或いは共通する支配的株主を有する資本グループを形成することによって間接的に、貯蓄銀行・信託会社・保険会社・無尽会社・貸金会社など他金融機関と連関を持ち、これら諸金融機関との連関の下に特定企業・特定個人等へ集中的大口融資を行った。……国家独占資本主義確立期までのわが国の金融構造は、このような同一資本系統内部の金融機関間の連携を随伴しつつ機関銀行的閉鎖性を有する個別普通銀行が多数存在し、資本系列間の競争の中で、中央銀行である日本銀行が、横浜正金銀行・日本勧業銀行・日本興業銀行・台湾銀行・朝鮮銀行等の特殊銀行の補完作用に支えられて、これら個別普通銀行を選別的にバック・アップするという構造であった、……このような金融構造を『重層的金融構造』と呼ぶ」[17]。伊牟田教授の日本の銀行システムに関する「重層的金融構造論」は日本の銀行システムの本質を鋭く突いた理論であるといえよう。

(8) その他の特徴

その他、アメリカの金融経済学者のT・カーギル（Thomas F. Cargill）は

「金融ビッグ・バン」以前の日本の金融システムの特徴として、金融政策が産業政策の柱の1つとなり、金融仲介機関が極度に分断化し、閉鎖的（外資系金融機関の金融システムへの参入禁止）であり、資本、為替取引が制限され、金利規制その他の政府の規制（資金配分の歪曲）が強く、財政投融資および公的金融機関が重要な役割を演じ、金融行政や監督体制が不透明であり、本来中央銀行として中立・独立であるべき日本銀行が大蔵省の影響を強く受け、包括的な預金保障と「護送船団方式」の金融行政によって脆弱性を増し、金融規制の結果モラル・ハザード的体質を持った金融システムであったと示唆に富む指摘をしている[18]。

7.2 日本の産業金融システム

(1) 日本銀行

日本銀行は明治15年（1882年）6月にベルギー国立銀行をモデルとして創立された。日本銀行の設立は松方正義大蔵卿が三条太政大臣に提出した「日本銀行創立の議」（明治15年3月）が契機となっている。日本銀行の設立に果たした松方正義の叡智と明治・大正時代の日本銀行発展史の研究に関しては吉野俊彦の労作がある[19]。日本の中央銀行としての日本銀行の役割は、「日本銀行条例」（明治15年6月）、および昭和17年戦時体制下で制定された「日本銀行法」に規定されている。日本銀行は「発券銀行」、「銀行の銀行」、および「政府の銀行」という三つの機能を持つ銀行として、公定歩合操作、公開市場操作、預金準備率操作という政策手段を通して「通貨価値の安定」、「信用制度の保持・育成」を確保するために設立された[20]。

しかし後進資本主義国の中央銀行の例に漏れず、日本銀行は設立の当初から民間企業が必要とする産業資金を市中金融機関を通して供給する産業金融的機能を果たすことによって日本政府の産業政策の一翼を担うことになる。それと伴に日本に近代的な信用制度を確立して資本主義的な市場経済を発展させることに非常に重要な役割を果たす[21]。資本主義的な市場経済が形成・発展するためには貨幣の通貨価値が安定することが必要であるばかりでなく、

私有財産制度、契約取引、株式会社制度、会計制度、信用取引制度等の「市場の制度的インフラ」が確立することが不可欠の条件となる。特に信用制度の形成・発展は、近代的な金融システムの発展に不可欠の要件となる。市場取引にはその取引に付随して当事者間に債権・債務が発生し、この債権・債務関係は支払いの決済を通して完結する。しかし経済行為主体の取引は遠距離・異時点間で決済され、従って小切手・手形・為替による決済が必要になる。これらの取引の決済は、金融機関相互のコルレス取引、手形交換所、コール市場における手形割引制度等の信用機構の形成が不可欠となる。この日本の信用機構の形成に日本銀行は重要な役割を演じることになる。[22]

　後進資本主義国或いは発展途上国は自国の経済を工業化するためには先進国から必要な資本財を輸入し、生産技術や経営管理技術を移植・学習する必要がある。またこれら先進工業施設や機器財を導入するためには大規模な設備投資資金が必要となる。この目的のためには寺西重郎教授が指摘するように民間企業に長期資金を供給する産業金融システムの存立が不可欠の条件となってくる。[23] この長期的な産業資金は国内および海外の金融市場から調達することになる。しかし途上国の場合、自国の所得水準も低く資本蓄積が不十分で金融システムの形成が未成熟であり、更に海外の金融市場での自国の信用力が低いのが一般的である。従って中央銀行が本来の中央銀行として役割を越えて産業金融機能を果たす必要が生じる。

　日本の場合、日本銀行が果した産業金融的機能については加藤俊彦や吉野俊彦が早くから「後進国の中央銀行としての特質」として強調していた。即ち「株式会社制度と銀行の輸入・移植をもって発足した日本資本主義の中央銀行として、日本銀行は実質上の株式担保金融を通して普通銀行の資本信用をバック・アップし、……日本銀行は商業銀行の中枢機関となることなく発展し、……後進国の中央銀行として普通銀行を通じて早くから産業金融に乗り出した」(加藤俊彦)。[24]「日本銀行は、担保品付手形割引を通して産業資金を供給し、国立銀行(普通銀行)は資金の多くを常時日本銀行からの借入金により賄い、これを長期の産業金融に使用し、……国立銀行(普通銀行)の民

間預金の吸収は不十分で、急速な産業資本育成のためには究極のところ日本銀行の発券機能に依存する必要があった」（吉野俊彦）と指摘している。[25]

　日本銀行は産業金融以外に横浜正金銀行と外国為替手形割引契約を明治22年（1889年）締結した。それ以降昭和47年（1972年）までの80年間為替銀行に為替取引円資金を供与し、日本の貿易金融を潤滑化し輸出入取引の拡大を支援してきた。また優遇手形制度を設け重化学工業に従事する企業に運転資金を供与する等中央銀行機能以外の産業・貿易金融機能を果した。[26]

　以上のように日本銀行は中央銀行としての機能以外に産業金融・貿易金融等の機能を日本資本主義の形成期に果したという事実は日本の金融史家達の共通の認識であり、ほぼ通説的な見解となっている。[27]

(2) 製糸産業金融

　明治維新以降現代に至る日本の工業の発展過程は大きく3段階に区分して理解されよう。その第1段階は、輸出産業としての製糸産業・食品加工産業等の在来産業が先ず発展し、これらの在来産業の製品を輸出することによって外貨を獲得し、その外貨を活用して資本財や外国技術を輸入して紡績産業・鉄道産業・造船産業等が発展した明治・大正時代の資本主義経済の形成期である。第2段階の発展は第1次大戦以降、特に1930年代以降統制経済体制下に軍需産業に関連した重化学工業が発展した段階である。第3段階は戦後経済の復興後、高度成長経済期に鉄鋼・造船・カメラ・家電・自動車・工作機械・半導体等の電子機械・輸送機械・精密機械・産業機械等の機械産業が急成長を遂げた時代である。この日本の第1段階の明治・大正時代の工業発展の特徴の1つは、第2次大戦以降の多くの発展途上国の工業発展の形態と異なり、工業が海外資本に依存しないで比較的自立して発展したことであろう。この日本経済の自律的発展を可能にしたのは主に生糸の輸出による外貨の獲得である。この生糸の輸出は1930年代初頭まで日本の全輸出額の25－30％を占め、生糸は日本の主要な輸出産品（ステープル）であった。この製糸産業或いは蚕糸産業の発展に関しては石井寛治教授等日本の経済史家による

多数の研究成果がある[28]。しかしここでは製糸業の産業金融のメカニズムを山口和雄等の古典的な研究業績に依拠して概観することにする[29]。

　日本の製糸業は家内制工業として発展し、その主要な産地は長野・山梨・岐阜・愛知・群馬・山形・福島・埼玉の8県で、日本全体の生糸の生産高の60-70％を占めていた。特に長野県で生糸の生産が盛んで同県だけで日本全国の生糸総生産高の25％以上を生産していた。当時の日本の大規模製糸家8家のうち郡是製糸（京都府）を除く7家が長野県諏訪地方に位置しており、長野県の製糸業は明治34年（1901年）までに90％以上が機械化され、長野県諏訪地方の製糸家の45％以上が200釜以上の大規模製糸場の経営者であった。そのうち片倉製糸の規模が一番大きく大正10年（1921年）時の片倉製糸の製糸場は16,000釜を有していた[30]。長野県諏訪地方で製糸業が栄えた理由は、生糸の原料である繭の生育に不可欠な桑の木の生育に諏訪地方の土壌と気候が適していたことと、明治33年（1900年）頃までにこの地域で鉄道網の整備が進んだことがその理由に挙げられている[31]。明治政府はまた当時の製糸業の先進国フランスから近代的な製糸技術を導入して官営富岡製糸場（釜数300釜、職人数452人、フランス製機械）を明治5年に設立している[32]。

　日本の生糸は、後述するように横浜の「売込問屋」を通して外国商社に売却され、この外国商社がヨーロッパおよびアメリカに輸出していた。このため海外の輸出市場で要求される生糸の品質を管理し、横浜の「売込問屋」の支配力に対抗し、外部からの産業資金の獲得を容易にする目的で製糸家達は共同結社を形成する傾向があった。この共同結社の数は明治23年（1890年）には116に達し、長野諏訪地方の「開明社」は片倉組、岡谷製糸等を組員とする大規模な結社であった[33]。

　製糸家は原料である繭を養蚕農家から調達する。この生糸の原料である繭の購入費用は製糸原価の8割を占め、原料繭の供給は春繭（シュンケン）が収穫される5-6月、夏秋繭（カシュウケン）の収穫される7-9月に集中し、製糸家は短期間に巨額の原料繭購入資金を確保する必要があった。この資金を提供したのが地方銀行と横浜の「売込問屋」である。生糸の輸出は明

治35年（1902年）頃まで輸出総額の70％以上を横浜の外国商社が独占し、長野県の製糸業者は横浜の「生糸売込問屋」に依託して外国商社に販売していた。この「生糸売込問屋」は横浜に店舗を持つ商人で、荷主から委託を受けて一定の口銭を取って生糸を外国商館に売り込むのを業とした。原善三郎と茂木惣兵衛は当時の横浜で「生糸売込問屋」業で成功した代表的な商人である。[34]「売込問屋」は生糸の荷主（製糸業者或いは結社）に対して荷為替の立替および前貸金融を供与した。生糸荷主は生糸を出荷する時に、その地方の取引銀行で売込問屋宛の荷為替を取込み、その手形を割り引いて資金を得て繭やその他の経常経費を賄った。この場合地方銀行は売込問屋に対して荷為替代金の支払いを求めるので、問屋は生糸の売込に先立って、その立替払いをしたのである。

それと伴に売込問屋は製糸業者に繭購買代金の前貸しを行うようになる。この前貸しに対して製糸家は売込問屋宛に債務手形（約束手形）を振り出し、それとともに証書を入れて、生糸の販売を向こう一年間すべて当該問屋に委託すること、借入金および利子を生糸売り上げ代金から支払うことを約束したのである。売込問屋はこうした立替金や前貸し金を自己資金から賄うのはまれで、横浜の取引銀行からの借り入れや、製糸家から受け取った約束手形を取引銀行で割引いて資金を借り入れた。[35]

この横浜の取引銀行で割引かれた荷為替手形や約束手形は、更に日本銀行或いは横浜正金銀行が再割引することで日本銀行および横浜正金銀行が最終的に日本の製糸業が必要とする産業資金を供与するメカニズムが形成されることになる。[36]

(3) 綿糸紡績業の産業金融

大塚久雄は西欧の経済システムの近代化を「資本主義経済システムの形成と発展のプロセス」と概念化した。また資本主義経済は「商品生産が全社会的な規模に一般化し、資本家が生産要素である労働力・資本を投入して商品を生産し、資本家が社会階級として支配的な経済主体となる」体制であると

規定する。この資本主義経済体制で基本的な役割を演ずるのが「産業資本家」である。産業資本家は、資金を投入し生産設備および原材料を購入し、労働者を雇用して生産活動を行う。その結果得た利潤を再投資し生産活動を拡大していく経営の主体である。大塚久雄によると西欧経済史の通説的な見方は、この産業資本の形成は「商業資本の産業資本への転化」、即ち、商業資本―問屋制商業資本―産業資本への転換を通して形成されるというものである。これに対して大塚久雄は、産業資本の形成の起動力は農村工業とその担い手である「中産的生産者」であると指摘する。これが一般に「大塚史学」と呼ばれる資本主義経済の形成に関する歴史解釈の大塚久雄独自の命題である。[37]

これに対して伊牟田敏充教授は、日本の資本主義経済の形成は、商業資本が産業資本に自発的・自立的に転換したり、大塚久雄が主張するように「中産的生産者」が自発的・自立的に産業資本を形成したのでなく、政府が「上から」産業資本の形成を「殖産興業政策」の一環として西欧の「近代的信用制度」と「会社制度」の移殖・育成を通して行ったと主張する。即ち日本における「産業資本」は、政商＝財閥のように特権的保護を与えて創出・育成するか、社会的資本を会社制度の利用によって動員するか、或いは信用制度を確立して預金資金を蓄積し追加信用の創出を図って産業資本を形成する必要があった。そして日本における資本の原始的蓄積の特徴は、機械制大工業の近代産業を移殖するために政府が指導的役割（模範工場の建設・外国人技術者の招聘等）を演じたことであり、政府の誘導政策によって銀行が先行的に創設され「機関銀行化」し、株式会社制度の普及によって社会資本の集中と動員が図られたことにある。即ち伊牟田教授によると日本の経済システムの近代化に必要な「産業資本家」の形成と発展は、日本政府の「上」からの保護育成政策と密接不可分にあると理解されよう。[38]しかしここで留意すべきことは、金融システムとしての「産業金融」と産業の経営主体としての「産業資本家」とを区別して理解する必要があることである。

日本の綿紡績産業は、大塚久雄や伊牟田敏充教授が言う「産業資本家」の典型であり、明治から戦後まで日本の主導的な産業の１つであった。この綿

紡績の初期の発展形態を、山口和雄等の産業金融史研究の視点から見てみよう。山口和雄等は大阪紡績、三重紡績、鐘ヶ淵紡績、尼ヶ崎紡績、摂津紡績の所謂「5大紡績」を中心に綿紡績産業の産業金融を詳細に分析している。[39]

日本における綿糸紡績業は薩摩藩が慶応3年（1867年）に開設した鹿児島紡績所が最初とされる。明治政府は近代的な綿糸紡績業を育成するため明治11年にイギリスから2千錘紡績機2基を購入し広島・愛知県に官立紡績所を設立した。しかしこれらは後に民間に払い下げられた。更に明治政府は明治12年（1879年）イギリスから2千錘紡績機10基を購入し、無利子10年賦で民間に払い下げた。その結果明治15－17年に民間による10紡績所（所謂10基紡）が設立された。しかしこれら10基紡は規模も小さく、国産綿を原料とし原動機も水車で職工の技術水準も低く、紡績機もミュール紡績機を使用し業績は不良であった。

日本における近代的な綿紡績会社は明治16年（1883年）に設立された大阪紡績会社が最初である。大阪紡績は渋沢栄一等の主唱により設立され、設立当時の資本金25万円、錘数1万500錘、動力は蒸気、職工数322人および当時としては画期的な紡績会社であった。イギリスで紡績業を修業した武士出身の山辺丈夫が技術上の指導に当たり、蜂須賀・前田・毛利・徳川・伊達等の華族、渋沢栄一・益田孝・松本重太郎・藤田伝三郎等の実業家や綿商が出資者となった。大阪紡はその後飛躍的な発展を遂げ、資本金は明治20年（1887年）に120万円に増資され、生産能力も3万千320錘に増加した。この大阪紡の成功に刺激され数年間で紡績所の数は36紡績所に拡大し、このうち16紡績所は1万錘以上の大規模紡績所である。明治24年（1891年）には綿糸紡績会社数36社錘数の合計35万錘に達し、その殆どの会社が蒸気を動力として使用した。その結果機械綿糸の生産高は急速に増加し明治23年（1890年）には輸入高を凌駕するに至る。原料の綿花は当初日本綿を使用したが明治24年には中国綿・インド綿等の外国産の綿花が85％以上を占めることになる。

綿糸紡績の生産高は日清戦争以降さらに増大し、明治30年（1897年）には輸出高が輸入高を凌駕し、国内生産高の40％以上が中国その他のアジア諸国

に輸出されアジア市場でイギリス産およびインド産の綿糸と対抗するようになる。この間インド綿花が日本の綿糸紡績の主要な原料となり、明治24年以降三井物産・内外綿会社が鐘紡・三重紡・大阪紡等と特約を結んでインド綿花を輸入するようになる。明治25年には大阪を中心とする有力綿商人25名が日本綿花株式会社を設立し、ボンベイに駐在員を置きインド綿花の輸入を開始した。明治26年（1893年）日本郵船会社がボンベイ航路を開設し、横浜正金銀行も明治27年にボンベイ出張所を設立し綿花輸入為替の取組が開かれた。明治29年綿花輸入税が撤廃され、ボンベイ航路が航海奨励法による特定助成航路に指定され、インド綿花輸入が増大する。その結果インド綿花の6－8割が三井物産・日本綿花・内外綿花等の日本の商社によって輸入されるようになる。綿糸紡績会社は明治32年（1899年）には78社に増大する。

　インド綿花の輸入は紡績会社が三井物産・日本綿花・内外綿花の商社に購入を委託した。これら商社は横浜正金銀行のボンベイ出張所で荷為替手形を取組んで綿花輸入資金を調達した。横浜正金銀行はニューヨーク、パリ等で生糸・絹織物の輸出為替代金を取り立て、それがロンドン経由でボンベイに回送され綿花輸入為替資金に充当された。ボンベイから輸入された綿花が日本の港（神戸港）に到着すると、輸入商社は横浜正金銀行に保証を入れて綿花を引き取り、これを注文主の紡績会社に引き渡した。紡績会社は商社宛の約束手形を振り出し、綿花の輸入代金を支払った。約束手形の期日は30日が一般的であったが、80－90日に及ぶものもあった。商社はこの紡績会社の約束手形を取引銀行で割引いて現金化し、先に横浜正金銀行で取組んだ輸入為替を決済した。

　市中銀行が割引いた紡績会社の約束手形は、日本銀行が再割引し市中銀行に日本銀行の信用を供与することになる。このように紡績会社は原綿の輸入段階で横浜正金銀行に、輸入後は日本銀行に産業資金の供給を依存することになる[40]。

　しかし日本の綿糸紡績業は日露戦争前後から過剰生産力が表面化し、生産の操短協定や企業の集約化が進んだ。大正3年（1914年）には三重紡と大阪

紡が合併し東洋紡が誕生し、大正7年（1918年）には尼崎紡と摂津紡が合併し大日本紡が成立した。鐘紡も中小の紡績会社を吸収し、これら3社に加えて大阪合同紡績および富士瓦斯紡績の5社は「5大紡」と呼ばれるようになる。

このように製糸業は個人経営・共同経営が中心で片倉製糸や郡是製糸以外は比較的経営規模が小さく、設立時の設備資金も経営者の自己資金に依存して設立されたのに対して、綿紡績会社は大規模で近代的な株式会社として設立され、設立時の投資資金も株主の払込資本によって賄われた。当時既に東京・大阪に証券取引所が開設されていたが、日本ではドイツのように株式発行を引受業務とする金融機関がなく、初期投資資金は紡績会社の発起人が中心となって株式の引受人を募集する方法がとられた。その後の増資は株主割当という方法に専ら依存した。このように直接募集形態で巨額の資金を調達することが可能となったのは株式の分割払込制度と株式担保の銀行融資制度を利用することができたからである。

明治31年（1898年）時の紡績会社数は81社、株主の職業別分布は呉服木綿商・綿糸商・米穀肥料商・その他の商人等が50％を占め、産業資本家の出身は主に商人資本であったことが理解されよう。ちなみに明治39年（1906年）時の主要な紡績会社の株主数は、大阪紡（1,481人）、三重紡（1,477人）、鐘紡（844人）、摂津紡（1,114人）等となっていた。[41]

以上のように見てくると明治・大正時代および1930年代まで日本の主要な産業であった製糸・綿糸紡績業の発展は、初期の段階で政府の官業払下げ等の支援があったが、民間企業家の起業家精神無くしては達成することは不可能であったことが理解されよう。[42]

(4) 鉄道金融

西欧社会では鉄道と資本主義経済とは相互に関連して発展した。イギリスの産業革命は繊維産業の機械化を可能にした蒸気機関の発明によるエネルギー革命が起動力になっていた。このエネルギー革命は蒸気機関車の発明をも

第7章　日本の産業金融システム

たらし鉄道産業の発達を可能にした[43]。ドイツの産業革命もルール地方の石炭産業、鉄道と重化学工業の発展が相互に関連し、ドイツの資本主義経済の形成に鉄道の発展が大きく寄与したことはよく知られている[44]。アメリカ経済の発展の過程でも運河や鉄道が重要な役割を演じた[45]。アメリカ、イギリスおよびドイツの近代的な企業経営組織が形成される過程で鉄道組織が重要なモデルとなったことは経営史のA・チャンドラーが強調するところでもある。鉄道組織は巨大化し、機能的に分化し、指揮・命令系統を統一化する必要があった。それ故近代的な企業経営組織の初期的な原型となったのである[46]。

日本に最初に工部省の管轄下で官営の鉄道が新橋・横浜間（29km）にイギリス人技師エドモンド・モレル（Edmund Morel）等の監督の下で開設されたのは明治5年（1872年）である。明治7年（1874年）には大阪・兵庫間（32.7km）の阪神間鉄道の営業が井上勝の指導の下で開始され、明治10年（1877年）には京都・神戸間の鉄道が開通している。このように「文明開化」の象徴としての鉄道は明治政府によって比較的早くから普及政策がとられた。日本の近代化の初期の段階で鉄道の普及に中心的な役割を演じたのはロンドン大学で土木・鉱山学を学んだ井上勝（1843−1910年）であった[47]。

日本の最初の本格的な鉄道会社である日本鉄道会社が資本金2000万円で岩倉具視等の華族が中心となって明治14年（1881年）設立された。この日本鉄道会社は東北本線である上野・青森間に鉄道を建設するために設立され、上野・前橋間は明治17年（1884年）、上野・仙台間明治20年（1887年）、上野・青森間は明治24年（1891年）に開通した。明治22年には東海道幹線である新橋・神戸間の官営鉄道が開通した。表7−2の鉄道発展略史が示すように日本における陸上交通システムの発展は急速に進んだ。

日本の鉄道システムは明治36年（1906年）に民間鉄道会社17社が買収され国営化されるまで民間企業が主導で建設が進んだ。1890年代後半に設立された北海道炭鉱鉄道・関西鉄道・山陽鉄道・九州鉄道および日本鉄道が5大私設鉄道と呼ばれ、私設鉄道が優位になって幹線鉄道網が建設された。しかし明治39年の鉄道の国有化以降日本の幹線鉄道は「幹線官設主義」の原則に従

表7－2：日本の鉄道の発展略史

1888年（明治21年）	参謀本部『鉄道論』刊行	
1889年（明治22年）	甲武鉄道新宿・立川間開業	
	大船・横須賀間開業	
1891年（明治24年）	九州鉄道門司・熊本間開通	
1892年（明治25年）	北海道炭鉱鉄道岩見沢・室蘭間開業	
1894年（明治27年）	山陽鉄道広島まで開業	
1901年（明治34年）	山陽鉄道神戸・馬関（現下関）間全通	
1906年（明治39年）	鉄道国有法公布、南満州鉄道株式会社創立	
1913年（大正12年）	国鉄蒸気機関車、全面国産の態勢に移行	
1920年（大正9年）	鉄道省設置	
1925年（大正14年）	山手線電車環状運転開始	
1927年（昭和2年）	東京地下鉄道浅草・上野間開業	
1930年（昭和5年）	横須賀線列車を電車化	
1934年（昭和9年）	丹那トンネル完成	
1949年（昭和24年）	日本国有鉄道設置	
1956年（昭和31年）	東海道本線全線電化完成	
1961年（昭和36年）	世界銀行から新幹線建設費8000万ドル借款	
1964年（昭和39年）	東海道新幹線東京・新大阪間開業	
1986年（昭和61年）	国鉄改革関連法案公布	
1987年（昭和62年）	日本国有鉄道の分割民営化実施	

資料：野田正穂・原田勝正・青木栄一・老川慶喜編『日本の鉄道』、日本評論社、1986年、400－417頁。

い国有鉄道が中心になって建設が行われた。明治40年（1907年）当時国鉄は営業距離数で90％、輸送人員数・貨物数で80－90％、従業員数で80％以上を占め陸上輸送機関として独占的な地位を占めることになる。この幹線鉄道の国有化政策は現代の公益事業論・自然独占理論を彷彿させる論議および軍事的理由から実施に移された。しかし日本の都市化が進展した第1次大戦以降、小林一三の阪神急行電鉄、五島慶太の東京横浜電鉄（東京急行電鉄）、堤康次郎の西武鉄道、小田原急行電鉄等の民間電鉄会社による都市近郊の鉄道システムが1930年代以降急速に発展した。

しかしこのような日本における鉄道の発展もその初期段階ではレール、機関車、客車・貨車等すべて輸入によって賄われた。客車の国内生産の自給が

第7章　日本の産業金融システム

達成されたのは1890年代に入ってからであり、蒸気機関車の国内生産の自給を達成するのは1912年以降である。

　鉄道の電化が進展するのは1910年代以降（山手線1909年電化、京浜線1914年電化）であり、電気機関車が国産化されるのは1920年代以降である。このように日本の産業革命期にはドイツのように鉄道産業によって誘発されて重化学工業が発展する効果は限られていた。[48]

　鉄道事業は資本集約的である。鉄道事業は建設費および客車・貨車・機関車等の初期投資規模が大きく、所要資金の調達額が巨大化する。明治14年に設立された日本鉄道会社の資本金2000万円は当時の政府の一般財政規模の22％に相当する。19世紀中頃のアメリカ大陸横断鉄道やヨーロッパの鉄道の建設費用はその多くの設備投資の所要資金がヨーロッパの金融市場で担保付社債によって調達された。ヨーロッパやアメリカではモルガンやロスチャイルド等の主要なマーチャント・バンカーや投資銀行が鉄道建設社債の引受業務に活躍し巨額の富を蓄積した。鉄道は地域独占的な公益事業であり、安定的な料金収入が将来期待されるゆえヨーロッパの投資機関は鉄道会社が発行する担保付社債に積極的に投資した。[49]

　日本の場合、明治39年（1906年）の鉄道国有化以前、民間鉄道の建設資金は株式会社設立時の株主による払込資本金および社債によって賄われた。明治政府は鉄道会社を支援するため、「利子補給」（補助金）による株主配当金の確保、国有地の無償貸し下げ、鉄道用地の国税免除、工部省鉄道局による工事の施工等の政策を実施した。これら政府の助成政策によって数次の「鉄道投資ブーム」が起こり、日本鉄道会社の株主数は明治17年（1884年）には3,124人に達した。[50] 地方幹線鉄道や支線鉄道の建設は、その地域の商人・地主・地場産業の経営者・その他地縁的な名望家達の、地域経済の活性化のための積極的な投資により実現した。これら鉄道会社の株主は公募によって勧誘され、潜在的な株主は株式分割払いや株式担保融資による必要な投資資金を調達した。このように鉄道会社の場合も、株式会社の資本金払込、増資、社債等の方法によって必要な長期の産業資金が調達された。[51]

313

7.3 特殊銀行の産業金融

　日本の金融システムの大きな特徴の１つは前述したように、産業別、目的別、長・短期金融別等の業態別の分業体制であった。その多くは政府が一定の産業政策を遂行するために法律によって設立した「特殊銀行」である。この特殊銀行体制はその歴史を明治時代に遡ることが出来る。これら特殊銀行は、横浜正金銀行（明治13年、1880年設立）、日本勧業銀行（明治29年、1896年設立）、農工銀行（明治29年設立）、北海道拓殖銀行（明治32年、1899年設立）、日本興業銀行（明治33年、1900年設立）、朝鮮銀行（明治42年、1909年設立）、台湾銀行（明治32年、1899年設立）である。これら特殊銀行は主に明治政府の殖産興業政策および植民地経営のために政府の支援の下で特殊な法律によって設立された銀行である。日本興業銀行については後述するので、ここではその他の特殊銀行の目的および産業金融の主要な活動内容を概略することにする。

(1) 横浜正金銀行

　横浜正金銀行は明治13年（1880年）に外国為替取引・貿易金融および為替手形の割引等付帯する海外金融業務を遂行する特殊銀行として民間が主体となって設立された。しかし横浜正金銀行の業務の重要性から、明治政府は資本金の３分の１を出資し、外貨預金業務を独占的に委託し、日本銀行の代理業務などの特殊な権限を付与した。横浜正金銀行の頭取は大蔵大臣が任免し、横浜正金銀行の重要な業務の遂行は大蔵省の監督下に置かれた。日露戦争以降には横浜正金銀行は満州における国策的な銀行業務を遂行することになる。[52] このように横浜正金銀行は創立以来第２次大戦終了まで日本の最大の貿易金融機関であったが、その貿易業務に必要な資金は資本金、預金等の民間資金だけでは不十分で政府資金や日銀資金の注入に依存することが大であった。[53]

　横浜正金銀行は、日本の貿易の拡大に重要な海外の主要都市に早くから支店を設け貿易金融業務を遂行した。主な海外支店は、大連（明治37年）、奉天

(明治38年)、上海 (明治26年)、香港 (明治29年)、天津 (明治32年)、ボンベイ (明治27年)、シドニー (大正4年)、ロンドン (明治14年)、ニューヨーク (明治13年)、サンフランシスコ (明治19年) 等である。戦前の綿紡績産業の発展には横浜正金銀行の上海支店やボンベイ支店が中国綿・インド綿の輸入のため三井物産、内外綿会社、日本綿花会社に荷為替貿易金融を提供して日本の貿易産業の発展に寄与したことは前述の通りである。[54]

横浜正金銀行は終戦後昭和22年 (1947年) に占領軍総司令部の政策により普通銀行である東京銀行に業態を転換した。[55] 講和条約後の昭和29年 (1954年) に東京銀行は外国為替専門銀行となり業態を再度変更したが、三菱銀行と合併し東京三菱銀行となり現在に至っている。

(2) 日本勧業銀行と農工銀行

日本勧業銀行は明治29年 (1896年) 農工業の発展のため不動産を担保として長期の産業資金を融資する特殊銀行として「日本勧業銀行法」によって設立された。この法律により日本勧業銀行は府県郡市町村が定める「産業組合」等の公共団体も融資の対象とすることができ、資金源として払込資本金の10倍を限度として勧業債券を発行する権限が付与されていた。日本勧業銀行の目的は農工業の発展を促進するため長期の産業資金を低利で融資することにあり、大蔵大臣の監督下に置かれた。しかし次に述べる農工銀行と業務の目的が重複し、都道府県別の農工銀行と合併することになる。戦後は占領軍総司令部の方針により、特殊銀行である日本興業銀行、日本勧業銀行、北海道拓殖銀行は廃止され普通銀行或いは債券発行銀行に転換することが求められた。日本勧業銀行は昭和23年普通銀行に転換し、その後第一銀行と合併し「第一勧業銀行」(昭和46年、1971年) となる。[56] さらに第一勧業銀行は平成5年 (2000年) に富士銀行・日本興業銀行と合併して「みずほ銀行」に再編されることになる。

農工銀行は日本勧業銀行と同じく明治29年公布の「農工銀行法」によって設立された特殊銀行である。この銀行の目的は不動産を担保として府県を地

域として地域内の農工業の発展を促進するため長期の産業資金を融資することにある。この銀行は府県毎に一行ずつ設立され、資金源を補塡するため日本勧業銀行の「代理貸付」も行い、日本勧業銀行と姉妹的な関係にあり、府県別に日本勧業銀行に吸収合併されることになる。[57]

(3) 北海道拓殖銀行

　北海道拓殖銀行は「北海道拓殖銀行法」（明治32年、1899年）によって北海道の開発を目的に設立された特殊銀行であり、その業務内容は、不動産を担保とする長期の産業資金の融資、拓殖を目的とする株式担保貸付、為替業務および手形の割引その他付帯する業務を含む。北海道拓殖銀行は資金源を補塡するため金融債券である「北海道拓殖債券」を発券する権利を付与されている。拓殖銀行は北海道版の「農工銀行」であり北海道の産業の発展を支援するため設立された産業開発銀行である。しかし戦後占領軍の特殊銀行を廃止する政策により、北海道拓殖銀は普通銀行に業態を転換することになる。[58] しかしその後北海道拓殖銀行はバブル経済期に蓄積した不良債権により経営が悪化し、平成9年（1997年）北洋銀行に営業を譲渡することとなり消滅する。

(4) 朝鮮銀行

　朝鮮銀行と台湾銀行は当時の日本政府が植民地政策の一環として設けた特殊銀行であり、他の日本の特殊銀行とは本質的に異なった目的を持った金融機関である。日本の植民地政策に関して矢内原忠雄の「植民地政策論」があるが、当時の日本の知識人がどのような問題意識を持っていたのかを知る上で参考になろう。[59] 但し矢内原忠雄等の植民地政策論は現代の開発経済学の視点から考えると当然批判の対象となろう。[60] しかしここでは日本の植民地政策の問題に深く立ち入らずに、これら特殊銀行の産業金融機関としての役割のみの概略を見ることにする。

　日本と朝鮮との修好条約が調印（明治9年、1976年）後に第1国立銀行は釜

第7章　日本の産業金融システム

山、仁川、京城に海外支店を開設し貿易金融業務に従事する。朝鮮の通貨システムの混乱から第1国立銀行は次第に発券業務を含む中央銀行としての役割も果すようになる。日露戦争後、日本政府は朝鮮における本格的な中央銀行の必要性から、明治42年（1909年）韓国銀行条令が公布され「韓国銀行」が設立された。明治43年（1910年）「日韓併合」後「朝鮮銀行法」が発布され、韓国銀行は「朝鮮銀行」に名称が変更される。

　朝鮮銀行は発券銀行であるとともに、為替手形その他の商業手形の割引、為替・荷為替業務、担保貸付、当座貸越等の中央銀行業務・商業・産業金融業務の複合業務を遂行することとなる。この朝鮮銀行は第2次大戦の終戦とともに消滅するが、現在の韓国の中央銀行である「韓国銀行」は朝鮮銀行の歴史的遺産を基礎に設立された。なお朝鮮における日本人の拓殖事業を支援するため日本政府は国策会社「東洋拓殖会社」を明治41年（1908年）に設立している。この「東洋拓殖会社」は朝鮮の農業開発事業ばかりでなく、満州の産業開発のための投資活動を展開した。[62]

(5) 台湾銀行

　日本は日清戦争後に締結した下関条約（明治28年、1895年）によって台湾を領有することになる。政府は明治30年（1897年）「台湾銀行法」を制定し、台湾の植民地金融機関として中央銀行業務・商業・産業開発業務等の複合的な機能を持つ台湾銀行を設立した。政府は資本金の20％を引き受けている。台湾銀行は兌換券発行の特権を有する他、手形割引・為替業務・動産・不動産担保融資・預金業務等の複合業務を営む独占的な植民地銀行である。しかしその後台湾銀行は砂糖・樟脳産業の開発融資に関連して金子直吉の「鈴木商会」との機関銀行的関係を強め、第1次大戦後の経済恐慌および関東大震災時に鈴木商会に対する多額の債権が不良債権化しその経営が破綻する。鈴木直吉の下で急成長を遂げ、一時は三菱を凌駕するコンツェルンを形成した鈴木商会は破産し、台湾銀行は日銀の特別融資を受けて存続することが可能となる。[63]

317

7.4 日本興業銀行の産業金融

(1) 設立の背景と変遷

　戦前の産業開発金融機関として日本の工業化に最も重要な役割を果たしたのは日本興業銀行（以下興銀と略称する）であろう。[64] 興銀は「日本興業銀行法」によって明治33年（1900年）主に工業部門に長期の産業資金を融資する特殊銀行として設立された。この興銀の設立は大蔵大臣松方正義の提案によるものである。松方正義は日本の銀行システムは、①日本銀行を中心とする商業銀行、②不動産と担保として長期の産業資金を融資する金融機関（勧業銀行）、③動産を担保として長期の産業資金を供給する金融機関（興銀）、④農業部門を融資の対象とする地方金融機関（農工銀行）によって構成されるべきであるという構想を持っていた。明治の為政者達は後進国である日本は工業開発に必要な外資を海外資本市場から調達することを目的とする特殊な産業開発金融機関が必要であるとの認識を持っていた。

　「日本興業銀行法」はその後度々改正されたが、興銀は大蔵大臣の監督の下で、①国債・地方債・社債・株式の証券を担保とする融資、②これら証券の募集・引受業務、③預金業務、④担保付社債に関する信託業務、⑤手形割引、⑥為替・荷為替業務、⑦財団を抵当とする貸付、⑧船舶抵当融資、⑨払込資本金の10倍を限度とする金融債（興銀債権）の発行による資金調達、⑩主務大臣の許可による国際金融業務等の業務を遂行する権限（昭和元年、1926年現在）を付与された。[65] 特に日清戦争以降日本は朝鮮・支那および欧米諸国との貿易取引が拡大し、対外的な国際金融取引を担当する金融機関の必要性が生じ、横浜正金銀行と興銀がこの役割を演じることが期待された。

　興銀は第2次大戦後に短期間日本の経済の復興金融機能を果した後、占領軍総司令部の政策により昭和23年（1948年）以降債券発行権限を有する長期信用金融機関に業態を変更し、昭和27年（1952年）「長期信用銀行法」による産業開発金融機関となる。それ以降1950－60年の期間の日本の高度経済成長期、1970年代の経済調整期、1980年代以降の自由化・国際化の時代を通して

日本の代表的な産業開発金融機関として活躍した。しかしバブル経済の崩壊による金融危機の発生と金融再編成の必要性から、興銀は平成12年（2000年）に「みずほフィナンシャル・グループ」に統合され100年を越えた歴史を終えることになる。

(2) 国内融資業務

業務開始から第1次大戦期までの国内融資活動は有価証券担保貸付・手形割引・不動産担保貸付・財団抵当貸付を中心とする企業の設備投資資金需要に対する融資が主な活動であった。しかし日露戦争以降の興銀の主な融資活動は対外的な投資活動に向けられた。第1次大戦期から1930年代の経済恐慌および混乱期には、通常の融資業務に加えて産業救済・株式市場救済資金を提供し政府の産業の再編や合理化政策に貢献した。それと伴に興銀は審査部を新設し、海外からプロジェクト融資の審査の方法論を導入し、融資プロジェクトの審査能力の向上に努める。この時期（昭和4年、1929年）の国内融資の部門別配分は工業44％、交通29％、対韓支海外投資12.4％、商業およびその他13％であった[66]。1930年以降から日華事変の勃発（昭和12年、1937年）の期間興銀は日産・森・日曹等の新興財閥グループに対する融資を活発化する。それ以降興銀の融資活動は政府の軍事統制経済下の産業政策に呼応した融資が中心となる。昭和16年（1941年）時の興銀の融資残高の産業別構成は工業部門60％、交通15％、鉱業13％、商業およびその他10％という構成であった。この時期終戦まで興銀の融資の重点は政府の指示・命令による軍需産業の生

表7－2：戦前期の製造業の産業別生産額構成比の推移

(％)

	金属	機械	化学	重化学計	繊維	食糧	その他	軽工業計
昭和6年（1931年）	8.4	9.6	15.7	33.7	37.2	16.2	12.9	66.3
12年（1937年）	21.4	15.6	17.8	54.8	25.9	9.0	10.3	45.2
17年（1942年）	22.1	29.9	18.1	70.1	11.9	8.1	9.9	29.9
20年（1945年）	23.3	41.1	11.5	75.9	6.2	6.4	11.5	24.1

資料：『日本興業銀行50年史』、昭和32年、565－567頁。

産力を増強するための重化学工業部門に対する所謂「命令融資」が中心となる。昭和20年（1945年）時点の興銀の融資残高の産業別構成比は工業70％、交通11.5％、鉱業7.0％、商業およびその他11.0％であった。

(3) 国内資金調達

　興銀の国内資金の調達源は、自己資金である資本金および増資、興銀債の発行、預金、日銀借入、他の金融機関からの借入、コール・ローン等であった。興銀は自己資金源を拡大するため設立以降度々増資を行ったが、主な資金源は金融債である「興銀債」の発行であった。設立当初この興銀債の50％前後が郵便貯金を原資とする大蔵省の資金預金部が引受けた。[67] その後も日本の証券市場の未成熟から興銀債の買手は大蔵省の預金部であり、全金融債の内興銀債が占める比率は30％の水準に達した。1930年代には産業救済資金需要に対応するためおよび興銀債の証券・金融市場での消化不良から生じる資金不足を補うためコール・ローンおよび日銀借入に依存する必要が生じた。1930年代以降軍需産業の生産力増強のため産業資金需要が拡大し、興銀は継続して増資および興銀債の発行によって対応しようとする。資金不足額は社債担保による日銀借入、日銀による手形割引、地方銀からの借入によって補塡する傾向が増大する。太平洋戦争期には興銀の日銀・大蔵省預金部・地方銀行・貯蓄銀行・農林中央金庫等からの資金の供給に対する依存度が高まる。

(4) 対外融資活動と西原借款

　興銀は設立の当初から政府の国策的金融機関として積極的に対外融資活動、特に韓国・中国に対する借款を供与した。韓国政府および関連機関に対して明治39年（1906年）－明治44年（1911年）の期間だけでも5件の借款合計2千5百万円および東洋拓殖会社と朝鮮銀行に対する合計1千5百万円の借款を供与した。中国に対しては官営八幡製鉄所が必要とする鉄鉱石を輸入するために供与した大冶借款や鉄道建設借款等数件の借款を供与している。日露戦争以降興銀は南満州鉄道会社（満鉄）に対する借款を積極化している。第1

第7章　日本の産業金融システム

次大戦以降日本の大陸政策の一環として興銀の対中国融資活動はさらに活発化する。明治37年（大正2年（1913年）－大正15年（1926年））の期間日本は33件の合計2億8千万円の対中国借款を中国政府・銀行・公社に供与した。この内8件の借款、合計1億4千5百万円（借款総額の51.6%）が寺内首相の私設秘書の西原亀三が政府の蜜命を帯びて交渉した所謂「西原借款」であった。この「西原借款」を含む対中国借款の70%は興銀・台湾銀行・朝鮮銀行の3銀行の協調融資、21%が興銀の単独融資の形態をとった。しかし前者3行による協調融資も興銀が幹事銀行をして指導的な役割を演じた。[68]

この「西原借款」は寺内首相・勝田主計蔵相の命をうけて西原亀三が極秘に交渉した所謂紐付き借款であり、興銀・台湾銀行・朝鮮銀行はこれらの政治的借款を執行したに過ぎない。この「西原借款」の政治的背景、交渉および借款の内容、債務不履行の問題等について勝田主計・西原亀三等の回想録を含む「西原借款資料」を鈴木武雄が監修しており、貴重な研究資料となっている。この研究資料には西原借款が日本政府の大陸政策の一環として供与されたことを示す多くの論述が満ちている。[69]しかし日華事変（昭和12年、1937年）以降日本の対韓国・中国に対する借款は途絶える。

(5) 外資導入

明治維新後明治政府は財源確保のため明治元年（1868年）東洋（オリエント）銀行から洋銀50万ドルを借入、明治3年新橋・横浜間の鉄道敷設のため100万ポンドの公債をイギリスで発行した。これが日本における外債による外資導入の最初である。日露戦争時には臨時軍事費17億円の内48%の8億2千万円を外債によって賄う必要があった。この時の日銀副総裁高橋是清は前後4回、欧米の金融市場で外債の募集を行った。[70]興銀は明治39年（1906年）の北海道炭鉱担保付社債100万ポンドをチャータード銀行が引受銀行、興銀が受託銀行として募集して以降頻繁に海外の市場で日本企業および興銀債の募集活動を行い外資の導入に重要な役割を演じた。興銀は第1次大戦後および関東大震災時には電力債・満鉄債・東京市債募集の引受・受託業務を欧米の資

本市場で行った。しかし昭和 6 年（1931年）の満州事変以降は国際情勢の変化により興銀の海外市場での外資導入活動は途絶えた。このように日本の外資導入活動に関しても興銀は主導的な役割を演じたことが理解されよう。

7.5 戦後の産業金融システム

(1) 戦後の経済改革

　日本は昭和16年12月 8 日工業生産に必要な資源賦存量で評価して50倍以上の工業力を有するアメリカに敵対して太平洋戦争に突入し、この大戦中国家予算の70％以上を軍事費に投入して総力戦を戦った。敗戦時の日本の陸海軍の総兵力は720万人であった。戦争中犠牲となった軍人・民間人の総数は300万人を越えた。しかし日中戦争で中国が蒙った被害は日本以上で、昭和12年（1937年）から昭和18年（1943年）の 6 年間だけで中国の軍人の戦傷者562万人、民間人の殺傷者135万人以上と推計されている。第 2 次大戦中の参戦国全体の戦死者数は2,200万人、ソ連の戦死者が最も多く1,500万人といわれている[71]。第 2 次大戦中に日本が蒙った工業設備の被害率は、船舶76％、火力発電30％、石油精製58％、アルミニウム24％、工作機械25％、硫安54％、綿織物14％等と推計されている。しかし鉄鋼業・石炭・繊維産業全体および産業基盤が蒙った被害は比較的軽微であった[72]。しかし日本はサンフランシスコ平和条約に調印（昭和26年、1951年）し、国際通貨基金（ＩＭＦ）・国際復興開発銀行（世銀）に加盟（昭和27年、1952年）、国際社会に復帰した。国際連合に加入（昭和31年、1956年）した1950年代後半には戦前の経済力の水準を回復している。

　戦後日本は第 2 次大戦の終了までに日本の帝国主義的な侵略政策によって被害を及ぼした韓国・中国・台湾・東南アジア諸国に対する負の遺産を継承することになる。昭和 6 年の満州事変以降日本は自己が犯した侵略戦争によってアジア諸国が蒙った損害に対する賠償責任を負うことになる。しかし日本の侵略行為に対する反省と賠償責任の履行は近隣諸国から不十分であると判断され、日本は「正しい歴史認識」に立脚して過去の侵略行為を反省すべきであると批判の対象とされた。

第7章　日本の産業金融システム

　このような状況下で日本は第2次大戦後占領軍の総司令部の命令と監督の下で日本の経済体制の改革を行った。明治維新が日本の近代化の歴史の第1の転換点であるとすると、戦後の改革は第2の転換点であったといえよう。前者の目的が西欧をモデルとする日本の近代化であり、西欧の制度や経済モデル、特にドイツ型の国家システムを移植することであった。後者の目的は日本経済・政治社会のアメリカをモデルとする民主主義化であり、アメリカの制度や経済モデルを移植することであったといえよう。両者に共通していることは「外部モデル」を日本に移植する過程で、C・ライト・ミルズ(C. Wright Mills)の「パワー・エリート」概念を借用すれば、日本の「パワー・エリート」である官僚が中心となって行った官僚指導型の改革であり、民意の発揚としての自発的な改革ではなかったことである。[73]このように日本のシステム改革は改革の受益者たる国民が自発的に行った改革でなく、国民不在の「上から」或いは「外から」の改革であるという特徴を強く持っていた。

　アメリカの日本占領はD・マッカーサー(Douglas MacArthur)元帥が厚木飛行場に到着した昭和20年(1945年)9月2日から昭和27年(1952年)4月対日平和条約が発効して主権国としての独立を回復するまで6年8ケ月間継続した。この期間日本は明治維新以降形成してきた政治・経済・社会体制の改革を占領軍総司令部(GHQ)の命令・監督の下で行った。総司令部はドイツと異なり日本を直接統治でなく日本の既存の政治システムを活用した間接統治を通してアメリカ政府の政策を実施しようとした。[74]この間接統治政策の結果戦前の官僚システムは戦後もそのまま存続し、官僚指導型の経済政策・産業政策が戦後も続行することになる。戦前商工省は昭和18年11月軍需省と農林省に分割され、貿易行政は大東亜省に移管されていた。昭和20年(1945年)8月26日軍需省と大東亜省は廃止され、商工省が復活設置された。この復活した商工省の機構は戦前の現業別の縦割り行政組織のままであり、貿易行政は外局である貿易庁が所管していた。しかし産業行政と貿易行政を統一的に所管するため昭和24年(1949年)4月「通商産業省設置法」が公布され、

表7－3：日米主要物資生産高比較
（日本の生産高を1としたときのアメリカの生産高の倍率）

	1929	33	38	41	44
石炭	16.1	10.5	7.2	9.3	13.8
石油	501.2	468.0	485.9	527.9	956.3
鉄鉱石	416.8	55.6	37.5	74.0	26.5
銑鉄	38.9	9.2	7.3	11.9	15.9
鋼塊	25.0	7.4	4.5	12.1	13.8
銅	12.4	3.1	5.3	10.7	11.3
亜鉛	26.0	9.5	7.5	11.7	9.5
鉛	208.0	37.9	31.3	27.4	11.6
アルミニウム	…	…	8.7	5.6	6.3
水銀	…	41.6	24.8	…	…
燐鉱石	254.7	72.3	45.2	…	…
計（算術平均値）	166.6	71.5	60.5	77.9	118.3

資料：安藤良雄編『近代日本経済史要覧』、東京大学出版会、1975年、138頁。

表7－4：経済復興期の主要経済指標

指　標	1946（昭和21）年	戦後水準を超えた年
国民総生産	69.3	108.8（1951年）
（同1人当り）	(63.5)	103.4（1953年）
個人消費支出	62.5	101.0（1951年）
（同1人当り）	(57.1)	102.4（1953年）
民間固定資本形成	87.5	102.6（1951年）
輸出等受取	2.5	109.3（1957年）
輸入等支払	13.2	116.0（1956年）
鉱工業生産	27.8	100.7（1951年）
鉄工業	22.3	118.7（1950年）
機械工業	50.5	116.2（1949年）
繊維工業	13.0	105.0（1956年）
農業生産	84.7	111.4（1952年）

資料：三和良一著『概説日本経済史』、東京大学出版会、第2版、2002年、168頁。

通商産業省（以下「通産」と略称）が誕生する。[75]戦後復活した商工省は軍需産業の民需転換、国家総動員法（昭和13年、1938年）、軍需会社法、物価統制法、統制会の改廃を含む戦時経済統制政策の改廃を行った。しかしこれら戦前の統制経済法規を改廃すると同時に政府は、高進するインフレ抑制のための物価統制、石炭、鉄鋼等の基幹産業物資の配給と価格統制、生活必需物資の価格安定と配給等戦後の混乱期に発生した経済活動に対する統制という政策課題に直面することになる。

　アメリカ政府の対日占領政策の基本的な目的は、①戦争責任の明確化と賠償責任の実施、②日本の国家体制の非軍事化・民主化が主な目的であった。後者の目的を遂行するため、①財閥の解体、②農地改革、③労働改革を内容とする所謂「3大改革」と呼ばれる経済の民主化政策が実施された。しかし前者の日本の戦争責任の追及はソ連との冷戦という世界情勢の変化によって「ポーレイ委員会」の強行路線から「ストライキ委員会」の柔軟路線に変化していく。アメリカ政府は1947年3月のトルーマン大統領の反共演説（トルーマン・ドクトリン）および同年6月の「マーシャル・プラン」の発表以降、ヨーロッパ経済の復興を支援する大規模な経済支援政策を展開する。この政策を反映して対日占領政策も経済復興を重視する政策に方向転換していく。このアメリカの対日政策の転換は昭和25年（1950年）6月に勃発した朝鮮戦争によってその頂点に達する。これら戦後の占領軍の対日経済政策の内容については三和良一教授の優れた研究があるので、詳しくはこれを参照されたい。[76]

(2) 経済安定本部（安本）と傾斜生産方式

　この時期日本政府の経済復興政策を策定する上で重要な役割を演じることになるのが経済安定本部（安本）である。「安本」は昭和21年（1946年）8月12日に設置された総理大臣直属の経済緊急対策本部であり、物資の生産・配給・消費・労務・物価・金融・輸送等日本の経済に関する計画を立案し、各省庁を統合調整する中心的機関であった。この「安本」は昭和27年（1952年）

12月に経済審議庁に再編され、この経済審議庁は昭和30年（1955年）7月に経済企画庁に再組される。経済企画庁は経済白書の作成、経済分析、国民所得分析、長期計画等の日本のマクロ経済の動向分析が主要な所管となる官庁であるが、「安本」は経済分析に止まらず、「臨時物資需給調整法」や「物価統制令」によって物資の統制や価格統制を行う強力な行政執行機関であった。[77]

　発足当時300人前後のスタッフの陣容であったが昭和22年5月の機構改革で官房および10局（生産局・生活物資局・物価局・財政金融局・貿易局等）編成となり、スタッフも2,000人に拡大した。片山内閣当時「安本」は経済参謀本部といわれ稲葉秀三・佐伯喜一・後藤誉之助等旧企画院の優秀な官庁エコノミストが和田博雄安本長官の下に結集した。ここで日本最初の「経済白書」が都留重人・大来佐武郎を中心にしてこれらエコノミスト達によって作成された。[78]

　昭和21年石炭・鉄鋼・非鉄金属・セメント等の基礎物資の生産は停滞し、経済活動に必要な基礎物資の供給は破局的な状況であった。原材料ストックの枯渇―生産の低下―インフレの高進という悪循環の認識から商工省・「安本」の経済官僚スタッフは危機意識を募らせた。そこで検討されたのが日本の限られた資金・資源を石炭・鉄鋼生産に集中的に投資し、この悪循環の連鎖を断ち切り、生産の拡大再生産効果を狙う「傾斜生産方式」と呼ばれる政策である。この傾斜生産方式を提案したのは東大教授有沢広巳を中心とする「安本」傘下の官庁エコノミスト達である。この傾斜生産方式は外務省の有沢教授を委員長とする「石炭省委員会」（稲葉秀三・大来佐武郎・後藤誉之助等）および商工省の研究会でその構想が検討された。[79]昭和20年後半鉄鋼・石炭は月産50万トン台に低迷しており、これは昭和16年当時の10％台の水準であった。傾斜生産方式はアメリカから輸入された重油を鉄鋼生産に集中的に投入し、増産された鉄鋼を石炭増産のために炭鉱の設備投資にまわし、石炭生産を年産3,000万トンに拡大するという計画であった。戦前には石炭は工業分野で6割、工業以外の鉄道・船舶・民生用で4割の配分比率で消費されていたが戦後は石炭の供給不足でこの比率が逆転していた。石炭の増産のネック

となっていたのは炭鉱施設で使用される鋼材不足であった。

(3) 復興金融公庫と傾斜金融

　昭和21年10月に「復興金融金庫法」が公布・施行された。終戦から昭和21年にかけて日本経済は戦争による生産の破壊が異常なインフレーションをもたらし、それがさらに生産の再開を阻害するという危機的な状況にあった。昭和21年2月には「日本銀行券預入令」や「金融緊急処置令」が施行され、同年8月には「会社経理応急処置法」並びに「金融機関経理応急処置法」が施行され急激なインフレーションの下での金融機関の再建のための一連の対策が講じられた。当初産業を復興するために緊急に必要とされる産業資金を供給する組織として、大蔵省内部に預金部方式による特別会計で経理される大蔵省金融復興金融部を設立する構想が考えられた。この「復興金融資金」の管理・運営は関係各省庁の部局長によって構成される「復興金融委員会」が決定することと計画された。しかし占領軍司令部はフランクリン・ルーズベルト（Franklin D. Roosevelt）大統領がニュー・ディール政策の一環として実施した「合衆国復興金融会社」の例に倣って独立の金融機関を設立する方法を指示した。その結果「経済の復興を促進するために必要な資金で他の金融機関から供給を受けることが困難と判断される資金を供給することを目的」とする金融機関を設置するため「復興金融公庫法」が昭和21年10月に公布・施行された。この「復金」の資本金は全額政府が出資し、必要な資金を調達するため「復興金融債券」を発行することが認められた。「復興金融公庫」が一定額以上の融資を決定する場合には復興金融委員会の承認が必要とされた。この「復金」は日本開発銀行が設立される昭和27年1月まで戦後の日本の産業の復興に必要な産業資金を供給するという重要な役割を演ずることになる。「復金」の産業融資は、石炭・電力・肥料・鉄鋼の4業種に集中的に配分され、これら4業種だけで「復金」の融資の40％を占めることとなる。企業は事業の再建、生産再開に必要な設備資金・運転資金を外部資金に依存せざるを得ず、「復金」は「傾斜金融」の中心的機関としての役割を果

たすこととなる。[80]

　しかし政府の資本金の払い込みは財政上の理由で限られたため産業融資資金の40％以上を「復興金融債」の発行に依存することになる。しかもこの「復興金融債」は市中の金融機関が引受資金力を充分持たなかったために日銀引受に頼ることになる。その結果日銀の信用が膨張し所謂「復金インフレ」を惹起することになる。また「復金」が一定額以上の融資を決定する場合「復興金融委員会」の承認を必要とすると定められたため、委員会の委員に対する不透明な資金の流れが明らかとなり、所謂「昭和電工事件」が発生し、昭和電工社長が贈賄容疑、福田赳夫大蔵省主計局長が収賄容疑で逮捕され芦田内閣は崩壊する。このような背景の下で占領軍総司令部およびアメリカ政府は「復興金融公庫」に対して次第に批判的になる。

　アメリカ政府は昭和23年12月「経済安定9原則」所謂「ドッジ・ライン」を発表し、日本政府が緊縮財政政策を含む経済安定政策を実施し悪性インフレを収束するように指示した。この「経済安定9原則」とは、①均衡財政の達成、②徴税の強化、③融資の抑制、④賃金の安定、⑤物価統制の強化、⑥外国為替管理の強化、⑦配給制度の改善、⑧鉱工業生産の増強、⑨食糧供出の効率化の9項目を内容とする経済安定政策である。この「経済安定9原則」を受けて、①超均衡予算の編成、②復興金融公庫の新規貸出の停止、③米国対日援助見返資金特別会計の設置、④1ドル360円レートの設置を内容とする所謂「ドッジ・ライン」政策が実施されることになる。[81]

(4) 対日援助見返資金 (Counter-part Funds)

　アメリカ政府は1946年―51年の6年間に総額19億5千8百万ドルの援助資金を占領下の日本政府に供与した。この援助資金総額は当時使用された為替レート1ドル270円で換算すると昭和25年度の政府の歳出の83％に相当する規模であった。昭和25年の単年度だけで見るとこのアメリカ政府の対日援助資金は政府の財政支出の19％に相当する規模であった。このアメリカ政府の対日援助資金の約80％はガリオア援助、GARIOA (Government and Relief in Occupied Areas) であり、エロア援助、EROA (Economic Rehabilitation in Occupied Areas) は規模が小さく15％程度であった。ガリオア援助は日本以外にもドイツ・オーストリア等の占領地で実施され、飢餓・疾病防止等を主要目的とし、食糧・肥料・石油・医療品等の救済的使途に充当された。エロア援助は経済復興を目的としたものであり、その買付け物資は綿花・鉱産物等の各種原料および機械類の輸入に当てられた。これらアメリカ政府の占領地域の経済復興支援は1947年以降実施されたギリシャ援助およびマーシャル計画に見られるようにアメリカ政府の対外援助法・経済協力法によって実施された。

　このアメリカ政府の対日援助は基本的には以下のような手順や原則に従って供与された。先ずアメリカ政府は本国で援助物資（小麦粉等）を一般会計予算から購入し、日本政府にこの援助物資を現物で贈与・貸与する。日本政府はこれら援助物資を市場で売却し円資金を獲得する。このようにして日本政府が獲得した円資金は「米国対日援助見返資金特別会計法」に従って経済安定本部が作成する資金の支出計画に従って大蔵省が占領軍の監査・監督・承認の下で管理する。この「対日援助見返資金」の用途は、①政府事業・政府金融機関に対する投融資（33％）、②電力・海運・石炭・鉄鋼・化学肥料等の基幹産業の復興資金（35％）、③債務償還・国債買入（28％）等であった。これら見返資金の資金計画は事前に占領軍総司令部の承認を得る必要があった。これら見返資金勘定の資産は昭和28年「産業投資特別会計法」に従って産業投資会計に承継された。[82] この対外援助資金の見返として現地通貨によって形成される「見返資金勘定」方式はその後世界銀行や先進国が発展途上国に政府開発援助（ODA）資金を中小企業・農村開発・貧困対策プログラムの現地通貨資金を調達する方法の一つとして頻繁に活用されるようになる。

(5) 日本開発銀行

　「復興金融公庫」は戦後のインフレの元凶（復金インフレ）とされ占領軍総司令部はこれを廃止すべきであると判断した。「復興金融公庫」に替わる

政府開発金融機関の構想に関してアメリカ政府の対日財政金融政策を代表するドッジ使節団と大蔵省担当者との間で論議が行われた。昭和26年1月池田大蔵大臣は大阪に向かう途上の車中談で「日本開発銀行法案」を検討中であることを公表した。[83] 日本開発銀行（以下開銀と略称）は「経済の再建および産業の開発を促進するため、一般の金融機関が行う金融を補完し、奨励することを目的に資本金100億円を全額政府出資」の政策金融機関として「日本開発銀行法」（昭和26年3月公布・施行）によって設立された。この「開銀」の設立とともに「復興金融公庫」は廃止され、「復金」の業務は「開銀」がこれを継承することとなった。

「開銀」の資金源は、①政府からの借入金（財政投融資資金）、②海外で発行する外貨債券（外債）、③資本金、④法定準備金、⑤貸倒引当金、⑥元金回収等で構成されるが、最も重要な資金源は政府からの借入金と元金回収である。下記の表は「開銀」の1966－84年の期間の資金源とその構成比を示している。

「開銀」は100パーセント政府所有の金融機関であり、資金源が財政投融資資金であることから、「開銀」の融資活動は政府の産業政策の目的のために行われる政策金融である。

この政策金融の運用手順は、①各年度の初めに、「政府資金の産業設備に関する運用基本方針」（運用基本方針）が閣議了解され、大蔵省銀行局長から「開銀」に通達される、②通産省・運輸省等の産業を所管する各省は運用基本方針に基づいて、借入希望企業名・借入期待額を記載したリストを事務次官名で「開銀」に提出する（融資推薦）、③融資を希望する企業が「開銀」に借入の申込を行う、④「開銀」内部で融資プロジェクトの審査を行う。[84]

「開銀」の政策金融には、①都市開発など投資資金回収に長期を要するプロジェクトに長期の融資に期間面で補完する「期間補完機能」、②地球環境（公害）対策や公共性の高いプロジェクト等の先行投資性や低収益性を補完する「収益補完機能」、③ＬＮＧプロジェクトや技術開発等のリスクの高いプロジェクトに資金を供給する「リスク補完機能」、④情報等の知識集約産

第7章 日本の産業金融システム

表7－5：「開銀」の資金計画実績（1966－84年）

(単位：億円、%)

年度	1966	67	68	69	70	71	66～71累計	構成比	72	73	74	72～74累計	構成比	80～84累計	構成比
貸付	2,267	2,341	2,617	2,936	3,412	4,415	17,988	100.0	4,880	5,260	6,376	16,516	100.0	55,088	100.0
政府借入金	1,114	1,268	1,433	1,681	1,934	2,715	10,145	56.4	2,694	2,802	3,319	8,815	53.4	19,711	35.8
借入	1,457	1,688	1,937	2,286	2,632	3,520	13,520	75.2	3,640	3,858	4,482	11,980	72.5	39,832	72.3
返済	343	420	504	605	698	805	3,375	18.8	946	1,056	1,163	3,165	19.2	20,121	36.5
外貨借入	74	−	−20	−20	19	−26	12	0.1	−	−	−	−	−	492	5.1
借入	90	15	0	0	42	0	132	0.7	−	−	121	77	0.5	2,826	6.2
返済	16	15	20	20	23	26	120	0.7	22	22	22	143	0.9	3,436	6.2
元金回収	957	986	1,057	1,148	1,344	1,581	7,073	39.3	1,989	2,246	2,549	6,784	41.1	30,872	56.0
内部留保など	122	102	147	127	115	145	758	4.2	219	234	387	840	5.1	1,679	3.0
法定準備金	81	90	101	113	127	145	657	3.7	163	185	211	559	3.4	1,709	3.1
貸倒引当金	34	43	53	55	23	50	258	1.4	56	73	68	197	1.2	−82	−0.1
合計	2,267	2,341	2,617	2,936	3,412	4,415	17,988	100.0	4,880	5,260	6,376	16,516	100.0	55,088	100.0
回収運用金	598	551	533	523	623	750	3,578	19.9	1,021	1,168	1,364	3,553	21.5		

年度	1966	67	68	69	70	71	72	73	74	構成比
貸付	7,260	7,608	8,279	8,740	9,351	41,238	10,775	11,615	11,540	11,624	100.0
政府借入金	3,981	3,549	4,046	2,837	3,435	17,848	3,958	4,410	3,814	3,371	35.8
借入	5,360	5,170	6,297	5,378	6,435	28,640	7,574	8,534	8,180	8,226	72.3
返済	1,379	1,621	2,251	2,541	3,000	10,792	3,616	4,124	4,366	4,855	36.5
外貨借入	95	270	−31	−9	−6	319	−22	−22	−45	492	5.1
借入	117	295	0	0	153	565	0	0	878	635	6.2
返済	22	25	31	9	159	246	22	22	995	143	1.1
元金回収	3,020	3,581	4,351	5,505	5,439	21,896	5,586	6,165	6,649	7,264	56.0
内部留保など	164	208	−87	407	483	1,175	719	202	117	497	3.0
法定準備金	243	271	288	318	346	1,466	295	322	199	368	3.1
貸倒引当金	58	61	−654	31	26	−478	−90	16	347	14	−0.1
合計	7,260	7,608	8,279	8,740	9,351	41,238	10,775	11,615	11,540	11,624	100.0
回収運用金	1,619	1,935	2,069	2,955	2,280	10,858	1,906	2,018	2,166	2,266	18.4

（注）回収運用金＝元金回収−（借入金返済＋外貨債返済）
資料：日本政策投資銀行編『日本開発銀行史』、2002年、508頁。

表7-6：設備資金新規供給状況

(単位：百万円)

(1) 設備資金新規供給状況

	1952~55年度累計	56~65累計	66~71累計	72~84累計	72~74累計	75~79累計	80~84累計	85~89累計
株式・社債	2,173	42,857	53,285	307,772	52,596	116,882	138,294	1,739,008
民間金融機関	10,966	146,396	360,369	1,908,692	348,768	647,362	912,562	1,250,337
全国銀行勘定	7,118	72,015	173,086	1,028,086	185,773	334,579	507,734	507,734
（うち長期信用銀行）				280,333	59,336	102,636	118,361	147,608
全国銀行信託勘定	896	27,914	33,450	222,388	50,696	84,457	87,235	86,623
保険会社	680	14,535	67,722	198,407	31,724	57,680	109,003	74,723
中小企業金融機関		6,521	38,920	437,293	76,372	164,004	196,917	315,580
政府系金融機関	5,196	36,426	76,849	240,263	76,625	169,312	209,326	232,566
開銀	2,441	9,727	67,958	112,984	41,335	41,335	55,288	61,959
北東公庫		1,593	17,881	8,113	2,173	5,940		
中東公庫	526	7,695	1,144	43,926	12,268	31,658		
合計	18,335	225,682	481,623	2,656,746	462,995	933,564	1,260,187	1,971,576

(2) 同上構成比

	1952~55年度累計	56~65累計	66~71累計	72~84累計	72~74累計	75~79累計	80~84累計	85~89累計
株式・社債	11.9	19.0	11.1	11.6	11.4	12.5	11.0	88.2
民間金融機関	59.8	64.9	74.8	71.8	75.3	69.3	72.4	63.4
全国銀行勘定	38.8	31.9	35.9	38.7	40.1	35.8	40.3	7.5
（うち長期信用銀行）			6.9	10.6	12.8	11.0	9.4	4.4
全国銀行信託勘定	4.9	12.4	14.1	8.4	10.9	9.0	6.9	3.8
保険会社	3.7	6.4	8.1	7.5	6.9	6.2	8.6	16.0
中小企業金融機関		2.9	16.0	16.5	16.5	17.6	15.6	16.0
政府系金融機関	28.3	16.1	14.1	16.6	13.3	18.1	16.6	11.8
開銀	13.3	4.3	3.7	4.3	3.5	4.4	4.4	3.1
北東公庫		0.7	0.2	0.3	0.5	0.6		
中小公庫	2.9	3.4	3.2	1.7	2.6	3.4		
合計	100.0	100.0	100.0	100.0	100.0	100.0	100.0	100.0

資料：日本政策投資銀行編『日本開発銀行史』、2002年、367頁。

業、新規産業、技術開発等企業体力の脆弱性による信用力の欠如を補完する「信用補完機能」、⑤民間金融機関の信用供与に左右されることなくプロジェクトの実施に必要な資金を安定的に供給する「安定的資金供給機能」、⑥民間金融の奨励や民間企業の誘導を行う「政策的誘導機能」等の民間の金融機関の金融を補完する種々の機能があると指摘されている。このように「開銀」の金融は民間金融との競合を回避しつつ、民間金融を補完し、公平中立かつ効率的・機動的に資金を供給することを目指すことが期待された。[85]

しかし日本政府の産業政策の政策目標は戦後時代と伴に変化した。従って開銀融資の重点分野も戦後の経済発展段階に応じて変化した。前述の通産省の「通商産業政策史」の時代区分に従えば、経済復興期（昭和20-27年）および自立基盤確立期（昭和27-35年）には「開銀」の重点融資分野は電力・海運・石炭・鉄鋼の基幹産業分野であり、これら産業に対する融資が「開銀」の全融資の50-70パーセントを占めていた。

高度経済成長期（昭和35-46年）には上記の4基幹産業分野に対する「開銀」の融資比率は低下し、地域開発・機械・電子工業・電子計算機・公害防止・大都市開発・流通の近代化等に対する融資が50パーセント以上を占めるようになる。多様化時代（昭和46-54年）には省資源・技術振興・都市開発・地域開発・国民生活改善分野が60パーセント以上を占めるようになる。1980年代および1990年代には生活・都市基盤整備（33パーセント）、資源エネルギー（32パーセント）、情報・通信基盤整備・地域開発・社会資本整備（21パーセント）等と開銀融資分野は経済開発から社会開発分野に融資の重点が移行していく。これら「開銀」の融資の重点分野の変遷は、日本政府が閣議によって了承する年度別の開銀資金の「運用基本方針」の変遷を直接反映している。

「開銀」は民間企業が必要とする長期の設備投資資金を民間の金融機関による融資を補完して融資することを目的とする。1950年代前半、民間の金融機関の長期資金の供給力が不足していた段階で「開銀」は民間企業の設備投資資金需要の13パーセント前後を供給していたが、それ以降開銀融資は民間

企業の設備投資資金需要の3－4パーセントを供給したに過ぎない。周知のように日本企業の株式・社債等の直接金融に対する依存度は10パーセント台に留まり、民間金融機関からの設備投資資金の借入という間接金融に対する依存度が70－80パーセントと非常に高くなっている。

このように「開銀」の民間企業に対する設備投資資金の融資は民間企業全体の資金需要の3－4パーセントを供給するに過ぎなかったが、「開銀」の大企業中心の融資活動が次第に非難の対象となっていった。特に1980年代以降日本の低成長経済下で民間企業の設備投資資金需要が低迷し、民間の大手金融機関と開銀融資は競合的となり、民間の金融機関は開銀融資に対して次第に批判的となる。この傾向を補強したのは1980年代アメリカのレーガン政権およびイギリスのサッチャー政権の「新保守主義」的政治勢力の台頭であり、行財政改革や公企業の民営化の時代の風潮である。日本では1981年3月第2次臨時行政調査会（臨調）が発足し、中曽根内閣の下で民営化が進展した。1985年4月電電公社が日本電信電話株式会社（NTT）に民営化され、専売公社が日本たばこ産業株式会社となり、1987年4月国鉄が7社（6旅客鉄道株式会社、日本貨物鉄道株式会社）に民営化された。

2000年3月「資金運用部資金法」が改正された。この改正により郵便貯金や年金積立金の全額が資金運用部に預託される制度が廃止され、特殊法人は必要とされる資金を市場から調達する仕組みに転換された。

このような時代的背景の下で1999年10月、日本開発銀行および北海道東北開発公庫は廃止され「日本政策投資銀行」が設立された。この新銀行の目的は、「経済社会の活力の向上および持続的発展」、「豊かな国民生活の実現」、「地域経済の自立的発展」を実現することにある。ここに日本政府の産業政策を支援する政策金融機関としての日本開発銀行の戦後の約50年の歴史は終わることになる。[86]

第 7 章　日本の産業金融システム

註

1. 金融経済学者による金融システムの説明としては下記の文献が参考になろう。
   Frank J, Fabozzi, Franco Modigliani and Michael G. Ferri, Foundations of Financial Markets and Institutions, Prentice Hall International, 1994, pp. 21−24 ; Xavier Freixas and Jean-Charles Rochet, Microeconomics of Banking, The MIT Press, 1997, pp.1−55.
2. Gerschenkron, Alexander., Economic Backwardness in Historical Perspective: A Book of Essays, Harvard University Press, 1962, pp.11−16.
3. Shaw, Edward S., Financial Deepening in Economic Development, Oxford University Press, 1973, pp.3−15 ; pp.113−148.
4. McKinnon, Ronald I., Money and Capital in Economic Development, The Brookings Institution, 1973, pp. 5−21. Maxwll J. Fry, Money, Interest and Banking in Economic Development, The Johns Hopkins University Press, Second Edition, 1995, pp. 20−60.
5. 伊牟田敏充著『明治期金融構造分析序説』(講義用テキスト)、法政大学出版会、1976年、1頁、153頁、197頁。
6. 伊藤修著『日本型金融の歴史的構造』、東京大学出版会、1995年が参考になる。
7. マルクス主義経済理論から見た日本の金融史については、柴垣和夫著『日本金融資本分析』、東京大学出版会、1965年を参照されたい。
8. 日本銀行金融研究所編『わが国の金融制度：新版』、平成7年、7−8頁。
9. 日本の金融システムの改革に関しては以下の文献に詳しい解説がある。西村吉正著『日本の金融制度改革』、東洋経済新報社、2003年。
10. 鈴木淑夫著『現代日本金融論』、東洋経済新報社、昭和49年、18−20頁。
11. 鈴木淑夫著『現代日本金融論』、同上、3−12頁。伊牟田敏充著『明治期金融構造分析序説』、法政大学出版局、1976年、35頁。
12. 日本における証券市場の発展については以下の文献参照のこと。有沢広巳監修『日本証券史』、第1巻、第2巻、1978年（日経文庫版、1995年）。戦前の証券市場の発展は第1巻に詳しい解説がある。戦後の証券市場の発展は、内田茂男著『証券市場史』、日経文庫、1995年に説明がある。
13. 負債の梃子の効果（financial leverage）については、以下の文献参照のこと。
    J. Fred Weston and Eugene F. Brigham, Managerial Finance, Holt-Saun-

ders, 1981, pp. 555-574.
14. 藤野正三郎・寺西重郎著『日本金融の計量分析』、東洋経済新報社、2000年、83-151頁。
15. 加藤俊彦著『本邦銀行史論』、東京大学出版会、1957年、113-147頁。
16. 青木昌彦・奥野正寛著『経済システムの比較制度分析』、1996年、221-245頁。
17. 伊牟田敏充著『昭和金融恐慌の構造』、経済産業調査会、平成14年、91-92頁。
18. トマス・カーギル著「日本の銀行危機」、星岳雄・ヒュー・パトリック編『日本金融システムの危機と変貌』、(Crisis and Change in the Japanese Financial System) 筒井善郎監訳、日本経済新聞、2001年、43-68頁。トマス・カーギルはアメリカの大学で使用されている金融経済学のテキストの著者である。Thomas F. Cargill, Money, The Financial System, and Monetary Policy, Fourth Edition, Prentice-Hall, 1991.
19. 吉野俊彦著『日本銀行史』、第1巻（昭和50年）-第5巻（昭和54年）、春秋社。
20. 日本銀行金融研究所編『わが国の金融制度』(新版)、平成7年、273-284頁。
21. 後進資本主義国ないしは発展途上国の中央銀行は、単にその国の中央銀行としての機能を果たすばかりでなく、産業を開発する機能を持つということは金融経済学者が指摘することである。C. A. E. Goodhart, The Central Bank and The Financial System, MacMillan, 1995, pp.205-215.
22. 日本の信用機構の発展に果たした日本銀行の役割については、鶴見誠良の優れた研究がある。鶴見誠良著『日本信用機構の確立—日本銀行と金融市場』、有斐閣、1991年参照。
23. 寺西重郎著『工業化と金融システム』、東洋経済新報社、1991年、7-40頁。
24. 加藤俊彦著『本邦銀行史』、前掲書、159-169頁。
25. 吉野俊彦著『日本銀行制度改革史』、東京大学出版会、1962年、173-197頁。
26. 日本銀行の優遇手形制度および為替資金供給に関しては以下の文献に詳しい説明がある。大佐正之著『産業・貿易振興と金融政策：日本銀行優遇手形制度の研究』、東洋経済新報社、1989年、53-105頁、285-338頁。
27. 石井寛治著『近代日本金融史序説』、東京大学出版会、1999年、191-232頁。石井寛治編『日本銀行金融政策史』、東京大学出版会、2001年、5-8頁。石井寛治著『日本経済史』第2版、東京大学出版会、1991年、190-208頁。
28. 石井寛治著『日本蚕糸業史分析』、東京大学出版会、1972年；瀧澤秀樹著『日本資本主義と蚕糸業』、未来社、1978年；中村真幸著『近代資本主義の組織』、東京大学出版会、2003年を参照のこと。

第7章　日本の産業金融システム

29. 山口和雄編著『日本産業金融史研究』、製糸金融篇、東京大学出版会、1966年。
30. 片倉製糸の発展については、以下に詳しい分析がある。松村敏著『戦間期日本蚕糸業史研究：片倉製糸を中心に』、東京大学出版会、1992年。
31. 中村真幸著『近代資本主義の組織：製糸業の発展における取引の統治と生産の構造』、東京大学出版会、2003年、123-157頁。
32. 通商産業省編『商工政策史』第15巻、繊維工業（上）、昭和43年、53-57頁。
33. 山口和雄編著『日本産業金融史研究』、製糸金融篇、前掲書、3-24頁。
34. 石井寛治著『製糸』、有沢広巳監修『日本産業史』、日経文庫、1994年、39-47頁。
35. 山口和雄編著、前掲書、25-35頁。石井寛治著『日本蚕糸業史分析』、東京大学出版会、1972年、163-177頁。
36. 中村真幸著、前掲書、333-380頁。
37. 大塚久雄著『欧州経済史』、『西欧経済史講座』、『大塚久雄著作集第4巻、資本主義の形成Ⅰ』、1969年、7-9頁、18-20頁、201-212頁。所謂「大塚史学」については以下の文献参照のこと。馬場哲・小野塚知二編『西洋経済史学』、東京大学出版会、2001年。
38. 伊牟田敏充著『明治期株式会社分析序説』（講義用テキスト）、法政大学出版会、1976年、2頁、140-142頁。
39. 綿紡績の産業金融に関しては山口和雄著『日本産業金融史』、紡績金融篇、東京大学出版会、1970年に詳細な分析がある。
40. 山口和雄編著、同上、3-38頁。
41. 山口和雄編著、同上、106-107頁。
42. この時期の政府の繊維産業に対する産業政策については、通商産業省編『商工政策史』第15巻、繊維工業（上）、昭和43年参照のこと。
43. イギリスの産業革命については、以下の文献参照。Mokyr, Joel., ed., The British Industrial Revolution: An Economic Perspective, Westview Press, 1999.
44. 山田徹雄著『ドイツ資本主義と鉄道』、日本経済評論社、2001年に詳しい説明がある。
45. 秋元英一著『アメリカ経済の歴史：1492-1993』、東京大学出版会、1995年、64-75頁。鈴木圭介編『アメリカ経済史』、東京大学出版会、1972年、260-291頁。
46. Chandler, Alfred D., Scale and Scope: The Dynamics of Industrial Capita-

lism, Harvard University Press, 1990, pp. 53－58, pp. 252－255, and pp. 411－415: Alfred D. Chandler, Jr., Strategy and Structure: Chapters in the History of the American Industrial Enterprise, The MIT Press, 1962, pp. 21－24.
47. 原田勝正著『開国と鉄道』、野田正穂・原田勝正・青木英一・老川慶喜編『日本の鉄道：成立と展開』、日本経済評論社、1986年、1－14頁。原田勝正著『日本の鉄道』、吉川弘文館、平成3年、1－34頁。
48. 小風秀雄著『鉄道の時代』、高村直助編『産業革命』、吉川弘文館、1994年、88－113頁。
49. モルガン家やロスチャイルド家の伝記には南北アメリカ大陸の鉄道建設融資にこれらマーチャント銀行が活躍したエピソードが頻繁に紹介されている。Ron Chernow, The House of Morgan; An American Dynasty and the Rise of Modern Finance, Simon & Schuster, 1990, pp. 53－58, pp. 67－69, pp. 507－511; Niall Ferguson, The World's Banker; The History of the House of Rothschild, Weidenfeld & Nicolson, 1998, pp. 433－458.
50. 野田正穂著『日本証券市場成立史』、有斐閣、1980年、50－58頁。
51. 鉄道金融に関しては、野田正穂著、同上、47－187頁に詳しい説明がある。
52. 横浜正金銀行の明治・大正時代の活動内容については、大蔵省編『明治大正財政史』第15巻、昭和13年、1－478頁に詳しい解説がある。
53. 伊牟田敏充著『明治期金融構造分析序説』、法政大学出版局、1976年、55－109頁。
54. 山口和雄編著『日本産業金融史研究』、紡績金融篇、東京大学出版会、1970年、288－324頁。
55. 志村喜一監修『戦後産業史への証言：4　金融の再編成』、毎日新聞社、昭和53年、30－49頁。
56. 大蔵省編『明治大正財政史』第15巻、昭和13年、479－870頁。加藤俊彦著『本邦銀行史論』、東京大学出版会、1957年、175－186頁。
57. 大蔵省編『明治大正財政史』、同上、871－1070頁。加藤俊彦著『本邦銀行史論』、同上、186－193頁、338－347頁。
58. 大蔵省編『明治大正財政史』第16巻、昭和13年、1－141頁。
59. 矢内原忠雄著『植民及び植民政策』、有斐閣、大正15年、『矢内原忠雄全集』、第1巻、岩波書店、1963年、1－518頁。『帝国主義下の台湾』、岩波書店、昭和4年、『矢内原忠雄全集』第2巻、岩波書店、1963年、177－480頁。

第7章　日本の産業金融システム

60. 徐照彦著『日本手国主義下の台湾』、東京大学出版会、1975年、2－7頁。
61. 大蔵省編『明治大正財政史』第16巻、前掲書、261－354頁。
62. 黒瀬郁二著『東洋拓殖会社』、日本経済評論社、2003年を参照されたい。
63. 大蔵省編『明治大正財政史』第16巻、前掲書、355－533頁。加藤俊彦著『本邦銀行史論』、前掲書、215－225頁、362－370頁。鈴木直吉と鈴木商会については、以下を参照のこと。由井常彦・中川敬一郎・森川英正編『近代日本経営史の基礎知識』、有斐閣、1979年、131－133頁、199－200頁。
64. 戦前の日本興業銀行の活動については次の文献に詳しい。日本興業銀行臨時史料室編『日本興業銀行50年史』、昭和32年。
65. 大蔵省編『明治大正財政史』第16巻、前掲書、142－260頁。
66. 『日本興業銀行50年史』、前掲書、188頁。
67. 戦前の財政投融資資金の源泉としての郵便貯金の役割については、藤野正三郎・寺西重郎著『日本金融の数量分析』、東洋経済新報社、2000年、271－307頁。
68. 『日本興業銀行50年史』、前掲書、229－251頁。
69. 鈴木武雄監修『西原借款資料研究』、東京大学出版会、1972年。
70. 大島清著『高橋是清』、中公新書、1969年、53－59頁。吉野俊彦著『日本銀行史』第3巻、春秋社、昭和52年、581－592頁。
71. 遠山茂樹・今井清一・藤原彰著『昭和史』、岩波新書、1959年、245－255頁。
72. 通商産業省編『通商産業史 (2)』第1期戦後復興期 (1)、平成3年、208頁。
通商産業省編『商工政策史』第2巻、昭和60年、4－5頁。
73. アメリカの社会学者、C・ライト・ミルズはアメリカの社会的発展の過程で少数の支配的な階層が社会の意思決定や価値や資源の配分に重要な影響力を行使したことを社会学的に分析した。C. Wright Mills, The Power Elite, Oxford University Press, 1956, pp. 269－297. しかし誰がパワー・エリートとなるかは社会の発展状況によって異なる。具体的には産業人・軍人・政治家・知識人・官僚およびこれら社会階層の同盟といえよう。日本の場合も明治維新以降のパワー・エリートは軍人・官僚・政治家・財閥企業経営者等であろう。
74. アメリカ政府の対日占領政策は固定的でもなく一枚岩でもなかった。アメリカ政府の日本の賠償責任、非軍事化、財閥の解体等の対日占領政策は米ソの対立が激化するにつれて日本を極東アジアにおける自由主義陣営の戦略的拠点にする方向に転換していく。総司令部の内部でもニュー・ディール派・反ニュー・ディール派間でイデオロギーや政策上の対立、国務省と国防省の対日戦略等の対立があったことが知られている。秦郁彦著『昭和財政史：終戦から講和まで；3、アメ

339

リカの対日占領政策」、大蔵省財政史室編、東洋経済、昭和51年参照のこと。
75. 通商産業省編『商工政策史』第2巻、昭和60年、1－8頁、109－115頁。
76. 戦後のアメリカ政府の対日占領政策および経済政策については三和良一の文献に詳しい。三和良一著『日本占領の経済政策史研究』、日本経済評論社、2002年；三和良一著「戦後民主化と経済再建」、中村隆英編『日本経済史7:「計画化」と「民主化」』、岩波書店、1989年、107－164頁。
77. 有沢広巳監修『昭和経済史；中』（日経文庫）、日本経済新聞社、1994年、64－68頁。
78. 都留重人著『都留重人自伝：いくつもの岐路を回顧して』、岩波書店、2001年、224－235頁；大来佐武郎著『東奔西走：私の履歴書』、日本経済新聞社、昭和56年、79－83頁。
79. 有沢広巳との対話『政策と現実の谷間で』、近藤完一・小山内宏監修『戦後産業史への証言、3、エネルギー革命』、毎日新聞社、昭和53年、12－29頁。
80. 大蔵省財政史室編『昭和財政史』12、金融 (1)、昭和51年、623－642頁。
81. 同上、329－368頁。
82. 大蔵省財政史室編『昭和財政史』13、金融 (2) 昭和58年、917－1095頁。
83. 日本開発銀行の設立の経緯については、以下に詳しい。大蔵省財政史室編、『昭和財政史：終戦から講和まで』第13巻、東洋経済新報社、昭和58年、95－196頁。
84. 日本政策投資銀行編『日本開発銀行史』、2002年、75－81頁。
85. 前掲書、500頁。
86. 前掲書、745－788頁。

第8章　インドの産業政策

はじめに

　この章では先ず第1に、インドの独立当時の状況を説明し、何故インドが所謂「インド型経済開発政策」をとらざるを得なかったか分かりやすく解説する。第2に、1947-90年の期間インド政府がとった産業政策の内容を説明し「インド型の産業政策」の特徴を明らかにする。第3に、これらの産業政策がどのような効果をインド経済にもたらしたのかを、開発経済学で頻繁に使われる計量的な方法論や概念および種々の論議を解説しながら説明する。第4に、1991年7月以降インド政府が実施した産業自由化政策の内容とその経済効果の問題を解説する。この章の説明から、発展途上国政府が「政府指導型の開発政策」をとるべきか、或いは「市場指導型の開発政策」をとるべきかという経済政策の選択は、インドの為政者達にとっては、一定の歴史的状況や社会・文化的な環境での政治的な意思決定の問題であったことが理解されよう。

8．1 インドの政府指導型の経済開発政策

(1) インドの独立当時の時代状況

　1947年8月15日インドは1600年に設立された東インド会社に端を発した約350年のイギリスの植民地支配から開放されて独立国となった。日本の明治維新以降の近代化の基盤が徳川時代の封建社会制度の下で形成されたと考えると、インドの1947年以降の近代化の基盤はこの長期のイギリス植民地支配の期間に形成されたと言えよう。

　このインドの1947年以降の近代化のプロセスを規定する要因となった社会

的要素としては以下の事項が掲げられよう。第1に、1885年に設立された国民議会に集結したインドの知識人達がM・ガンジー（Mahatma Gandhi）を指導者として展開したイギリスの植民地統治に対して展開した抵抗運動とその過程で形成された民族意識が上げられよう。第2に、イギリス植民地政府が「分断統治」の政治的道具として利用した国家統一を妨げる種々の社会勢力や制度の意図的な温存、即ち、強大な軍事力や経済力を有する多数の藩王自治領、回教徒とヒンズー教徒の宗派的対立と紛争、多様な言語や文化を持つ複数の民族集団、カースト制度によって分断されたインド社会の亀裂が存在していたことを理解する必要があろう。第3に、インド社会の経済的後進性の大きな原因と認識されたイギリスの植民地政府によって行われたインドの経済的搾取の事実を見逃すことはできないであろう。第4に、イギリスはインド社会の植民地統治の政治機構として形成された中央および地方行政・司法組織、膨大な官僚機構の形成と鉄道網の建設等の社会的インフラの整備をプラスの遺産としてインド社会に残した。第5に、20世紀の前半インドの知識人達の間で影響力を増したソ連型の重工業の発展を重視する経済発展思想の台頭があったことを認識すべきであろう。第6に、第1次および第2次世界大戦下にイギリス植民地政府が実施した重要物資の生産や販売の規制と価格規制を中心とする統制経済政策が過去の遺産として残った。第7に、イギリス統治下のインド大陸がヒンズー教徒のインドと回教徒のパキスタンに分離独立し、その分離独立の過程で50万人以上のヒンズー教徒および回教徒が暴徒の殺戮の犠牲となった宗派的対立が存在した。最後に、独立当初インド政府の統治能力の確立と国家形成が急務であると認識されたこと等をわれわれは理解すべきであろう。これらの要因が直接・間接的に独立以降のインド政府がとった経済開発政策の性格に影響を及ぼしたといえよう。

　インドの現代史の著名な歴史家B・チャンドラ（Bipan Chandra）は独立当初に以上掲げたイギリス植民地統治下で蓄積されたプラスとマイナスの遺産の上に国家形成（Nation-building）の基礎を建設することがインド政府の急務の課題であったと指摘している。[1]独立当初インドの人口は約3億7,000

第8章　インドの産業政策

万人、1人当たりの国民所得は60ルピー以下、75パーセントの労働者が農業等の第1次産業に従事していた。インドの主要な輸出品の構成比は原綿（20-30%）、穀物（10-20%）、ジュートおよび加工ジュート（10-20%）であった。工業部門は綿糸・綿布工業がボンベイ周辺地域、ジュート加工工業がベンガル州、鉄鋼業が鉄鉱石の産出地のビハール州、精糖およびその他の雑貨品製造業がインドの主要都市の周辺に分布していた。これら製造業の事業規模はタタ鉄鋼所（TISCO: Tata Iron and Steel Company）を除いては比較的小規模のものであった。1946年当時約5,000の製造業の工場（1,500の精米工場、480の綿糸・綿布工場、107の鉄工所、95のジュート加工工場等）が240万人の従業員を雇用していた。またインドの主要都市を結ぶ鉄道に90万人、炭鉱に35万人が従事していた。少規模であるが都市部に中産階級が形成されていた。ボンベイの商工会議所は1836年に設立されている。しかしイギリス植民地下のインド経済の状況は、K・マルクスが特徴づけた「アジア型の貧困停滞経済」であった。インド経済は20世紀の前半50年間の国民総生産の伸び率は1921-29年の期間を除いては1.0パーセント以下ないしはマイナスの年平均成長率であった。[2]

イギリス植民下のインド経済が停滞した原因に関しては、工業の発展に不可欠な資源不足、技術革新や農業インフラ投資不足に起因する農業の生産性の停滞、合理的な経済行動の基礎となる個人主義的な達成主義や契約観念の形成を阻害するカースト制度等のインドの伝統文化や慣習および因習、人口圧力の存在、植民地政府がとった経済搾取的政策（植民地政府はその統治下に鉄道の建設、司法・行政組織、インド文官官僚制度を確立する等のプラスの貢献をしたが、インドをイギリスの製造業の輸出市場とする産業政策がインド経済の停滞をもたらした）等の原因が指摘されている。[3]

最も論議の的となったのはイギリス植民地政策自体がインドの経済の停滞の直接的原因となったかどうかという問題である。在来インドの歴史はイギリスの視点から書かれてきた。その代表的なものはケンブリッジ大学のインド史研究である。[4]しかし最近インドの歴史家達がマルクス経済学ないしは民

343

族主義の視点からインドの近代史の再検討を盛んに行っている。これらインドの歴史家達が主張する歴史学説の１つが「インド経済の後進性の直接的な原因はイギリス植民地政府の搾取政策にある」という命題である。ここで多少長文になるがB．チャンドラの記述を引用しよう。「1813年以降イギリスはインドに対して自由貿易政策を一方的に押し付けた。イギリスの工場製品、とりわけ綿製品の侵略がただちに起こった。……インドの産業、特に手工業の没落は、鉄道が建設されると一層加速した。鉄道はイギリス製品をインドの僻地まで送りこみ伝統的産業を根こそぎにした。……もっとも打撃を受けたのは綿織物および綿糸産業であった。……こうしてイギリス支配はインドの脱工業化をもたらした。……農業人口の過密化、過重な地租要求、地主制度の発達、増加する農民の負債、耕作農民の貧困化の結果インドの農業は停滞した。……イギリスによる経済的搾取、在来産業の衰退、農業の停滞を導いた後進的な農村構造、ザミンダールや地主、藩王、金貸し、商人、そして国家による貧しい農民の搾取。これらの要素が一体となって次第にインドの民衆を極度の貧困に突き落とし、彼らの発展を阻害した。このようにしてインドの植民地経済は低度の経済水準で停滞した[5]」。

　しかしこのようなインドの知識人の歴史認識は単に歴史家の見解にとどまらず、インドの卓越した政治指導者のＪ・ネール（Jawaharlal Nehru, 1889－1964年）の政治哲学の基礎にもなっていた。Ｊ・ネールはインドが1947年に独立を達成する以前国民議会の政治家としてＭ・ガンジーの下でインド独立運動に従事し度々逮捕投獄されたが、二冊の獄中記を著している。最初の獄中記は自叙伝（1935年）であり、二冊目はＪ・ネールの歴史観や政治思想に関する獄中記（1945年）である[6]。これら２冊の著作はＪ・ネールの政治思想を知る上で貴重な資料となっている。前者の自叙伝の中ではインドの上流の中産階級の家に生まれ、イギリスのパブリック・スクールとケンブリッジ大学で教育を受けたＪ・ネールが帰国後次第にＭ・ガンジーの影響の下で政治家として成長していく過程が描かれている。二冊目の中では老練な政治家に成長したＪ・ネールが自己の政治哲学やインドの社会思想を記しており、イ

第8章　インドの産業政策

ンドが独立後初代の首相となったJ・ネールが何故社会主義的な経済政策を実施したのかを窺い知ることが出来る。J・ネールはこれらの著作の中で以下のような見解を述べている。イギリスの植民地政策によりインドの土着の工業の発展が阻害され、イギリスの産業革命はインドの脱工業化をもたらした。インドが貧困を解消し近代化を達成するためには農業の生産性の向上が不可欠であり、そのためには農業生産の機械化や農業の共同経営化が必要である。そのためにはソ連型の計画経済政策を採用し、限られた資源を基幹産業、特に重化学工業の発展のために集中的に投資すべきである。しかしM・ガンジーが主張する農村地域の小規模工業の発展を無視すべきでなく、大規模工業と小規模工業を同時並行的に発展させる必要がある[7]。

このような認識の下にJ・ネールは1938年に国民議会が設立した国民計画委員会の委員長に就任し、独立後のインドの経済政策の計画案の作成に指導的な役割を演ずる。この国民計画委員会の下に29の作業部会が設けられ350人の専門家が動員され、各作業部門の計画案の作成にあたった。この国民委員会の作業は1939年9月の第2次世界大戦の勃発によって中断するが、インドの計画経済の目標や原理・原則として、インド経済は基幹産業を国有化する混合経済体制とすること、長期的にはインド型の社会主義経済体制の建設を目指すこと、インドの貧困を解消するため1人当たり国民所得を10年間に2－3倍にすること、国民の福祉水準を向上させること、イギリス経済に対する依存体質から離脱するため輸出入取引は政府が規制し、インド経済の自立更正能力を高めること、農業の協同化を促進すること、必要な資金を重要な産業分野に動員するため主要な金融機関を国有化すること等を内容とする中間報告書を作成している[8]。

インドは独立後初代首相となったJ・ネールの下で混合経済体制を確立するため計画経済政策を実施するが、その骨子は既にこの時期に決定されていたと言えよう。後に1980年代以降経済の自由化政策が途上国の開発政策の主流となり、インド出身の開発経済学者D・ラルはインドを含む途上国経済の停滞の原因は、これら政府が実施した政府指導型の計画経済政策が市場の競

345

争原理や価格機能を阻害したためであると主張し、これら途上国政府がとった経済政策や、この様な政府指導型の経済政策を支援する開発戦略を展開した開発経済学の理論を批判した。しかしD・ラルの主張は1980年代以降の時代状況で可能なのであり、1950－60年代インドの独立国家形成期では政治的には非現実的な見解であると退かれたであろう。

　独立当初のJ・ネールを首相とするインド政府にとって、政府指導型か市場指導型の開発政策をとるべきかという経済政策の選択肢は政治的な選択肢ではあり得なかったといえよう。独立当初インド社会が置かれた状況は、イギリス植民地経済から独立した自立経済体制を確立し、インドとパキスタンに分断されたヒンズー教徒と回教徒の宗教的対立問題を処理し、600以上の藩王や多言語民族集団を統一国家へ統合し、司法・行政制度を確立し、治安と秩序を維持し、経済の基盤整理を行うこと等を主要な内容とする近代国家の形成（Nation-building）であった。K・G・ミュダールが指摘するように「計画経済政策は国家形成の途上にあるアジア諸国の近代化のイデオロギーを体現するものである」と言えよう。以上のようにインドの独立当初の時代状況を概観してみると、インド政府がとってきた開発政策や産業政策を深く理解するためには、インドの歴史、政治、文化、宗教等に関する学際的な理解が不可欠となろう。最近日本の多数のインド研究者達が各分野のインド研究の成果を論文集として発表している。これらはインドの開発政策を理解しようとする者にとって非常に参考になろう。

(2) ネール政権下のインドの開発戦略

　インドは1947年8月15日イギリスから独立すると伴にネール首相を首班とする国民会議派内閣が結成された。翌年1948年1月25日5カ年計画委員会が設立され、同年4月6日以下の内容を持つ産業開発政策が発表された。国民計画委員会（National Planning Commission）の設立、軍事産業・原子力産業・鉄道の管理・経営を中央政府の専権事項とすること、石炭、鉄鋼、航空機、造船、電信・電話機器、鉱物エネルギー資源の各産業を中央・地方政府

第8章　インドの産業政策

が直接所有・経営すること、中央政府が基幹産業（自動車、電機、産業用機械、化学・肥料・製薬、非鉄金属、ゴム、綿繊維、セメント、精糖、製紙、船舶、鉱物資源等）の立地、生産活動を規制すること、農村の手工業および小規模工業の発展を促進する政策を実施すること。[12]この産業開発政策の声明に従いネール政権はＪ・ネールを委員長とする「国民計画委員会」を1950年3月に設立する。

この国民計画委員会がインドの5ヶ年経済計画の策定に当たることになる。このインドの5ヶ年計画、特に第2次5ヶ年計画（1956－61年）および第3次5ヶ年計画（1961－66）の策定に当たって中心的な役割を演じたのがインドの世界的に著名な数理統計学者Ｐ・マハラノビス（P.C. Mahalanobis）である。Ｐ・マハラノビスはイギリスのケンブリッジ大学で物理学を専攻し、インドに帰国後1931年カルカッタにインド統計研究所を設立する。この研究所で統計調査に関する研究に従事した。Ｐ・マハラノビスが提唱した多次元空間の「マハラノビスの汎距離」概念はデータの多変量解析の方法論として現在でも使用されている。[13]ネール首相はＰ・マハラノビス教授に絶大な信頼を置き、インドの第2次および第3次5ヶ年計画は実質的にＰ・マハラノビス教授が中心となって策定したとされる。したがってネール首相政権（1947年8月－1964年5月）が実施した経済開発政策は一般に「ネール・マハラノビス開発戦略」と呼ばれるようになる。[14]

この「ネール・マハラノビス開発戦略」は、社会主義イデオロギーに基礎を置く基幹産業を国営化する混合経済体制、ソ連型の重化学工業中心の経済発展理論、内部志向型の輸入代替工業化戦略を特徴とする。しかしこの戦略は国民議会の右派・左派勢力の妥協の産物であったと指摘されている。[15]しかしＳ・チャクラバーティー（Sukhamoy Chakravarty）はこの「ネール・マハラノビス開発戦略」の誤謬は、農業開発を軽視したこと、内部指向型の輸入代替工業開発戦略をとったことであると指摘している。[16]また1950－60年代のネール政権の産業政策を詳細に分析したＪ・バグワティ（Jagdish N. Bhagwati）とＰ・デサイ（Padma Desai）は、「ネール・マハラノビス開発戦略」

347

の基本路線は既に国民議会の1929年のラホール会議の決議と1930年のカラチ会議の決議によって承認済みであったと指摘しており、必ずしもネール首相やP・マハラノビス教授の個人的な思想の産物ではないと主張している。[17]

5ヶ年経済開発計画の基本的な策定作業は、各会計年度の政府の財政収入と海外資金援助額から貯蓄額を推計し、開発投資総額を各産業分野に配分することにある。この作業はハロッド・ドーマ理論を前提に推し進められた。この5ヶ年計画の策定と実施に際してはイギリス植民時代以降形成されたインドの官僚や海外、特にイギリスで教育された経済学者達が活躍した。

イギリスのインド植民地支配は東インド会社による間接統治から1858年イギリス本国政府の直接統治に移行した。それと伴にイギリス本国にインド担当大臣が管轄する「インド省」が設立された。インド現地の統治システムは「インド総督（Governor General of India）」を長とするインド行政機構であり、インド現地政府を構成する公務員として「インド高等文官（ICS: Civil Service of India）」制度が1861年のインド文官法の制定によって導入された。このインド高等文官が現地政府の高級官僚として絶大な権限を行使することになる。インド高等文官にはオックスフォード大学およびケンブリッジ大学

表8－1：第1次・2次・3次五カ年計画の政府開発投資額の部門別開発投資額の構成　（％）

	第1次（1951－56）	第2次（1956－61）	第3次（1961－66）
農業開発	16	11	14
灌漑施設	17	9	9
電力	11	10	13
工業・鉱業	7	20	20
農村手工業	－	4	4
運輸・通信	24	28	20
社会サービス	23	18	17
その他	2	－	3
合計	100	100	100

資料：Bhagwati and Desai, India: Planning for Industrialization, Oxford University Press, 1970. page 116.

出身のイギリスの中産階級の優秀な子弟達が厳しい選抜試験の結果採用された。1893年当時インド中央政府には898名の高等文官、216名の武官、地方行政部門に1,000名の高等武官、797名の司法文官、1,900名の下級武官が雇用されていた。このインド高等文官制度はインド人にも開放され1892－1914年の期間68名のインド人がインド高等文官として採用された。[18]このイギリス植民地政府のインド高等文官制度は、インド独立後も「インド高等行政官（IDS: Indian Administrative Service）」制度として継承され、こ

表8－2：インドの5ヶ年経済計画の経済成長率の目標と実績
（1951－2002年）

	目 標	実 績
第1次（1951－56）	2.1	3.6
第2次（1956－61）	4.5	4.2
第3次（1961－66）	5.6	2.7
第4次（1966－74）	5.7	2.1
第5次（1974－79）	4.4	4.8
第6次（1980－85）	5.2	5.5
第7次（1985－90）	5.0	6.0
第8次（1992－97）	5.6	6.7
第9次（1997－02）	6.5	5.4
第10次（2002－07）	8.0	－

資料：Planning Commission, Tenth Five Year Plan (2002－07), page 25.

れらインドの高級官僚がインド政府の経済政策の意思決定プロセスを支える行政機構として重要な役割を演ずることになる。[19]またインドの経済学者達もインド政府の経済政策の意思決定の過程で大きな影響力を行使している。[20]他の途上国に類を見ないこれらインドの優秀な高級官僚の存在なくしてはインドの政府指導型の経済開発政策の計画と実施は不可能であったろう。

(3) インドの政治・経済動向（1964－1991）

1964年5月ネール首相が病死し、ネール首相の長女のインデラ・ガンジー（Indira Gandhi）が首相に就任する。この時期以降インドの政治・経済は種々の試練を経験することになる。

表8－3は1964－1991年の期間に発生した政治・経済の主な動向を示している。ネール首相の国家主導型の開発戦略は娘のインデラ・ガンジー首相が継承するが、インドの政治体制は国民会議派が強力な政治指導者J・ネールを喪失して一枚岩的な結束が崩壊し、インデラ・ガンジー政権以降政治が極

表8－3：1960－1991年のインドの主要な動向

1962年10月―11月	インド・中国国境紛争
1964年5月	ネール首相没
1964年6月―1966年1月	シャストリ政権
1965年8月―9月	インド・パキスタン紛争（第2次印パ戦争）
1966年1月―1977年3月	インデラ・ガンジー政権
1966年6月	ルピー37パーセント切り下げ
1969年7月	インデラ・ガンジー首相新経済政策発表・銀行国有化
1971年12月	第3次印パ戦争・インド政府バングラデシュ承認
1973年2月	第2次産業政策（1956年）に次ぐ第3次産業政策発表
1975年	6月―大統領非常事態宣言、7月―ガンジー首相20項目経済綱領発表
1977年	3月―第6回総選挙会議派敗北・デサイ政権誕生10月―インデラ・ガンジー元首相職権乱用容疑で逮捕・投獄
1980年1月	第7回総選挙会議派の勝利・インデラ・ガンジー政権再登場
1984年10月	インデラ・ガンジー首相シーク教徒の警護兵により射殺・長男のラジブ・ガンジーが首相に就任
	12月―第8回総選挙　会議派が大勝
1989年	11月―第9回総選挙の結果与党会議派敗北・国民戦線派シング政権誕生
1991年	1月―イラク湾岸戦争；5月―ラジブ・ガンジー元首相暗殺
	6月―会議派ナラシンハ・ラオ首相に就任
	7月―新経済政策を発表

資料：種々の資料から作成。

度に不安定化する[21]。以下ここではインドの産業政策を理解する上で必要な範囲内でインドの主要な政治・経済動向を概観することにする。インドの経済政策や産業政策が一定の政治状況の下で、多くの場合外部要因の影響を受け実施されたことが理解されよう。この期間インド経済は数回マクロ経済の試練を経験しているとV・ジョシ（Vijay Joshi）とI・M・D・リトルは指摘している[22]。

350

第8章　インドの産業政策

1964－1970年

ネール首相の死後（1964年5月）、会議派の実力者達は農村出身のL・G・シャストリ（Lal Gahadur Shastri）を首相に指名し、シャストリ政権が誕生する。シャストリ政権は農業開発を重視するがシャストリ首相は1966年1月病死する。会議派の実力者達はネール首相の娘のインデラ・ガンジーを首相に指名する。1965年旱魃が発生し農業が深刻な影響を受け、1965年8月―9月のインド・パキスタン戦争（第2次印・パ戦争）の結果戦費の財政負担が増大し、インド経済は停滞する。アメリカ政府はインド・パキスタン戦争を理由に経済援助を中止する。世銀のベル使節団は世銀総裁にインド政府が、農業を最優先する政策転換を行うこと、輸入を自由化すること、通貨の切り下げを行うこと等の政策提言を行う。1966年6月インデラ・ガンジー政権は世銀の要請を受け入れてインドの通貨ルピーを37パーセント切り下げる。インデラ・ガンジー政権が行ったこの通貨の切れ下げ政策は、インド政府が世銀の圧力に抗しきれずにインドの国家主権を外部に売り渡し、経済の停滞、インフレをもたらしたと悪評を買う。経済の停滞のためインデラ・ガンジー政権は1966年―69年の期間経済計画の実施を棚上げする。世銀やIMFとの協調性を重視する経済官僚が不評を買い、計画委員会の政治力が急速に低下する。以降インデラ・ガンジー政権はIMF・世銀の経済自由化政策に敵対的になる。[23]

1971－1978年

この期間外部要因がインド経済を危機的な状態に陥れた。1971年3月東パキスタン（現バングラデシュ）から約1,000万人の難民がインドに流入し、12月インド・パキスタン戦争が勃発し、アメリカのニクソン政権はキッシンジャー外交政策によってパキスタン寄りの政策をとる。アメリカの対インド経済支援は激減する。インデラ・ガンジー政権はソ連寄りの外交政策をとり、1971年8月ソ連と軍事援助協定を結ぶ。インデラ・ガンジー政権は1972年保

険会社、1973年石炭会社を国有化し、経営危機に瀕している多数の民間企業の経営管理を実施する。貿易と海外直接投資を規制するため外国為替規制法 (FERA: Foreign Exchange Regulation Act) を1973年制定する。1972-73年インドは度重なる旱魃の被害により食料不足が深刻化し、物価が高騰する。中近東戦争の結果原油価格は1973年9月、1バーレル＄2.7から74年9月には＄11.2に高騰しインドの経常収支の赤字が増大する。食糧不足や物価の高騰が原因でインド各地で暴動が発生し1974年5月には鉄道労働者200万人がストライキを敢行する。拡大する政治・社会不安を沈静化するためインデラ・ガンジー政権は「国家非常事態」を宣言する（1975年—1977年3月）。インデラ・ガンジー政権は1977年3月の総選挙に大敗し、ジャナタ (Janata) 政党のM・デサイ (Desai) 政権が誕生する。[24]

1979-1984年

ジャナタ政党のM・デサイ政権は政党内部の権力闘争で短命に終わり、1980年1月の総選挙の結果インデラ・ガンジー政権が再度復活し、その後インデラ・ガンジーがシーク教徒の警護兵によって殺害される1984年10月まで政権を維持する。1979年にはインドは独立以来の最悪の旱魃により農業生産が激減し、イラン革命に起因する原油価格の高騰により物価が急激に上昇し、経常収支の赤字が拡大する。インド政府はIMFに50億SDRの支援を要請しIMF理事会は1981年11月対インド支援融資を承認した。しかしアメリカ政府はIMF理事会の投票を棄権する。この間インド各地、特にパンジャブ州で宗派的対立が激化し、インデラ・ガンジー首相はシーク教徒テロリストの拠点となっていたゴールド寺院に軍隊を動員して襲撃させる。しかし1984年10月31日この報復としてシーク教徒の護衛兵によってインデラ・ガンジー首相は射殺される。1985年1月インデラ・ガンジーの息子のラジブ・ガンジー (Rajib Gandhi) が首相に就任し、V・P・シン (V.P Singh) が大蔵大臣となる。[25]

第8章 インドの産業政策

1985－1991年

ラジブ・ガンジー首相は在任中、産業許可制度の緩和、輸入規制の緩和、輸出奨励政策、為替レートの切り下げ政策、金融市場の規制緩和政策等の経済自由化政策を実施するが、1987年4月のスウェーデン企業からの武器輸入に関する収賄容疑で政治的指導力が弱まり、期待されたほど経済効果が無かった。1988年8月ラジブ・ガンジー政権に反対する勢力を結集してＶ・Ｐ・シンが国民戦線を形成し、ヒンズー民族主義政党のＢＪＰ（Bharatiya Janata Party）と選挙協力を得て総選挙に勝ち、1989年12月シン政権を発足させる。しかし1990年8月に勃発した湾岸戦争により、イラク・クウェートからインドが輸入する原油価格が高騰し、インドの経常収支は急速に悪化する。中近東地域のインド労働者や技術者からの外貨送金が途絶え、海外の非居住インド人（ＮＤＩｓ：Non Resident Indians）がインド国内の金融機関に持つ外貨預金が急速に海外に流出し、インドの外貨準備額は2週間分の輸入を満たすだけになる。1991年1月インド政府はＩＭＦに150億ドルの緊急支援の要請を行う。1991年5月ラジブ・ガンジーはタミル過激派によって暗殺される。6月の総選挙の結果国民議会が優勢となり、ナラシマ・ラオ（P.V.Narasimha Rao）政権が誕生し、著名な経済学者のＰ・Ｖ・マンモハン・シン（Mahmohan Singh）が大蔵大臣となる。1991年7月ラオ政権は経済自由化政策を骨子とする新経済政策を発表する。[26]

8.2 インドの産業政策

(1) 工業政策

産業許可制度

インド政府は1948年の産業政策声明に明記した政策目標に従って、工業製品別の投資規模、生産技術の選択、生産能力規模、増産計画、立地計画、原料・資材の輸入、海外技術の導入計画等を規制する「産業開発規制法（ＩＤＲＡ：The Industries Development and Regulation Act)」、俗称ＩＤＲＡ法を

1951年に施行する。この法律によって、金属、エネルギー、重電機、電気、電信、自動車、産業用機械、農機具、事務用器具、精密機械、化学および肥料、製薬、繊維、紙パルプ、食品加工、セメント等の32産業分野の民間企業の投資、生産活動、貿易取引が直接規制の対象となる。この法律によって総てのインドに現存する企業はその生産品目、規模、生産能力、輸入原料・資材、立地場所等を工業省に登録することが義務づけられた。[27] この法律を実施するために各省庁の官僚によって構成される「産業許可審査委員会」(Licensing Committee)が設立され、技術的な内容に関しては産業開発省の技術開発局に生産規模、生産技術、立地条件等を審査する権限が付与された。しかしこの産業許可制度は、不明確な許可基準、不透明な許可手順、許可決定の遅滞、腐敗・癒着の蔓延等の問題を含んでいた。[28] インド政府は1956年産業政策に関する声明を発表し、国営企業に専属する17産業分野、公企業と私企業が共存する12産業分野、小規模企業の保護育成の重要性を確認する政策発表を行っている。[29]

産業集中規制制度

インド政府は富の集中を排除し、所得と資産の公平な分配を促進し憲法で規定する社会主義的な公正な社会を実現するため、「独占的取引に関する実態調査委員会」の報告書（1965年10月）に従い、「独占的取引規制法（MRTP: Monopolies and Restrictive Trade Practices Act）」、俗称MRTP法を1969年に制定する。このMRTP法により、一定の規模以上の企業の許可産業以外の生産活動、企業の登録、生産品目や生産能力の変更、新規企業の設立・買収・合併・分割、企業経営者の任命と変更、株式の取引等の企業の経営・生産・販売活動が規制の対象とされることになる。このMRTP法に関連する法令や規則集は600頁を超える。[30] インドの官僚文化の特徴が現れている。

不良企業救済制度

インド政府は経営不振に陥った企業および不良債権を抱える金融機関を救

済するため「不良企業救済法(SICA: Sick Industrial Companies Act)」を1985年に制定した。この法律の目的は政府が産業規制を行う結果生じる産業の硬直性（企業の市場参入・退出に関する政府の規制）の弊害を共済しようとするものである。この法律を執行するため「産業金融再建庁(BIFR: Board for Industrial and Financial Reconstruction)」が設立され、不良企業および不良債権を抱える金融機関を救済するため「産業再建銀行(IRBI: Industrial Reconstruction Bank of India)」が1985年3月設立された。1986年当時約13万の中堅・中小企業が「不良企業」と認定され、金融機関が抱える不良債権額は当該産業に対する与信総額の17パーセントを超えると推計されていた。[31]

小規模企業留保制度

インドの中小企業の開発・育成政策はインド特有の問題である。ネール首相の重化学工業中心の社会主義社会建設路線は、独立以前会議派内部でガンジーが主張する農村の手工業の発展・促進を通してインドの農業の近代化を主張する路線との対立抗争の中で展開されてきた。ネール首相自身も雇用創出効果や貧困削減効果の高い中小企業の発展の重要性を十分認識していた。[32]しかしインド政府は独立後他の途上国や日本のように中小企業開発戦略を体系的に展開し、組織的に実施することはなかった。インドの小規模企業(SSIs: Small Scale Industries)の育成政策は、税制上の優遇政策、金融機関に融資残高の15パーセントを小規模企業に対する融資枠とする政策金融、中央・地方政府が実施する中小企業を対象とする工業団地や種々の支援サービス等の政策が中心であった。しかしインド特有の制度は1967年以来実施されてきた「小規模企業留保制度(Small-Scale Industries Reservation Policy)」である。この制度は企業の設備投資の規模で「小企業(SSI)」を定義し、これら小企業が従事できる産業分野を留保し中堅企業や大企業をこれらの産業分野で活動することを排除し小規模企業を保護する制度である。このようにして小規模企業に留保された産業分野は1989年7月現在836産業分野に達する。このインド政府の小規模企業留保制度は種々の弊害をもたらす結果とな

った。[33]

(2) 貿易政策
輸入規制

　インド政府は独立以来輸入を規制し国内産業を保護・育成する「輸入代替工業化」政策をとってきた。この保護貿易政策をインド政府がとった政策動機は、インド経済をイギリス植民地経済に対する依存体質から開放し、主権国家としての自主性や自立性を確立するという民族主義的な願望があった。インドの輸出製品はジュート加工製品、茶、綿糸・綿布等の第1次産品加工品や雑貨類等の労働集約的な軽工業品が中心であった。これら輸出品は所得弾性値が低く先進工業国での需要の持続的な拡大が望めないという「輸出ペシミズム」の認識があった。ネール首相をはじめインドの政治指導者はインド経済の近代化のためには工業化の促進が不可欠であり、インドの工業化を促進するためには幼稚段階にある重化学工業を保護育成する所謂「幼稚産業保護政策」を実施する必要があると考えた。

　インドの輸入規制は第2次大戦中植民地政府が外貨を重要物資の輸入に優先的に配分し、不要・不急の消費財輸入を制限したことに始まるとされる。戦後この輸入規制は撤廃され英連邦のスターリング地域との貿易を拡大するため貿易の自由化が図られたが経常収支が悪化するにつれて輸入規制が強化された。このインド政府の輸入規制の中心的な手段として用いられたのが輸入外貨の許可・割当制度である。この輸入外貨の許可・割当制度を規定し輸入の数量規制を行う根拠となったのが「外貨規制法（FERA: Foreign Exchange Regulation Act, 1973年）」である。このFERA法は膨大な法令で関連法令を含めると1,700頁を超える。[34]

　インド政府はこのＦＥＲＡ法に従い輸入に必要な外貨を、輸入財と競合する国内製品の存否、公企業の輸入を優先する原則、重化学工業が必要する原材料・機材の輸入を優先する原則、中小企業輸入を優先するという優先順位の基準に従い配分した。その手順は、大蔵省経済局外貨管理課が各会計年度

の前期（4月―9月）に後期（10月―翌年3月）の外貨準備額を推計し、インド政府の対外債務支払い額および在外公館費用を除外して使用可能な外貨を確定しこの使用可能な外貨を、先ず国営企業が必要とする原料・資本財等の輸入に充当し、残額を商務省が民間企業に配分する。民間企業に対する輸入外貨の配分は、産業別の優先順位による配分、および企業別の配分基準に従う。企業別の配分は、当該

表8－4：インドの名目輸入関税率
（％）（1986年）

食料・飲料品	231.4
繊維・皮製品	155.1
木材製品	79.0
紙・印刷用紙	114.3
化学品	127.5
石油精製品	140.0
非鉄金属	135.6
金属製品	171.6
機械製品	134.8
その他	110.4
平均	147.0

資料：World Bank; India; An Industrializing Economy in Transition, 1987, page 96.

輸入申請品の国内生産品との競合性の有無、過去の輸入実績、資本財および原料輸入の優先、輸出産業に不可欠な輸入財か否か、中小企業が必要とする輸入財か否かの基準に従って行われる。しかしこの輸入外貨許可・配分制度は、申請書類が膨大となり、官僚の腐敗・企業との癒着、企業の不正行為の蔓延、意思決定の遅滞等の弊害をもたらした[35]。しかも以上のような基準や手順によって許可された輸入財も平均140％以上の高率の輸入関税が課せられ、民間企業にとって大きな経済的な負担となった。以上のようなインド政府がとった保護貿易政策は、原料・資機材の輸入の遅滞による企業の生産効率の低下、企業の高コスト構造、国内企業の輸入製品との競争の不存在による国際競争力の低下、既存の非効率的な企業の保護、企業の過剰設備投資、産業や企業の新陳代謝の低下等の弊害をもたらした。インドのこのような保護貿易政策は、1980年代以降国際収支が改善されるにつれて多少緩和されるが1991年のラオ政権の経済自由化政策が実施されるまで基本的には変わらなかった[36]。

輸出促進政策

1980年代に入り途上国の多くがＩＭＦ・世銀の「構造調整融資」プログラムの支援の下で貿易の自由化政策を実施する中で、インド政府も輸出を奨励する政策を次第に実施するようになる。このインド政府の輸出促進政策には、輸出企業が必要とする輸入機材の輸入関税減免処置、輸出加工区や保税倉庫の建設、国内原料調達に対する補助金、輸出マーケティング支援、租税上の優遇措置等が含まれる[37]。

しかしこのような政府の輸出奨励政策にも関わらずインドの輸出産業は停滞し、インド製品の全世界における輸出市場でのシェアは１％以下、途上国輸出のシェアでも２％前後を占めるに過ぎなかった。1990年当時のインドの輸出品の構成比は茶、魚介類等の第１次産品が20％、宝石、皮製品、繊維、既製服の４品目が全体の44.5％を占め、機械製品の輸出シェアは12％に過ぎなかった[38]。

8.3 産業政策の経済効果

途上国政府が実施する産業政策は種々の弊害をもたらす。第１の弊害は資源の浪費効果である。この資源の浪費効果は以下に分解して理解されよう。政府の価格統制および輸入規制は国内市場の生産物価格、生産要素価格を歪曲し、誤った価格シグナルを市場参加者に与え、国内の限られた経済資源の浪費をもたらす。企業は所与の市場価格を前提に利益を最大化するように効率的な経営をするのであり、政府が市場に介入し市場の価格が歪曲されると、企業経営者は誤った価格シグナルに従って行動することになる。これは企業レベルの資源浪費効果である。また政府の輸入規制や高関税政策等の保護貿易政策は国内価格を国際価格から大きく乖離させ、本来比較優位の無い産業も存立可能となり、比較優位を持つ産業に活用されるべき国内資源を浪費することになる。これは産業間に比較優位を反映しない誤った資源配分が行われることであり、産業レベルの資源浪費といえよう。第２の弊害は、政府の

投資規制や立地規制が企業の利益追求行為を妨げ、企業の効率的経営の障害となることであり、政府の輸入規制や種々の許可制度は企業の効率的な経営および生産活動を妨げ企業の成長を阻害することになる。これらの政府の企業規制がもたらす企業の非効率性を経済学者達は「X－効率性」の阻害問題と呼んでいる。この企業の「X－効率性」が低下すると、その企業が属する産業全体の「X－効率性」が低下し、その産業の発展を阻害することになる。以下ここでは先ずこの産業の「X－効率性」の問題をインドについて見てみよう。

(1) 工業の停滞論争

インド経済は第2次(1956-61年)、第3次(1961-66年)および第4次(1969-74年)を除いては各5ヶ年計画が目標とする経済成長率を達成することが出来た。しかし1960年代にはインド・中国国境戦争、インド・パキスタン戦争が勃発し、また度重なる早魃に見舞われインド経済は試練を体験した。経済が停滞するにつれて悲観論やペシミズムが蔓延した。インドの経済学者達はインド経済の停滞の原因を模索し始めた。この悲観論は1960年代以降世銀が「東アジアの奇跡」と呼んだ韓国、香港、シンガポールの経済が急成長を遂げると更に強くなる（表8－5、表8－6参照）。日本のインド経済の研究者の絵所秀紀教授はインド経済の停滞の原因を「インド型の内部志向的な経済開発政策」に求め、韓国の経済の躍進を「韓国型の外部指向型の経済開発政策」に求めている[39]。

インドでは経済学者達が「インド経済の停滞論争」を盛んに展開するようになる。その代表的な停滞論は、絵所教授も高く評価するS・L・シェティー(S.L. Shetty)の「インド経済の構造的退化論」であろう[40]。1980年代以降新古典派経済学に依拠する経済自由化政策がブレトン・ウッズ体制のIMF・世銀の援助政策の主流となり、J・バグワティおよびD・ラルをはじめインドの経済学者達はインドの政府指導型の産業政策や保護貿易政策がもたらしたインド経済の非効率性や生産性の低さがインド経済の停滞の原因である

表8－5：アジア諸国の経済成長率

1人当たりGNP

	1960-70	1970-80	1980-91	1977年	1991年
南アジア	%	%	%	$	$
インド	3.6	3.4	5.4	150	330
パキスタン	6.7	4.9	6.1	190	400
スリランカ	4.6	4.1	4.0	200	500
東・東南アジア					
韓国	8.5	9.6	9.6	820	6,330
香港	10.0	9.2	6.9	2,590	13,430
シンガポール	8.8	8.3	6.6	2,880	14,210
タイ	8.2	7.1	7.9	420	1,570
フィリピン	5.1	6.0	1.1	450	730
マレーシア	6.5	7.9	5.7	930	2,520
インドネシア	3.5	7.2	5.6	300	610

資料：World Bank, World Development Report, Various Issues.

表8－6：1人当たりGDP格差

USGDP=100

	1950	1960	1970	1980	1995
バングラデシュ	—	8.3	7.0	6.5	5.1
インド	7.1	7.5	6.5	5.7	5.2
パキスタン	9.0	7.8	8.4	7.6	8.3
スリランカ	11.4	10.2	9.4	9.4	12.1
韓国	7.6	11.8	11.8	24.8	42.4

資料：Isher Judge Ahluwalia and John Williamson, ed., The South Asian Experience with Growth, Oxford University Press, 2003, page 86.

第8章 インドの産業政策

表8-7:インドのGDP構成比と年平均成長率

(1970/71年価格)

	構成比		年平均成長率	
	1956/57	1979/80	1956/57-1965/66	1966/67-1979/80
(1) 農業	58.4	42.6	0.5	3.2
(2) 工業	12.4	17.6	6.4	4.4
製造業	11.2	15.3	6.0	4.3
電力	0.3	1.3	13.8	7.6
鉱業	0.8	1.0	7.2	2.5
(3) 建設	4.4	5.1	5.6	2.6
(4) 鉄道	1.3	1.6	5.9	3.4
(3) サービス業	23.5	33.1	5.4	4.6
合　計	100.0	100.0	2.9	3.8

資料:Isher Judge Ahluwalia, "Industrial Growth in India," Journal of Development Economcis,Vol.23, 1986, pp.1-18.

表8-8:インドの製造業の生産の年平均成長率の推移

	1959/60-1965/66		1966/67-1979/90	
	生産伸び率	TFP伸び率	生産伸び率	TFP伸び率
食料	4.7	-3.4	4.3	-2.4
飲料	11.8	-0.1	12.8	-2.0
タバコ	8.0	2.1	1.8	-2.9
繊維	2.7	0.9	0.6	1.2
履物	11.1	1.4	-3.0	3.7
木材	14.7	-7.1	1.3	-0.8
紙・印刷用紙	8.6	0.8	3.6	0.4
皮製品	5.5	-1.2	-6.0	-2.2
ゴム製品	9.4	-14.2	4.6	-3.5
化学製品	9.4	-0.6	7.6	-1.5
石油製品	10.7	-22.7	6.4	2.0
非鉄金属	8.3	0.4	5.6	-1.8
金属	14.1	1.9	3.7	-2.2
金属製品	13.8	-3.4	5.1	-2.1
機械製品	20.9	-5.2	7.8	-0.1
電気製品	16.2	-3.6	7.0	-0.9
輸送機械	15.6	0.6	1.4	-0.3
その他	7.5	-18.1	1.1	-1.5
製造業全体	8.6	-0.3	4.5	-0.7

資料:Isher Judge Ahluwalia, Industrial Growth in India, Oxford University Press, 1985, page 30-31. TFPはソロー定義のTFP, pp. 136-137.

としてインド政府の産業保護政策を厳しく批判するようになる[41]。しかしイギリスの著名な経済学者 I・M・D・リトルは「インドのマクロ経済政策は比較的満足すべき成果を達成しており、問題なのはミクロ経済政策である」と考えていた[42]。この本の主題は開発ミクロ経済政策としての産業政策を分析することにあるのでインドのマクロ経済問題には深入りしないことにする。

　マクロ経済の停滞よりも更に深刻であったのが工業部門、特にインド政府がネール・マハラノビス開発戦略で開発目標の中心とした重化学工業の停滞である。重化学工業は1960年代後半以降その発展が極端に落ち込んだ。それ以前にも工業部門全体の発展は各5ヶ年計画が目標として設定した年平均成長率を達成することが出来なかったが、工業の基幹産業である重化学工業の不振が特に顕著であった。工業全体の成長率は1960年の前半の年平均成長率が6.4％から1960年代後半以降4.4％に低下し（表8－7）、製造業各分野の年平均成長率では金属、金属製品、機械、電気、輸送機械の重化学工業部門の落ち込みが顕著であった（表8－8）。

　何故インドの工業発展が停滞したのか、インドの経済学者達は1970年代以降盛んに「工業停滞論争」を展開した。以下ここでこれらの論争の代表的な論議を見てみよう。

産業政策原因説

　これはJ・バグワティ等が主張する論議で、インド政府が採用した産業統制政策や保護貿易政策が競争原理や価格によって資源を有効に配分する機能を喪失させ、政府の投資規制が民間の合理的な意思決定を阻害し、肥大化する公的部門が資源を浪費し、民間企業をクラウド・アウトさせ民間企業の活力を削ぎ、その結果インドの工業の生産性を低下させ国際競争力を喪失させた原因であるという主張である[43]。

農業不振原因説

　これは閉鎖的なインド経済で内需の重要な部門である農業の不振が需要と

第8章　インドの産業政策

供給の両側面で工業の発展にマイナスの効果をもたらしたという主張である。先ず需要の側面では農業の不振は農民の所得を停滞させ、その結果農民の購買力を低下させ農業用機械需要の不振を招き、消費財産業にもマイナスの効果をもたらす。供給側面では農業の不振は都市労働者の食料コストで測った実質賃金（wage goods）を上昇させ工業部門の収益率を悪化させる。更に農業部門と工業部門の交易条件は工業部門に不利に働きマイナスの効果をもたらすという論議である[44]。

所得不平等悪化説

　この理論はインド政府が実施した社会主義的な政策にも関わらずインド経済の所得の不平等度が増大し、需要面ではインド消費者の購買力が低下し消費財産業がマイナスの影響をうけ、供給面では貯蓄率が低下し、公共投資および企業の投資が低下し生産性の向上を妨げたという主張である[45]。

産業インフラ隘路説

　これは政府の公共投資額が1960年代以降減退し電力、道路、鉄道、港湾等の産業インフラ整備投資が不十分となり、企業の生産活動の隘路となり、企業の生産能力の稼働率が低下したという主張である。特に電力供給不足が企業の生産活動の障害となったという説明である。それと伴に政府の公共投資支出の減少は重化学工業製品に対する国内需要の減少となり、重化学工業の不振を直接もたらす[46]。

輸入代替工業化政策説

　これは産業政策原因説と重複するがインド政府が実施した輸入代替工業化政策の結果インドの民間企業の経営効率や生産性が低下したという主張である。更に逆に1960年代以降この輸入代替工業化政策の実施が後退し、この分国内産業に対する需要が減退し工業の発展にマイナスの効果をもたらすという説である。しかしこの理論の背景にはインド経済の「輸入代替度」を測定

するという方法論的な問題が潜んでおり、注意を要する。[47]

生産性低下説

これは工業各分野の産業の生産性が、産業インフラの隘路、政府の規制政策のため低下したという主張である。この主張はⅠ・Ｊ・アルワリア（I.J. Ahluwalia）が主張する説である。Ⅰ・Ｊ・アルワリアは各産業の生産性分析を全要素生産性ＴＦＰ（Total Factor Productivity）概念によって分析している。その結果の一部は表8－8に示してある。[48]

これらのインドの工業が停滞した原因に関する説明的仮説のうち、どれが最も正しい理論なのかという問題は実証的な仮説検定の問題であり、この論文の目的ではない。最も妥当な理論と思われるのはインドの工業の停滞を、戦争・旱魃等の外部要因、産業インフラ等の供給要因、農業の不振等の需要要因、政府の産業規制のマイナス効果等の要因を総合的に多変量解析手法等で分析することであろう。しかし工業部門のＴＦＰを含む生産性の低下減少は、工業部門の停滞の結果であり、その原因とは考えにくい。また政府の産業規制政策と工業の停滞との因果関係を実証的に検定することも困難である。一般論としては、1960年代以降のインドの工業の停滞は「低所得―低成長率の悪循環」がもたらしたインドのミクロ経済の現象と考えられよう。

(2) 産業政策の弊害

このようにインドの産業規制政策は工業の停滞を含む種々の弊害をもたらした。ここで政府の産業規制がもたらしたインド特有の病理現象のいくつかの事例を紹介することにする。その１つはインドの経済の底辺に体積し、経済の重荷となり産業の新陳代謝を阻害する「不良企業」（sick companies）の問題であり、その他は政府の小規模企業（SSI）「留保政策」（reservation policy）がもたらした負の効果の問題である。

本来自由な市場メカニズムが機能する資本主義的な経済社会では、「不良

企業」という問題は存在しない。市場競争に敗れた企業は破産するか、存続可能な企業は会社更生法により再建されるかいずれかである。しかしインドの産業規制体制の下では、本来破産すべき企業が政府の保護政策の下で存続可能となり、「不良企業」として社会に滞留する。この「不良企業」の存続を可能にしたのが国有化された商業金融機関による政策金融である。国有金融機関は破産のリスクがないため企業の信用リスクやプロジェクト・リスクを充分審査せずに政府の産業政策の方針に従い企業融資を行う。このようにしてインド経済に滞留する「不良企業」は拡大再生産される。この問題に対処するためインド政府は前述したように、「不良企業救済法（SICA）」を1985年に制定し、「産業金融再建庁（BIFR）」と「産業再建銀行（IRBI）」を設立した。しかしこれら機関による「不良企業」の救済処置は、インドの会計制度、官僚的遅滞等種々の問題を抱え「不良企業」に対する対策が十分機能していないと指摘されている。[49]

インド政府はM・ガンジーが主張した農村の手工業重視思想の伝統を受けて1948年および1956年の産業政策の声明の中で明記されたように小規模企業を保護・育成する政策をとってきた。この目的のため中央政府の管轄下に「小規模企業開発機構（SIDO: Small Industries Development Organization）を設置し、この下部組織として小規模企業に技術支援サービスを提供する小規模企業サービス・センター（SISI: Small Industries Service Institute)、販売や原料や機器財の購入を支援する小規模企業公社（NSIC: National Small Industries Corporation)、小規模企業専用の金融機関として「小規模企業開発銀行（SIDBI: Small Industries Development Bank of India ）を設立し小規模企業の保護育成を行ってきた。地方政府レベルでも中央政府のこれら組織に対応する種々の支援組織が設立されている。支援政策としては、税制上の優遇措置、金融機関に対する小規模企業融資枠の義務化、低金利融資、政府機関が機器財の調達や購買を行う場合、小規模企業を優先的に調達先として選定する制度、一定の製品分野を小規模企業の特化分野として留保し中堅・大企業がこれらの製品の生産を許可しない、所謂「留保制度」(Reservation

Policy) 等がある。

　ここで問題となったのが小規模企業を保護することを目的とする「留保制度」がかえって小規模企業の発展を阻害するという矛盾である。そもそも企業は生き物であり設立当初は小規模でも成功すれば次第にその規模が拡大し、生産する製品も多様化していくのが普通である。小企業の生産規模や生産する製品の種類を限定することは企業のダイナミックな成長プロセスを阻害することになる。インドは労働力が豊富で労働集約的な軽工業品に比較優位があるはずである。企業の自由な経営判断にまかせれば、これら軽工業産業が急速に発展し、これら産業の雇用が拡大し輸出産業に成長するはずである。東アジア諸国が軽工業産業を梃子に輸出産業が発展を遂げた時期に、インド政府はこの小規模企業留保制度のためにこの発展の機会を喪失し「バスに乗り遅れた」という意識をインドの経済学者達は持っている。[50]

(3) 保護貿易政策の経済コスト

　次にインドの産業政策がもたらした福祉経済学的な視点から見た経済資源の浪費問題について見てみよう。インドの保護貿易政策に関するJ・バグワティ、T・N・スリニヴァッサン（T. N. Srinivasan）の古典的な研究、所謂「ＢＳ研究」の中で、彼等は保護貿易政策の経済費用として、官僚的規制による生産活動の遅滞、輸入許可申請書作成費用、輸入許可の「重要物資の基準」、「国内製品との非競合性基準」の官僚的解釈によるマイナス効果、規制官僚システムの肥大化、輸入製品との競争不在による企業のコスト削減努力および品質改善努力の欠如、輸入外貨を継続的に獲得することを目的とする輸入資本財・中間生産財に対する依存度の増大、保護貿易政策下の投資行動の資源浪費効果、輸出マイナス効果、関税収入の喪失、輸入許可証の官僚的配分によって国際競争力のない非効率的企業の存続を可能にすること等インドの経済の資源浪費効果等を指摘していた。[51]

「有効保護率：ＥＲＰ」：資源浪費指標 (1)

　しかし彼らの研究成果で最も注目されたのが、インド政府の保護貿易政策がもたらす資源浪費効果を計量的に分析した「有効保護率：ERP, Effective Rate of Protection」と「国内資源費用：DRC, Domestic Resource Cost」の分析である。[52] 「有効保護率：ＥＲＰ」の概念については標準的な国際経済学のテキストに説明があるので、その詳細な内容についてはこれらのテキストを参照されたい。[53] ここでは「有効保護率：ＥＲＰ」を十分理解していない読者のために、先ずこの概念の意味を簡単に説明し、インドの「有効保護率：ＥＲＰ」の測定事例を紹介する。

　標準的な国際経済学のテキストが説明するように、ある国が一定の外国製品の輸入に対して輸入関税を課すと、この輸入財は国際価格に比較して国内価格が輸入関税分高くなる。その結果、輸入国の消費者のこの財の消費量は減少し、消費者は本来安い国際価格でこの財を消費すべき利益を喪失する。輸入関税で保護された生産者の生産量が拡大し、本来比較優位のない産業の生産量が拡大し生産資源の浪費をもたらす。政府は関税収入を取得し、この財政収入を政府の財政支出の資金源として有効に活用する。消費者が経済的な損失を蒙り、生産者が利益を得ることになり所得配分効果をもたらす。先進国、途上国を問わず政府は輸入財の各財に課す「関税表」を発表している。この関税表で示された各輸入財の関税率を「名目関税率」という。この名目輸入関税率が高ければ高いほどその国の資源浪費度が大きく、自由競争市場がもたらす資源の最適配分から乖離し「市場の歪曲度」が大きくなる。表8－9は途上国の名目輸入関税率（1985年）を比較し

表8－9：名目関税率（％）の国際比較（1985年）

	中間財	資本財	消費財	製造業製品
アルゼンチン	21.1	25	21.9	22.9
中国	78.9	62.5	130.7	91.2
インド	146.4	107.3	140.9	137.7
メキシコ	25.5	23.5	32.2	24.7
フィリピン	21.8	24.5	39	28
タイ	27.8	24.8	8.5	33.6
トルコ	29.4	54.9	55.3	37.1

資料：Asian Development Bank, Profile of the Industrial Sector in India, 1990, Page 60.

たものであるがインドの輸入名目関税率が際立って高く、他の途上国に比較してインドの経済資源の浪費度や市場歪曲度が大きいことが理解されよう。

しかしこの名目関税率はその国の産業の保護率を有効に示す指標としては不十分である。その理由は途上国の多くが、原材料の輸入関税を低く設定し、完成財や消費財には高い関税率を設定し製造業を保護しようとするからである。従って一定の産業分野、例えば繊維産業の保護率を分析するためには、原材料、中間生産財、完成品に関する異なった関税率を考慮して最終需要製品を生産する繊維産業の保護度を測定する必要がある。この目的のために考案されたのが「有効保護率：ＥＲＰ」概念であり、この概念の理論的展開や実証分析は主に2人の経済学者、ベラ・バラサ（Bela Balassa）とW．M．コーデンによって行われた。[54]ここでは理論的に精緻な説明はこれらの文献に譲り、直感的に理解しやすい方法でこの概念を説明することにする。

例えば輸入綿糸を原材料にして綿布を生産する企業は、綿布の国内価格と輸入綿糸の国内価格の差額即ち「付加価値額」が大きければ大きいほど利益が大きくなる。したがって輸入される綿糸の関税率が低く、完成品の綿布の関税率が高く、国内価格で測ったこの差額の付加価値額が大きいほどこの繊維産業に対する有効保護率が高くなる。国際価格での綿糸の価格は＄60で、綿布の価格が＄100のとき、政府がそれぞれに10％の関税を課すると、ＥＲＰ＝100(0.1)－60(0.1)/(100-60)＝ 0.10 となり付加価値ベースのこの繊維産業の有効保護率は10％になる。しかし若しこの国が綿糸には10％の関税を課し、綿布に20％の逓増関税を課すると、ＥＲＰ＝100(0.2)－60(0.1)/(100-60)＝0.35 となり有効保護率は35％に増大する。これは「有効保護率：ＥＲＰ」＝（国内価格の付加価値－国際価格の付加価値）÷（国際価格の付加価値）と定義される。この定義式を次の記号を用いて書き直すことにする。Pd：国内価格の製品価格；Cd：一単位の製品生産に必要な生産要素の国内価格；Pw：国際価格の製品価格；Cw：国際価格での生産要素価格；To：製品の輸入関税；Ti：i 生産要素に対する輸入関税とすると、「有効保護率：ＥＲＰ」は以下のように定義される。[55]

$$ERP = [(Pd-Cd)-(Pw-Cw)] \div (Pw-Cw)$$
$$= [Pw(1+To)-Cw(1+Ti)-(Pw-Cw)] \div (Pw-Cw)$$
$$= (PwTo - CwTi) \div (Pw-Cw)$$

このように定義された「有効保護率：ＥＲＰ」をＪ・バグワティとＴ・Ｎ・ス

第8章 インドの産業政策

表8-10：インドの「有効保護率：ERP」

	1979/80	1984/85	1991/92	1996/97
食料・飲料	105.5	132.7	144.0	54.5
繊維・皮	132.3	143.2	183.4	51.5
木材製品	86.9	113.9	115.6	47.0
紙・印刷用紙	72.3	87.6	97.5	39.3
化学品	74.4	101.8	117.6	42.7
非鉄金属	75.0	93.1	130.8	48.4
金属	71.5	134.4	132.5	28.7
機械	75.7	78.8	90.7	38.8
その他の製造業	78.4	99.3	121.9	52.3

資料：Iran N. Gang and Mihir Pandy, "What Was Protected? Measuring India's Tariff Barriers 1968-1997," Indian Economic Review, Vol. 33, No. 2. 1998, page 138.

リニヴァッサンは77の産業分野について計算しているが、ERP率が200％以上を超える分野を例示すると、ゴム製品（250％）、砂糖（235％）、ミルク製品（521％）、菓子（644％）、綿繊維製品（223％）、ジュート繊維（457％）、絹繊維製品（776％）、果実（218％）、肥料（461％）、石油製品（535％）等となっている[56]。これらのインドの「有効保護率：ERP」の計算値の妥当性について疑問を呈する経済学者もいるが、インドの市場の歪曲度を示す指標としては有効であろう[57]。但し「有効保護率：ERP」の概念は、バラサの定義を採用するか、コーデンの定義を採用するか、公式の関税表の関税率を使用するか、輸入業者が実際に支払った関税額を基準にするかによってその推計された数値が異なってくる。1991年7月のラオ政権が実施した新経済政策の一環としてインド政府は関税率を引き下げた。この関税率の引き下げ効果を含めた「有効保護率：ERP」の推計が最近行われている。ここで1991年以前と1991年以降の「有効保護率」の変化を示す数値を示しておこう。[58]

「国内資源コスト：DRC：Domestic Resource Cost」：資源浪費指標 (2)

「国内資源コスト：DRC」という概念は、外国為替管理政策がとられ種々の産業規制によって国内の価格シグナルが極端に歪曲されたイスラエル経済の状況下で、イスラエル政府の経済政策当局者達が1950年代以降開発投資の意思決定基準として採用した方法である。この実践的方法を理論的に精緻化したのがイスラ

ェルの経済学者Ｍ・ブルーノ（Michael Bruno）である[59]。この概念は輸入規制の経済効果分析の方法としてＡ・クルーガーがトルコの事例分析に用いている[60]。これらに触発されて途上国の経済学者達も他の途上国の貿易政策の経済分析の手法として用いている[61]。この「国内資源コスト：ＤＲＣ」概念と「有効保護率：ＥＲＰ」概念とは類似の概念であり、ある一定の条件では両者は貿易政策の資源浪費効果を示す同一の基準となる。両者の理論的関係についてはＡ・クルーガーが明快に説明した論文を書いている[62]。ここではこれらの論文で説明されている「国内資源コスト：ＤＲＣ」の概念を直感的に理解し易い方法で説明しよう。「国内資源コスト：ＤＲＣ」はＤＲＣ＝（一定単位の生産物を生産するために必要な国内資源をシャドー価格で表示した機会費用）÷（国際価格で表示されたその生産物の付加価値）と定義される。先のＥＲＰを説明する際に用いた綿布の事例を援用すると、この綿布の国際価格の付加価値が＄40で、この付加価値を産出するのに労働力（200ルピー）、綿糸（150ルピー）、資本コスト（50ルピー）、工場の維持管理費（100ルピー）の合計500ルピーの国内資源の機会費用が必要だったとする。この場合、インドの綿布生産企業は＄40の外貨相当の付加価値を獲得するのに国内資源の機会費用が500ルピー必要であったことになる。即ち１ドルの外貨相当の付加価値を獲得するのに12.5ルピーの国内資源が必要であったことになる。これは国内資源費用と国際価格の生産物の付加価値の比率を意味し、もしこの比率がシャドー為替レートより大であれば、この綿布を生産する企業は国内資源を浪費していることになる。また逆にＤＲＣの値がシャドー為替レートより小さければこの企業は国内資源を効率的に使用していることになる。この「国内資源コスト：ＤＲＣ」概念を用いてＪ・バグワティとＴ・Ｎ・スリニバッサンはインド産業のＤＲＣとＥＲＰを計算している（表８－11）。このＤＲＣ概念の限界はその国の「シャドー為替レート」と国内資源の「シャドー価格」を推計する必要があることである。1968年当時インドのルピーの公式の為替レートは＄１＝7.5ルピーであった。仮にルピーの「シャドー為替レート」が＄１＝12ルピーであったとすると、多くの産業分野の生産活動は資源の浪費をもたらしたと判断される。

　本来この「国内資源コスト：ＤＲＣ）」概念は開発投資プロジェクトの経済分析の手法として開発された。途上国の政策当局者は各投資プロジェクトのＤＲＣを推計することによって、シャドー為替レートより小さいＤＲＣ値を持つプロジェクトの優先順位を決定することが出来た。しかしその後世銀やアジ銀は開発投資プロジェクトの経済分析ないしは費用・便益分析の方法として「内部収益率（IRR: Internal Rate of Return）」を主に使用することになる。その理由は、

第8章　インドの産業政策

表8－11：インドの産業のDRCとERP（1968）

産業	名目関税率	有効保護率（ERP）	DRC
A．消費財	%	%	ルピー
第1次製品	81.5	80.2	13.0
食料・飲料	110.4	201.4	21.6
その他	107.5	190.8	21.9
B．中間財			
農業関連	48.4	77.2	11.9
その他	71.7	62.8	12.7
C　半完成品			
農業関連	82.5	182.8	21.2
その他	122.5	140.4	18.2
D．資本財	83.3	89.5	14.2

資料：J. Bhagwati and T. N. Srinivasan, Foreign Exchange Regimes and Economic Development: India, Columbia University Press, 1975, pp. 184－185.

各国のシャドー為替レートを推計するのが困難であり、例え推計することが可能であっても、疑念を生じさせる可能性があるからである。従って最近ではこのDRC概念は使用されなくなっている。

8．4　1990年代の経済自由化政策と産業政策の改革

(1) 経済自由化政策

インド経済は1990年代の初頭に危機的な状況を迎えることになる。この危機的な状況は以下のマクロ経済指標に現れている。政府財政赤字の増大：公的部門の肥大化と効率性の低下によって政府の財政負担が増大し政府の財政赤字は対GDP比率で8.3％の水準に達した。物価上昇：この財政赤字を補塡するため政府がとった金融緩和政策は供給面のボトルネックと相俟って物価上昇を加速させ1991年の物価上昇率は13.5％に達する。経常収支の赤字：インド政府がとった産業・貿易規制政策はインド経済の外貨獲得能力を極端に低下させ、インド経済は恒常的な経常収支の赤字体質を持つようになる。1991年経常収支赤字の対GDP比率は2.3％の水準に達した。対外債務の増

大：政府はこの恒常的な経常収支の赤字を補塡するため対外債務に依存することになる。インドの1992年の対外債務残高は852.8億ドル、この水準は輸出額の4.6倍の水準である。この対外債務残高の内訳は表8－12に示した通りである。この内非居住インド人のインド国内金融機関の預金を含む短期債務の総額は全対外債務残高の8.3%であった[63]。このように悪化する対内・対外的マクロ経済不均衡を背景に1990年8月湾岸戦争が勃発した。その結果輸入原油価格が高騰し、中近東地域のインド人出稼ぎ労働者からの送金を含む海外送金が急激に減少し、非居住インド人の預金を含む短期資金が海外に流失した。1991年1月政府はIMFから180億ドルの融資を受けたが、インド政府の保有する外貨準備額は10億ドル（2週間分の輸入額）の水準に激減し、インド政府は深刻な国際収支危機に直面することになる。このような経済不安を増幅したのが1991年5月ラジブ・ガンジー元首相の暗殺事件に象徴される政治不安であった。

　1991年7月以降国民議会派ナラシマ・ラオ政権はインド準備銀行総裁・経済顧問・計画委員会副議長を歴任した著名な経済学者マンモハン・シンを大蔵大臣に指名し、世銀の要職の経験のある経済学者モンテック・アルワリア（Montek S.Ahluwalia）を大蔵次官に指名した。これらの優秀な経済学者達が中心となって、IMF・世銀の支援の下で新経済政策と呼ばれる「経済安定化政策―構造調整政策」を実施する。このインドの新経済政策は1996年ラオ政権に交替した国民戦線政権及び1998年以降政権を担うBJP政党のA・B・バジュパヤ（A.B.Vajjpayee）政権によって継承された。この1990年代に実施されたインドの新経済政策の内容については当事者自信の回顧録を含み数多くの解説書や論文が発表されている[64]。以下ここではこれらの文献に依拠しつつこの新経済政策の概略を説明することにする。

　1991年11月ラオ政権はIMFと2年間の230億ドルのスタンバイ・クレジットに合意し、財政赤字の削減（1990/91の対GDP8.1%の赤字水準を1992/93年に5.7%の水準に削減）、インド通貨ルピーの切り下げ（1991－93年に実質25%の切り下げ）を含む経済安定化政策を実施した。ラオ政権はこの伝統的な経

表8－12：インドの対外債務残高

(1992年 百万US$)

対外債務残高計	国際機関債務	二国間債務	輸出信用債務	民間金融機関	NRI預金
85,285	23,090	15,466	3,990	11,715	10,083
(100.0)	(27.1)	(18.1)	(4.7)	(13.7)	(11.8)

資料：Government of India, Ministry of Finance, Economic Survey 2002/2003, page S 107－108.

表8－13：インド経済のマクロ経済指標

(1990/91－1994/95) 年伸び率（％）

	1990/91	1991/92	1992/93	1993/94	1994/95
国内総生産	5.4	0.8	5.1	5.0	6.3
農業	4.1	－2.5	5.3	3.0	4.9
製造業	5.0	－1.8	2.3	3.6	9.0
インフレーション	10.3	13.7	10.1	8.4	10.8
経常収支赤字（対GDP）	3.2	0.4	1.8	0.1	0.7

資料：Vijay Joshi and I.M.D. Little; India's Economic Reforms 1991-2000, Oxford University Press, 1996, page 17.

済安定化政策を実施すると同時に、I・M・D・リトルが「インド型ブルジョア社会主義経済体制」と呼んだインドの経済体制を漸進的に改革することを目的とする種々の構造調整政策を実施した。[65] これらの構造改革政策の背景にはインドの為政者達が共通に持った危機意識がある。即ちインドが閉鎖経済的な社会主義的経済政策を1947年以来とった結果、インド経済が東アジアの韓国・台湾・シンガポール・香港らの新興工業国ばかりでなく、同じ社会主義的経済体制をとった中国に遅れをとってしまったという危機意識である。J・サックスはインドの為政者が特に中国に対する強い対抗意識を持ち、この意識が構造調整政策の背後にあると指摘している。[66]

　一般に経済改革には経済的コストが伴い、特に既得権益を防護しようとする政治勢力の抵抗に遭遇するため強力な政治リーダーの存在が不可欠と考えられてきた。インドの場合この経済改革を民主主義的政治体制の下で実行し

た。民主主義的な政治体制の下では漸進的な方法以外では経済改革政策を実施することはできない。以下ここではインド政府が1990年代に実施したこれらの構造調整政策の内容を概観することにする。

産業の自由化政策

1980年代にＩＭＦ・世銀の支援で行われた途上国政府が行った構造調整政策は一般に、マクロ経済安定化政策、実体経済の自由化政策（生産物・生産要素市場に対する政府の価格管理や統制の撤廃、投資の自由化、市場の競争原理を阻害する種々の規制の撤廃等）、貿易の自由化、金融市場の自由化と金融改革、資本取引の自由化、これら経済自由化政策と同時並行的に実施する公企業の民営化政策がその一般的な内容であった。しかもこれらの経済改革は一定の順序で実行するのが望ましいと主張されてきた。所謂「経済改革は一定の順序に従って実施される必要がある」という「経済改革の順序性（Sequencing of Policy Reforms）」の問題である[67]。しかしこの章の主要なテーマはインドの産業政策であるので、以下ここではインド政府が実施した産業自由化政策と貿易の自由化政策の内容を見るだけにする。

1951年制定の「産業開発規制法（ＩＤＲＡ：The Industries Development and Regulation Act）」によって行われてきた企業の投資・生産活動に関する許可制度は、1980年代特にラジブ・ガンジー政権下でその規制内容が一部緩和された。ラジブ・ガンジー政権は特にインドの先端技術産業（コンピューター・電子機器・ソフトウェアー）の発展に強い関心を持ち、これらの産業の発展を促進するため規制緩和政策をとった。その他の産業にも「産業許可範囲の拡大（Broad-banding）」を認め、企業経営の多角化や生産能力の拡大を目的とする投資活動を容易にする政策を実施した[68]。しかしこれらの産業規制の緩和政策は部分的な規制緩和に留まり、インドの産業政策を根本的に改革するものではなかった。その後1991年のラオ政権の「新産業政策」によってインド政府が50年以上とってきた産業規制政策は根本的に変革されることになる[69]。

この「新産業政策」の内容は、6産業（アルコール飲料、タバコ、電子、航空

・軍事、有害化学、薬品）を除く全ての産業の許可制度の廃止、国営企業が専有する18産業分野を6産業（軍事、原子力開発、鉱物資源、エネルギー、ウラニウム、鉄道）に限定、産業立地に関する制限の撤廃、1965年制定の「独占的取引規制法（ＭＲＴＰ：Monopolies and Restrictive Trade Practice Act）を一部改正しこのＭＲＴＰ法が規制の対象とする独占企業の設備規模を拡大、産業立地の自由化等を内容とするものであった。これらの規制撤廃ないし規制緩和措置により、インド政府は市場競争原理によってインドの産業が活性化することを目的とした。「小規模企業留保制度」に関しては1995年の「小規模企業専門家委員会」の勧告に従い小規模企業の規模を拡大し、輸出の障害となると判断された15産業分野を「小規模企業留保制度」から除外した。また在来政府が行ってきた基幹産業の価格統制は、石油製品、電力、肥料産業を除いて廃止された。

貿易の自由化政策

貿易の自由化政策は、輸入数量制限の撤廃、関税率の引き下げ、為替取引の自由化、海外投資の自由化の各分野で実行された。輸入数量制限は段階的に実施され、1993年最初の段階で工業用原料、中間生産財および部品、資本財の輸入の自由化が認められた。しかし農業製品および家電製品等の消費財工業製品の輸入の自由化は延期された。1998年インド政府はＷＴＯの原則に従い2,000品目についての残存輸入数量規制を自主的に撤廃した。更に1991年以降インド政府は輸入関税を段階的に低下させる処置をとった。しかしこのように段階的に低下した輸入関税率も他の途上国に比較して依然高く、更に関税率を下げることが必要であると指摘されている[70]。インドの通貨ルピーは1991年7月24％切り下げられた。1992年5月短期間2重為替レート制度が導入されたがその後変動相場制度に移行する。更に1994年インド政府は経常取引の為替管理を中止しＩＭＦ8条国に移行した。

インドに対する海外投資は1973年制定の「外貨規制法（ＦＥＲＡ：Foreign Exchange Regulation Act)」によって規制されてきた。海外直接投資は企業

表8-14:名目輸入関税率の低下

(%)

	1990/91	1992/93	1993/94	1994/95	1995/96	1996/97	1997/98
全体	87	64	47	33	27	25	25
農業製品	70	30	26	17	15	15	14
鉱業製品	60	34	33	31	28	22	22
消費財	164	144	33	48	43	39	34
中間財	117	55	40	31	25	22	26
資本財	97	76	50	38	29	29	25
最高税率	200	110	85	65	50	52	45

資料:Montek S. Ahluwalia, "India's Economic Reforms; An Appraisal" in India In The Era of Economic Reform, ed., by Jeffrey Sachs, et.al., Oxford Univesity Press, 1999, page 49.

の株式の41%までしか許可されなかったが、インド政府はこの規制を撤廃し、48産業分野に関しては51%までの株式取得を自動的に承認することとした。また重要9産業分野に対する直接投資は74%までの株式取得を認めることとした。「外貨規制法(FERA)」は1998年廃止され、それに替わりより自由な内容を持つ「外国為替管理法(FEMA: Foreign Exchange Management Act)」が制定された。この結果インドの海外直接投資承認額は1991年の1.6億ドルから2000年には170億ドルと飛躍的に増大することとなる。[71]

(2) 経済自由化政策の経済効果

このような経済自由化政策は新古典派経済理論に従えば、自由競争市場の価格機能が働きインドの経済資源が有効に配分されるという福祉経済学的な静態的資源配分効果、競争原理が働き企業の「X-効率性」が改善され生産性(付加価値、資本および労働生産性)が上昇するというプラスの経済効果が期待される。その結果経済成長のエンジンとなる製造業或いは工業の成長率が上昇し、マクロ経済全体の成長率を押し上げることが期待される。1991年7月の新経済政策が実施された10年後、モンテック・アルワリア、I・G・パテル(I.G. Patel)、A・バグチ(Amaresh Bagchi)、M・ナラシンハム(M.

Narasimham）等首相の経済諮問会議のメンバーであるインドの代表的な経済学者達は1990年代に実施された経済自由化政策は一般的に満足すべき成果をもたらしたと高く評価していた。しかし1990年代にインド政府が実施した経済自由化政策の効果についてはインドの経済学者達の間で意見が分かれ、肯定論者と否定論者との間で論争が展開されている。これらの論議の中で経済学者達は経済自由化政策がインドの工業や製造業の生産性の伸び率を改善したかどうかを判断する客観的基準として「全要素生産性（TFP: Total Factor Productivity)」の概念を盛んに使用する。以下ここでは最初にこの「全要素生産性：ＴＦＰ」の概念の意味を説明することにする。

「全要素生産性（ＴＦＰ）」概念

この概念は新古典派経済成長理論から派生したもので先進国や途上国の「成長会計分析」の方法論として最近盛んに使用されている。この概念の技術内容を理解するためには微分に関する知識が必要であるが、ここでは代数を使って説明したマクロ経済学の入門レベルの説明に止めることにする。[73] 1国の経済や産業の生産活動は生産関数によって表される。すなわち産出量（Y）の変化は生産に必要な生産投入要素の資本（K）と労働力（L）の変化と生産性（A）の変化に分解することが出来る。この関係は、Y＝A・F（K,L）(1) 式と代数的に表示される。労働力と資本の限界生産性をそれぞれＭＰＮ、ＭＰＫ、労働力および資本の増分をそれぞれ、ΔN，ΔKと書き表すと、生産の増分は、ΔY＝MPN×ΔN＋MPK×ΔK＋F（K,L）×ΔA (2) 式と書ける。この (2) 式の両辺をY＝A・F（K,L）で割ったものを整理すると、ΔY÷Y＝（MPN÷Y）×ΔN＋（MPK÷Y）×ΔK ＋ΔA÷A (3) 式となる。この (3) 式の第１項をNで掛けNで割り、第２項をKで掛けKで割ると (3) 式は以下 (4) 式のように書き直せる。ΔY÷Y＝[(MPN×N)÷Y(ΔN÷N)＋[(MPK×K)÷Y(ΔK÷K)＋ΔA÷A (4) 式。生産活動が完全自由競争市場の条件下で行われていると仮定すると、労働の限界生産性（ＭＰＮ）は賃金率（w）、資本の限界生産性（ＭＰＫ）は資本の利子率（r）に等しくなる。従って (4) 式の第１項の括弧の中は労働の分配率を、第２項の括弧の中は資本の分配率を表すことになる。資本の分配率を θ とすると、労働の分配率は（$1-\theta$）である。したがって第 (4) 式は以下のように

表8－15：ＧＤＰおよび工業の伸び率

(1995－2000) ％

	1995/96	1996/97	1997/98	1998/99	1999/00	2000/01
ＧＤＰ要素価格	7.3	7.8	4.8	6.5	6.1	4.0
農業	－0.9	9.6	－2.4	6.2	1.3	－0.2
工業	11.6	7.1	4.3	3.7	4.9	6.3
サービス	10.5	7.2	9.8	8.3	9.5	4.8

資料：IMF, India : Selected Issues and Statistical Appendix, September 2002, page 123.

書き直せる。$\Delta Y \div Y = (1-\theta) \times (\Delta N \div N) + \theta \times (\Delta K \div K) + \Delta A \div A$ (5)。この (5) 式は次のことを表している。即ち、産出量の変化率（$\Delta Y \div Y$）は労働の投入量の変化率（$\Delta N \div N$）に労働の分配率（$1-\theta$）を掛けた部分と、資本の投入量の変化率（$\Delta K \div K$）に資本の分配率θを掛けた部分と生産性の変化率（$\Delta A \div A$）の部分に分解される。この式の生産性の変化率（$\Delta A \div A$）以外は過去の統計データから計算可能であり、既知の変量である。従って生産性の変化率（$\Delta A \div A$）は左辺から右辺の第1項、第2項を差し引いた残余に等しくなり、この残余を新古典派経済成長率を論じたＲ・ソローの名前をとって「ソローの残余」と呼んでいる。この場合、Ａは経済システム全体の生産性を示していると解釈し「全要素生産性：ＴＦＰ」と呼ばれ、$\Delta A \div A$を「全要素生産性の変化率」と呼んでいる。

　以上のように経済成長の変化率や一定の産業の生産の変化率は、労働力の投入量の変化率、資本の投入量の変化率、全要素生産性の変化率に分解して理解することが可能となる。但し経済成長の新古典派経済学理論による分析は、一定の生産関数、完全自由競争市場、残余としての全要素生産性を前提として分析がなされていることに留意する必要がある。

　このようにして理解される「全要素生産性：ＴＦＰ」の概念を使用すれば、1991年以降政府が実施した経済自由化政策の結果、経済全体の生産性や工業部門或いは製造業部門の生産性が改善されたかという問題を計量的に分析することが可能となる。しかしインドの経済学者達が行った経済自由化政策の経済効果を主に「全要素生産性：ＴＦＰ」の推計作業を通して行った分析結果は大きく肯定論と否定論に分かれる。

第8章　インドの産業政策

経済効果肯定論

まずインド政府が1991年以降実施した経済自由化政策の結果インドの工業、特に製造業の生産性が改善され、経済自由化政策がプラスの効果を持つことを肯定する主張を見てみよう。第1の代表例はＩＭＦのエコノミストによる分析結果である。この分析はインド政府の統計局が毎年出版する工業統計表（ASI: Annual Survey of Industries）の時系列データを用いた分析である[74]。この分析結果によると、労働生産性およびＴＦＰは経済自由化政策実施以前（1979-1990）に比較して実施以降（1991-97）の値の方が高く、しかし製造業の分野別の推計では、機械、輸送、雑産業の各分野でＴＦＰの大きな改善が認められたが、製紙、木材産業ではＴＦＰの減少が観察されている（表8-16）。

第2の肯定論はＩ・Ｊ・アルワリア等の研究であろう[75]。このＩ・Ｊ・アルワリア等の分析によると、製造業の各分野の自由化政策以降の付加価値の伸び率（1991/92-1997/98）は経済自由化政策以前（1965/66-1980/81）よりほぼ全ての分野で高い伸び率を示しており、ＴＦＰの伸び率は自由化政策を実施する以前の期間は多くの分野でマイナスの伸び率を示したが、自由化政策実施以降は多くの産業分野で改善している（表8-17）。このことから経済自由化政策はプラスの経済効果をもたらしたと判断している。同じような結果が、Ｐ・クリシナ（P. Krishna）、Ｄ・ミトラ（D. Mitra）の分析[76]、その他の調査からも伺える[77]。

表8-16：生産性およびＴＦＰ変化率

	労働生産性 (Y/L)	資本装備率 (K/L)	資本係数 (K/Y)	ＴＦＰ
1979-90	6.3	7.3	1.0	1.8
1990-91	-4.9	5.8	11.0	-8.8
1991-97	7.8	7.0	-0.8	2.5

資料：Bulent Unel, Productivity Trends in India's Manufacturing Sectors in the Last Two Decades, IMF, 2003. page 11.

表 8 －17：製造業の付加価値とＴＦＰ伸び率

	1965/66－1980/81		1991/92－1997/98	
	付加価値伸び率	ＴＦＰ	付加価値伸び率	ＴＦＰ
製造業	4.5	－0.7	9.9	3.4
食料	2.4	－3.3	8.4	2.2
飲料	7.9	－1.4	11.3	1.3
タバコ	4.4	－1.9	5.6	3.1
繊維	3.8	0.6	7.2	0.3
靴	15.3	2.3	15.7	8.1
木材製品	4.1	0.5	6.1	0.9
紙・紙製品	6.3	－3.6	4.6	－3.6
印刷	2.7	－0.4	8.8	－3.2
皮製品	6.3	－2.0	8.4	2.7
ゴム製品	4.2	－3.0	12.0	6.4
化学製品	7.6	－2.3	12.1	3.4
石油製品	8.3	0.8	6.5	－0.8
非鉄金属	3.1	－1.7	3.4	－2.8
金属	4.4	－1.2	19.5	13.0
金属製品	2.1	－2.3	9.6	1.7
機械	6.4	0.6	7.9	3.1
電気製品	9.5	0.7	10.2	2.9
輸送機械	4.5	0.1	14.2	8.0

資料：Isher Judge Ahluwalia and Saumitra Chaudhuri, Trade Liberalization, Productivity and Export Performance: A Study of the Indian Manufacturing Sector in the 1990s, June 2002, pp.32－35.

経済効果否定論

経済自由化政策の経済効果に対する否定的な論議の代表例はＰ・バラクリシュナン（P. Balakrishnan）およびＫ・プシュパンガンダン（K. Pushpangandan）が1994年以来行った一連のインドの製造業の成長性分析の作業であろう。これらのインドの経済学者は、ＴＦＰの概念が前提とする新古典派成長理論の妥当性には疑問があるとする。特にＴＦＰ概念をインドの製造業に適用する場合の方法論上の限界として、産出と生産要素投入の時系列データーを実質化する価格指数の扱い、ＴＦＰ以外の指標を用いた場合のインドの製

造業の生産性分析結果とＴＦＰ分析結果の矛盾、個々的な企業の生産活動データの分析結果、経済自由化政策と生産性の上昇との因果関係の径路の不明確さ等の理由から、経済自由化政策がインドの製造業の生産性を向上させたという命題に疑問を投げかけた。[78] 彼等はＴＦＰ概念そのものの理論的妥当性に疑問を投げかけており注目に値しよう。

　Ｒ・Ｇ・ナンビア（R. G. Nambiar）等の否定論者は、経済自由化政策の結果工業の対ＧＤＰ構成比の比率が目立って上昇していないこと、製造業の就業者数の増加が観察されないこと、製造業製品の輸入に増加傾向が見られること、自由化以前のインドの製造業の輸出の50％以上が中間財ないしは資本財であったのに対し、自由化後消費財輸出が製造業製品輸出の73％を占めることになったこと等の理由から経済自由化政策がプラスの経済効果をもたらしたという主張に疑問を呈している。[79] 同じ様な否定論をＳ・チャウドリー（Sudip Chaudhuri）が展開している。Ｓ・チャウドリーは、1991年以降の製造業の付加価値生産性の伸び率は1950－60年代の伸び率よりも低いこと、自由化政策以降、消費財産業の伸びが重化学工業の伸びを凌駕し製造業の「脱重化学工業化」現象が見られること、製造業の就業者比率が低下していること、製造業の多くの分野で労働生産性が停滞している傾向が観察されること等の理由から自由化政策が持つプラスの経済効果に対して否定的である。[80]

　これら経済自由化政策がもたらす経済効果に対する肯定論・否定論の是非は実証的な研究によって今後も検討されるであろう。しかしインド政府が1991年7月以降実施した種々の経済自由化政策によってインドの工業や製造業が抱える問題が全て解決されたわけではない。1947年以降50年間以上の長期間に形成されたインドの閉鎖的な経済体質が自由化政策によって短期間に根本的に変革されるものではない。経済自由化政策がその経済効果を発揮するには10年以上の長期間の観察が必要であろう。インド経済は未だに、不十分・非効率的な産業インフラ設備とサービス、官僚体質、非近代的な金融システム等の多くの隘路を抱えている。企業レベルでは未だに政府の産業政策に対する不満が強い。[81]

おわりに―ＩＴソフトウェア産業の発展―

　経済自由化政策の結果、1990年代急成長を遂げたのが日本でも注目されるようになったインドのＩＴソフトウエア産業である。[82] インドのコンピューター産業の歴史は1960年代に始まる。インド政府は1962年のインド・中国国境紛争でインド軍が敗退した原因はインド軍が使用した非近代的な武器であると反省し、国有企業のコンピューター会社（ECIL）を設立してコンピューターの国産化に努めると伴に、ＩＢＭのインド国内市場での生産・販売を歓迎していた。しかし「外貨規制法（FERA）」が1973年に制定され、外国企業のインド市場での活動が制限された結果、ＩＢＭは1978年インド市場から撤退する。その結果インドのコンピューター産業は停滞した。1980年代ラジブ・ガンジー首相はコンピューター産業の発展を促進する政策を打ち出し、アメリカの半導体企業TI（Texas Insturments）社はインドに子会社を設立する。インドの代表的なコンピューター・ソフトウエア会社インフォシス（Infosys）が1981年に設立された。[83]

　インドのコンピューター・ソフトウエア産業が飛躍的な発展を遂げるのは1991年７月以降インド政府が経済自由化政策を実施してからである。ソフトウエア業界団体、ＮＡＳＳＣＯＭ（National Association of Software and Service Companies）は1986年に設立され、この業界団体に加盟する企業数は1988年の38社から2001年には854社に増大した。またインドのソフトウエア産業の出荷額は1994年17.3億ドルから2001年135億ドルに年率34％で急上昇した。ソフトウェアの輸出額は1994年4.9億ドル（総輸出額の1.9％）から2001年77.8億ドル（総輸出額の16.3％）に年平均48％の伸び率で急上昇した。[84] このインドのＩＴソフト産業の拠点となったのがインドの南部の都市、バンガロー（Bangalore）である。このバンガローには1990年代アメリカの代表的なコンピューターやＩＴ関連企業であるＩＢＭ、モトローラ（Motorola）、ヒューレット・パッカード（Hewlett-Packard）、アップル（Apple）、サン・マイクロシステム（Sun Microsystems）、インテル（Intel）、デル（Dell）、オラクル

第8章 インドの産業政策

(Oracle)社等が海外研究開発拠点(ODC)を設けている。バンガローは「アジアのシリコン・バレー(Silicon Valley)」になる潜在的可能性を秘めているといわれている。[85]このインドのITソフトウエア産業の発展を支えたのはウィプロ社(WIPRO)やインフォシス(Infosys Technologies)社等の短期間に多国籍企業化し急成長を遂げたインドのIT関連のソフトウェア企業群である。[86] WIPRO社CEOのA・プレムジ(Azim H. Premji)氏はインドの代表的な実業家としてその活躍ぶりが海外に喧伝されている。このインドのITソフトウェア産業の発展を支えてきたのが海外、特にアメリカのシリコン・バレーで活躍するインド人技術者の集団である。[87] NASSCOMが最近作成した報告書によると、インドのソフトウェア産業は2008年までに総出荷額が700億ドル(GDPの7%)、輸出額570億ドル(インドの総輸出額の30%)、雇用は4百万人の水準に達しインドの指導的な産業に成長すると予想している。[88]インドは豊富な労働力資源、特に先端技術労働者が豊富でITソフトウエア産業に比較優位を持つ。このインドのITソフトウエア産業の1990年代における急成長は、インド政府が行った経済自由化政策がもたらした企業環境においてのみ可能であったと言えよう。このように古い文化の重荷を担いつつ新しい未来を切り拓こうと苦悩したインドの独立以降の50有余年の軌跡は他の発展途上国の人達にも大きな教訓となろう。

註

1. Chandra, Bipan., Mridula Mukherjee and Aditya Mukherjee, India After Independence 1947−2000, Penguin Books, 2000, pp.1−130.
2. イギリス植民地下のインド経済の状況に関しては以下の文献参照のこと。
B.R.Tomlinson, The New Cambridge History of India; The Economy of Modern India; 1860−1970, Cambridge University Press, 1993, pp.1−155.
Jagdish N.Bhagwati and Padma Desai, India: Planning for Industrialization, Oxford University Press, 1970, pp.13−58.

3. Agrawal, A.N., Indian Economy, 6th Edition, Vikas Publishing House, 1980, pp. 62-66.
4. ケンブリッジ大学のインドの近代史研究はイギリスの植民地政府の行政組織の形成と発展の歴史的記述が中心であった。このケンブリッジ大学のインドの近代史研究については下記の文献参照のこと。The Cambridge History of India Vol. V; British India 1647-1858, ed., by H.H. Dodwell, Cambridge University Press, 1929; Vol. VI; The Indian Empire, 1858-1918, ed., by H.H. Dodwell, Cambridge University Press, 1932.
5. Chandra, Bipan., Modern India: A History Textbook for Class XII, Revised Edition, 1971, National Council of Educational Research and Training. 日本語版 粟屋利江訳 『近代インドの歴史』、山川出版社、2001年、183-199頁。この様な見解はマルクス経済学の視点からも主張されている。Amiya Kumar Bagchi, "De-industrialization in India in the 19th Century: Some Theoretical Implications," Journal of Development Studies, Vol. 12, January 1976, pp.129-164.
6. Nehru, Jawaharlal., An Autobiography, 1936, Jawaharlal Nehru Memorial Fund,; Discovery of India, 1947, Jawaharlal Nehru Memorial Fund, 1981.
7. Nehru, Jawaharlal.,1947, op.cit., pp. 295-307, pp. 402-415.
8. Nehru, Jawaharlal., 1947, op.cit., pp. 395-402.
9. Lal, Deepak., The Poverty of ' Development Economics', Second Revised and Expanded Edition, The MIT Press, 2000, pp. 70-87, pp. 103-109.
10. Myrdal, Gunnar., Asian Drama; An Inquiry Into the Poverty of Nations, The Twenty Century Fund, 1968, Vol. I, pp. 257-303; Vol. II, pp. 707-740.
11. 『現代南アジア』、東京大学出版会、全6巻、2002年9月。
    ① 地域研究への招待　長崎暢子編
    ② 経済自由化へのゆくえ　絵所秀紀編
    ③ 民主主義へのとりくみ　堀本武功・広瀬崇子編
    ④ 開発と環境　柳澤悠編
    ⑤ 社会・文化・ジェンダー　小谷汪之編
    ⑥ 世界システムとネットワーク　秋田茂・水島司編
12. Government of India, Industrial Policy Resolution, 6 April 1948, re-

第 8 章 インドの産業政策

printed in Guide to Industries; Policies & Procedures, 1989−1990, India Investment Publication, 1989, pp. 15−20.
13. 奥野忠一・久米均・芳賀敏郎・吉澤正著『多変量解析法』、日科技連、1971年、261−267頁。
14. 絵所秀紀著『開発経済学とインド:インド独立後の経済思想』、日本評論社、2002年10月、61−108頁参照。この書物は日本語で書かれたインドの開発経済学の思想的系譜の分析として最も優れた研究書である。インドの経済開発政策や産業政策に関心を持つ研究者必読の文献であろう。
15. Nayar, Balcev Raj., "Nationalist Planning for Autarky and State Hegemony: Development Strategy Under Nehru," Indian Economic Review, Vol. 32, No.1, 1997, pp. 13−38.
16. Chakravarty, Sukhamoy., "Mahalanobis and Contemporary Issues in Development Planning," and "Policy-making in Mixed Economy," in Selected Economic Writings, Oxford University Press, 1993, pp. 289−299, pp. 407−420.
17. Bhagwati, Jagdish N., and Padma Desai, India: Planning for Industrialization, Oxford University Press, 1970, pp. 140−147. このOECDの比較研究の一環として行われたインドの産業政策の分析は最も詳細な分析であり、この論文はこの文献を頻繁に参照する。
18. Dodwell, H.H., ed., The Cambridge History of India, Vol. VI, The Indian Empire, 1858−1918, Cambridge University Press, 1932, pp. 357−378. 本田毅彦著『インド植民地官僚』、講談社選書、2001年を参照のこと。
19. Pingle, Vibha., Rethinking the Developmental State; India's Industry in Comparative Perspective, Oxford University Press, 1999, pp. 29−35.
20. 最近政府の各省庁で高級顧問や官房長官やインド中央銀行の総裁を経験したインドの経済学者の自叙伝が出版されており、インドの経済政策の舞台裏を知る上で非常に貴重な資料となっている。以下の文献が特に参考になる。I. G. Patel, Glimpses of Indian Economic Policy: An Insider's View, Oxford University Press, 2002; P.N. Dhar, Indira Gandhi, the 'Emergency' and Indian Democracy, Oxford University Press, 2000.
21. Nayar, Baldev Taj., India's Mixed Economy, Bombay, Popular Prakashan, 1989, pp.248−359. このインドの政治学者のネールおよびインデラ・ガンジー政権の経済政策の政治的背景の分析は興味深い。

22. Joshi, Vijay., and IM.D. Little, India: Macroeconomics and Political Economy: 1964-1991, Oxford University Press, 1994. この文献はこの期間のインドのマクロ経済の動向を詳細に分析している。
23. Joshi, Vijay., and I.M.D. Little (1994), op.cit., pp. 73-104. この期間インデラ・ガンジー政権の総理官房秘書官室の経済顧問となった経済学者P・ダール (P.N.Dhar) がインデラ・ガンジー首相のこの状況での心境を描写している。P.N.Dhar, Indira Gandhi, the ' Emergency' and Indian Democracy, Oxford University Press, Oxford University Press, 2000, pp. 116-145.
24. Joshi,Vijay., and I.M.D. Little (1994), op.cit., pp. 52-62, pp. 105-142.
25. Joshi,Vijay., and I.M.D.Little (1994), op.cit., pp. 58-62, pp. 143-179.
26. Joshi,Vijay., and I.M.D. Little (1994), op.cit., pp. 62-67, pp. 180-200.
27. Chaudhary, U. K., INDRA and Industrial Licensing: Rules, Forms, Notifications, Press Notes, Guidelines and Policies, 1987, Bharat Law Office. pp. 1-146.
28. Bhagwati, Jagdish., and Padma Desai (1970), op.cit., pp. 231-268.
29. Government of India, Industrial Policy Resolution, 30 April 1956, reprinted in Guide to Industries, (1989)、op. cit., pp. 21-27.
30. Krishnamurthi, S., Principles of Law Relating to the Monopolies and Restrictive Trade Practices Act (MRTP), 1969, Orient Law house, 1989.
31. Pahwa, H.P.S., Sick Industries and BIFR, Nharat Law House, 1988.
32. Nehru, Jawaharlal., The Discovery of India, 1946, Oxford University Press, pp. 402-415.
33. Mohan, Rakesh., "Small-Scale Industry Policy in India: A Critical Evaluation," in Anne O.Kueger, ed., Economic Policy Reforms and the Indian Economy, Oxford University Press, 2002, pp. 213-302.
34. Sheth, Dilip K., Treatise on the Foreign Exchange Regulation Act (FERA), 1973, Vol.I, Vol.II, Bharat Law House, 1989.
35. Bhagwati, Jagdish., and T.N. Srinivasan, Freign Trade Regiems and Economic Development; India, National Bureau of Economic Research (NBER), Columbia; University Press, 1975, and Jagdish N. Bhagwati and Padma Desai (1970), op. cit., pp. 281-334.
36. Srinivasn, T.N. "Foreign Trade Policies and India's Development," in Indian Economy Since Independence, ed., by Uma Kapila, Academic Founda-

tion, 14th Ed., 2003, pp. 570−604.
37. World Bank, India : An Industrializing Economy in Transition, 1987, pp. 103−110.
38. Ministry of Statistics, Government of India, Statistical Abstract; India 2001, pp. 164−169.
39. 絵所秀紀著『開発経済学』、法政大学出版会、1991年および『現代インド経済研究』、法政大学出版会、1987年。
40. S.L. Shetty, "Structural Retrogression in the Indian Economy Since the Mid-Sixties," Economic and Political Weekly, February 1978, pp. 185−243.
41. Bhagwati, Jagdish., India in Transition, Clarendon Press, 1993, pp. 38−69. Deepak Lal, The Poverty of' Development Economics,' Second Revised and Expanded Ed., The MIT Press, 2000, pp. 70−87.
42. Joshi, Vijay., and I.M.D.Little, 1994, op.cit., pp. 342−358.
43. Bhagwati, Jagdish.,India in Transition, 1993, Clarendon Press, pp. 39−69. J. Bhagwati and P.Desai, India; Planning for Industrialization, op. cit., 1970, pp. 499−500.
44. Nayyar, Deepak., "Industrial Development in India: Some Reflections on Growth and Stagnation," Economic and Political Weekly, August 1978, pp.1265-1278. Sukhamoy Chakravarty, "Reflections on the Growth Process in the Indian Economy" (1973) and "On the Question of Home Market and Prospects for Indian Growth (1979", printed in Selected Economic Writings, Sukhamoy Chakravarty, Oxford University Press, 1993, pp. 337−366, pp. 367−390.
45. Desai, Ashok., "Factors Underlying the Slow Growth of Indian Industry," Economic and Political Weekly, March 1981, pp. 381−392.
46. Raj, K.N., "Growth and Stagnation in Indian Industrial Development," Economic and Political Weekly, February 1976, pp. 223−236; Isher Judge Ahluwalia, Industrial Growth in India; Stagnation Since the Mid-Sixties, Oxford University Press, 1985, pp. 72−111.
47. Nambia, R.G., "Import Substitution, Domestic Resource Cost, and Key Sectors in the Indian Economy," Economic and Political Weekly, June 11, 1977, pp. 954−962; Amiya Kumar Bagchi, "Export-led Growth and Import Substitution Industrialization," Economic and Political Weekly, February

1977, pp. 219-239.

「輸入代替度」の定義および測定の問題については以下の論文参照のこと。 Hollis B. Chnery, "Patterns of Industrial Growth," The American Economic Review, Vol. 50, 1960, pp. 624-652. Padma Desai, "Alternative Measures of Import Substitution," Oxford Economic Papers, Vol. 21, 1969, pp. 312-324.

48. Ahluwalia, Isher Judge., Industrial Growth in India; Stagnation Since the Mid-Sixties, Oxford University Press, 1985; "Industrial Growth in India," Journal of Development Economics, Vol. 23, 1986, pp. 1-18. インドの工業の停滞論争についてはこれらの文献に負うところが大きい。

49. Anant, T. C. A., and Omkar Goswami, "Getting Everything Wrong; India's Policies Regarding 'Sick Firms'," Dilip Mookherjee, ed., Indian Industry: Policies and Performance, Oxford University Press, 1997, pp. 236-288.

50. Balasubrahmanya, M.H., "India's Small Industry Policy in the 90s," The Indian Economic Journal, 2000, vol. 47, No. 2., pp. 76-83; Rakesh Mohan, "Small-Scale Industry Policy in India: A Critical Evaluation," in Economic Policy Reforms and the Indian Economy, ed., by Anne O. Krueger, Oxford University Press, 2002, pp. 213-302.

51. Bhagwati, Jagdish and T.N.Srinivasa, (1975), op. cit., pp. 41-52.

52. Bhagwati and Srinivasa, op.cit., pp. 177-196.

53. 伊藤元重・大山道広著『国際貿易』、岩波書店、1985年、248-255頁参照。

54. Bela Belassa, "Tariff Protection in Industrial Countries: An Evaluation," Journal of Political Economy, Vol. 73, 1965, pp. 573-594; Bela Belassa and Daniel M. Schydlowsky, "Effective Tariff, Domestic Cost of Foreign Exchange, and the Equibrium Exchange Rate," Journal of Political Economy, Vol. 76, 1968, pp. 348-360; Bela Belassa and Associates, The Structure of Protection in Developing Countries, The Johns Hopkins Press, 1971. W. Max Corden, "The Structure of a Tariff System and the Effective Protection Rate," Journal of Political Economy, Vol.74, June 1966, pp. 221-37.

55. この直感的にわかり易い定義式は以下に説明がある。Macolm Gillis, Dwight H. Perins, Michael Roemer and Donald R. Snodgrass, Economics of Development, 4th Ed., W.W. Norton & Company, 1996, pp. 507-511.

第8章　インドの産業政策

56. Bhagwati,Jgdish., and T.N.Srinivasan, op. cit., 179-181.
57. これらのＥＲＰ推計値の妥当性についての論議は以下の論文参照のこと。Alok Ray, "Measurement of Protection to Indian Industries and its Implications," Economic and Political Weekly, November 19, 1983, pp. 1989-1992; R.G. Nambia, "Protection to Domestic Industry: Fact and Theory", Economic and Political Weekly, January 18, 1983, pp. 27-32.
58. Gang,Iran N., and Mihir Pandy, "What Was Protected ? Measuring India's Tariff Barriers 1968-1997," Indian Economic Review, Vol. 33, No. 2., 1998, pp. 119-152. この論文はインドのＥＲＰに関する実証研究としては非常に詳細な分析を行っており参考になる。
59. Bruno, Michael., "Domestic Resource Costs and Effective Protection: Clarification and Synthesis," Journal of Political Economy, Vol. 80, 1972, pp. 16-33.
60. Krueger, Anne., "Some Economic Costs of Exchange Control; The Turkish Case," Journal of Political Economy, Vol. 74, October 1966, pp. 48-66.
61. Bautista, Romeo M., "Domestic Resource Costs and Philippine Manufacturing Industries," The Philippines Economic Journal, Vol. 17, No.3, 1978, pp. 285-303.
62. Krueger, Anne., "Evaluating Restrictionist Trade Regimes; Theory and Measurement," Journal of Political Economy, Vol. 80, January/February 1972, pp. 16-35.
63. Government of India, Ministry of Finance, Economic Survey of India 2002/03, page S 105-108.
64. インド政府が1991年7月以降実施した「経済安定化政策 (Stabilization Policies)」については、以下の文献に詳しい分析がなされている。Vijay Joshi and I.M.D. Little, India's Economic Reforms 1991-2001, Oxford University Press, 4th Ed., 2002. 構造調整政策の内容については、モンテック・アルワーリア自身が書いた論文に詳しい説明がある。Montek S. Ahluwalia, "India's Economic Reforms: An Appraisal," In The Era of Economic Reforms, ed., by Jeffrey D. Sachs, Ashutosh Varshney, Nirupam Bajpai, Oxford University Press, 1999, pp. 26-80 and "Economic Reforms in India Since 1991: Has Gradualism Worked ?" in the Journal of Economic Perspectives, Vol. 16, Summer 2002, pp. 67-88. 日本語の文献としては、以下の文献が参考にな

ろう。佐藤隆広著『経済開発論:インドの構造調整計画とグローバリゼーション』、世界思想社、2002年および「経済自由化のマクロ経済学」『現代南アジア研究②経済自由化のゆくえ』、東京大学出版会、2002年、11-42頁。

65. Krueger, Anne., and Sajjid Chinoy, "The Indian Economy in Global Context," in Economic Policy Reforms and the Indian Economy, ed., by Anne O. Krueger, Oxford University Press, 2002, pp. 9-45.

66. Sachs, Jeffrey., et al., "Introduction," India in The Era of Economic Reforms, ed., by Jeffrey D. Sachs, et al., Oxford University Press, 1999, pp. 1-25.

67. 経済改革の順序性の問題は1980年代にIMF・世銀が行った数多くの「構造調整融資」プログラムの経験を踏まえて1990年代前半盛んに取り上げられた。この問題に関心のある読者は以下の文献を参照されたい。Ronald Makinnon, The Order of Economic Liberalization, Johns Hopkins University Press, 1991; Sebastian Edwards, The Order of Liberalization, World Bank Staff Working Papers, No. 710, 1984: Anne Krueger, "Problems of Liberalization," in Perspectives on Trade and Development, Harvester, 1990, pp. 183-191; Moshin Kahn and Malcolm D.Knight, Fund Supported Adjustment Program and Economic Growth, IMF, 1987. この当時経済改革政策を「ショック療法」で実施すべきか「漸進主義的」に実施すべきかという改革のスピードの問題も盛んに論じられた。

68. J・バグワティ教授はアメリカの経済学者達にこのインド特有の産業規制の緩和処置「Broad-Banding Policy」の意味を説明するのに苦慮したと述べている。インド政府が1980年代に実施した部分的な規制緩和政策の関連法令は以下の文献に収録されている。Rajiv Jain, Guide to Industries-Policies and Procedures, India Investment Publication, 4th ed., 1989.

69. Government of India, New Industrial Policy, 1991, reprinted in Indian Economy Since Independence, ed., by Uma Kapila, Academic Foundation, 14th Ed.,2002, pp. 436-453.

70. Virmani, Arvind., Towards A Competitive Economy : VAT & Customs Duty Reform, CRIER Report, 2003.

71. Nagaraj, R., Foreign Direct Investment in India in the 1990s, Indira Gandhi Institute of Development Research, January 2003.

72. Report of PM's Economic Advisory Council, February 2001.

第8章　インドの産業政策

73. アメリカの大学で初級マクロ経済学のテキストとして書かれたR・ドーンブッシュとS・フィッシャー等の『マクロ経済学』の中での説明を借用することにする。Rudiger Dornbusch, Stanley Fischer and Richard Startz, Macroeconomics, 8th Ed., McGraw-Hill, 2001, pp. 45−64.
74. Unel, Bulent., Productivity Trends in India's Manufacturing Sectors in the Last Two Decades, IMF Working Paper, January 2003.
75. Ahluwalia, Isher Judge., Shubham Chaudhuri and Saumitra Chaudhuri, Trade Liberalization, Productivity and Export Performance: A Study of the Indian Manufacturing Sector in the 1990s, June 2002.
76. Krishna, Pravin., and Devshish Mitra, "Trade liberalization, Market Discipline and Productivity Growth: New Evidence from India," Journal of Development Economics, Vol. 56, 1998, pp. 447−462.
77. Mani, Sunli., and M. Vijaya Bhaskar, "A Curmudgeon's Guide to Economic Reforms in India's Manufacturing Sector," Economic and Political Weekly, December 19, 1998, pp. 3257−3271;
78. Balakrishnan, P., and K. Pushpangandan, "Total Factor Productivity Growth in Manufacturing Industry: A Fresh Look," Economic and Political Weekly, July 30, 1994, pp. 2028−2035; "Total Factor Productivity Growth in Manufacturing Industry," Economic and Political Weekly, March 4, 1995, pp. 462−464; "TFPG in Manufacturing Industry," Economic and Political Weekly, February17, 1996; "What Do We Know about Productivity Growth in Indian Industry ?" Economic and Political Weekly, August 15−22, pp. 2241−2246. Pulapre Balakrishnan, K, Pushpangandan and M Suresh Babu, " Trade Liberalization and Productitivity Growth in Manufacturing: Evidence from Firm-Level Panel Data, Economic and Political Weekly, October 7, 2000, pp. 3679−3682.
79. Nambir, R. G., B.L. Mungekar and G. A. Tadas, "Is Import Liberalization Hurting Domestic Industry and Employment ?" Economic and Political Weekly, February 13, 1999, pp. 417−424.
80. Chaudhuri, Sudip., "Economic Reforms and Industrial Structure in India," Economic and Political Weekly, January 12, 2002, pp. 155−162.
81. Confederation of Indian Industry and World Bank, Competitiveness of Indian Manufacturing: Results from a Firm-Level Survey, January 2002;

Naushad Forbes, "Doing Business in India * What has Liberalization Changed ?" in Economic Policy Reforms and the Indian Economy, ed., by Anne O. Krueger, Oxford University Press, 2002, pp. 129−167.
82. 榊原英資著『インドIT革命の驚異』、文春新書、平成13年。
83. インドのコンピューター産業の発展については以下の文献参照のこと。Vibha Pingle, Rethinking the Developmental State: India's Industry in Comparative Perspective, Oxford University Press, 2000, pp. 121−157.
84. NASSCOM, Indian: Its Software and Services Directory 2002, January 2001, pp. 14−76.
85. Saxenian, Analee., "Bangalore: The Silicon Valley of Asia ?" in Economic Policy Reforms and the Indian Economy, ed., by Anne O. Krueger, op. cit., pp. 169−210.
86. Ghoshal, Sumantra., Gita Piramal and Sudeep Budhiraja, World Class in India, Penguin Books, 2001, pp. 400−440, pp. 618−635.
87. 海外で活躍するインドの先端技術産業分野のエンジニア達の活動については以下の文献参照のこと。Chidanand Rajghatta, The Horse That Flew: How India's Silicon Gurus Spread Their Wings, Harper Collins, 2001.
88. NASSCOM-McKinsey Report 2002; Strategies to Achieve the Indian IT Industry's Aspiration, NASSCOM, June 2002, pp. 1−44.

第9章 途上国の貿易政策

はじめに

この章では開発援助政策の立案・実施に直接従事する専門家や開発援助政策を研究する大学院生が、途上国の貿易政策を理解する上で不可欠な基礎的な概念、理論、実証的研究の成果等を解説する。内容は経済学の予備知識を持たない者も理解出来るように入門レベルで書かれている。ここで取り扱っている途上国の貿易政策に関する問題は、途上国の輸入代替工業化政策、外部志向型の貿易政策、自由貿易政策の福祉経済効果、保護貿易政策の経済的コスト、途上国の比較優位産業論（D・リカードの比較優位理論、資源立地型の産業政策、ヘックシャー・オーリン理論）等途上国の貿易政策を理解する上で不可欠と考えられる貿易理論や政策の問題である。これらの問題についての詳細な分析は標準的な国際経済学のテキストの中で専門的な立場からなされており、さらに詳しく知りたい読者はこれらのテキストを参照されたい。途上国の産業政策および貿易政策をより深く理解するためには個々的な途上国の事例研究が不可欠であろう。前章で解説したインド産業政策と貿易政策は、この意味で非常に参考になろう。

9.1 途上国の貿易政策

(1) 輸入代替工業化政策

1950年代—1960年代多くの途上国政府は輸入代替工業化政策を採用していた。この傾向は特に人口規模が大きく資源が豊富なブラジルやアルゼンチン等の中南米諸国およびインドに顕著であった。これら政府が採用した輸入代替工業化政策は、自国の国内産業と競合する製品の輸入禁止、輸入数量制限、高率の輸入関税の賦課、輸入許可制度、輸入外貨割り当て制度等の輸入を制

限する種々の規制を実施し、自国の幼稚産業を保護育成し国内産業の発展を促進することを目的としていた。これらの途上国が何故この輸入代替工業化政策を採用したのか、その理由は途上国が置かれた状況によって異なるが以下の理由がその主な政策動機であった。

　第1の理由は、途上国経済は工業化を促進するため自国で生産することが出来ない資本財等の工業製品を先進国から輸入することが不可欠である。しかしこれら先進国から輸入する工業製品の輸入価格に対して途上国が輸出する主要産品である第1次産品の輸出価格が相対的に低下し、途上国の交易条件（terms of trade）が構造的に悪化する傾向があった。この交易条件の悪化は、一定の工業製品を輸入するためにより多くの第1次産品を輸出する必要性が生じ、国内資源の効率的活用を妨げる結果をもたらす。またこのことは輸入工業製品価格で測った途上国の実質所得を低下させる結果もたらすことを意味した。交易条件は　輸出財価格の輸入財価格に対する相対価格と定義され、1単位の輸出をすることで何単位の輸入が可能になるかを示している。自国の貿易収支が均衡していると仮定すると、輸出額＝輸出財価格×輸出量＝輸入額＝輸入財価格×輸入財という等式が成立する。この式を変形すると、輸出財価格／輸入財価格＝輸入数量／輸出数量となる。この式の左辺は交易条件を示し、右辺は自国の輸出量1単位当たりの輸入量を表す。交易条件が悪化するとき、自国は一定の輸出量でより少ない量しか輸入出来なくなり、その国の実質的な消費水準が低下することを意味する[1]。この途上国が直面する構造的矛盾を解決するために途上国政府は工業製品を自国で生産する自立体制を確立する産業政策を実施することが急務であると考えられた。

　第2の理由は、途上国が輸出する製品は一般に付加価値が低く、先進国市場の途上国製品の需要に対する所得弾性値が低いため、途上国製品の輸出は高い伸び率を期待することが出来ないことである。それに反して途上国が輸入する先進国の工業製品の所得弾性値は高く、途上国の経済成長率が上昇すればするほど、即ち所得が上昇すればするほど先進国からの工業製品の輸入需要が増大し、その結果途上国の貿易収支は悪化するという構造的矛盾があ

第9章　途上国の貿易政策

った。この現象は一般に「輸出ペシミズム」の問題と把握され、途上国の輸出指向型の工業化政策の大きな制約となると認識された。従って途上国がこのような貿易収支の赤字構造を解消するためには政府が貿易保護政策を実施し、輸入に代替する国内産業を育成する政策を実施する必要があった。

　第3の理由は政治的な政策動機である。1950－60年代途上国の多くは旧宗主国から独立した旧植民地の新興国であった。これら途上国の政治指導者や知識人エリート層は、旧宗主国に対する文化的・政治的・経済的従属性から離脱し近代国家を形成するためには、政府指導型の産業開発政策を実施し先進国経済にキャッチアップすることが近代国家形成の緊急の課題であるという開発を優先する民族主義的なイデオロギーを持っていた。更にこの当時ソ連および東欧諸国経済は急成長を遂げており、途上国政府が政府指導型の開発政策を実施することはこの政治イデオロギーの視点からも是認できた。これらの視点から輸入代替工業化政策を実施した典型的な途上国はインドであるが、インドの通商・産業政策の内容と問題点については既に前章で解説した通りである。

　しかしこのような政策動機から採用された輸入代替工業化政策は、採用の当初から種々の問題を内包していた。これらの問題とは、保護貿易政策の実施に起因する国内資源の非効率的配分と浪費、比較優位の無い産業と国際競争力の無い企業の形成、国営・国有企業の非効率経営と資源の浪費、政府と企業の癒着構造、腐敗、レント・シーキング行為の横行、官僚的経済システムの形成等の矛盾である。[2] これらの輸入代替工業化政策が持つ弊害についてはJ・ヴァイナー等の新古典派貿易理論家達がその初期の段階から理論的な立場から警告していた。[3] しかし輸入代替工業化政策が持つこれらの弊害が広く認識されるようになったのは、1960年代以降実施された途上国の貿易政策について行われた一連の実証的な比較研究の結果であると言えよう。

　これら途上国の貿易政策に関する実証的な比較研究は、I・リトル（Ian Little）、T・シトフスキー（Tibor Scitovsky）、M・スコット（Maurice Scott）等が行ったアルゼンチン、ブラジル、メキシコ、インド、パキスタン、フィ

リピン、台湾のOECD比較研究[4]、B・バラサ等が行ったチリ、ブラジル、メキシコ、マレーシア、パキスタン、フィリピン、ノルウェーの比較研究[5]、A・クルーガーおよびJ・バグワティ等が中心となって行った経済研究国民審議会（NBER: National Bureau of Economic Research）のブラジル、チリ、コロンビア、エジプト、ガーナ、インド、イスラエル、フィリピン、韓国、トルコの比較研究[6]、世銀のエコノミスト達が実施した19ケ国（アルゼンチン、ブラジル、チリ、コロンビア、ペルー、ウルグアイ、インドネシア、韓国、ニュージーランド、パキスタン、フィリピン、シンガポール、スリランカ、ギリシャ、イスラエル、ポルトガル、スペイン、トルコ、ユーゴスラビア）の大規模な比較研究[7]、が途上国の貿易政策に関する代表的な実証研究の事例である。これらの研究成果の詳細な紹介はこの論文の中では出来ないが、インドの貿易政策の事例研究に関しては前章で紹介した通りである。

　これらの途上国の貿易政策の経済効果を分析することを目的としたこれらの実証的比較研究が直面した課題は、福祉経済学的な視点から自由貿易が最適の政策であるという経済学の規範的基準を確認すること、輸入代替工業化政策、保護貿易政策、幼稚産業保護政策等の自由競争市場を規制する処置がどの程度この規範的基準から乖離しているか計量的に測定する指標を考案すること、客観的指標によって途上国政府が実施した規制や保護政策によって生じた市場の「歪曲度」を測定すること、これら途上国の産業別の市場の「歪曲度」が途上国経済の成長率、生産性、効率性にどのような影響をもたらしたかを計量的に分析することにあった。

　I・リトル等の研究とB・バラサの研究は各国の市場の歪曲度を示す指標として「有効関税率（ERP: Effective Rate of Protection）」を採用し、この有効関税率によって測定された各国の市場の歪曲度によって各国の経済成長率がどのように影響されるかを計量的に分析することにある。「有効関税率」の概念については前章で説明した通りである[8]。A・クルーガーおよびJ・バグワティの研究は有効関税率の代わりに各国の輸入財と輸出財に適用される「実効為替レート（EER: Effective Exchange Rate）」の比率を計算し、この実

効為替レート比率によって貿易市場の「閉鎖度」を測定しようとする。さらに各国の貿易市場の「閉鎖度」を輸入数量制限の最も閉鎖度の高い第1段階から市場が完全に自由化された第5段階に分類する。そしてこのように分類された各国市場の「閉鎖度」や「開放度」が各国のマクロ経済の動向にどのように影響するかという問題を計量的に分析しようと試みた[9]。これに対して世銀の19カ国の貿易政策の比較研究は各国の貿易政策の自由度を19の段階に区分し、貿易の自由化の速度と深度、自由化が成功する条件、自由化の深度と経済効果、標準的な貿易政策と各国の状況、価格メカニズムの効果、輸入自由化と貿易促進政策、貿易自由化政策と外部環境条件、貿易自由化政策の国内条件、自由化政策とマクロ・ミクロ経済政策、貿易自由化政策と他の経済改革の実施順序等の問題を分析している[10]。これらの実証的な研究結果を踏まえて新古典派経済学者達は、途上国政府が自由貿易政策を採用し、市場を開放すればするほど、途上国経済の生産性が改善され、経済成長率が高くなる傾向があると結論する。

　このような研究結果を基礎に世銀・IMFは1980年代に構造調整融資政策の一環として、途上国政府の貿易自由化政策を促進するため、途上国政府が「内部指向的な閉鎖的構造」を転換して「外部指向的な開放的構造」に移行する経済改革政策を積極的に支援した。この結果1980年代以降途上国政府は輸出指向型の産業・貿易政策を正統派政策として採用するようになり、それ以降輸入代替工業化政策は開発政策の有効な戦略論としては最早主張されなくなった。

(2) 外部志向型の貿易政策

　一般的に途上国政府が自由貿易政策を採用すれば、市場の価格機能が働き経済資源を最適に配分する（静態的資源配分効果）、外部環境から新技術・生産方法を導入する（学習効果）、競争原理が働き経済システムの生産性が改善する（生産性改善効果）、外部環境の変化に対応する（動態的効果）、比較優位産業に特化する（国際的分業効果）、海外の制度を導入する（制度改革効果）、

産業の新陳代謝を活発化する（産業活性化効果）、海外から新技術を導入する（技術革新効果）等種々のプラスの経済効果が期待される。[11]

　しかし上述した1960年代以降実施された途上国の貿易政策の比較研究は、自由貿易政策がどのような因果関係や経路で途上国経済にこれ等のプラスの経済効果をもたらしたのかという理論的問題を解明していないという批判がS・エドワーズ（Sebastian Edwards）等の途上国の経済学者達によってなされている。[12] 特に問題となるのは自由貿易政策と外部指向型の産業政策との違い、輸出指向型の産業政策が自由貿易政策と矛盾する産業政策なのかという疑問である。途上国の貿易政策の比較研究の中でしばしば言及されるのはブラジル、チリ、アルゼンチン等の輸入代替工業化政策を採用した中南米諸国に対して、輸出指向型の産業政策を採用した韓国、台湾、香港、シンガポールの東アジアの新興工業国が1960－1990年代の長期間持続的に高い成長率を記録した客観的な事実がある。

　貿易の自由化政策は「政府の介入による市場の規制を撤廃し、貿易取引が価格メカニズムによって行われるように政府が市場機能に対する中立性を保つ政策」と定義されよう。[13] しかし先進国および途上国政府で完全に自由貿易政策を実施している国は少ない。従って世銀のエコノミスト達は貿易政策の自由度の高い国を「外部志向型」（outward-oriented）の貿易政策の実施国、自由度の低い国を「内部志向型」（inward-oriented)の貿易政策の実施国と称している。[14] そして外部志向型の貿易政策を実施した途上国は内部志向型の貿易政策をとった途上国に比較して経済成長率および生産性の伸び率が高い傾向があるという実証的な調査結果を導き出している（表9－1参照）。

　世銀は1980－87年の期間中に途上国の経済改革を支援するため数多くの構造調整融資を供与した。この構造調整融資のうち40ケ国の途上国に対する融資案件には貿易政策の自由化プログラムが含まれている。この世銀の支援の下で貿易の自由化政策を実施した途上国の中にはアジア地域ではバングラデシュ、インドネシア、韓国、ネパール、パキスタン、フィリピン、タイが含まれている。この期間大規模な本格的な貿易の自由化政策を実施した途上国

第9章　途上国の貿易政策

表9－1：貿易政策とGDPおよび生産性の伸び率

貿易政策の型		平均GDP 伸び率	全生産性 伸び率	GDP成長率 寄与率
高程度の外部志向政策				%
香港	1960－70	9.1	4.28	47.0
韓国	1960－73	9.7	4.1	42.0
シンガポール	1972－80	8.0	－0.01	－0.1
中程度の外部志向政策				
ブラジル	1960－74	7.3	1.6	21.9
コロンビア	1960－74	5.6	2.1	37.5
イスラエル	1960－65	11.0	3.4	30.9
中程度の内部志向政策				
メキシコ	1960－74	5.6	2.1	37.5
高度の内部志向政策				
アルゼンチン	1960－74	4.1	0.7	17.1
チリ	1960－74	4.4	1.2	27.3
インド	1959／60－78／79	6.2	－0.18	－2.9
ペルー	1960－70	5.3	1.5	28.3
トルコ	1963－75	6.4	2.2	34.8

資料：World Bank, World Development Report 1987, page 93.

は10ケ国あり、その中にはチリ、メキシコ、フィリピン、トルコが含まれている。これらの途上国が実施した貿易の自由化政策の内容は、為替レートの切り下げ、輸入数量制限の撤廃ないしは緩和、輸入関税率の低下、輸出阻害条件の除去、輸出促進政策（輸出加工区の建設等）が含まれている。これら途上国が実施した種々の貿易の自由化政策の経済効果を分析した報告書を世銀は出版している[15]。この報告書は、自由貿易政策を実施した途上国の製造業の輸出の伸び率および国内総生産（GDP）の伸び率は、貿易の自由化政策を実施しなかった途上国の伸び率よりも高いと指摘している。表9－2のデータが示す通り、自由貿易政策を実施した途上国の輸出の伸び率は、途上国平均の輸出の伸び率より高い傾向を示しており、自由貿易政策が輸出を促進する効果を持つと言えよう。しかしながら、このデータだけでは途上国政府が自由貿易政策を実施した結果その国の経済成長率が上昇するという結論を導き

399

表9－2：貿易自由化政策の経済効果

製造業の輸出の年平均伸び率	1980	1981	1982	1983	1984	1985	1986	1987
途上国（87カ国）全体	18.4	9.7	1.2	11.2	9.8	10.6	7.2	5.5
自由化政策実施国（10ケ国）	26.8	20.2	－3.8	15.6	11.9	9.5	10.2	13.7
GDP伸び率								
途上国平均（87ケ国）	3.6	3.4	1.8	1.2	2.5	3.1	3.2	2.3
自由化政策実施国	0.2	1.1	0.2	2.1	2.7	3.8	4.2	

資料：Vinod Thomas, Best Practices in Trade Policy Reform (1991) pp. 48－49.

だすことは出来ない。

新古典派経済理論によると、「自由貿易政策は、市場機能によって途上国の資源が効率的に配分され、経済の生産性を向上し、その国の経済成長を高める」と推論することが出来る。しかしこの仮説はこのデータが示す限り成立しないと言える。途上国の経済成長を促進する要因としては、要素投入量の伸び率、投資率の増大による物的生産性の上昇、学習効果や技術革新による全要素生産性の伸び率等がより重要であり、貿易の自由化政策の効果はこれらの直接的な要因を通した間接的な効果しか持たないと言えよう。その場合には、自由貿易政策がどのような因果関係や経路で、これらのプラスの経済効果をもたらすのか分析する必要がある。S・エドワーズの疑問は至極もっともであると理解されよう。

国際通貨基金（IMF）も1980年代世銀と並行してまたは独自に途上国の経済安定化政策（Stabilization Policy）或いは構造調整融資（ESAF: Enhanced Structural Adjustment Facility）を通して途上国の貿易政策の自由化政策を実施した。IMFが支援した貿易の自由化政策の具体例としては以下が代表的な事例である。アルゼンチンはIMFのSBA（Stand-by Agreement）支援の下で1987年に貿易自由化政策を実施した結果、輸入関税率の上限は100パーセントから22パーセントに低減され、輸入許可制度が適用される産業分野が60パーセントから4パーセントに低下した。メキシコ政府はIMFのEFF（Extended Fund Facility）支援の下で1985年輸入数量制限を段階的に撤廃し、輸入関税率を引き下げる政策を実施した。その結果1988年の時点で関税率の

上限は20パーセントの水準に引き下げられた。フィリピン政府は1985年IMFのSBA支援の下で貿易自由化政策の一環として数量制限による輸入制限を関税による規制に置き換え、輸入関税率を一律的に削減する政策を実施した。その結果フィリピンの1989年時の輸入関税率の上限幅は10－50パーセントの水準に引き下げられ、残存する輸入数量制限処置で保護される産業分野は全産業の8パーセントの水準に減少した。このような貿易自由化処置をIMFは1980年代に30数カ国に実施した。これらの貿易自由化政策の実施にも関わらず発展途上国政府の多くはGATT28条の規定により国際収支の不均衡を是正するため数量制限を含む輸入規制政策を採用する傾向が強かった。[16]

以上のように輸出志向型・外部志向型工業開発が1980年代以降途上国の産業政策の一般的な傾向となったが、途上国が実施した個々の輸出促進政策がどのようなプラスの経済効果をもたらしたか理論的にも実証的にも必ずしも明確となっていない。例えば1960－70年代東アジア諸国が輸出促進政策として実施した「輸出加工区」（ＥＰＺ：Export Processing Zone）政策の経済効果に関して疑問が投げかけられている。[17]

東南アジアの新興工業国の代表例として高度経済成長を持続したシンガポールは輸出志向型・外部志向型の産業政策を採用した典型的な国であり、1970－79年の期間シンガポールの工業部門の年平均成長率8.3パーセントを記録した。しかしこの高成長を支えたのは資本投下伸び率14.3パーセント、労働力投入率8.4パーセント等の生産要素投入率であり、全生産性の伸び率はゼロに近かったという研究結果がある。このことは輸出志向型・外部志向型の工業政策は必ずしもその産業部門の生産性の向上に寄与しないことを示している。[18] 同じような研究が韓国の製造業の発展パターンについても行われている。韓国の場合1963－1979年の期間政府は重化学工業開発政策を実施した結果、製造業全体の全要素生産性の年平均成長率6.1パーセントを記録したが、重化学工業部門の伸び率が3.3パーセントの水準に留まったのに反し、軽工業部門の全生産性の伸び率は7.4パーセントを記録した。しかし工業部門の全生産性の伸び率と資本の深化率（資本装備率）との間にはマイナスの

相関関係があると観察されている[19]。

9.3 自由貿易政策の経済効果

自由貿易政策理論はアダム・スミスの時代から現在まで政府がとった種々の保護貿易政策に対する反対論として展開されてきた。アダム・スミスは18世紀にヨーロッパで盛んであった重商主義政策に反対論として自由貿易論を展開した。このアダム・スミスの自由貿易思想を理論的に精緻化したのがD・リカードの比較生産費に基づく比較優位理論である。それ以降現代まで数多くの貿易政策理論が論じられてきた。この貿易理論の学説史に関してはJ・ヴァイナー、J・チップマン(John S. Chipman)、J・バグワティ等による詳細にして優れた解説書や論文がある[20]。ここでは開発政策の実務に従事する者が理解しておくべき自由貿易理論の要点を解説することにする。

(1) 自由貿易政策の福祉経済効果

現代の代表的な国際貿易の理論家A・クルーガーは自由貿易政策を当然擁護する。即ち自由貿易政策は、自由貿易体制下で最大の国民の経済的福祉水準が達成可能であり、国際経済システム全体が貿易の利益を享受可能なこと、自由貿易政策が保護貿易政策よりも望ましい政策であること、国内の経済政策の制約下で福祉水準を向上することが可能なこと等の福祉経済学的な見地からその妥当性を論じている[21]。このように自由貿易論者は自由貿易下で国民福祉の最大化が実現されるため、経済の発展段階に関係なく政府は自由貿易政策を採用すべきであり、もし政府が幼稚産業保護目的や国際収支の不均衡を是正するため保護貿易政策を採用する場合には、政府は一定の手順に従って規制を緩和し貿易の自由化を実現する政策を実施すべきであると主張してきた。この自由貿易政策の福祉経済学的な擁護論は1930年代以降新古典派経済学者達が中心となって理論的に論じられた。そこで説明の道具として使用された概念や理論はG・ハバーラーが考案した「生産可能フロンティア(PPF: Production Possibility Frontier)」概念およびW・レオンチエフ[22]

(Wassily W. Leontief) 等が展開した貿易の福祉経済効果を示す無差別曲線の理論である[23]。更にP・サミュエルソンは数理経済学的な見地から自由貿易が持つ福祉経済効果を分析していた[24]。これらの著名な新古典派経済学者が展開した理論は貿易理論の学説史の中で重要な位置を占めているが、ここではこれらの古典的な理論を継承した現代の代表的な貿易理論による説明を見てみよう。

現代の新古典派経済学に基礎をおく貿易理論は、①世界は自国と外国の2ヶ国によって構成される、②各国は2財をそれぞれ生産する、③各国の経常収支は均衡している、④各国の各財の生産技術は所与であり、規模に関して収穫は一定と仮定する、⑤各国の財・生産要素市場は完全競争の状態にある、⑥外部経済等の原因による市場の失敗は存在しない、⑦財は国内、国外市場で輸送費ゼロで自由に移動可能だが、生産要素は国内市場だけに移動可能、⑧政府による市場への介入はない、⑨各国の労働力、資本などの生産要素賦存量は所与であり、これらは価格によって完全に調整・配分される、⑩各国の消費者の各財に対する選好は社会的無差別曲線によって表示される等を前提して理論が展開されている[25]。以下ここでは新古典派貿易理論の要点だけを概観することにする。詳しくは国際貿易論に関する標準的なテキストを参照されたい。

先ず以上のような前提の下で、自給自足（閉鎖）経済状態で自国の最適生産点と消費点がどのように達成されるか見てみよう。自国は生産技術を所与として労働力（L）および資本（K）の2つの生産要素を組み合わせることによって、X_1財、X_2財を生産する。この最適の生産方法は「生産可能（変形）曲線（生産可能フロンティア：PPF）」によって示される。自国はこの生産可能曲線のOABの領域内で生産が可能だが、曲線の外側は不可能領域である。従ってこの曲線上での生産が最適となる。しかしこの曲線上での生産量は一定であり、C点、D点での生産量は同じである。C点からD点にX_1財とX_2財の生産の組み合わせを変えるためには、X_1財の生産量をΔX_1だけ減少させ、X_2財の生産をΔX_2だけ増大させる必要がある。この2財の増分比

である$\Delta X_2/\Delta X_1$はこの曲線の限界変形率（MRT: Marginal Rate of Transformation）と呼ばれる。この限界変形率はこの生産可能曲線の接線の勾配を表す。この限界変形率は、①X_1財とX_2財との代替関係、X_1財を追加生産するために犠牲にされるX_2財の量、即ちX_1財を生産する機会費用、②X_2財で測ったX_1財の価値、③自国市場でのX_1財とX_2財の交換比率を表している。

X_1財とX_2財を生産する自国の総生産額はそれぞれの価格をP_1、P_2とすると、$Y=P_1\cdot X_1+P_2\cdot X_2$と定義される。この式は直線の方程式でありその勾配はP_1/P_2によって示される。この勾配はX_1財とX_2財の相対価格を表している。この直線が生産可能曲線と接するQ点がX_1財とX_2財を生産する最適の生産点となる。この時生産可能曲線のQ点での接線の勾配は曲線の限界代替率（$\Delta X_2/\Delta X_1$）であり、この勾配は直線の勾配（P_1/P_2）と等しくなる。

一方自国の消費者のX_1財とX_2財の消費選好度は無差別曲線によって示される。無差別曲線は、①右下がり、②北東方向に位置するほど効用が高い、③原点に対して凸という性質を有する。この無差別曲線U_0でのC点、D点での消費の効用は等しく消費者はC点、D点での消費に無差別である。消費者がC点での消費からD点の消費に移行するためにはX_1財をΔX_1分マイナスしてX_2財をΔX_2増加させる。X_1をΔX_1減少すると効用は$\Delta X_1\times MU_1$（X_1の限界効

図9－1：自国の2財の最適生産点

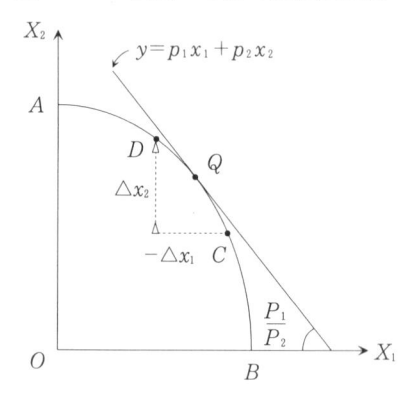

図9－2：自国の最適消費点

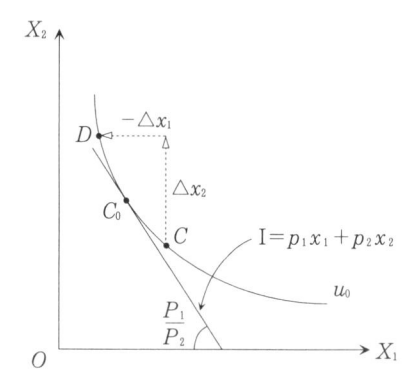

404

第9章 途上国の貿易政策

図9-3:貿易の効果

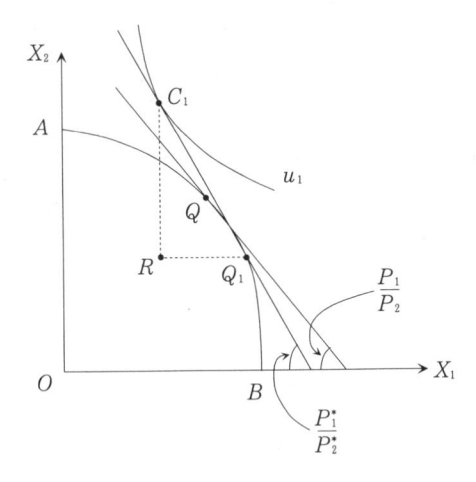

用)減少し、X_2がΔX_2増加すると効用は$\Delta X_2 \times MU_2$(X_2の限界効用)増加する。しかし効用水準は変わらないので、$(-\Delta X_1)\cdot(MU_1)+(\Delta X_2)\cdot(MU_2)=0$となる。この式を展開すると、$\Delta X_2/\Delta X_1=MU_1/MU_2$となる。この式の左辺は無差別曲線の接線の勾配を示し、これはX_1とX_2の限界代替率である。

消費者の所得をI、X_1財の価格をP_1、X_2財の価格をP_2とすると、消費者は自己の予算制約式、$I=P_1\cdot X_1+P_2\cdot X_2$の下で効用水準を最大にする$X_1$財と$X_2$財の消費を行う。この予算制約式の勾配は$-P_1/P_2$である。最適の消費点は無差別曲線Uと予算制約式Iが接するC_0点であり、この時無差別曲線の限界代替率と予算制約式の勾配が等しくなり、$\Delta X_2/\Delta X_1=MU_1/MU_2=-P_1/P_2$となる。

以上の説明から自国の自給自足経済(閉鎖経済)状態におけるX_1財とX_2財の最適生産・消費点は生産可能曲線と無差別曲線が接する点であり、この点の接線の勾配は$-P_1/P_2$であり、自由競争市場下で最適な生産・消費水準が達成され、最大の自国の福祉水準を実現することが可能となる。

この自国がX_1財とX_2財の国際市場での交易条件P_1^*/P_2^*で外国と貿易を行うと消費水準は無差別曲線U_1上のC_1となり、消費水準によって示される自国の福祉水準は上昇する。この時自国の生産点はQ_1に移行し、X_1財の超過生産額(Q_1-C_1)は外国に輸出され、X_2財の超過需要額(C_1-Q_1)は外国から輸入される。三角形$\triangle Q_1 C_1 R$は貿易の三角形と呼ばれ、この三角形の面積が大きければ大きいほど貿易の利益が大きくなる。[27] 更に自由貿易により自国が比較優位にあるX_1財産業の生産に労働力、資本が投入され自国

405

の生産可能曲線はX₁財をより多く生産する方向に偏向して拡大し、自国の消費水準は更に向上する[28]。

以上のように自由貿易が自国のX₁財とX₂財の消費水準を最大化する条件を要約してJ・バグワティ等は、①自国のX₁財とX₂財の生産可能曲線の限界変形率、②海外市場におけるX₁財とX₂財の相対価格、③自国の社会的無差別曲線の限界代替率の三つの条件が一致することであり、この結論を制約条件つきの効用関数を最大化する数学的解法によって導きだしている[29]。この自由貿易の結果生じる効用水準の上昇という経済効果は、S・R・ヒックス（S. R. Hicks）が導入した「等価変分（equivalent variation）」と「補償変分（compensating variation）」によってその所得効果を計測可能である[30]。このように自由貿易政策は貿易の三角形が拡大することにより自国にプラスの福祉経済効果をもたらす。自国の輸出の拡大は他国の輸入の拡大を意味し、自国の輸入の増大は相手国の輸出の拡大を意味する。従って自国の貿易の利益は貿易相手国の貿易の利益を必然的にもたらし、自国と外国によって構成される世界は自由貿易によって利益を得ることになる。さらに上述したように自由貿易下で生産者の生産可能曲線の限界変形率と消費者の無差別曲線の限界代替率が一致し、最適の生産および消費水準が達成される。同じことが外国についても適用され、その結果、世界的な規模で資源の最適配分、所謂「パレート最適配分」が実現することになる。

しかしこの自由貿易政策の福祉経済効果に関しては論争が絶えない。新古典派経済学の立場から、G・ハバーラーは自由貿易の福祉経済効果を1950年に発表した古典的な論文（1950年）の中で理論的に分析しているが[31]、この論文は論争を引き起こしている。論争の的となったのは、新古典派経済学理論が説明の道具と依拠した「生産可能曲線」や「社会的効用関数」および「無差別曲線」の概念があくまでも理論的なモデルであり、実証的にその存在を検証しうる科学的な概念ではないこと、新古典派経済学の貿易理論が前提とする「完全自由競争市場」は現実の貿易取引の世界では存在せず、外部効果、情報の非対称性、価格の硬直性、独占・寡占的競争等の市場に失敗の原因と

なる条件が蔓延しているのが現実であること、国の福祉経済水準を示す単一の「社会的効用関数」や「社会的無差別曲線」は存在せず、自由貿易取引の結果利益を獲得する企業や生産者と損失を蒙る農民、一般消費者、貧困層の利益の対立が必ず発生し、「自国の貿易の利益」は架空の概念に過ぎないという批判である。[32]

(2) 保護貿易政策の経済的コスト

発展途上国政府は第5章で既に見たように、財政収入の確保、国際収支の均衡、国内産業の保護・育成、贅沢品の消費を抑制する等の目的を達成するため輸入数量制限や輸入関税等のミクロ経済政策を使って保護貿易政策を実施する傾向が強い。特にインド政府は独立以降1991年の新経済政策の実施まで、長期間にわたって輸入財に対して高率の輸入関税を課してきた。1990年時点で平均の輸入関税率は150パーセント前後と推計され、特にインドの国内産業と競合する機械産業関連の輸入財に対する関税率は250パーセントに達していた。[33] インド政府は平均輸入関税率を将来30パーセントの水準まで軽減する計画である。しかしインドの経済学者はこの水準でもインドの輸入関税は、タイ（17.1%）、ベトナム（15.1%）、インドネシア（10.9%）、フィリピン（10.1%）、マレーシア（7.1%）等の東南アジア諸国やスリランカ（20.0%）、バングラデシュ（22.2%）、韓国（8.7%）、台湾（8.8%）等に比較して高水準であり、更に軽減する必要があると指摘する。[34]

先進国の輸入関税水準は2000年時点で平均5.0％前後の水準であるが、この水準まで先進国の輸入関税が軽減したのは戦後GATT（関税および貿易に関する一般協定）体制の下でウルグアイ・ラウンド（1986年9月―1994年4月）を含む合計8回行われた多国間貿易交渉の結果である。特にケネディ・ラウンド（1964年5月―1967年6月）および東京ラウンド（1973年9月―1979年7月）の結果先進国の輸入関税率は全体的に低下した。

しかし途上国に限らず現在の先進工業国も経済発展の過程で特に自国の幼稚産業を保護育成するため輸入関税政策や輸入数量政策によって保護貿易政

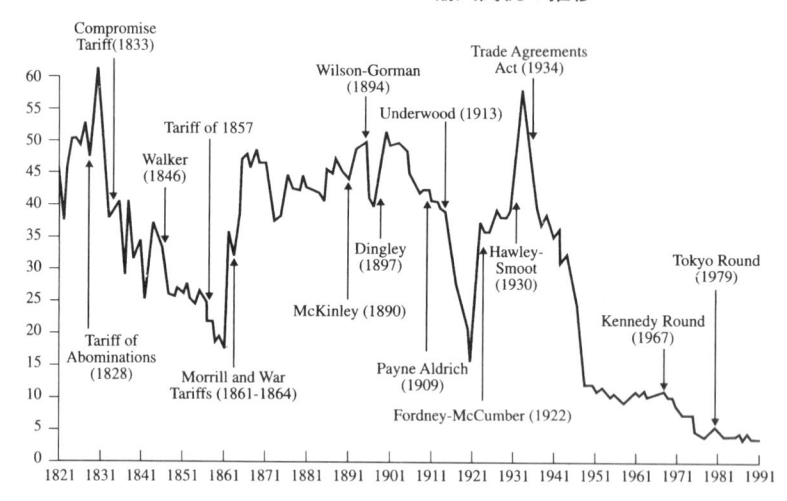

図9-3:アメリカの輸入関税の推移

資料:Peter B. Kenen, The International Economy, 3rd Ed, 1994 page 223.

策を実施する傾向が顕著であった。19世紀初頭以降アメリカ政府は自国産業を保護育成するため高率の輸入関税政策をとってきた。特に悪名が高いのは1930年に制定されたホーリー・スムート(Hawley-Smoot)法であり、この結果アメリカの平均輸入関税は50パーセントの水準に上昇した(図9-3参照)。最近の先進国の関心は世界貿易機関(WTO)を設立したマラケッシュ協定が1995年1月の発効以降、非関税障壁(NTBs)の撤廃、紛争処理機能の強化、サービス貿易の自由化の促進、知的財産権の保護等の問題に関心が移ってきている。

このように現在先進国にとって輸入関税や輸入数量政策によって貿易を制限する政策は、農作物に対する輸入規制を除いてはその重要性が減少してきている。しかし途上国にとって輸入関税および輸入数量制限政策は重要であるので、これらの政策の経済効果を見てみよう。経済学や貿易理論の入門書は輸入関税政策の経済コストを「消費者余剰」および「生産者余剰」の概念を使って解説している。ここで、第5章で見た保護貿易政策の経済効果を復

第9章　途上国の貿易政策

習するため、輸入関税がどのような経済効果を持つのかP・サミュエルソンの説明を借用して見てみよう。先ず図9－4の面積Bは政府の関税収入額＄200（関税＄2×輸入数量100単位の衣料）である。輸入関税が賦課された結果衣料の国内価格は＄4から＄6に上がり、国内生産は100単位から150単位に増加する。生産者余剰で示される面積LEHMによって示される生産者の利益は＄250となる。関税の結果最も損失を蒙るのは消費者であり、消費者は台形面積LMJF分の消費者余剰＄550を失う。従って社会全体の純損失は2つの三角形A、C所謂「死荷重」の合計額＄100となる。三角形Aは生産者による国内資源の浪費を表す。この経済コストは、関税が賦課されて国内価格が上昇すると国際価格では存立し得ない生産者も生産が可能となり、自国が比較優位を有する他の産業分野に活用されるべき資源が浪費される経済コス

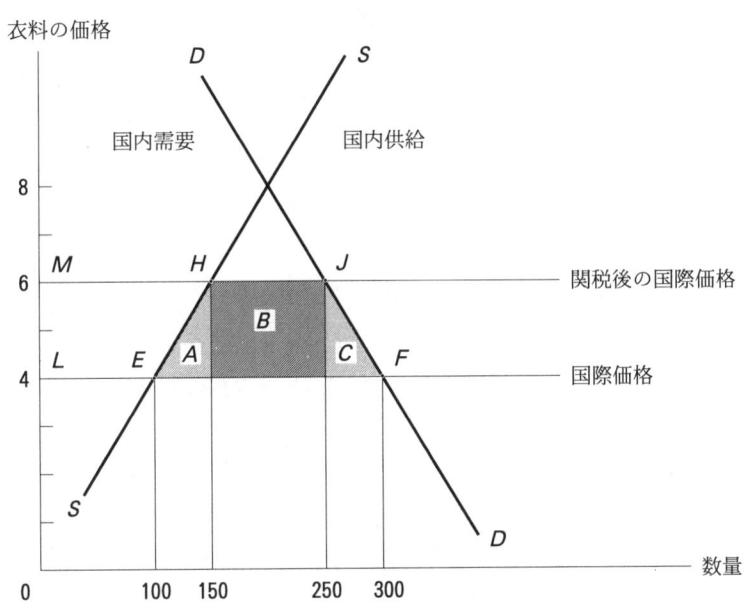

図9－4：輸入関税の経済コスト

資料：Paul A. Samuelson and William D. Norhaus, Economics, 16th Edition, 1998, page 701.

トである。三角形Cは消費者が自由貿易下で消費可能な財を国際価格より高い価格で財を購入することを強いられることによって生じる無駄な支出を表す経済コストである。以上のように輸入関税の経済コストは消費者の利益が犠牲にされ生産者が利益を得ることになる所得移転効果を持つことになる。[36]

輸入関税がもたらす経済コストの分析は、生産可能曲線および無差別曲線を用いて説明することが可能である。しかしここでは説明が煩雑となるので省略する。詳しくは伊藤元重・大山道広著『国際貿易』、岩波書店（1985年）を参照されたい。[37]

以上のように、政府が輸入財に関税を課すとマイナスの経済効果を自国経済にもたらすことが理解されよう。政府が輸入財に課する輸入数量制限も輸入関税と同じ効果をもらすことが知られている。このことは「輸入税と輸入数量制限の同値定理」といわれている。[38]輸入関税と輸入数量制限政策の違いは、輸入関税の代わりに輸入数量制限政策を採用すると政府は輸入関税収入を失うことである。但し輸入数量制限制度は政府が輸入業者に一定の基準に従って輸入の数量割り当てを配分するか、或いは輸入許可証を輸入業者に供与することによって実施されることになる。しかしこの制度の下では政府の通商担当者が、恣意的に輸入割当や輸入許可を輸入業者に官僚的に配分する権限を持つ傾向が生じる。従って途上国の政治文化の下ではこのような制度は腐敗や癒着を造成・強化することになる。民主主義的な政治体制が未成熟な途上国では政治的な意思決定が透明性を欠き、責任の所在が不明確となる傾向が強い。経済学者達はこの傾向に注目し、途上国に蔓延する腐敗構造の経済分析を行っている。A・クルーガーはこのような腐敗構造を持つ途上国社会を「利得獲得社会」(Rent-Seeking Society) と呼びその経済効果を分析し、腐敗行為による経済費用は途上国の国内総生産の5パーセントの水準に達する場合もあると指摘している。[39]またJ・バグワティはこの現象を「直接的に非生産的な利益追求ロビー行為」(DUP：Directly-Unproductive Profit-Seeking Lobbying Activities) と呼び一定の状況下ではこれらの利得獲得行為も途上国の経済の厚生水準を向上する可能性があることを指摘し注目された。[40]

第9章 途上国の貿易政策

　このように自由貿易を規制する政策は経済コストをもたらすことになるが、GATT（「関税および貿易に関する一般協定」）は、貿易相手国のダンピング行為に対する報復処置としての相殺関税（第6条）、国際収支の均衡を図るため1時的に輸入を制限する処置（第12条）、途上国政府が自国の経済発展を促進するためにとる一時的な輸入制限処置（第18条）、特定の商品輸入の急増が自国の産業に深刻な影響をもたらすとき一時的に輸入数量を制限する緊急処置（第19条）等の輸入制限処置を加盟国が採用することを認めている。このようにGATTの規定は、輸入自由化政策が輸入国経済或いは輸入国の国民の一部に不当な経済損失をもたらす危険性がある場合には、輸入を一時的に制限する政策を国が採用することを是認しているのである。

　現代の通説的な貿易理論はこれらのGATTの例外規定に加えて、自由貿易政策が前提とする完全自由競争やその他の市場の失敗が国際市場、国内市場に認められる場合には、政府がこれらの原因によって生じる「市場の歪み」を是正するため市場に介入し、貿易を規制する政策を採用することを是認する理論を展開している。H・ジョンソン（Harry G. Johnson）は市場の失敗によって生じる自由競争市場の資源配分の歪みを是正する事例として、国内生産要素の非移動性と価格の下方硬直性の問題、国の比較優位産業が独占や寡占競争、外部経済や不経済の存在によって市場に歪みが生じ、私的コストと社会的コスト、私的便益と社会的便益に乖離が生じる場合、労働および資本等の生産要素市場に制度的・社会的要因によって歪みが生じる場合、私的収益率よりも高い社会的収益率が認められる幼稚産業を保護する政策等の問題を論じている。しかしH・ジョンソンはこのような理由で政府が市場に介入する場合にも、市場の歪みが是正され厚生水準が必ずしも改善されないと警告を発していた。[41) このような市場の失敗が存在する場合、政府が採用すべき最適の介入政策ないしは最適関税政策はどう在るべきかという問題が、現代の貿易政策理論の主要な課題となっている。この問題に関してはJ・バグワティおよびT・N・スリニヴァッサンの国際貿易論に詳細な解説がある。[42)

9.4 途上国の比較優位産業論

途上国政府は以上のように原則として自由貿易政策を基本政策として採用し、「市場の失敗」が存在する状況下でのみ市場の歪みを是正する市場介入政策を実施すべきであるというのが新古典派貿易理論の帰結である。この命題は第5章で解説した通りである。この時留意すべき問題は、市場に介入し政府が積極的に保護育成すべき産業をどのような方法で選択するかという問題である。即ち途上国政府が自国の比較優位産業をどのように識別するかという問題である。この問題に対する回答は伝統的なD・リカードの「比較生産費理論」とヘックシャー・オーリンの「要素賦存理論」の中に見出すことが出来るので、これら古典的な貿易理論の主要な内容を復習することにしよう。詳しくは標準的な国際経済論の教材を参照されたい。

(1) D・リカードの「比較生産費理論」

P・サミュエルソンはD・リカードが今から185年以上前に主張した機会費用の概念に基礎をおいた産業の比較優位理論は依然現代の国際貿易を理解する上で有用であると指摘する。[43] D・リカードはその著『経済学及び課税の原理』(The Principles of Political Economy and Taxation, 1817) の中で「国は機会費用の小さい産業に比較優位性を持ち、各国がそれぞれ比較優位の産業に特化し相互に貿易すると利益を享受することができる」という比較優位理論を展開した。[44] D・リカードが比較優位理論の事例として用いたのはイギリスとポルトガルの衣料とワイン産業の比較優位の問題である。D・リカードはこの著作の第1章で商品の交換価値の源泉はその商品の生産に投入される労働量によって測定されるという「労働価値説」を展開していた。[45] 以下の表9−3は衣料 (X_1財) およびワイン (X_2財) に対するイギリス (A) とポルトガル (A*) の労働力の投入量を示す表である。この表が示すようにイギリスは衣料生産およびワインの生産にポルトガルより多くの労働力の投入量を必要とし、衣料およびワイン生産に「絶対的劣位」にあり、これに対し

表9－3：一定単位の衣料とワイン生産の労働力の投入量

	衣料（X_1）	ワイン（X_2）
イギリス（A）	100（A_1）	120（A_2）
ポルトガル（A*）	90（A_1^*）	80（A_2^*）

てポルトガルはイギリスに対して衣料生産およびワイン生産で「絶対的優位」に立つことになる。このような場合ポルトガルがイギリスに対して2つの産業で絶対的に優位であれば貿易は成立しないことになる。しかしD・リカードはイギリスおよびポルトガルがいずれかの産業に比較優位があれば、貿易が成立すると考えた。

ポルトガルの一定単位の衣料とワイン生産に必要とする労働力の投入量の相対的な比率は90/80、イギリスの労働力投入量の相対比率は100/120であり、イギリスの労働力投入量の相対的比率の方がポルトガルの労働力投入比率より小さい。この時100/120＜90/80（$A_1/A_2 < A_1^*/A_2^*$）という関係が成立し、イギリスは相対的に少ない労働力で衣料生産が可能であり、ポルトガルは同じく相対的に少ない労働力でワイン生産が可能である。この時イギリスは衣料生産に「比較優位」があり、ポルトガルはワイン生産に「比較優位」があると考えた。D・リカードはイギリスおよびポルトガルがそれぞれ比較優位のある財の生産に特化し、自国の比較劣位財を輸入すれば相互に利益を得ることが出来ると考えた。即ちイギリスはワイン生産を止めてその労働力を衣料生産に投入すると1.2単位（120/100）の衣料の追加生産が可能となる。同じくポルトガルも衣料生産を止めてその労働力をワイン生産にまわすと1.13単位（90/80）のワインの追加生産が可能となる。イギリスは1.2単位の衣料をポルトガルに輸出しポルトガル市場の交換比率でワインと交換して輸入すると1.35単位のワインの消費（0.35単位の追加消費）が可能となる。同じくポルトガルは1.13単位のワインをイギリスに輸出してイギリス市場の交換比率で衣料と交換して輸入すると1.36単位の衣料の消費（0.36単位の追加消費）が可能となる。このようにして自国と外国はそれぞれの「比較優位財」の生産に特化し、その財を輸出し自国の「比較劣位財」を輸入すれば相互に貿易の利益を得ることが出来ると考え、この比較優位理論に従ってD・リカード

は自由貿易政策論を展開した。

　D・リカードの貿易理論の現代的解釈は標準的な国際経済学のテキストに説明があるので、ここではその主要なポイントだけを復習しておくことにする[46]。D・リカードの貿易理論は以下の条件を前提とし展開されている。①自国および外国の2ケ国が2財を労働力だけの生産要素を投入して生産する。②財の生産に必要な労働力は一定とする固定投入係数を持っている。③従ってそれぞれの財の平均費用、限界費用は同じである。④生産された財は総て消費され、自国と外国の貿易は均衡する。⑤生産要素は国内では移動可能だが、国際間では移動しない。⑥完全自由競争市場を前提とする[47]。

　ここで自国が総労働力（L）を使ってX_1財とX_2財を生産するとする。一定単位のX_1財を生産するためにはA_1の労働力、X_2財の生産にはA_2の労働力が必要となる。自国は、$L = A_1 \cdot X_1 + A_2 \cdot X_2$ の条件の下で2財を生産することになる。自国の労働力の総てをX_2財の生産に投入すると縦軸に示されたL/A_2分のX_2財の生産を行い、労働力の総てをX_1財に投入するとL/A_1分のX_1財の生産が可能となる。この2点を結ぶ直線は生産可能曲線（PPF）であり、この直線の勾配はA_1/A_2であり、この勾配はこの直線の限界変形率を表す。この直線の勾配の絶対値は、X_1財の1単位を追加生産するために犠牲にするX_2財の量、即ちX_2財の失われた生産機会と等しく、X_2財で測ったX_1財を1単位生産する機会費用である。

　自国経済の総生産額（Y）はX_1財の価格をP_1、X_2財の価格をP_2とすると、$Y = P_1 \cdot X_1 + P_2 \cdot X_2$と表される。この直線の勾配（$P_1/P_2$）が生産可能曲線の限界代替率（$A_1/A_2$）と等しくなり、この直線と無差別曲線の交点$C_0$で生産と消費が行われる。

　自国の一定単位のX_1財の生産に必要な労働力がA_1、X_2財がA_2、外国のX_1財の生産に必要な労働力がA_1^*、X_2財の生産がA_2^*とすると、$A_1/A_2 < A_1^*/A_2^*$の関係が成立するとき、自国はX_1財の生産に比較優位を持ち、外国はX_2財の生産に比較優位を持つ。労働力投入量はそれぞれ平均費用・限界費用を意味するので、この式は平均費用の相対的比率を表し、自国がX_1財を

図9－6：リカード・モデルの生産と消費（閉鎖経済）

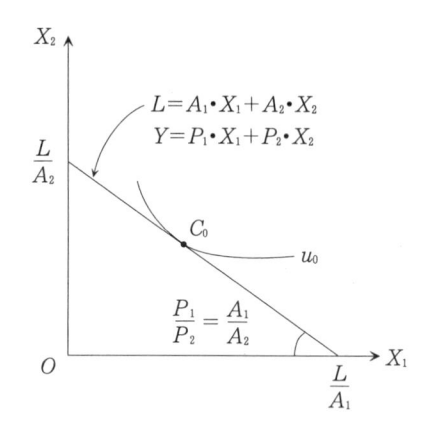

$L = A_1 \cdot X_1 + A_2 \cdot X_2$
$Y = P_1 \cdot X_1 + P_2 \cdot X_2$

$\dfrac{P_1}{P_2} = \dfrac{A_1}{A_2}$

生産するときの相対的平均費用が外国より低いことを意味する。

しかし自国と外国は国際市場の交易条件（P_1/P_2）に従って輸出入取引を行い、$A_1/A_2 < P_1/P_2 < A_1^*/A_2^*$の関係が成立するとき、自国は$X_1$財の生産に特化して生産を行い、外国は$X_2$財の生産に特化して生産を行い、それぞれ比較優位財を輸出するとき貿易の利益を享受することが出来る。X_1財の消費量をC_1、X_2財の消費量をC_2、とすると自国の消費者は効用水準$U(C_1, C_2)$を予算制約式、$P_1 C_1 + P_2 C_2 = P_1 X_1 + P_2 X_2$の下で最大化する。この式は図7のL式によって示される。自国がC点で消費するとする、自国は$(X_1 - C_1)$のX_1財を輸出し、外国から$(C_2 - X_2)$のX_2財を輸入することになる。

このとき消費水準によって示される自国の効用水準は貿易前の水準よりも高く、貿易の利益が実現する。

このD・リカードの比較優位理論は、労働投入量比率を基準とする比較生産費比率によって自国がどの産業に比較優位を持つかの判断基準を与えてくれる。労働投入量の逆数は労働生産性であるから、D・リカードの比較生産費理論は「比較生産性理論」と特徴づけることが出来る。従って途上国政府の政策当局者が自国と外国の比較優位産業を識別する必要があるとき、自国と外国の各産業の比較生産性比率を推計すれば自国がどの産業に比較優位をもつか判断することが出来る。P・サミュエルソン等はこの課題を理論的に解明するためD・リカード理論に従って複数の産業の比較優位を分析する数理経済学的理論を展開しており、参考になろう。しかしD・リカード理論に従って実際の国際貿易の実態を分析した実証的な研究は残念ながら多くはな

415

図9－7：リカード・モデルの貿易の利益

（ⅰ）自国（完全特化）　　　　　（ⅱ）外国（完全特化）

$P_1^* \cdot X_1 + P_2^* \cdot X_2 = P_1^* \cdot C_1 + P_2^* \cdot C_2$

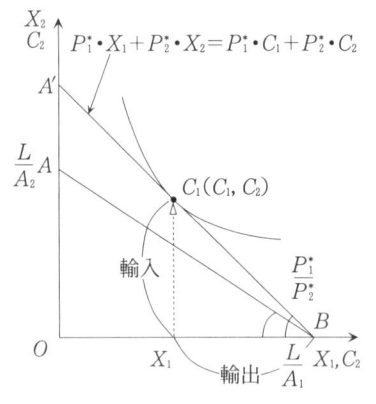

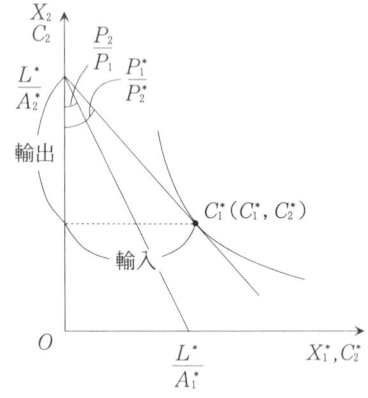

$C_1(C_1, C_2)$

$C_1^*(C_1^*, C_2^*)$

資料：西村和雄著『ミクロ経済学入門』（第2版）、岩波書店、1995年、355頁。

い。イギリスとアメリカの戦前の実際の貿易取引がD・リカード理論によって説明可能かどうかの問題についてG・D・A・マクドガール（G. D. A. MacDougall）の実証的な研究が有名であるが、D・リカード理論の説明力を必ずしも明確に立証していない。

　しかし実際の国際貿易は、各国の労働生産性の格差ばかりでなく、生産要素や資源の賦存量、自然環境や立地条件、技術水準の格差、関連産業の集積の効果、産業基盤整備の状況、人的・物的資本の蓄積、地場産業の発展や伝統的技術等種々の要因によって影響されよう。従って各国の貿易の動向は労働生産性格差や生産費格差といった単一の要因によって説明し得るものではない。しかしD・リカードの貿易理論から途上国の貿易政策担当者が教訓として学ぶべきことは、機会費用が産業政策の経済政策を判断する重要な基準となること、比較生産性格差が自国の比較優位企業や産業の判断基準となること、国際価格で測定した比較生産費格差がその国の企業や産業の国際競争力の判断基準となり得ること等であり、D・リカード理論は現代でも有効であると考えられよう。

(2) 資源立地型の貿易政策

　途上国の産業の比較優位性や貿易政策は、その国の発展の初期的状況とその国の資源賦存状況に影響される。しかし現代の貿易理論は伝統的にこの問題を分析する理論的枠組としてヘックシャー・オーリン理論に依存する傾向を強く持ってきた。しかし途上国が持つ資源は多種多様であり、その賦存分布も地域的に偏在する傾向がある。中近東地域に偏在する石油・天然ガス資源、亜熱帯地域に集中する熱帯雨林、チリやザンビアに偏在する銅鉱石資源、南アメリカに偏在するダイヤモンドや金鉱石、広大で肥沃な土地資源を有するアメリカ、カナダ、オーストラリア、アルゼンチンおよびマレーシア、タイの豊富なゴムやパーム・オイル等の亜熱帯作物等種々様々である。しかもこれらの資源は、枯渇資源と再生可能資源に大別される。途上国の産業政策はこれらの自然資源がもたらす「経済レント」をどのように活用し持続的な経済発展を可能にするかという課題と無関係で有り得ない。特に枯渇資源を保有する途上国は、この枯渇する資源を最適に活用し自国経済の持続的発展を可能にする産業政策を模索する必要が生じよう。

　しかし一般論としては、一定の生産要素や資源が豊富な途上国はこれらの資源を集約的に使用する産業に比較優位を持ち、途上国政府は自国に優位な資源立地型の産業を育成する政策をとるべきであると考えられよう。即ち森林資源が豊富なインドネシアは森林資源集約的な合板産業や紙・パルプ産業に比較優位性を持ち、労働力が豊富な中国は労働集約的な繊維産業等の軽工業に比較優位を持つ、肥沃な土地が豊富なタイは農業や食品加工産業に比較優位を持ち、石油・天然ガス資源が豊富なインドネシアは石油化学産業に比較優位を持つ。またエンジニアや熟練労働者が豊富なシンガポールは先端技術関連産業に比較優位を持つと言えよう。これらの国はそれぞれの豊富な生産要素に特化した「資源立地型の産業政策」を採用すべきであるという理論である。しかしこれらの資源立地型の産業政策を採用する途上国政府は、種々の課題に直面する。これらの国が直面する課題は、第1次産品の交易条件

表9－4：資源立地型産業の生産コスト構成

(％)

産業	原材料コスト	労働力	資本
銅精錬	60	n.a	n.a
アルミニウム	43	21	15
圧延鋼	55－74	1－4	17－38
アンモニア	22－43	2－6	41－46
製材	32	18	12
合板	31	10－16	12－23
パルプ・製紙	25－40	3－6	25－50

資料：Michael Roemer, "Resource-Based Industrialization in the Developing Countries," Journal of Development Economics, 1979, page 17.

が長期的に悪化し、途上国の実質所得が低下する傾向がある。また第1次産品の国際価格が不安定であり、大規模な資源開発投資が必要となる。資本集約的な産業が形成され雇用創出効果が小さい。多国籍企業による資源搾取的開発となり地域経済に対する波及効果が小さい。伐採権、採鉱権、探査権、開発権にまつわるレント・シーキング行為が蔓延し、腐敗や癒着の温床となる。プランテーション農場が飛び地的に開発され、インフラ整備が地域経済にもたらす効果が小さい。途上国政府は資源開発の付加価値を高めるため大規模な資源加工産業の育成を図ろうとする。資源の略奪的な開発によって熱帯雨林等の資源が枯渇する危険があること等の問題や課題が掲げられよう。[51]

ステープル理論

以下ここで資源立地型産業開発理論に関する若干の問題点に触れておこう。その1つはカナダの経済発展のプロセスを説明する理論として展開された「ステープル理論」である。ステープル (staple) は主要作物を意味し、カナダの経済発展の初期段階では太西洋沿岸地域のタラ漁業・毛皮がヨーロッパに輸出主要商品として経済発展の牽引者として役割を果たした。その後セントローレンス河畔のモントリオールや五大湖周辺のトロントが交易都市とし

て栄えた。その後経済開発が中西部に浸透し中西部の小麦・トウモロコシ等の農作物の開発と大陸横断鉄道の建設、太平洋岸の森林資源・漁業資源開発と進展していく。カナダの経済発展はこのように、輸出主要商品の開発、鉄道・運河等のインフラ建設、移民による人口の増大、消費財需要に触発された消費財産業の発展、食料品加工産業の発展等の連鎖が、輸出主要商品 (staples) の開発を通して他の関連産業に前方・後方関連効果をもたらして展開していく。これらの発展のプロセスをトロント大学のH・イニス (Harold Innis) やM・ワトキンズ (M. Watkins) 等のカナダの経済史家達が「ステープル理論」と呼ぶようになる。[52] このステープル理論はカナダの経済発展のプロセスばかりでなく19世紀のアメリカの経済発展のプロセスを説明する理論としてD・ノース等によって援用されている。[53] 更にオーストラリア、アルゼンチンの経済発展プロセスもステープル理論によって説明され得る特徴を有しているといえよう。

余剰のはけ口論

途上国経済の植民地時代の特徴の1つは、豊富な資源に依存する自給自足的農業経済であった。土着経済は人口密度も低く比較的小規模な農業経済であり、この豊富な資源を充分活用する段階に達していなかった。第2次大戦後独立国となったこれら多くの途上国、特に東南アジア諸国は、これら豊富に存在する資源の「余剰のはけ口」(vent for surplus) として主にプランテーション農業形態を通して輸出産品を開発していく。この傾向に着目したH・ミントは「余剰のはけ口論」を展開した。[54] このH・ミントの理論はH・ミントの出身地域の東南アジア、特にビルマ(現在のミャンマー)の発展プロセスを念頭に置いた理論と言われている。この余剰のはけ口的発展形態は旧植民地経済の発展に多く観察されよう。[55] 周知のように東南アジアのマレーシア・インドネシア・フィリピン・タイ等の諸国は19世紀以降スズ・ゴム・砂糖・米、最近では油ヤシ等の第1次産品を主に外国資本によるプランテーション農業経営によって開発してきた。しかしこれらの第1次産品の生産は労働

集約的であり、多数の安価な労働力を必要とする。従ってイギリス・オランダはこれら植民地の開発のために多数の中国人・インド人移民の労働力を活用した。この結果これらの国々は現在でも内部に民族的な対立や紛争の種を抱えている。

　これ等の国では人口密度も低くこれら第１次産品に対する国内市場の需要が限られており、これら資源の余剰のはけ口を海外市場に求めて略奪的な資源開発を行う傾向が強かった。これが東南アジアの現在の熱帯雨林資源の減少につながっている。

プロダクト・サイクル論

　産業の発展のプロセスは、主要製品の開発と新市場の形成、この新製品を大量生産・販売・消費する体制が確立する成長期、この市場が成熟期に達し製品が標準化し、組み立て加工技術が一般化する段階に区分されよう。この商品や製品のプロダクト・サイクルに注目したＲ・ヴァーノン（Raymond Vernon）は比較生産費原理による産業の静態的な比較優位理論を補完する理論として「プロダクト・サイクル論」を展開した。[56]

　この理論によると、新製品の導入期は、新商品を需要する消費者が比較的高い購買力を持ち、新製品開発に必要な長期のリスク資本や研究開発に従事する科学者やエンジニアが豊富な先進国であるアメリカが比較優位性を持つ。この新製品の生産技術が確立し大量生産方式に移行する成長期には、これら大量生産技術の採用を可能にする産業基盤や周辺産業が発達し、熟練労働者が豊富な日本や西欧諸国がこの産業に対する比較優位を獲得することになる。この産業が成熟期に達すると製品および生産プロセスが標準化し、技術集約度が低下し組み立て加工プロセスに従事する未熟練労働者が豊富な途上国に比較優位が移行する。この理論によると途上国政府は先進工業国で既に衰退産業化した労働集約的な産業を主に開発する政策を採用すべきであるという結論になる。このプロダクト・サイクル論が示唆することは産業の発展プロセスは静態的な比較優位論によって分析すべきでなく、動態的に変化する比

較優位のダイナミックスを理解することが必要であるということである。しかし最近の先端技術産業分野は、シリコンバレーで研究開発された新製品がアメリカで製品化されず東南アジアで最初から生産されたり、インドのバンガローが最近ＩＴ関連のソフトウエアの海外開発センターとして躍進しており、必ずしもプロダクト・サイクル論によって産業が発展していないことに留意する必要があろう。[57]

オランダ病（Dutch Disease）
「オランダ病」現象はＷ・Ｍ・コーデン等が、エネルギー資源が豊富なためにその国の実質為替レートが増価し、資本や労働力が伝統的な製造業部門からエネルギー部門やサービス部門に移動し、製造業部門の生産が低下し「非・工業化」（de-industrialize）する現象をさす概念として一般化された。[58]Ｗ・Ｍ・コーデンは、エネルギー、製造業、サービス産業の3部門モデルを使ってエネルギー部門がオランダの天然ガスや北海油田開発によって資源開発が進み、これらエネルギー部門が資源の輸出によって活発化し、その結果その国の実質為替レートが増価し、国内の相対価格が変化し資本や労働力が伝統的な製造業からエネルギー部門やサービス部門に流入し、製造の発展が阻害される現象を「オランダ病」と呼んだ。しかし資源配分や支出のメカニズムはこれらの産業分野が資本集約的か労働集約的かによって異なってくる。その国の経済にプラスの効果を持つ天然資源の開発や外的な環境の変化によってその国の経済の主導的部門が活況を呈すると、かえってその国の工業化が阻害されるという逆の効果をもたらす可能性を示唆したため、この「オランダ病」理論は注目を集めた。インドネシアは石油・天然ガス資源が豊富な「オランダ病」に罹かり易い典型的な国であるが、インドネシア政府は数次の通貨の切下げ政策によって「オランダ病」疾患を回避することが出来たとしばしば指摘されてきた。[59]資源が豊富な途上国の政策担当者はこの「オランダ病」に罹らぬように事前に予防処置をとるべきであろう。

(3) ヘックシャー・オーリン理論と途上国の貿易政策

　資源立地型の産業政策および貿易政策を理論化したのはスウェーデンの2人の経済学者E・ヘックシャー（Eli F. Hecksher; 1879-1952）とB・オーリン（Bertil Ohlin; 1988-1979）である。E・ヘックシャーとB・オーリンは「自国に豊富に存在する資源をより集約的に投入して生産する財に比較優位を持つ」という生産要素賦存量の比率によって国の産業の比較優位が決定されるという「要素賦存比率理論」（factor endowment ratio theory）を展開した。この理論は一般にヘックシャー・オーリン理論と呼ばれるようになる。国際経済学の標準的なテキストは必ずこの理論を紹介しているので、この理論の詳細についてはこれらのテキストを参照されたい。[60] ここでは途上国の貿易政策の視点から見て重要と考えられるヘックシャー・オーリン理論の要点を解説するに留めることにする。

　P・サミュエルソンはヘックシャー・オーリン理論を高く評価し、特にB・オーリンの理論を基礎に後に紹介するように「サミュエルソンの定理」と呼ばれる定理を定式化し、ヘックシャー・オーリン理論はヘックシャー・オーリン・サミュエルソン理論と呼ばれるようになる。[61] E・ヘックシャーは1879年ストックホルムのユダヤ系の銀行家の家に生まれ経済史を専攻とする大学教授となる。E・ヘックシャーの貿易理論は1919年に発表された論文の中で展開されている。この論文は最近スウェーデン語から英文に翻訳されている。この論文の中でE・ヘックシャーは「国際貿易が成立する基本的条件は、国際間の要素賦存量比率に差があることであり、この要素賦存量比率の差が輸出財・輸入財の要素価格比率の差をもたらし、両財の要素集約度の差をもたらす。この差が輸出財・輸入財の比較優位性の差をもたらす要因となる。」と主張した。[62]

　B・オーリンは1899年スウェーデンの小都市クリッパンの中産階級の家に生まれた。父は弁護士の資格を持つ地方公務員であった。幼児期から天才的な能力を発揮しE・ヘックシャー教授のもとで経済学を学び、短期間（1922-

第9章 途上国の貿易政策

23年)アメリカのハーバード大学で国際経済学を学ぶ。1924年ストックホルム大学に提出した博士論文『貿易理論』の中でヘックシャー理論を更に精緻化した要素賦存比率理論を展開した。B・オーリンの貿易理論は1933年ハーバード大学出版会から出版された英文の著作の中で詳細に論じられている。[63] この貿易理論によりB・オーリンは1977年ノーベル経済賞を受賞している。しかしB・オーリンは1934－1967年の期間政治家に転じ自由党の幹部および党首として活躍した。B・オーリンは同世代人のガンナー・ミュダールと同じく学者および政治家として卓越した才能を示した。

このヘックシャー・オーリン理論に関しては多くの優れた解釈論が展開されているので、ヘックシャー・オーリン理論の詳細な理論的な内容についてはこれらの解説書を参照されたい。[64] ここではヘックシャー・オーリン理論に関連して展開された定理や有名な論争を紹介するに止めることにする。

ヘックシャー・オーリン理論に関する定理

リプチンスキーの定理

この定理はT・M・リプチンスキー（T. M. Rybzcyski）が1955年に発表した小論文の中で提唱した定理で、「ある資源の存在量が増加するとき、その資源をより集約的に投入する財の生産量が増加し、他の財の生産量が減少する」という定理である。[65] 自国の生産要素、資本（K）および労働力（L）の総量が一定とし、これら生産要素を第1産業と第2産業に配分すると、$K_1+K_2=K$，$L_1+L_2=L$ の関係が成立する。資本・労働比率（K/L）＝k とするとき、k1＜k2 の関係が成立するとき、第1産業を労働集約産業、第2産業を資本集約産業と定義する。この条件下で自国の労働力が増大すると、労働集約的な第1産業の生産量が増加し、資本集約的な第2産業の生産量が減少するというのがリプチンスキーの定理である。[66]

ストルパー・サミュエルソンの定理

第1産業と第2産業の財の相対価格（P_1/P_2）は国際市場におけるこれら財の需要と供給によって決定する。第1産業の財を輸出財、第2産業の財を輸入財とすると、これら2財の相対価格（P_1/P_2）はこれら2財の交易条件を表すことに

423

なる。これら2財の相対価格（P_1/P_2）が上昇すると、自国市場では第1産業の財の生産が増加し、第2産業の財の生産が減少する。これに伴い賃金・利子比率が上昇し、労働力の相対的コストが上昇する。このように「ある財の相対的価格が上昇すると、その財の生産に集約的に投入される資源の相対的価格を上昇させる」ことをストルパー・サミュエルソンの定理と呼ぶ。[67]

要素均等化定理

　世界市場で第1産業の価格P_1と第2産業の価格P_2が与えられるとき、自国と外国で要素価格が均等化する現象を要素均等化定理という。この現象は自国と外国で第1産業と第2産業の資本・労働投入比率（K・L）の大小、即ち要素集約度に逆転が無いとき、国際市場で財の価格が決定すると、これら財を生産している全ての国の要素価格が同じ水準に決まることになる。この現象を要素均等化定理とよぶ。[68]

ヘックシャー・オーリンの定理

　自国と外国の要素賦存比率、即ち資本と労働力比率をそれぞれ$K=K/L$, $K^*=K^*/L^*$とするとき、$K<K^*$ が成立するとき、自国は労働が豊富、外国は相対的に資本が豊富であると定義される。このとき自国は労働集約的な産業に比較優位を持つ、外国は資本集約的な産業に比較優位を持つ。各国は豊富に存在する資源を集約的に投入して生産する財に比較優位を持つ。[69]

W・レオンチェフの逆説

　ヘックシャー・オーリン理論に従えばアメリカは資本が豊富であると判断されるから資本集約財に比較優位を持つ。従ってアメリカの輸出財は資本集約財のはずである。この仮説を検定するためW・レオンチェフはアメリカの輸出財と輸入財の要素集約度を産業連関表を用いて実証的に分析した。その結果アメリカの輸出財は労働集約的であり、輸入財が資本集約的であるということが実証された。[70] このW・レオンチェフの実証分析の結果はヘックシャー・オーリン理論と明らかに矛盾する。これをW・レオンチェフの逆

説と呼ぶ。このＷ・レオンチエフの論文が発表されるや否やＷ・レオンチェフの逆説が理論的に、或いは実証的に正しいかどうか論争を引き起こし、その後数多くの研究論文が発表されることになる[71]。

ヘックシャー・オーリン理論と途上国

ヘックシャー・オーリンの貿易理論の妥当性に関してはその後も種々の研究が行われた。以下の研究はその代表的なものである。1928年以来経済学者達が伝統的に依拠してきたコブ・ダグラス型の生産関数に革新的な変化をもたらしたとＷ・レオンチェフが高く評価したＢ・Ｓ・ミンハス（Bagicha Singh Minhas）が行った新型の生産関数による要素価格と要素集約度の国際比較分析[72]、Ｅ・リーマー（Edward E. Leamer）のヘックシャー・オーリン理論の妥当性の国際的な規模での計量分析[73]、Ｂ・バラサの「顕示比較優位度」の国際比較研究[74]等が注目されよう。これらの研究はヘックシャー・オーリン理論が、2ヶ国、2財、2生産要素、各国に共通の一次同次の生産関数、一定の要素集約度等を前提とした理論であったため、これらの前提を変更してヘックシャー・オーリン理論を拡大して各国の比較優位産業の国際比較分析を行うことが主な目的であった[75]。しかしこれらの研究は国際経済学の専門家達の理論的な関心となり得ても、途上国の貿易政策或いは産業政策担当にとって政策の立案や実施に直接参考になる処方箋を提示する内容となっていない。これらの研究成果が示唆するのは、ヘックシャー・オーリンの「要素賦存理論」は途上国の資源立地型の産業政策および貿易政策にとって未だに有効であること、途上国の産業の比較優位性は静態的なものでなく、動態的なものであること、したがって政府が開発政策によって長期的な戦略的かつ視野から自国の産業の潜在的な比較優位性を自主的に形成することが可能であるということである。

資源の呪い理論

以上のようにヘックシャー・オーリン要素賦存理論に従えば、自然資源が

豊富な途上国は資源立地型の産業に比較優位を持ち、これらの第 1 次産品（石油等の鉱物資源・コーヒー・ヤシ油等の農作物）を輸出する産業が発展すると期待された。これら発展途上国は、1 次産品輸出産業が発展し、それに触発されて関連産業や産業基盤が充実し、経済全体が活性化され、経済成長率が高くなるはずである。しかし現実には発展途上国の多くが第 1 次産品輸出国であるにも関わらず、これらの国々、特に中南米・アフリカ諸国の経済成長率は高くなく、経済が停滞する傾向にある。資源が豊富であるにも関わらず経済が停滞した典型的な途上国は石油資源が豊富なナイジェリアである。ナイジェリア政府の石油資源の輸出による財政収入は1965年一人当たり33ドル、一人当たりＧＤＰは245ドルであった。2000年にナイジェリア政府の石油輸出による１人当たり財政収入は325ドルと約10倍に増大したが、１人当たり所得790ドルの水準に止まった。この間ナイジェリアの製造業の稼働率は70％台から30％台に低下し、経済の生産性（TFP）は停滞した。貧富の格差も拡大し、最貧層（１日１ドル以下の所得）人口は30％台から65％台に増大した。何故であろうか。この傾向は前述した「オランダ病」だけでは説明がつかない。途上国が資源が豊富であるにも関わらず経済が停滞する現象を「資源の呪い」によって説明しようとする理論が最近展開されている。

　この「資源の呪い理論」によると、資源が豊富な発展途上国は、①枯渇資源を持続可能な方法で開発する制度や政策を確立せずに略奪的な開発を行い、資源を浪費する傾向がある。②資源のレント・シーキング行為が蔓延し、腐敗や癒着が横行し、経済が非効率的になる。③少数のエリート集団が資源を独占的に支配し、貧富の差が拡大する。④第 1 次産品輸出に過度に依存し、製造業の発展に不可欠の人材開発・産業基盤整備に必要な公共投資を怠る。⑤資源の大規模開発やプランテーション経営に頼り、地域経済に対する波及効果が小さい。⑥豊富に存在する資源に頼り過ぎる結果、革新的で行動力のある企業家が誕生する土壌が無い等の特徴を持ち、これら発展途上国は「資源の呪い」の呪縛から解放されない。多少著者が誇張して解釈しているが、「資源の呪い理論」は、資源が豊富な発展途上国が陥りやすい罠の核心を突

第9章　途上国の貿易政策

いており、示唆に富む理論である。現在も「資源の呪い」理論の仮説の検定作業が盛んに行われている。[76]

おわりにかえて

　以上途上国の貿易政策に関する課題を見てきたが、以下のことを結論することが出来よう。途上国が実施した輸入代替工業化政策は失敗であった。東アジア諸国は外部指向型の貿易・産業政策を実施して成功を収めたが、これらの政府が実施した輸出指向型の政策は新古典派が主張する自由貿易政策ではなかった。自由貿易政策は福祉経済学的な静態的な見地から判断すると最も望ましい政策である。保護貿易政策は経済的コストを伴う。D・リカードの「機会費用」の概念や比較優位理論は途上国の比較優位産業を判断する上で現代でも有効である。資源立地型産業政策は「オランダ病」等の問題が生じ注意する必要がある。ヘックシャー・オーリン理論は途上国の比較優位産業の開発を促進する場合に有効な指針となる。しかし既に第5章で解説したように、途上国の貿易政策は、長期的にその国の経済発展を促進するという動態的な視点から論ずるべきであり、工業化が遅れた発展途上国は、韓国のように政府指導型の輸出指向型の貿易政策を採用することは是認されよう。すなわち、途上国の貿易政策は、国際貿易の一般論としてではなく、その国の経済の発展段階、資源賦存状態、立地条件等の具体的な条件を考慮して論ぜられるべきである。特に先進工業国が自国の産業の利益や雇用を確保するため途上国が比較優位を有する産業分野で保護貿易政策をとるとき、途上国がどのような貿易政策をとるべきかという問題は経済学理論の視点からだけで論議で出来るものでない。WTO体制下で南北間の貿易利害の対立をどのように調整すべきかが今後の課題となろう。

註

1. 伊藤元重・大山道広著『国際貿易』、岩波書店、1985年、25-26頁。
2. Bruton,Henry J., "A Reconsideration of Import Substitution," Journal of Economic Literature, June 1998, pp. 903-936.
3. Viner, Jacob., International Trade and Economic Development, Oxford, The Clarendon Press, 1953, pp. 74-93.
4. Little、Ian., Tibor Scitovsky and Maurice Scott, Industry and Trade in Some Developing Countries, Oxford University Press, 1970.
5. Balassa, Bela., The Structure of Protection in Developing Countries, The Johns Hopkins Press, 1971,
6. Krueger, Anne O., Foreign Trade Regimes and Economic Development: Liberalizing Attempts and Consequences, National Bureau of Economic Research, 1978.
7. Michaely, Michael., Demetris Papageorgiou and Armeane M. Choksi, Liberalizing Foreign Trade, 7 Vols., Basil Blackwell, 1991.
8. Balassa, Bela., 1971, op. cit., pp. 3-99.
9. Krueger, Anne O., 1978, op. cit., pp. 24-28.
10. Michaely, Michael., et al., 1991, op. cit., pp. 1-30.
11. Keesing, Donald B., Trade Policy for Developing Countries, World Bank Staff Working Paper No. 353, 1979, pp. 1-33.
12. Edwards, Sebastian., "Openness, Trade Liberalization, and Growth in Developing Countries," Journal of Economic Literature, September 1993, pp. 1358-1393.
13. Krueger, Anne O., "Problems of Liberalization," in Economic Liberalization in Developing Countries, ed., by Armeane M Choksi and Demetris Papageorgiou, Basil Blackwell, 1986, pp. 15-31.
14. World Development Report 1987, pp. 78-94.
15. Thomas, Vinod., and John Nash, Best Practices in Trade Policy Reform, Oxford University Press, 1991.
16. IMF, Issues and Developments in International Trade Policy, 1992, pp. 40-49.

17. Hamada, Koichi., "An Economic Analysis of the Duty Free Zone," Journal of International Economics, 1974, pp. 225−241; Carlos Alfredo Rodoriguez, "A Note on the Duty Free Zone," Journal of International Economics, 1976, pp. 385−388; Giovannie Facchini and Gerald Willmann, "The Gain from Duty Free Zones," Journal of International Economics, 1999, pp. 403−412.
18. Tsao, Yuan., "Growth without Productivity: Singapore Manufacturing in the 1970s" Journal of Development Economics, 1985, pp. 25−38.
19. Dollar, David., and Kenneth Sokoloff, "Patterns of Productivity Growth in South Korean Manufacturing Industries, 1963−1979," Journal of Development Economics, 1990, pp. 309−327.
20. Viner, Jacob., Studies in the Theory of International Trade, George Allen, 1955; John S. Chipman, "A Survey of the Theory of International Trade: Part 1: The Classical Theory," Econometrica, Vol. 33. No.3, July 1965;" A Survey of International Trade: Part 2, The Neo-Classical Theory," Econometrica, Vol. 33, No. 4, October 1965, pp. 685−749;" A Survey of the Theory of International Trade: Part 3, The Modern Theory," Econometrica, Vol. 34, No. 1, January 1966, pp. 18−76; Jagdish Bhagwati, " The Pure Theory of International Trade: A Survey, " The Economic Journal, March 1964, pp. 1−84.
21. Krueger, Anne O., " Trade Policies in Developing Countries," Handbook of International Economics, Vol. 1, International Trade, ed., by Ronald W, Jones an Peter Kenen, North-Holland, 1984, pp. 519−569.
22. Haberler, Gottfried Von., The Theory of International Trade, William Hodge, 1936, pp. 175−208.
23. Leontief, Wassily W., " The Use of Indifference Curves in the Analysis of Foreign Trade," Quarterly Journal of Economics, Vol. 47, 1933, pp. 493−503.
24. Samuelson, Paul., "Welfare Economics and International Trade," The American Economic Review, Vol..28, 1938, pp. 261−266.
25. 伊藤元重・大山道広著『国際貿易』、岩波書店、1985年、6−18頁。この国際貿易に関するテキストは日本語で書かれた国際貿易論の解説書として最も優れた文献の1つであり、途上国の貿易政策の理論的背景を理解する上で非常に参考にな

る。この書物を熟読することを勧める。
26. 無差別曲線の性質に関しては標準的なミクロ経済学のテキストを参照のこと。入門レベルのテキストとしては、西村和雄著『ミクロ経済学入門』、岩波書店、1995年が良書である。
27. 自由貿易の利益に関するより詳細な説明は、伊藤元重・大山道広、前掲書、19-55頁参照のこと。
28. Jones, Ronald W., Richard E. Caves and Jeffrey A. Frankel, World Trade and Payments, Harper Collins, 1996, pp. 13-58.
29. Bahgwati, Jadish N., and Arivind Panagariya and T.N. Srinivasan, Lectures on International Trade, 2nd Ed., The MIT Press, 1998, pp. 257-284. この国際貿易論のテキストはアメリカの大学院で使用されている標準的なテキストである。
30. 「等価変分 (equivalent variation)」および「補償変分 (compensating variation)」の概念については標準的なミクロ経済学のテキストの解説があるので参照のこと。西村和夫著『ミクロ経済学入門』、岩波書店、1995年、93-106頁参照。
31. Haberler, Gottfried., "Some Problems in the Pure Theory of International Trade," The Economic Journal, June 1950, pp. 223-240.
32. T. Balogh, "Welfare and Free Trade- A Reply" in the Economic Journal, March 1951, pp. 72-82; Gottfried Haberler, "Welfare and Free Trade- A Rejoinder," The Economic Journal, December 1951, pp. 777-784.
33. インド政府が発表する輸入関税表は20,000品目を対象とする700頁を越える詳細な内容であり、インド経済と競合しない輸入財に対しても40-60パーセントの水準で輸入関税が課せられていた。Customs Tariff: Budget Edition 1990-91, Cen-Cus Publications, 1990. pp. 271-1044.
34. Virmani, Arvind., Towards a Competitive Economy: VAT & Customs Duty Reform, A Draft Report, 2003, pp. 1-48.
35. Kenen, Peter., The International Economy, 3rd Edition, Cambridge University Press, 1994, pp. 221-237.
36. Samuelson,Paul A., and William D. Nordhaus, Economics, 16th Edition, 1998, pp. 700-701. 輸入関税の経済コストに関してサミュエルソンと同じような説明をW・M・コーデン (W. Max Corden) がしている。W.Max Corden, "The Costs and Consequences of Protection: A Survey of Empirical Work," 1972, reprinted in International Trade Theory and Policy, Edward Elgar,

pp. 1992, pp. 77-84.
37. 伊藤元重・大山道広著、前掲書、1985年、193-198頁参照。同じような説明が以下の文献にもある。Richard E.Caves, Jeffrey A. Frankel, and Ronald W. Jones, World Trade and Payments: An Introduction, Harper Collins, 10996, pp. 219-234.
38. Bhagwati, Jagidish N., and Arvind Panagariya and T. N. Srinivasan, op. cit., 1998, pp. 221-228.
39. Krueger, Anne O., "The Political Economy of the Rent-Seeking Society," in the American Economic Review, June 1974, pp. 291-303.
40. Bhagwati, Jagdish N., and T.N. Srinivasan, "The Welfare Consequences of Directly-Unproductive Profit-Seeking (DUP) Lobbying Activities; Price versus Quantity Distortions," Journal of International Economics, 1982, pp. 33-44.
41. Johnson, Harry G., "Optimal Trade Intervention in the Presence of Domestic Distortions," in Trade, Growth, and the Balance of Payments; Essays in Honor of Gottfried Haberler, North-Holland, 1965, pp. 3-35.
42. J・バグワティ (J N. Bhagwati) およびT・N・スリニヴァッサン (T. N. Srinivasan) の国際貿易理論の主要な関心領域は、①国際市場の独占的競争、②国内生産の外部効果、③国内市場の独占、④価格の硬直性、⑤不完全競争、⑥経済成長が厚生水準の低下をもたらす「窮乏化成長」等の状況下で政府がとるべき最適貿易政策の問題である。前掲書、1998年、285-472頁。
43. Samuelson, Paul A., and William D. Nordhaus, Economics, 16th Edition, 1998, pp. 688-695.
44. Ricardo, David., The Principles of Political Economy and Taxation, 1817. D・リカードはこの著作の第7章「貿易論」の中でD・リカードの比較優位理論を展開している。
45. Ekelund, Robert B., and Robert F.Hebert., A History of Economic Theory and Method, The McGraw Hill, 1997, pp. 147-149.
46. D・リカードの貿易理論については、下記の文献の説明が参考になる。西村和雄著『ミクロ経済学入門』岩波書店、1995年、351-355頁。伊藤元重・大山道広著『国際貿易』、岩波書店、1985年、57-82頁。
47. Bhagwati, Jagdish N., Arvind Panagariya, and T.N. Srinivasan, op. cit., pp. 9-15.

48. Samuelson, Paul A., R. Dornbusch and S. Fisher, "Comparative Adavantage, Trade, and Payments" The American Economic Review, December 1977, pp. 823−839. このP・サミュエルソン等の理論に従った複数の産業の比較優位の解説が伊藤元重・大山道広（1985）、前掲書、73−82頁になされている。山澤逸平著『国際経済学』第3版、東洋経済新報社、1998年、29−36頁にも簡単な説明がある。
49. MacDougall, G.D.A., "British and American Exports: A Study Suggested by the Theory of Comparative Costs, Part I and Part II," The Economic Journal, December 1951, pp. 697−725; September 1952, pp. 487−521.
50. Kempt, Murray C., and Ngo Van Long, "The Role of Natural Resources in Trade Models," Handbook of International Economics, Vol. I, ed., by Ronald W. Jones and Peter B. Kenen, 1990, pp. 367−417.
51. Roemer, Michael., "Resource-Based Industrialization in the Developing Countries," Journal of Development Economics, 1979, pp. 162−202.
52. Watkins, Melville H., "A Staple Theory of Economic Growth," The Canadian Journal of Economics and Political Science, May 1963, pp. 141−158.
53. North, Douglas C., "Location Theory and Regional Economic Growth," Journal of Political Economy, June 1955, pp. 243−258.
54. Myint, H., "The classical theory of trade and underdeveloped countries," Economic Journal, 1958, pp.: The Economics of Developing Countries, Hutchinson University Library, 1964, pp. 147−164.
55. Lewis, Stephen R., "Primary Exporting Countries," Handbook of Development Economics, Vol.II., ed.,by Hollis Chenery and T. N. Srinivasan, North-Holland, 1992, pp. 1541−1600.
56. Vernon,Raymond., "International Investment and Trade in the Product Cycle," Quarterly Journal of Economics, Vol. 80, 1966, pp. 190−207.
57. 高田清司・小松崎靖男著『21世紀の半導体産業：技術開発と市場展望』、工業調査会、2000年。榊原英資著『インドIT革命の驚異』、文藝新書、平成13年参照のこと。
58. Corden, W.Max and J.Peter Neary, "Booming Secctor and De-industrialization in a Small Open Economy," The Economic Journal, Vol. 92, December 1982, pp. 825−848.

59. Woo, Wing Thye., Bruce Glassburner and Anwar Nasution, Macroeconomic Policies, Crises, and Long-Term Growth in Indonesia, 1965-90, The World Bank, 1994, pp. 73-96.
60. 日本語の国際貿易論のテキストとしては、この論文の中でしばしば言及する伊藤元重・大山道広著『国際貿易』、岩波書店、1985年が詳しくヘックシャー・オーリン理論を説明している (83-120頁)。
61. Samuelson, Paul A., "Bertil Ohlin; 1899-1979," Journal of International Economics Supplement (1982), pp. 33-49.
62. Heckscher, Eli F., "The Effets of Foreign Trade on the Distribution of Income," Hecksher-Ohlin Trade Theory, translated, edited and introduced by Harry Flam and M. June Flandeers, The MI TPress, 1991, pp. 43-69
63. Ohlin, Bertil., Interregional and International Trade, Harvard University Press, 1933, and revised in 1967.
64. ヘックシャー・オーリン理論の解釈に関しては下記の論文が優れている。Ronald W. Jones, "Factor Proportions and the Heckscher-Ohlin Theorem," Review of Economic Studies, October 1956, pp. 1-10.
65. Rybczynski, T.M., "Factor Endowment and Relative Commodity Prices," Economica, November 1955, pp. 336-341.
66. 伊藤元重・大山道広、前掲書、1985年、98-100頁参照。
67. Stolper, Wolfgang., and Paul A. Samuelson, "The Review of Economic Studies, Vol. 9, 1941, pp. 58-73.
68. Samuelson, Paul A., "International Trade and The Equalization of Factor Prices," The Economic Journal, June 1948, pp. 163-184.
69. 山澤逸平著『国際経済学』第3版、1998年、東洋経済新報社、43-56頁。
70. Leontief, Wassily, "Factor Proportions and the Structure of American Trade: Further Theoretical and Empirical Analysis," The Review of Economics and Statistics, Vol. 38, 1956, pp. 386-407.
71. Ellsworth, P.T., "The Structure of American Foreign Trade: A New View Examined," The Review of Economics and Statistics, Vol. 36, 1954, pp. 279-285: Masahiro Tatemoto and Shinichi Ichimura, "Factor Proportions and Foreign Trade: The Case of Japan," The Review of Economics and Statistics, Vol. 41, 1959, pp. 442-446: Robert E. Baldwin, "Determinants of the Commodity Structure of U. S. Trade," The, American Econo-

mic Review, Vol. 61, 1971. pp. 126−146; Jon Harkness, "Factor Abundance and Comparative Advantage," Vol. 68, December 1978, pp. 784 − 800; Edward E.Leamer, "The Leontief Paradox, Reconsidered," Journal of Political Economy, Vol. 88, June 1980;

72. Minhas, Bagicha Singh., An International Comparison of Factor Costs and Factor Use, North-Holland, 1963; Wassily Leontief, "An International Comparison of Factor Costs and Factor Use; A Review Article," The American Economic Review, Vol.54, 1964, pp. 335−345.

73. Leamer, Edward E., Sources of International Comparative Advantage: Theory and Evidence, The MIT Press, 1984. Harry P. Bowen, Edward E. Leamer, and Leo Sveikaukas, "Multi-country, Multi-factor Tests of the Factor Abundance Theory," The American Economic Review, Vol. 77, December 1987, pp. 791−809.

74. Balassa, Bela., "The Changing Pattern of Comparative Advantage in Manufacturing Goods," The Review of Economics and Statistics, Vol.61, 1979, pp. 259−266.

75. このほかにも多数のヘックシャー・オーリン貿易理論に関する理論分析や実証研究が行われている。以下の論文はその研究の若干例である。Alan V. Deardorff, "The General Validity of the Heckscher-Ohlin Theorem," The American Economic Review, September 1982, pp. 683 − 694; Jon Harkness, "The Factor Proportions Model with Many Nations, Goods, and Factors: Theory and Evidence," The Review of Economics and Statistics, Vol. 65, 1983, pp. 298−305; Harry P. Bowen, "Changes in the International Distribution of Resources and Their Impact on U. S. Comparative Advantage," The Review of Economics and Statistics, Vol. 65, 1983, pp. 402−414; Keith E. Maskus, "A Test of the Heckscher-Ohlin-Vanek Theorem: The Leontief Commonplace," Journal of International Economics, Vol. 19, 1985, pp. 201−212.

76. 「資源の呪い」理論に関しては以下の文献を参照されたい。

Edward B. Barbier, Natural Resourcec and Economic Development, Cambridge University Press, 2005, pp. 51−154. Jeffrey D. Sachs and Andrew M. Warner, "Natural Resources and Economic Development; The Curse of natural resources," European Economic Review, 2001, Vol.45, pp. 827−838.

第9章 途上国の貿易政策

Xavier Sala-i-Martin and Arvind Subramanian, "Addressing the Natural Resource Curse: An Illustretion from Nigeria," NBER Working Paper, No. 9804, June 203. Osmel Manzano and Roberto Rigobon, "Resource Curse or Debt Overhang? NBER Working Paper, No. 8390, July 2001. Kenneth L. Sokoloff and Stanley L. Engerman, "Institutions, Facttor Endowments and Paths of Development in the New Woeld, Journal of Economic Perspectives, Vol. 143, No. 3, Summer 2000, pp. 217-232.

第II部:経済システムと産業政策

―要約―

開発経済学の実践性

　J・サックスが指摘するように開発経済学は実践的で政策科学的な性質を強く持つ(Jeffrey Sachs, The End of Poverty, Penguin Books, 2006)。しかし開発経済学が導きだす処方箋は、途上国の経済システムの体質や状況に適した処方箋である必要がある。新古典派ミクロ経済学が導きだす規範的な命題は、そのままではI・リトルが言うように「思考の遊戯」に終わってしまう。この意味で新古典派経済学理論に依拠する「開発ミクロ経済学」は、非現実的な前提を基礎に規範的な理論を展開し途上国が直面する産業の開発、輸出産業の育成、貧困の削減、生活環境の改善等のミクロ開発政策の具体的な課題に対して実践可能な処方箋を提示していない。実践可能な処方箋を提示出来ない理論は単なる知識人の「思考の遊戯」である。

幼稚産業保護論争

　途上国の幼稚産業保護政策を是認するミュダール理論および動学的産業戦略論は途上国の産業政策を説明する有効な理論であろう。基本的には、途上国の産業政策の有効性は中・長期的な動学的見地から判断されるべきである。一般的に新古典派貿易理論は、静学的な短期の資源の最適配分の枠組みから判断して、幼稚産業保護政策に否定的であるか、或いは消極的である。動学的な外部効果の存在を条件にしてのみ、幼稚産業政策を是認する「ケンプの基準」は、途上国に「完全に効率的な金融市場」が存在していない以上抽象的な理論的命題に止まり、途上国にとって実践性を欠く基準と言えよう。

日本の産業政策

日本の産業政策はC・ジョンソンが指摘するように1925年（商工省の設立）以降に進展する日本経済の統制経済体制下および戦後の経済復興期に典型的に観察されよう。ここで産業政策は小宮隆太郎教授の定義に従う。明治時代の「殖産興業政策」は官業の設立、鉄道事業の支援、特殊産業開発金融機関の設立等政府の直接的支援は限定的であり、日本が関税自主権を回復するまで比較的開放的な政策であった。この当時の日本の主導的な産業は、蚕糸産業・綿紡績産業等の繊維産業であり、これら産業の発展は民間企業主導で行われた。財閥企業グループを中心とする日本の重化学工業は第1次大戦以降、特に戦時軍事統制経済体制下に急速に発展する。そしてこの体制が占領下の戦後経済復興期に継続する。そして日本が1964年OECD（経済開発協力機構）に加盟し、IMF8条国に移行後、日本経済は次第に自由化された。これ以降日本の産業政策は小宮教授が指摘するように誘導的・ビジョン的な性格の産業政策となる。この見地からすると「開発国家的な日本の経済システム」という一般的な通念は、三輪教授が指摘するように神話に過ぎないということになる。途上国の開発政策担当者達は日本の産業政策の有効性を再考する必要があろう。

日本の産業金融システム

発展途上国の経済発展を促進するためには長期の設備投資資金を提供する産業開発金融機関（DFIs：Development Finance Institutions）が重要な役割を演じる。アジアの発展途上国には、この産業開発金融機関が多く存在し、海外からの外貨資金調達と民間企業に対する長期の設備投資資金の供与を行ってきた。これら産業開発金融機関の多くは国営の金融機関であり、政府の産業政策を金融面から支援する「政策金融」を行ってきた。しかし1980年代以降産業開発金融機関に対する見直しが行われるようになった。その理由は、政策金融が持つ種々の弊害が明らかになってきたからである。これらの弊害

とは、民間金融機関との競合（クラウディング・アウト）、金融市場の競争機能の阻害、癒着・腐敗、金融組織の非健全性、融資審査の非透明性・非公正性等の問題である。発展途上国の政策金融は、マルコス政権下のフィリピンやスハルト政権下のインドネシアの「開発独裁的体制」下に権威主義的体制を維持する道具として活用され癒着・腐敗の温床となった。

　ここでは日本の産業金融機関の発展史を通して、産業金融機関のメリット・デメリットを考える糧を提供する。日本の金融システムの特徴として、分業体制、間接金融の優位性、オーバーローン体質、機関銀行化、メイン・バンク制度、重層的金融構造、官僚的な規制等がしばしば指摘されてきた。このような枠組みの中で、戦前の日本の産業開発金融機関は特殊銀行として設立され産業開発・貿易金融・植民地経営等の政策金融を行ってきた。戦後は復興金融公庫が経済復興に、日本開発銀行および日本興業銀行が高度経済成長期に重要な役割を演じてきた。しかし日本の産業開発金融機関は金融機関の構造改革の一環として、日本開発銀行が1999年「日本政策投資銀行」に再編され、日本興業銀行は富士・第一勧業銀行と合併し普通銀行に業態を変更することになる。

インドの産業政策

　インドは1947年イギリス植民地支配から独立した。ネール首相の国民会議派内閣は社会主義的な計画経済、即ち「ネール・マハラビノス開発戦略」を実施する。1951年「産業開発規制法」（INDRA: The Industries Development and Regulation Act）を制定し、主要32業種の製品別の投資規模、生産技術、増産・立地計画、原料・資材の輸入、導入技術等、民間企業の投資、生産活動、貿易取引を直接規制の対象とした。これ以降産業集中規制制度、不良企業救済制度、小企業用産業留保制度、輸入規制等を通してインド政府は産業の直接規制を強化した。このようにしてインドの経済は閉鎖的な性格を強めた。その結果、政府の強い保護規制政策の下でインドの企業は自由な企業活動が阻害され、市場に競争原理が働かず、産業は国際競争力を喪失し、経済

が停滞する。インドの経済学者達は「工業停滞論争」を展開し、保護貿易政策や閉鎖的な経済政策がもたらす経済コストの計量分析が盛んに行われるようになる。しかしインドは1991年ナラシマ・ラオ国民議会派政権の下で一連の経済自由化政策を実施する。

その結果、情報関連産業が急速に発展し、インド経済は好転する。この1990年代の経済自由化政策の経済効果については「全要素生産性の改善」等の計量分析が行われている。一般的にはインドの経済自由化政策はプラスの効果をもたらした。人的資本が豊富なインドは技術集約的なソフトウエア産業に比較優位を持ち、情報産業が主導産業となり経済発展が加速されよう。

途上国の貿易政策

1960年代多くの発展途上国政府がプレビシュ理論に啓発されて輸入代替工業化政策を実施した。しかしこの輸入代替工業化政策は期待に反して失敗する。ベラ・バラサ、A・クルーガー、J・バグワティ等著名な国際経済学者達が輸入代替工業化政策がもたらす負の効果の計量分析を行い、輸出志向型の貿易政策が望ましいことと実証分析の結果を通して主張した。しかし輸出志向型の貿易政策と自由貿易政策とは理論的には相容れない。前者は政府の市場介入を是認する政策であり、後者は政府の市場介入を「市場の失敗」を条件にのみ是認する新古典派経済理論に由来する政策である。この矛盾を克服するため、新古典派貿易理論を支持する論者は、自由貿易政策を基調とする「外部志向型産業政策」ないしは「市場に友好的な開放政策」を推奨する。しかし自国のどの産業を輸出産業として支援するべきかという選択は、「市場の判断」に任すべきか、それとも「政府の政策的判断」に任せるべきかという選択の余地が残る。しかしD・リカードの比較優位理論（生産要素比率理論）やH・オーリンの資産要素賦存によって発展途上国が一定の産業に比較優位性を持っても、この産業が輸出産業に成長するためには、政府が輸出産業支援政策を実施することが必要になってこよう。このように、途上国が発展段階の初期の状況にあるとき、幼稚産業保護政策は有効な貿易政策とし

て是認されよう。しかし成熟段階に達した発展途上国は国際的な基準であるWTOのルールに従って自由貿易政策を実施すべきであろう。

第Ⅲ部
開発プロジェクト・マネジメント

はじめに

　民間企業ではプロジェクト・マネジメントに対する関心が最近高まっている。その理由の１つは、企業環境がグローバル化し、企業間競争が激化する中で企業経営者達は戦略的に自社の競争力の強化のため企業組織の機動的な経営が求められるからであろう。企業は不断に研究開発投資を行い、新製品を開発し、新規事業を立ち上げ、衰退分野から撤退し、肥大化した組織をダウン・サイズ化してコスト競争力を高め、リ・エンジニアリングによって企業の新陳代謝を活発化し、市場競争で勝利を収めるために不断の努力をする。これら一連の企業活動は、その目的達成のため組織されたプロジェクト・チームによって行われるのが一般的である。これら民間企業が実施する多種多様なプロジェクトを管理するために必要なプロジェクト・マネジメントに関する実践的なマニュアルが多数出版されている。特に海外のエンジニアリング・プロジェクト（プラント建設等）に従事する企業にとってプロジェクト・マネジメントのマニュアルは、不可欠の企業経営のツールとなっている。

　一般的にプロジェクトとは、一定の目的を一定の期間内に達成するために、資金・人材その他の経営資源を投入して、この目的のために設立された組織やチームの活動を通して、実行する仕事の集合である。したがってプロジェクト・マネジメントは、プロジェクト実施計画、スケジュール管理、資金管理（プロジェクト・ファイナンス）、費用管理（コスト・マネジメント）、調達管理、人事・組織管理、品質管理、コミュニケーション・マネジメント、リスク・マネジメント等を含む総合的な管理を内容とする。

　民間のプロジェクトで途上国の開発プロジェクトに最も類似しているプロジェクトは、民間企業の海外プラント（工場）建設プロジェクトであろう。民間企業が海外、特に発展途上国で設備投資プロジェクトを計画・実施する場合、総合的な事業化（企業化）調査（F／S：Feasibility Study）を行う必要がある。このF／S調査は、途上国の長期的な政治・経済動向、政府の開

発政策、産業動向、市場動向、産業基盤整備の状態、立地条件、需給ギャップ、投資規模、投資費用と資金計画、工場の基本計画、採用技術、生産プロセスと工場のレイアウト、電力・工業用水等の工場のインフラ、物流システム、工場の管理システム、プロジェクトの財務分析、環境影響評価分析を含む総合的な調査である。

途上国で行う開発プロジェクトの計画・分析・実施は、民間企業が行う開発プロジェクトの事業化調査の内容に加えて、国全体の経済の視点から当該プロジェクトが国全体の経済に便益をもたらすことが出来るかどうかを評価し、複数の代替案から最適な開発プロジェクトを選択する必要がある。しかしその他個々的なプロジェクト・マネジメントに必要な仕事や作業は、民間企業が行う海外投資プロジェクト・マネジメントと同じ内容の作業となる。従って開発援助プロジェクトに従事する者は、民間企業が実践的に使用しているプロジェクト・マネジメントの手法から学ぶべきことは多い。

しかし在来開発プロジェクトのマネジメントの問題は、世銀等の融資機関の立場から論じられてきた。開発融資機関の関心は、途上国政府に供与する融資が効率的・公平に活用され途上国の経済開発にプラスの効果をもたらす方法や手順を確立することにあった。この目的のため世銀およびアジ銀等の国際開発金融銀行は、開発プロジェクトのマネジメントに従事する職員が遵守すべき詳細なマニュアル（Operational Manuals）を作成している。これら規範的なルールは公的な開発援助機関が遵守すべきルールの体系であり、それなりに有効な手順書であった。しかし融資機関の最大の関心事は、新規の開発プロジェクトを準備・審査・実行し年度毎の開発融資予算を消化することにある。最近、国際開発融資機関の間で「融資文化」に対する反省と改革の試みがなされてきている。歓迎すべき傾向である。

しかし残念ながら、現在までのところ、プロジェクトの実施主体・便益の受益者である途上国政府の立場から論じられた総合的な開発プロジェクト・マネジメント論は多くはない。アジア・アフリカの発展途上国の開発担当者達は、開発プロジェクト・マネジメント・システムの構築、プロジェクト・

はじめに

マネジメント・スペシャリストの育成、開発プロジェクト・マネジメントの実践的方法論の開発に努めるべきであろう。マニラにあるアジア経営大学院（AIM: Asian Institute of Management）ではビジネス・スクールのカリキュラムの一環として「開発マネジメント」コースを実施しており注目に値する。

　著者の「開発プロジェクト・マネジメント論」も著者の力不足で開発金融機関の立場から見た開発プロジェクト・マネジメント論の主要な問題や課題を解説するに止まっている。実践的方法論の開発については今後の課題としたい。

第10章　開発プロジェクトの計画と実施

はじめに

　プロジェクトの費用・便益分析の問題は、先進国の財政学或いは公共経済学の分野で公共投資プロジェクトの経済分析の方法論として、途上国の開発援助の分野では開発プロジェクトの経済分析の方法論の問題として過去30数年論じられてきた。社会科学は本来実践的な政策科学であるべきであり、費用・便益分析は政策科学の1つの方法論であるというのが著者の在来からの考えである。この章では、開発援助の政策科学の方法論としての「開発プロジェクトの費用・便益分析」の主要な理論的問題点を整理し実践的な課題を明示することにする。開発援助の実務に従事する専門家や開発援助に関心のある大学生や大学院生の参考になれば幸いである。ここでは理論的な問題点に入る前に、最初に著者のアジア開発銀行の体験を踏まえて、開発プロジェクト融資の実際と主要な問題点について世界銀行やアジア開発銀行の開発プロジェクト融資の業務の内容を解説することにする。

10.1 開発プロジェクト融資の実践と課題

(1) 開発プロジェクト

　世界銀行やアジア開発銀行（以下世銀・アジ銀と略称）の開発融資や日本政府が国際協力銀行（旧OECF）および国際協力機構（JICA：旧国際協力事業団）を通し行う政府開発援助（ODA）は開発途上国政府が企画・立案する開発プロジェクトに対する資金援助および技術協力が中心であった。その理由は援助の受け入れ国および援助の供与機関の立場からすると当然のことであった。途上国政府は自国の経済発展を促進するためには電力、道路、港湾、電信・電話等の産業基盤を建設し、基礎的な社会福祉サービスを国民に提供するた

第10章　開発プロジェクトの計画と実施

めには医療施設、教育施設を建設し、不足する公共施設・サービスを充実するために鉄道、ガス、水道等の公共サービス・施設等を建設する必要があった。また多くの途上国では民間企業は未成熟の段階にあり、肥料、セメント、鉄鋼等の基幹産業を育成するためには国が国営事業として鉱工業プロジェクトを実施する必要があった。また途上国の経済の根幹である農業部門の生産性を高め食糧の自給率を確保するためには灌漑や鉄道等の農業の基盤整備や、肥料、農作物の物流・販売システムや農業金融等の社会制度を確立する必要があった。途上国政府は更に近代化のためには自国の経済において西欧先進国で発達した銀行を始めとする金融機関や、産業部門が必要とする技術労働力を訓練する職業訓練施設を即急に整備する必要があった。

このように途上国は経済発展の初期の段階では、経済産業基盤の建設、社会・福祉サービス施設建設、公益事業建設、国営企業の工場建設、農業基盤整備、金融機関育成、職業訓練施設等の開発プロジェクトを実行する必要があった。しかし経済発展の初期的な段階にあった途上国の多くは経済発展に不可欠なこれらの開発プロジェクトを実行する資金や技術力、投資プロジェクトを企画・運営する管理技術が不足していた。

第2次大戦後発展途上国に対する開発援助は世銀の誕生と伴に始まったと言える。それ以前の開発途上国に対する経済支援は宗主国による植民地開発支援か、ヨーロッパの投資銀行による開発プロジェクトに対する債券・株式投資が主流であった。イギリスやフランス政府によるアフリカ植民地経営、オランダ政府のインドネシア開発、イギリス政府によるインド大陸の植民地開発、日本政府の台湾・朝鮮植民地支配等が前者の典型であろう。[1]19世紀のアメリカ新大陸はヨーロッパ諸国にとっては発展途上地域であり、アメリカやカナダの大陸横断鉄道の建設プロジェクト、南アメリカ諸国の公企業プロジェクトの開発資金需要はヨーロッパの投資銀行が主に国営或いは公企業に対する株式投資、或いは事業債に対する債券投資によって行われた。[2]発展途上国に対する開発援助という思想と政策的な実践的ニーズはその当時の先進国には無かったのである。後にIMF・世銀を通して指導的な役割を果たす

447

アメリカ政府も第2次大戦を遂行する外交的な目的で連合国や中南米諸国に経済支援を行っていただけである。

　第2次大戦末期の1944年ニューハンプシャー州にあるブレトンウッズで開かれたIMF・世銀を設立する所謂「ブレトンウッズ会議」では戦後の世界通貨体制の基礎となるIMFの設立が焦点となり、世銀の設立は会議の主要な関心事項ではなかった。設立当初の世銀の目的は、第2次大戦中に荒廃した連合国の経済を復興することが主な目的であり、途上国の開発援助が目的ではなかった。世銀の正式名称は「国際復興開発銀行（International Bank for Reconstruction and Development: IBRD）」であり、世銀の最初の融資案件の2億5000万ドルは1947年にフランスの経済復興を支援するために供与された。世銀の融資業務は個々的なプロジェクトに対する「プロジェクト融資」という原則と慣行を形成していった。その理由は、イギリス政府の主張により世銀の融資は個々的なプロジェクトに対する融資であるという原則に関する合意があった。世銀はまた資金源を金融市場から調達する必要があり、金融機関としての信憑性を確立するため「プロジェクト融資」という資金の使途を明確にし採算性を重視した開発金融政策を確立する必要があった。世銀の金融機関としての形成期にニューヨークの投資銀行の経営者が総裁として活躍し、投資銀行が過去の実績から形成した「プロジェクト融資」の原則と融資技術が導入された。これ等の理由により世銀の開発金融業務は「プロジェクト融資」を中心に行われた。

　世銀は1950年代、1960年代に融資業務の経験を蓄積することによって、プロジェクト融資の理論と方法論を確立していき開発援助の理論と実践の分野で指導的な役割を演ずることになる。この世銀が確立した「開発プロジェクト融資」方式はアジ銀（1966年設立）その他の地域開発銀行（米州開発銀行、1959年設立；アフリカ開発銀行、1964年設立）に導入され、さらには二国間のODAの主要な援助方式となった。

　世銀の開発プロジェクト融資中心の開発援助は1980年代初頭「構造調整融資」方式の開発援助が登場するまで世銀の途上国開発援助の中核的業務形態

第10章　開発プロジェクトの計画と実施

となる。1980年代には「構造調整融資」或いは「セクター調整融資」という途上国のマクロ経済構造および個々的な産業分野の構造の改革を支援する援助形態の重要性が増してくる。その理由は、途上国の経済発展を支援するためには個々的な開発プロジェクトを支援することだけでは不十分であり、経済構造全体或いは産業構造自体の改革が不可欠であるという判断があるからである。また国際収支の不均衡を是正するためには短期の外貨資金を供与することが不可欠であるという認識に基づくものである。この傾向は1990年代後半以降アジア、中南米、東ヨーロッパの中所得国が軒並み通貨危機、金融危機、経済危機に陥り、世銀はこれらの国々に対して「構造調整」、「セクター調整」融資方式を駆使して援助を行い非常に顕著となった。1999年度世銀の融資総額は290億ドルであり、その内の153億ドル（全体の53パーセント）がノン・プロジェクト融資といわれる「構造調整」「セクター調整」融資が占めることとなった。[6] しかし開発プロジェクト融資の持つ機能や重要性が減少してしまったわけではない。1990年代後半「構造調整融資」や「セクター調整融資」の重要性が増したのは東アジア、東南アジア、ロシアおよび東アジア、中南米諸国等中所得国の経済危機管理の必要性のためであり、開発プロジェクト融資は低開発国或いは最貧国に対する開発援助で依然重要な役割を果たすものと考えられる。

(2) 開発プロジェクト・サイクル

世銀は1950-60年代各産業分野の開発プロジェクトに対する数多くの融資プロジェクトを実行する過程で、開発援助の理論と実践的な方法論を確立して行った。その１つが、「プロジェクト・サイクル」に応じた世銀の組織と業務内容の実践的な方法論の確立である。世銀は開発プロジェクトを次の各段階に区分して対応しようとした。[7]

1. プロジェクトの発掘　　　　(identification)
2. プロジェクトの準備と分析　(preparation and analysis)

3. プロジェクトの審査　　　　（appraisal）
4. プロジェクトの実行　　　　（implementation）
5. プロジェクトの事後評価　　（evaluation）

プロジェクトの発掘

プロジェクトの「発掘」とは途上国の経済発展のために重要と考えられる経済・産業分野の開発投資プロジェクトを取捨選択し、優先順位の高いプロジェクトを選定し世銀の融資対象に決定するプロセスである。途上国の多くは「計画庁」、「計画委員会」等の組織が自国の中・長期の経済・産業発展計画を立案する。その計画に基づき年度別の開発投資計画を各省庁と調整し、予算計画を策定する。開発プロジェクトを実行するためには、国内予算および外貨予算を配分する必要がある。特に大規模な開発プロジェクトには主要な設備や機器財を海外から輸入する必要があり多額の外貨予算が必要となる。多くの途上国の貿易収支は赤字であり、外貨準備も不足しているので、海外資金に依存することとなる。低所得途上国は海外の金融市場で必要とする外貨資金を調達するのは困難であるので、政府開発援助（ODA）に依存することとなる。政府開発援助資金を開発計画に基づき各省庁に配分する上で重要な役割を演ずるのが、これら途上国政府の計画・企画担当組織である。インド、パキスタン、バングラデシュ等の旧イギリス植民地政府の「計画委員会（Planning Commission）」、タイ政府の「国家経済・社会開発庁（National Economic and Social Development Board: NESDB）」、韓国政府の「経済企画院（Economic Planning Board: EPB）」、フィリピン政府の「国家経済開発庁（National Economic Development Authority: NEDA）」等がその代表的な組織である。世銀はこれらの組織と協力して世銀が融資の対象とする開発プロジェクトを発掘することとなる。

開発プロジェクトの発掘には種々の政治経済学的な要素が介在し、世銀やアジ銀等の国際機関が重要な役割を果たすこととなる。その理由は、途上国のこれら計画・企画担当組織は優秀なテクノクラートを抱えているが、予算

第10章　開発プロジェクトの計画と実施

・人材不足が大きな障害となっている。そのため世銀やアジ銀の技術協力に頼ることとなる。政治圧力を排除して開発プロジェクトを合理的に遂行するためにも世銀・アジ銀等の外部機関の介在が有効となる。そのため世銀・アジ銀はプロジェクトの発掘のため多額の技術協力予算を毎年計上し、マクロ経済調査、産業セクター調査、エネルギー動向調査、価格政策調査等を実施し開発プロジェクトの発掘を支援することとなる。世銀は途上国各国の開発プロジェクトをより効果的に行うためにマクナマラが総裁の時期に、世界開発レポート、国別のマクロ経済レポート、産業部門レポートを作成し一定の開発戦略の下にプロジェクトの発掘を行うようになる。

　このように一定の開発戦略を策定しその枠組みの中で開発プロジェクトを発掘するという作業は、二国間の政府開発援助では取り扱いにくい作業であった。その理由は長期の開発戦略を策定するという作業は途上国の国内政策に直接関係し、内政干渉の危惧が生じるからである。しかし、世銀が積極的に関与して開発プロジェクトを発掘するという慣行は後に問題視されることとなる。それは途上国政府がプロジェクト発掘の過程で世銀や地域開発金融機関に依存する体質を形成しその結果、途上国政府の自主性が希薄となってしまうことである。即ちプロジェクトの遂行上責任の所在が不明確となり「プロジェクトは誰のためのものか」という所謂プロジェクトの「ownership」の問題が顕在化することとなる。

プロジェクトの準備および分析

　プロジェクトの準備および分析の作業は基本的には発掘されたプロジェクトを実行可能段階まで具体化する作業である。融資機関の視点から見るとプロジェクトを「融資可能（bankable）」とする作業である。開発プロジェクトの典型として鉱工業開発プロジェクトという収入を伴うプロジェクトの場合には、この作業はプロジェクトの「企業化或いは事業化調査（Feasibility Study: F/S）」を実行してプロジェクトの実行可能性を確認する作業である。鉱工業プロジェクトの「事業化調査」は以下の内容を含む。①市場動向予測、

②需給ギャップ、③最適規模、④投資コスト積算と資金計画、⑤基本計画（原材料、生産技術、生産プロセス、インフラ設備、エネルギー需給、物流システム等のプロジェクトのエンジニアリング）、⑥組織、経営管理システム、人事組織・人材育成、⑦価格政策、生産・販売計画、⑧実行計画・コスト管理計画、⑨財務分析、⑩経済分析、⑪環境影響評価分析[8]。プロジェクトの「事業化調査」の目的は、プロジェクトが技術的に最適な規模と内容を持ち、財務的に採算性があり、国の経済に便益をもたらすことを確認することにあり、非常に重要な作業となる。大規模な開発プロジェクトの「事業化調査」を実施するためには技術的な専門分野の高度な知識を持つエンジニア、財務分析の専門家、経済学者達の協同作業が必要となる。途上国政府はこの段階のプロジェクト・サイクルでも人材・予算不足から世銀・アジ銀等の国際機関や先進国の援助機関の技術協力に依存することとなる。世銀・アジ銀は国際入札手順に従いコンサルタントを雇用しプロジェクトの「事業化調査」を行い、その調査結果を踏まえて開発融資を提供するかどうか決定するのが一般的である。日本政府は政府開発援助の一貫として国際協力機構（JICA）を通して開発プロジェクトの「事業化調査」を無償技術協力によって途上国政府に供与している。

プロジェクトの審査

プロジェクトの審査（Appraisal）は開発金融機関としての世銀・アジ銀の主要業務である。開発援助機関としての世銀・アジ銀は発展途上国が必要としている外貨資金をソフトな条件で供与し開発投資プロジェクトを支援することをその主要な業務としている。その意味では世銀・アジ銀の仕事は商業銀行の「プロジェクト・ファイナンス」業務と本質的に異なるもではない。プロジェクトの審査は開発プロジェクトが技術・経営・財務・経済・環境の種々の側面で「最適・効率的・実行可能・妥当」であるかを判断し世銀・アジ銀が当該プロジェクト実行するために途上国が必要とする資金を融資するかを決定することである。プロジェクト審査は審査チームが途上国を2－3週

第10章　開発プロジェクトの計画と実施

間訪問してコンサルタントが作成した「事業化計画」の内容を確認することから始まる。審査チームはプロジェクトの規模によって異なるが、プロジェクト・チームリーダー（プロジェクト・エコノミスト）、財務分析担当官、弁護士、コンサルタント（エンジニア）、環境問題担当官の数名によって構成され、プロジェクト・リーダーが世銀・アジ銀を代表して途上国政府の関係各省庁の担当官と交渉する。鉱工業開発プロジェクトの場合には、工業省の関係局長・プロジェクト担当官等とプロジェクトの規模、内容、投資、資金計画、工業省がプロジェクト遂行上必要とされる予算・行政処置をとっているかどうか等プロジェクト関連事項を確認する。プロジェクト・チームの審査作業の結果は、「覚書合意文書（Memorandum of Understanding: MOU）」の中で最終確認される。「覚書」の中で記載された事項は世銀・アジ銀の内部で検討され「融資契約」の内容となる事項である。これらの事項とは、①プロジェクトの規模・内容、②投資コストと資金計画、③プロジェクト実行計画、④プロジェクト組織・経営管理、⑤途上国政府が履行すべき事項を含む。

　特に途上国政府が履行すべき事項の確認作業はプロジェクト審査の過程で重要視される。公企業が鉱工業プロジェクトを遂行する場合には、①公企業体が遵守すべき資本構造（自己資本・負債比率）、②資金繰り（流動資産比率）、③一定の収益率を維持する価格政策、④経営の自主性維持の確保等の履行事項が含まれる。特に途上国政府との融資契約交渉の過程で重要な問題となるのが価格政策である。途上国政府にとって、電力、ガス、石油製品等エネルギー関連価格の設定は非常に重要な政策課題となる。途上国政府は福祉政策、或いは産業政策の見地からエネルギー価格を低価格の水準に止めエネルギー価格を「総原価主義」の原則に従って「費用プラス一定の利益率の確保」する料金体系を決定しようとする。しかし会計学的な費用概念に従って設定されるエネルギー料金は経済学的な「機会費用」概念に基づく「限界費用」概念から乖離し、資源の非効率な使用ないしは浪費をもたらすこととなる。新古典派経済理論を信奉する世銀・アジ銀は途上国政府に対して、「機会費用」ないしは「限界費用概念」に従ってエネルギー価格を設定するように主張し、

途上国政府の担当官と意見の対立をすることがしばしばある[9]。審査チームは途上国政府の政策目的を理解しつつも、世銀・アジ銀の基本的な方針に反した行動をとることは出来ない。途上国政府の担当官と審査チームの意見が対立する場合、妥協点を見出すのが審査チームリーダーの重要な仕事となる。審査チームは帰国後審査報告書（Appraisal Report）を作成し当該プロジェクトの融資案件の承認を受ける作業を行う。世銀・アジ銀の審査報告書はプロジェクトの「事業化調査」報告書を内部の職務マニュアルに従って再度F/Sを遂行するもので、非常に専門度の高い内容となる。審査報告書および融資提案書類は世銀・アジ銀の内部で数回にわたり関係部局担当官会議で検討され最終的には総裁が主催する会議で合否の判断がなされ、世銀・アジ銀の最高の意思決定である理事会で承認される。この過程で審査チームのリーダーは中心的な役割を演ずる。世銀・アジ銀内部ではこの審査チームのリーダーの役割を満足に果たすことが専門的なスタッフとしての能力の証とされる。世銀・アジ銀スタッフは途上国政府の政策的な問題よりも世銀・アジ銀組織内部で開発プロジェクト融資案件を問題なく処理するかが課題となり官僚的な体質が形成される可能性がある。ここに開発プロジェクト融資の知識社会学的な問題が潜んでいる。

　開発金融機関のプロジェクト融資審査が商業金融機関の投資プロジェクト審査と本質的に異なる点は、後に詳説するように、商業銀行のプロジェクト融資は当然営利を目的とするのに対して、開発金融機関の融資は開発援助を目的とすること、商業銀行がプロジェクトの財務的な採算性を重視するのに対して開発金融機関の審査はプロジェクトの経済的効果分析を重要視すること、商業銀行のプロジェクト融資がプロジェクトのキャッシュ・フローと物的担保を債務返済の補填とするのに対して、開発金融機関の融資は債務の返済が途上国政府によって保証され、融資の返済の債務不履行のリスクが小さいこと等にある。

　世銀・アジ銀の開発融資にはハード融資とソフト融資の2種類がある。前者は開発金融機関が金融市場から世銀債・アジ銀債を起債して調達した外貨

資金をその調達コストに一定の管理費用を上乗せして途上国政府に融資するものである。この場合開発融資の「贈与性（グラント・エレメント）」は融資金利の低さと返済期間の長さという融資条件によって判断される。後者は一定の基準によって「最貧国」ないしは「低所得国」と見なされる途上国に対して贈与性の高い融資を供与することである。この融資は原則的に無利子でありその他の融資条件は、融資手数料が年率1パーセント、返済期間が30－40年、返済猶予期間が10年というのが一般的な条件である。このソフト・融資は世銀の場合、国際開発協会（International Development Association; IDA, 1960年9月設立）が供与し、アジ銀の場合、アジア開発基金（Asian Development Fund: ADF、1974年6月設立）を原資として供与する。このソフト融資の原資は、融資の返済金、世銀・アジ銀の利益、加盟国の拠出金である。但し途上国からの返済金や利益だけでは不十分であるので融資基金が枯渇すると加盟国がその度に拠出金を供与することが必要になる。世銀・アジ銀の経営者はこの加盟国の拠出金を確保することが主要な課題となり、主要な加盟国の政治的な圧力に対応する必要がある。世銀・アジ銀が主要加盟国の政策を反映した融資を途上国に行う傾向があるのは、開発プロジェクト融資のハード融資の原資は主要国の金融市場から調達する必要があり、金融市場から信憑性を獲得するためには健全な金融機関であることを証明する必要があるからである。またソフト融資の原資は加盟国の拠出金であるため、世銀・アジ銀は主要加盟国政府の意向を無視することが出来ないためである。世銀・アジ銀の通常業務の最高の意思決定機関は理事会であるが、この理事会も先進国および途上国政府代表の理事によって構成され投票権は加盟国の資本金に対する拠出比率によって配分されており、理事会の意思決定には先進国の意思が強く反映される。ここに開発プロジェクト融資の政治経済的な問題が潜んでいる。

プロジェクトの実行

プロジェクトの融資案件が理事会で承認されると、プロジェクトは実行段

階に入る。先ず第1に、途上国政府代表者と世銀・アジ銀が「融資契約」、「プロジェクト契約」の交渉の後にこれら契約書に署名し、取引銀行であるニューヨーク連邦準備銀行にプロジェクトの融資勘定が設定される。開発プロジェクトが必要とする設備機器財の購入代金はこの勘定から直接機器財のサプライヤーに支払われる。商業金融機関がプロジェクト融資を行う場合、融資金額の全額は融資契約の成立後一定の手順に従って借手が指定する金融機関に振り込まれるが、開発金融機関の融資の場合、融資金額は借手が指定する金融機関に直接振り込まれることはない。プロジェクト融資金額の支払いは個々的な機器財の購入の都度サプライヤーに対して通常はL/Cベースで支払われる。支払いは世銀・アジ銀の内部規定に従い国際入札制度により最も入札価格の低いサプライヤーが落札し、その落札者との間に機器財の購入契約を結ぶことになる。

　途上国は多くの場合、プロジェクトの運営管理能力、必要とされるプロジェクト・エンジニアの不足、国際入札の経験が不充分という種々の制約を抱えている。世銀・アジ銀は技術協力或いは融資の一部としてエンジニアリング会社を雇用してプロジェクトの実行を支援するのが通常である。このエンジニアリング会社の役割は、途上国の開発プロジェクトの実施主体である公企業がプロジェクト実施のために設立したプロジェクト・チームのアドバイザー機能を果たすこと、プロジェクトのコスト管理、スケジュール管理、品質管理等プロジェクト管理全体を監督すること、プロジェクトの詳細設計を行う請負エンジニアリング会社を監督すること、機器財購入の国際入札全体の作業を監督すること、公企業体の代理者としてプロジェクトの建設業者と交渉すること等、非常に重要な役割を果たすことになる。

　政府開発援助による開発プロジェクト融資は国際入札を条件とするため政府プロジェクト担当官と入札業者との癒着・腐敗、不透明・不公正行為の介入する余地は無い。但し種々の問題が発生する可能性がある。「事業化調査」を実行した国のコンサルタントが自国のエンジニアリング会社・建設業者が国際入札に有利になるようにプロジェクトの基本設計をする可能性がある。

第10章　開発プロジェクトの計画と実施

国際入札制度が価格競争を原則とするため、プロジェクトの生産技術・機器財の性能が必ずしも最適なものでなくなる可能性がある。開発金融機関の担当官が新規のプロジェクトを発掘・審査することを重要視しプロジェクトの実行に関する行政的事務処理を軽視する傾向が生じる。大規模プロジェクトの建設に関しては、建設業者と請負契約の原則として、固定費契約（Fixed Lump-Sum Contract）ベースにすべきなのか、費用プラス報酬（Cost Plus Fees）ベースにすべきなのかしばしば問題となる。途上国政府は当然プロジェクト費用のコスト管理の見地から固定費契約ベースを有利と考えるが、建設を請け負う先進国のエンジニアリング会社は、途上国におけるプロジェクト建設の難しさから費用プラス報酬ベースの請負契約を要求するのが一般的である。しかし開発融資機関の担当官は必ずしも途上国に有利な契約方式を選択するとは限らない。

　世銀・アジ銀等の開発融資機関はプロジェクトの建設期間中しばしば担当官が途上国に訪問してプロジェクトの進捗状況をモニターし、プロジェクトが予定通り実行されているかどうか監視する。普通開発プロジェクトの建設が完了するまでに数年掛かりその期間中プロジェクト管理事務担当官が内部的な事務処理のマニュアルに従い融資資金の支払いを完了させる。世銀・アジ銀には過去に実行した膨大な量のプロジェクト管理経験に従いプロジェクト管理マニュアルを作成しており担当官はこれらのマニュアルの規定するルールに従い事務を処理する。[10] 世銀・アジ銀はプロジェクトが完了するとプロジェクト管理担当のスタッフが「プロジェクト完了報告書」を作成し、プロジェクトが計画の通り実行されたかどうかチェックする。もしプロジェクトの完了時点で融資金額に使い残した融資資金があればその残額は融資金額の中から削除される。その反対に実際のプロジェクトの費用が計画された投資費用を超過しコスト・オーバーランの状況になる時は「補正プロジェクト融資」案件を再度処理する必要がある。この場合にはプロジェクトの審査を再度繰り返すこととなり、世銀・アジ銀はこのような状況が生じることを極力避ける。

プロジェクトの事後評価

世銀・アジ銀には「プロジェクト事後評価局（Post-Evaluation Office）」或いはこれに類似した部署があり、この局のスタッフが完了したプロジェクトの事後評価作業を行っている。完了したすべてのプロジェクトについて事後評価をするわけではないがセクター別に代表的なプロジェクトを選別して事後評価を行い、その結果を毎年報告書にまとめ外部に対しても公表している。プロジェクトの内容・規模が適切であったかどうか、プロジェクトの実行が計画通り行われたか、計画通りの財務の採算性を達成することが出来たかどうか、経済効果は計画通り達成することが出来たかどうか、環境に対するマイナスの影響はコントロールすることが出来たかどうかという問題がプロジェクトの事後評価作業の対象となる。そのプロジェクトの事後評価は「目的達成度」のカテゴリーに区分して評価が行われている。しかしプロジェクトの事後評価は、世銀・アジ銀の内部スタッフが行う作業であり客観性を欠く可能性がある。また事後的な評価であるため徹底した評価が不可能であること、評価の結果がフィードバックされ難いという欠点がある。

(3) **開発プロジェクト融資の問題点と課題**

途上国に対する開発援助を個々的な開発プロジェクトを実施する際に必要な長期の外貨資金を供与するという形の開発プロジェクト融資には種々の利点がある。最大のメリットは途上国が必要とする外貨資金が一定の開発プロジェクトを実施するという目的のみに使用され、他の目的には使用されないため資金投資の経済効果を確保することが出来ることである。資金には「代替可能性（Fungibility）」という性質があり、目的を特定化しないと別の目的に使用される可能性がある。開発プロジェクトの投資資金の目的を特定化することによって融資資金がプロジェクト遂行のためにだけ使用され開発の経済効果を達成することが可能となる。その他プロジェクト融資のメリットとしては、途上国のプロジェクト実行組織との長期的な一対一の関係が形成

第10章　開発プロジェクトの計画と実施

され技術移転が効果的に行えるようになるメリットが挙げられよう。

しかしプロジェクト開発援助には種々の問題点がある。第1に、マクロ経済構造やセクター構造の改革なくしては個々的な開発プロジェクトを如何に数多く実行しても開発の経済効果は期待出来ないという問題である。例えば途上国の通貨の為替レートが過大に増価している状況下で開発プロジェクトを遂行すると、輸入を促進し輸出を抑制する結果をもたらし途上国全体の資源を有効に活用することが出来なくなる。或いは途上国政府が価格規制、投資規制、貿易規制等種々の規制を行い市場が歪曲されている状況で開発プロジェクトを遂行すると市場の歪曲度をさらに増幅させることにもなる。このようなプロジェクト開発融資の問題を除去するため世銀・アジ銀は1980年代初頭以降「構造改革融資」、「セクター改革融資」援助形態をプロジェクト融資と平行して実施することとなる。これらの融資は「ノン・プロジェクト融資」、「プログラム融資」、「政策志向型融資」と呼ばれ、個々的なプロジェクトと関係なく途上国の経済の構造改革を促進し市場の価格機能による資源配分効果を強化する一連の経済政策プログラムを遂行することを条件に、途上国の外貨不足を補塡するために資金を供与するのである[11]。開発プロジェクト融資はこれらの政策志向型の構造調整融資と平行して供与されることが望ましい。

第2の問題点は、開発プロジェクト融資はプロジェクトが必要とする外貨を補塡するためにのみ供与されるため、世銀・アジ銀が供与する開発資金が資本集約的な大規模プロジェクトに偏在する傾向があるということである。途上国の多くは過剰労働力を抱えており労働集約的なプロジェクトを実施することが望ましい。しかし電力、電信・電話、港湾設備等の産業基盤開発プロジェクトは本来的に資本集約的であり、労働集約的な内容に変更することは出来ないであろう。途上国は開発プロジェクトを実施し外貨資金が流入することを通してネット資金フローがプラスに転じるように努力する。この結果途上国政府は多額の外貨を必要とする開発プロジェクトを実施するために開発援助に依存する体質を持つようになる。途上国政府は開発資金援助を前

提にして自国の開発計画を立てることが当然のようになる。このようにして世銀・アジ銀は開発融資を通して途上国に資本集約的なプロジェクト中心の成長志向型の「経済開発文化」を結果的に形成していることになる。

　この傾向と直接関連する問題として、第3に顕在化してきたのは開発援助機関に形成された「開発援助文化」である。開発機関は毎年度の業務として開発融資承認の予算全体額を想定して業務を遂行する。結果として世銀・アジ銀は予算額を達成することを容易にする大規模開発プロジェクト或いは融資金額の多額なプログラム融資を優先することとなる。このようにして世銀・アジ銀の経営体質が新規のプロジェクトを発掘・審査することを優先する「プロジェクト承認文化」を形成する体質が形成される。この文化価値が蔓延する組織では、既に承認されたプロジェクトの管理、技術移転・人材育成等途上国が必要とする技術協力支援が軽視される。この矛盾が認識されるようになったのは1990年代初頭であり、その端緒となったのが世銀の「ワッペンハイム報告書」である[12]。それ以降世銀・アジ銀は「承認文化」から脱却すべく種々の組織改革を行い、途上国の人材開発、社会開発、貧困解消、女性の役割問題を重要視するようになってきている。

　第4の問題点は、1990年代後半東アジアおよび東南アジア諸国が軒並み通貨危機金融危機に陥り、これら諸国の経済危機を克服する危機管理体制を確立することが世銀・アジ銀および政府開発援助の緊急な課題となり開発プロジェクト援助が軽視される傾向が顕著になってきたことである。しかし世銀・アジ銀は途上国の経済発展を支援するため開発プロジェクト融資を供与する機関として過去数十年経験を蓄積してきたのであり、途上国のマクロ経済および国際金融取引の現状を監視する機能と管理能力を持ってはいない。途上国経済の危機管理体制の確立という課題の中で開発プロジェクト融資をどのように位置づけるかが今後問題となってこよう[13]。

10.2 開発プロジェクトの費用・便益分析

(1) 開発プロジェクトの分析

第10章 開発プロジェクトの計画と実施

　開発プロジェクトには種々の形態がある。第1に、公企業体・公益事業体が実施する収入を伴う収益性を目的とする開発プロジェクトがある。この形態に属する代表的なプロジェクトには電力事業、電信・電話、ガス・上下水道、港湾事業、高速道路、工業団地・輸出加工区建設プロジェクトがある。この種の開発プロジェクトは公企業プロジェクト或いは公益事業という自然独占事業体が実施するプロジェクトとして特殊な問題を抱えている。第2に、国有企業が実施するエネルギー開発、基幹産業（鉄鋼・セメント・化学肥料等）の建設プロジェクトがある。これらのプロジェクトは本来民間企業が実施すべき営利事業であり、国が種々の理由により国営事業として運営する事業である。この種の開発事業はプロジェクトの収益性を確保し国の財政負担にならないようにするのが課題となる。第3に、国・地方公共団体が提供する「公共財」「準・公共財」プロジェクトがある。代表的なものは教育施設、職業訓練施設、工業技術院施設、医療施設、中小企業開発プロジェクト等がある。この種のプロジェクトは収益性を目的としていない。従って当該プロジェクトが一定の公共・公益目的を最小の費用で達成可能かどうかを確認するために「費用・効果分析」をする必要がある。第4に、灌漑事業、農業協同組合事業、総合開発、水産事業、森林開発、環境保全等の外部効果が顕著なプロジェクトがある。

　以上種々の開発プロジェクトのうち収益を伴う開発プロジェクトについてはそのプロジェクトを実施する企業体の財務内容を分析する必要がある。この公企業体の財務分析は民間企業の財務分析と本質的に異なるものではない。プロジェクトの財務的な収益性分析は、損益決算書の予測、貸借対照表の予測、企業体の資金フロー予測を行い、これらの予測財務データから「内部収益率（Financial Rate of Return; FIRR）」を計算し、推計されたプロジェクトの「内部収益率（FIRR）」が資本コストより高いかどうかでプロジェクトの合否を判断する方法がとられる。この方法論については次章で説明する。

　先進国の場合、政府関係機関が公共投資或いは準公共投資を行う場合、投入要素価格および財・サービスの市場価格が政府の価格規制によって経済資

源および財の機会費用を反映しないことがある。また提供する財・サービスが公共財であり市場原理に従ってその投資効果を分析できない公共投資もある。更に外部経済のため私的費用と社会的費用との間に乖離が生じ市場価格が資源の最適配分を導かない可能性がある。これ等の理由のため、公共投資の効果を測定するためプロジェクトの経済効果を分析する必要がある。国や地方公共団体の限られた予算を使い公共投資を行うわけだから、国や地方公共団体の財政支出が効率的に行われているかどうか分析する必要がある。このように先進国政府が行う公共投資の経済分析の方法として一般化したのが「費用・便益分析」（Cost/Benefit Analysis: CB 分析）である[14]。

　これに対して発展途上国の場合、以上の理由に加えて国の開発投資の経済効果を分析する場合、途上国特有の状況を考慮する必要がある。第1に、途上国政府は政策目標実現のため種々の価格統制（食糧、エネルギー、賃金等）および公共料金（電力、ガス、水道、電信・電話等）の規制を行っており、市場価格が消費者の需要と生産者の供給がバランスする均衡価格を形成してはいない。従って歪曲された市場価格を使って開発投資の効果を分析すると経済資源の「機会費用」を正確に反映した分析が出来なくなり、途上国の限られた資源を浪費する結果となる懸念が生じる。例えば、福祉目的のため食糧の生産物価格を政府が統制すると農業の生産者は生産意欲を喪失し食糧生産が減退し本来比較優位性のある農業の発展が阻害される結果となる。政府がエネルギー価格の統制をするとエネルギーの浪費をもたらしエネルギー多消費型の産業が形成される可能性が生じる。労働力が過剰な途上国で政府が労働者の福祉目的のため最低賃金政策をとると、労働力コストが高くなり民間企業は労働節約的な資本投資を行い、比較優位のない産業が形成される可能性が生じる。また政府が公共料金を規制する結果公益事業の効率的な運営が妨げられ公共施設・サービスが不十分になるという状況が途上国の場合しばしば観察される。

　第2番目の問題として、途上国政府はマクロ経済政策として複数為替レート政策、管理為替レート政策を採用する場合がある。複数為替レート政策は

第10章　開発プロジェクトの計画と実施

途上国の基礎的な物資の輸入や不要不急の財の輸入に異なった為替レートを使用し、輸入と輸出に違った為替レートを採用し貿易収支の赤字を抑制し外貨を節約しようとする政策である。途上国政府はまた物価上昇を防ぐため国内の価格に影響を与える輸入財の価格をコントロールしようとする。或いは国内の物価水準と国際価格水準の格差によって自国の通貨の購買力が減価してしまったのにも関わらず、政治的その他の理由により自国の通貨の切り下げを極力避けようとする。このような場合公定の為替レート或いは現行の市場の為替レートを基準に輸入財・輸出財を評価すると国内財に比較して貿易財価格を過小評価することになる。従って開発プロジェクトが使用する輸入財、或いはプロジェクトが産出する輸出財を現行の為替レートを使用してプロジェクトの経済効果を分析すると間違った結論を導くこととなる。

　第3番目に、途上国政府は自国の幼稚産業を保護育成するため優遇税制や補助金制度を採用したり、輸入数量制限や高率の輸入関税を課す保護貿易政策をとるのが一般的である。この場合、保護された産業が産出する財の価格は歪曲されたシグナルとなり使用された設備機器財や生産物の市場価格は「機会費用」を反映しなくなる。従って開発プロジェクトの効果を分析するために現行の市場価格を使うとプロジェクトの経済効果を正確に評価できなくなる。このような場合、現行の歪曲した市場価格を修正してプロジェクトの経済効果を分析する必要がある。次章で説明する「シャドー・プライス」（潜在価格・計算価格）を使用してプロジェクトの経済効果を分析する必要性が生ずる。

　第4番目の問題は途上国に存在する所得格差の問題である。開発プロジェクトの効果を分析する場合、極端な貧富の格差がある状況下ではプロジェクトの便益を貧困層が享受する場合と富裕層が享受する場合とでは同一の基準で判断すべきかが問題となる。プロジェクトの便益の限界効用は所得が異なれば異なるため所得階層別に便益を区別して評価する必要がある。例えば、貧困層が受益者となる途上国の後進地域で実施される農業開発プロジェクトと都市部の富裕なエリート企業経営層が便益をうける輸出加工区の建設プロ

ジェクトは同じ開発費用が掛かるとしても、プロジェクトの便益は別の尺度で評価すべきであるという問題である。

以上の状況を反映して1960年代・1970年代に開発プロジェクトの経済分析について種々の理論が展開された。

(2) プロジェクト分析の経済理論と実践的方法論

最初に経済学者の頭文字からとったLM理論がOECDから発表された[15](1968年)。次にUNIDO理論がアマルティア・セン（Amartya Sen）等によって発表された[16]。世銀からは同じく経済学者の頭文字からとったST理論が発表された[17]。それ以降現在まで多数の開発プロジェクトの経済分析に関する解説書が、A・K・ダスグプタ（Ajit K. Dasguputa）(1972年)、J・P・ギティンジャー（J. Price Gittinger）(1982年)、A・レイ（Anaudamp Ray）(1986年) 等によって発表されている[18]。世銀・アジ銀もこれらプロジェクトの経済分析に関する理論分析を踏まえてプロジェクトの審査のための実践的なガイドラインを作成している[19]。以下ここではプロジェクトの経済分析の理論と実践的な方法論の概略と要点を解説することにする。より具体的な理論的問題については次章で詳しく解説することとする。

プロジェクトの経済分析はプロジェクトの効果の経済分析を行うことであり、所謂「費用・便益分析」と理論的に異なるもではない。一般に「費用・便益分析」は政府機関の「公共投資」の経済分析の方法論として使われるのに対して、プロジェクトの経済分析は途上国の開発プロジェクトの分析の方法論として使われているだけである。前述したように、前者と後者で本質的に異なる点は、前者が市場価格では評価できない公共財供給の効果分析の方法論として発達したのに対して、後者の方法が市場価格が歪曲した途上国経済の開発プロジェクトの経済分析の方法論として展開されてきたという点だけである。以下ここでは両者を同一の方法論として取り扱うこととする。

先進国の公共投資、途上国の開発プロジェクト投資に共通している点は、政府が限られた予算という経済資源を投入して投資を行う場合、その投資効

果を分析する理論が必要であるということである[20]。プロジェクトの費用・便益分析の基本的な分析のステップは以下の表の通りである。

表10―1：プロジェクトの費用・便益分析のステップ

① プロジェクトの目的を明確化する
② 目的を実現する複数の代替プロジェクトの選別をする
③ プロジェクトの費用・便益を計測・推計する
④ 費用・便益を一定の基準で評価する
⑤ 費用・便益を一定の割引率で現在価値に直す
⑥ リスク分析を行う
⑦ 最も社会便益の現在価値の大きいプロジェクトを選択する

このプロジェクトの費用・便益分析の基本ステップは公企業・民間企業の意思決定の政策科学として汎用的な方法である[21]。日本では1970年代政策科学やシステム理論が一時話題となり、意思決定の方法論として費用・便益分析理論が盛んに論じられE・J・ミシャン（E. J. Mishan）の費用・便益理論（1972年）等が紹介された[22]。

註

1. 中南米諸国に対するヨーロッパの投資銀行或いはマーチャント銀行の開発融資と債務不履行の問題については興味ある分析が、Vinod K. Aggarwal, Debt Games; Strategic Interaction in International Debt Rescheduling, Cambridge University Press, 1996, の中で行われている。
2. モルガン投資銀行がアメリカ新大陸の開発プロジェクトの資金調達に果たした役割については、Ron Chernow, The House of Morgan; An American Banking Dynasty and the Rise of Modern Finance, A Touchstone Book, 1900, に詳細な記述がある。
3. Ruttan, Vernon W., United States Development Assistance Policy: The Domestic Politics of Foreign Economic Aid, The Johns Hopkins University Press, 1996, pp. 33―48.

4．IMF, The International Monetary Fund 1945-65, Vol. 1, Chronicle, 1969, pp. 89-135.
5．Kapur, Devesh., John P. Lewis and Richard Webb, The World Bank: Its First Half Century, Brookings Institution Press, 1997, Vol. 1. pp. 1-49. 世銀の設立以来の総裁は下記の通りである。(1) Eugene Meyer（1946年6月—約6ヶ月間）：投資銀行出身・ワシントン・ポスト新聞社社長、国務省出身の理事と対立して辞任。(2) John J. McCloy（1947年—約2年3ヶ月）：弁護士・連邦政府高級官僚。(3) Eugene Black（1949-59年）：チェイス銀行出身、国際金融機関として世銀の組織を確立する。(4) George Woods（1960-62年）：投資銀行出身、国際金融公社（IFC, 1956年設立）を強化する。(5) Robert McNamara（1968-81年）：元フォード社長および国防省長官、世銀の業務を飛躍的に拡大し、貧困解消のため農業開発、社会開発を重視する。(6) A.W. Clausen（1981年7月—86年6月）：Bank of America 社長、レーガン政権下で「構造改革融資」、国営企業の民営化政策を展開。(7) Barber Conable（1986年7月—91年8月）：元下院議員。(8) Lewis T.Preston（1991年9月—95年5月）：元モルガン銀行総裁。(9) James D.Wolfensohn（1995年6月—現在）：投資銀行出身。
6．World Bank, Annual Report 1999, page 97.
7．Baum, Warren C., "The Project Cycle," Finance and Development, Vol. 15, no. 4, (December), pp. 10-17.
8．鉱工業開発プロジェクトの「事業化調査（F/S）」の実践的は方法については以下の文献が参考になる。United Nations Industrial Development Organization (UNIDO), Manual for the Preparation of Industrial Feasibility Studies, 1978.
9．自然独占としての「公益経済学」に関する文献で一般に論議されている。公益事業の料金設定問題については以下の文献が参考になる。Stephen J. Brown & David S. Sibley, The Theory of Public Utility Pricing, Cambridge University Press,1986; Paul J. Garfield and Wallace F. Lovejoy, Public Utility Economics, Prentice-Hall, 1964; Mohan Munasinghe and Jeremy J. Warford, Electricity Pricing: Theory and Case Studies, The Johns Hopkins University Press, 1982; William W. Sharkey, The Theory of Natural Monopoly, Cambridge University Press, 1982; Roger Sherman, The Regulation of Monopoly, Cambridge University Press, 1989.
10．世銀・アジ銀の Operational Manual, Project Administration Manual

第10章　開発プロジェクトの計画と実施

を参照。
11. 世銀の「構造調整融資」「セクター調整融資」については多数の解説書が書かれているが以下を参照のこと。Devesh Kapur, Jhon P. Lewis and Richard Webb, The World Bank (1997), op. cit., pp. 449−593.
12. World Bank, Wapenhans Report, 1992.
13. 東南アジア・東アジアの通貨危機に関しては多数の解説書が出版されているが英文の解説書としては下記の文献が参考になる。Morris Goldstein, The Asian Financial Crisis: Causes, Cures, and Systemic Implications, Institute for International Economics, 1998; Karl D. Jackson, ed., Asian Contagion: The Causes and Consequences of a Financial Crisis, Westview Press, 1999; Pierre-Richard Agenor, Marcus Miller, David Vines and Axel Weber, ed., The Asian Financial Crisis: Causes, Contagion and Consequences, Cambridge University Press, 1999.
14. 公共投資の費用・便益分析についての日本の文献としては以下が参考となる。常木淳一著『費用便益分析の基礎』、東京大学出版会、2000年。貝塚啓明著『財政支出の経済分析』、創文社、昭和46年。野口悠紀雄著『公共経済学』、日本評論社、1982年。
15. Little, I.M.D. and Mirrlees, J.A., Manual of Industrial Project Analysis, OECD Development Center, Paris, 1968 and Project Appraisal and Planning for Developing Countries, Heinemann, London, 1974.
16. Sen, A.K., P.S. Dasguputa and S.A. Marglin,. Guidelines for Project Evaluation, UNIDO, 1972
17. Squire, Lyn., and Herman G. van der Tak, Economic Analysis of Projects, World Bank, 1975.
18. 欧米で出版されたプロジェクトの経済分析に関する代表的な研究書は下記の通りである。Ajit K. Dasguputa and D.W. Pearce, Cost-Benefit Analysis: Theory and Practice, Mcmillan, 1972; J. Price Gittinger, Economic Analysis of Agricultural Projects, World Bank, 1982; Anandarup Ray, Cost-Benefit Analysis; Issues and Methodologies, World Bank, 1986; Steve Curry and John Weiss, Project Analysis in Developing Countries, Macmillan, 1993; Caroline Dinwiddy and Francis Teal, Principles of Cost-Benefit Analysis for Developing Countries, Cambridge University Press, 1996; Robert J. Brent, Cost-Benefit Analysis for Developing Countries,

Edward Elgar, 1998.

19. 世銀は内部のプロジェクトの審査ガイドラインとして、Operational Manual, Economic Analysis of Projects, May 1980を作成している他多数の個々的な問題点に関する説明書をCentral Project Notesとして作成し、プロジェクトの経済分析をこれらガイドラインに従って行うよう指示している。その他世銀は内部・外部のスタッフの研修用にプロジェクトの経済分析に関する解説書を発表しており、その代表的なものは以下の文献である。William A.Ward and Barry J. Deren, The Economics of Project Analysis; A Practitioner's Guide, Economic Development Institute, World Bank, 1991.

 アジ銀もプロジェクト審査のためのプロジェクトの経済分析のガイドラインを作成している。Asian Development Bank, Guidelines for Economic Analysis of Projects, 1983. アジ銀は1997年このガイドラインの改訂版を出版している。

20. 費用・便益分析の理論的な枠組みについては、Richard Layard and Stephen Glaister, ed., Cost-Benefit Analysis, 2nd Ed., Cambridge University Press, 1994, pp. 1−56; Joseph E. Stiglitz, Economics of the Public Sector, 3rd ed., W. W. Norton & Company, 2000, pp. 271−299.

21. Stokey, Edith, and Richard Zeckhauser, A Primer for Policy Analysis, W. W. Norton & Company, 1978, pp 134−158 and Anthony E. Boardman, David H. Greenberg, Aidan R. Vining and David L. Weimer, Cost-Benefit Analysis: Concepts and Practice, Prentice Hall, 1996, pp. 1−49.

22. Mishan, E.J., Cost-Benefit Analysis, Routledge, 1st ed., 1971, 4th ed., 1988.

第11章 開発プロジェクトの経済分析

はじめに

この章では開発プロジェクトの財務分析、経済分析の実践的な方法について解説する。最初にプロジェクトの財務分析の目的、方法論、プロジェクトの財務的な内部収益率 (Financial Rate of Return; FIRR) の計算方法、プロジェクト企業体の財務分析の概略を実践的な立場から解説する。次にプロジェクトの経済分析の目的、方法論、問題点、シャドー価格の理論についてその内容の概略を説明する。ここでプロジェクトの経済分析と費用・便益分析は同意義の分析方法と理解する。

11.1 開発プロジェクトの財務分析

(1) 財務分析の目的

途上国の開発プロジェクトの多くは国有企業が管理運営する基幹産業（鉄鋼・セメント・肥料等）や、公企業体が行う公益事業の設備投資プロジェクト（電力・電信電話・道路・港湾建設）等収益を目的とする事業体が企画・実行する設備投資プロジェクトである。

途上国は経済政策や産業政策の目的を遂行するため、一定の基幹産業を国有企業が所有・管理する傾向がある。計画経済体制下のインドや中国では主要な産業分野で国有企業が重要な役割を演じてきた。中国は開放経済政策によって1970年代の後半以降市場経済への移行が進んでいるが、未だ国有企業が中国経済の無視出来ない要素である。インドネシアでは憲法が主要な天然資源・鉱物資源は国家に帰属するものと規定し、石油開発公社・鉱物資源開発公社がエネルギー・鉱物資源の開発を行ってきた。この政治文化の下でインドネシアでは鉄鋼産業・肥料産業・セメント産業等の基幹産業でも国有企

業が主役を演じている。パキスタンやバングラデシュでも国有企業が基幹産業で重要な地位を占めているし、マレーシアではブミプトラ政策のために国有企業が政府の産業政策上重要な役割を演じている。しかしこれらの途上国の国有企業は経営効率が悪く、政府の財政負担の重荷となり近年民営化が世銀・IMFの支援によって進展している。しかし途上国政府が国有企業を民営化する場合、既存利益集団の抵抗、労働者の雇用機会の喪失、改革に伴う便益の享受と費用負担の不均等配分等多くの政治的問題を抱えており、計画通りには実行されていない[1]。

途上国のもう1つの開発プロジェクトは、公企業体または公益企業体が行う電力・電信電話・水道・道路・鉄道その他の地域交通システム・港湾等一般に「公益事業」と呼ばれる投資プロジェクトである。これら公益事業は収益を伴う事業であり、民間企業の収益事業と同じく投資プロジェクトの財務的な収益性を緻密に分析する必要がある。但し公益事業は「準公共財」を「自然独占」的に提供することに特徴がある。即ちこれら公益事業は、民間企業が必要とする産業基盤や公共サービスや、市民が生活に必要不可欠な生活基盤やサービスを独占的に提供する事業であり、受益者の利益と公益事業体が獲得する独占的な利益を如何に調整するかが政府の大きな政策課題となる。その政策課題の1つは、「公益事業体の収益性を確保しつつ、如何に準公共財を効率的に国民に供給するか」と言う問題であり、先進国・途上国政府の共通の課題となっている。

公益事業の経営思想には2つの大きな潮流がある。1つはヨーロッパ大陸の「公益事業は政府の経済政策目的を遂行するため国ないしは公企業体が行う」という思想であり、もう1つはアメリカに発展した「公益事業は民間企業が事業主体となって行い、政府が民間企業の経営が公益を反映しているかどうかを規制・監督すべきである」という思想である[2]。公益事業の設備投資プロジェクトの収益性は当然公益事業体がどのような「公共料金」を設定するかによって大きく左右され、公共料金設定の問題が公益プロジェクトの収益性を確保する上で非常に重要となる。この問題は別の機会に解説する予定

なのでここではこれ以上深く触れないこととする。

　いずれにしても国有企業および公益企業が行う設備投資プロジェクトは、これら企業体の収益性を確保ないしは改善するために行われるのであり、プロジェクトに収益性があるかどうかを分析することは不可欠の条件となる。企業組織の経営の目的は、限られた経営資源（労働力、資本、技術、組織等）をインプット（生産要素）として使用し、如何に効率的にアウトプット（生産量）を産出するかと言うことになる。この企業組織の目的は、その企業の所有形態が国営・公営・民営に関わらず変わらない。企業組織の組織運営の効率性はインプットとアウトプットの関係を示す種々の指標によって評価される。その１つの指標は「一定のインプットの投入量がどのようなアウトプットを産出することが可能か」という物的生産性指標である。この企業組織の物的生産性を示す代表的な指標は「労働生産性」、「資本生産性」、「単位時間当たりの生産量」等の生産性指標である。しかしこの物的生産性の指標は、開発プロジェクトの効率性を分析する目的のためにはあまり使われていない。その理由は、物的生産性の概念は企業組織の経営者が管理手法の道具として活用出来ても、開発プロジェクトを評価する立場の者や開発プロジェクトに対する融資を審査する者は、プロジェクトの技術的な側面よりも財務的な側面を重要視するためである。

　経済学的により重要な企業組織の投資行動の効率性を示す指標は、一定の生産要素の投入と産出する付加価値との関係を示す「付加価値生産性」の概念である。この概念は、企業組織の経営者が限られた経済資源を使って新たに付加価値をどの程度創造するかを測る尺度であり、企業組織が国全体の経済にどの程度貢献するかを測る重要な尺度となる。しかし企業組織の経営分析では、企業組織自体の効率性や収益性の分析が重要視され、開発プロジェクトの付加価値生産性の分析は在来あまり関心の的となっていなかった。

　企業組織の経営効率を分析する道具として一般的に使用されてきたのは、企業組織の財務データを使った財務指標である。この指標は企業の財務データを使用して投入要素がいかに効率的に活用されアウトプットとしての産出

額を生み出すかという問題を分析する指標であり、企業経営分析の最も標準的な財務分析の方法である。

　開発プロジェクトの財務分析にもこの財務指標が使われる。開発プロジェクトの財務分析には複数の目的がある。第1の目的は、企業組織の経営者が企業の財務管理を行う目的のためにプロジェクトの財務分析を行うことである。財務分析の結果に従って経営者はプロジェクトを遂行するかどうか投資の意思決定を行い、プロジェクトが完成した以降もプロジェクトが初期の目的を達成したかどうか財務分析の結果に照らし合わせてモニターすることが可能となる。第2の目的は、企業体の経営管理責任者が所轄官庁にプロジェクトの財務分析の結果を報告し、プロジェクトの遂行の認可を得るための情報を提供することにある。国営企業・公益企業はその事業を所轄する政府官庁の監督下にあり、その業務の遂行に対して経営管理責任を負うためである。

　第3の目的は、企業体が開発プロジェクトを実施する場合、自己資金だけで必要とされる設備投資資金を満たすことは不可能であり、国営金融機関、商業銀行、政府開発援助資金からの融資を必要とする。プロジェクトの財務分析はこれら融資機関の融資審査業務に必要・不可欠の情報を提供することにある。これらの目的を達成するため開発プロジェクトの財務分析は前述したようにプロジェクトの「企業化・事業化調査（Feasibility Study: F/S）」の重要な内容となる。

(2) 財務分析の方法

　途上国で行われる開発プロジェクトの財務分析の方法は、企業の財務分析で使われる設備投資の分析手法と本質的に異なるものではない。[3]しかし途上国の企業体が開発プロジェクトの収益性を分析する場合、以下の点に留意する必要がある。第1に、開発プロジェクトでも、技術研修・人材開発プロジェクトのように設備投資を必ずしも伴わないプロジェクトがある。その場合には費用を投下した結果、どのような収益効果が期待されるか分析すること

になる。第2に、設備投資を伴うプロジェクトの場合、プロジェクトを遂行するために新規に企業組織が設立される場合と、既存の企業体がプロジェクトを実行する場合がある。前者の場合には、例えば新規にセメント工場を建設するため国営企業が設立される場合のように、開発プロジェクトの収益性の分析は企業自体の収益性の分析と同義となる。これに対してセメントを生産する既存の国有企業が生産能力を増強するために、生産設備の拡張投資をする場合には、それによってその国営企業の収益がどのように改善されるか、「増分効果」だけを分析することとなる。第3に、開発プロジェクトには、関連するシステム全体の財務効果を分析する必要がある場合がある。例えば「石炭資源開発プロジェクト」のような場合、単に炭鉱開発投資ばかりでなく、鉄道輸送投資、港湾設備投資、公害防止投資等関連する施設のシステム全体を含んだ財務分析を行う必要がある。

　世銀・アジ銀はこのような開発プロジェクトの財務分析を統一的な基準に従って行うように標準的な財務分析のガイドラインを作成している[4]。これら世銀・アジ銀のガイドラインは、世銀・アジ銀が独自の財務分析の基準を設けたのでなく、企業の財務分析で一般的に使用されている概念、指標、手法をマニュアル化したものである。以下ここではこれらのガイドラインの主要な内容の概略を解説することにする。

(3) プロジェクトの内部収益率 (Financial Internal Rate of Return; FIRR)

　開発プロジェクトの財務分析に必要な最初の作業はプロジェクトの投資コストの積算である。この作業はプロジェクト・エンジニアが中心になって行うが、財務分析担当者の協力が必要になる。その理由は主に投資コストの積算には、①プロジェクト企業の運転資金、②借り入れ資金の建設期間中の資本化；所謂「建中金利」(IDC; Interest During Construction) の資本化 (capitalization) の積算が必要になるからである。次にプロジェクトから生み出される収益を推計するため、プロジェクト企業の財務諸表の予測作業をプロジ

ェクトの存続期間、一般的に7年―12年の期間について行う。プロジェクトは物理的には10年―20年以上存続するが、財務分析の期間としては7年―12年前後で充分であると判断される。その理由は、これ以上の長期の予測はその精度の信頼性が劣り、企業の財務状況には大きな変化を認め得ないからである。

　この企業の財務諸表の推計作業は、プロジェクトの財務分析担当者の主要な作業となる。ＰＣの導入以前アジ銀ではこの作業を若手の専門スタッフが手計算で行ったが1980年代後半以降ＰＣが導入され、作業が加速化され容易となった。この財務諸表の予測作業は、損益計算書（Income/Loss: I/L）、貸借対照表（Balance Sheet; B/S）および資金繰表（Cash Flow; C/F）の予測を7年―12年の長期間について行うことである。この財務諸表の予測作業の妥当性を第三者が客観的に評価するためには、予測の前提条件を明らかにする必要がある。世銀・アジ銀のプロジェクトの審査報告書では付録の一部にこの予測の前提条件を詳細に明記するのが慣わしとなっている。

　この財務諸表の予測作業の結果、7年―12年の期間のキャッシュ・フローが推計され、投資コストと資金繰り表のキャッシュ・フローの時系列からプロジェクトの採算性分析が行われる。プロジェクトの採算性分析は、現在価値法、内部収益率法、費用・便益比率法、投資費用回収期間法等によって行われるが、世銀・アジ銀では内部収益率法をプロジェクトの財務分析の方法として採用してきた。現在価値法による分析は、プロジェクトの投資資金のフロー（費用フロー）と、資金繰表から推計されるキャッシュ・フロー（便益フロー）をそれぞれ一定の割引率で割り引いて合計し、若し便益フローの現在価値の合計額が費用フローの現在価値の合計額よりも大きければ、このプロジェクトは採算性があると判断される。しかしこの現在価値法には、採用する割引率によって結果が異なること、何を基準にして割引率を選定するのか、規模の大きいプロジェクトが採用される傾向が高くなること等の理由により、世銀・アジ銀では現在価値法に代わって「内部収益率」がプロジェクトの採算性分析の手法として用いられてきた。

第11章　開発プロジェクトの経済分析

　プロジェクトの内部収益率（Financial Internal Rate of Return; FIRR）は費用フローの現在価値の合計が便益フローの現在価値の合計に一致するような割引率を求めることである。そこで求められる割引率を「内部収益率」という。この内部収益率がプロジェクトの資本コストよりも高ければ、このプロジェクトは収益性があると判断される。もしこのプロジェクトが全て金融機関からの融資資金で賄われた場合、内部収益率が銀行からの借入資金の利子より大きければ、プロジェクトは収益性があると判断される。もしこのプロジェクトが全て自己資金で賄われた場合、内部収益率が自己資金の「機会費用」、即ち自己資金を他の最善の投資プロジェクトに投資した場合得られる収益率よりも大であれば、このプロジェクトは収益性があると判断される。もしこのプロジェクトの資金が金融機関からの借入および自己資金で賄われたとすると、このプロジェクトの資本費用は、金融機関からの借り入れ金利と自己資金の機会費用を加重平均することによって求められる。

　世銀・アジ銀ではこの内部収益率を実質ベースで推計するようにガイドラインで定めている。その理由は、プロジェクトのキャッシュ・フローを物価の上昇率を加味して7年―12年の長期間推計することが困難であると判断されるためである。その他プロジェクトの内部収益率を推計する作業では以下の点に留意する必要がある。プロジェクト内部収益率の推計では、利子の支払いはキャッシュ・フローの推計からは取り除かれる。その理由は、内部収益率は資本コストと比較するために推計されるのであり、内部収益率の推計に利払いを含めると、その中に比較の対象となる資本コストが含まれてしまうからである。[5]

　プロジェクトの内部収益率の推計作業はリスク分析を不可欠の作業内容とされている。プロジェクトの採算性は、プロジェクトの投資コストの上昇、建設期間の延長、売上額の減少、経常費用の上昇等外部的要因、内部的要因によって当初前提した条件が実現せず、計画した目標が達成されない場合が生じる。このプロジェクトのリスク分析は、世銀・アジ銀では「感応度分析（sensitivity analysis）」によって行っている。この感応度分析の目的は、プ

ロジェクトの内部収益率が投資コストの上昇、建設期間の延長、売上額の減少、経常経費の上昇、或いはこれらの組み合わせの結果どのような影響を受けるかシミュレーション分析をして収益性がどの程度これらの条件の変化に影響されるか調べることにある。

(4) プロジェクト企業体の財務分析

　開発プロジェクトが計画の通り実行されるためにはプロジェクトを遂行する企業体の財務状況が健全である必要がある。従って開発プロジェクトの採算性を分析するためにはその企業組織の財務状況を分析することが不可欠の条件となる。ここで行われる企業組織の財務分析は、通常企業の経営分析で行われる分析とその内容は本質的には変わらない。世銀・アジ銀では以下の事項についての分析が行われるが、世銀・アジ銀が融資機関である性質上、融資資金を当該企業組織が返済する能力があるかどうかを特に分析の対象とする。債務返済能力（Debt Service Coverage）は、分母に当期の債務返済額（元本・利子の支払額）、分子に当期の税引き後利益、長期債務利子の支払い額、および減価償却額を合計し、その比率によって計算される。その他の財務比率は通常の企業の財務分析で使用される比率概念であり、これらの標準的な文献を参照されたい。

　① 企業組織の資本構造（自己資本比率）
　② 短期の資金繰り（流動比率）
　③ 企業の収益率（自己資本利益率、売上高利益率、総資産利益率）
　④ 債務返済能力（債務返済比率）

　これら企業の財務状況の分析は、プロジェクトの内部収益率分析と同じく7年－12年の長期間について行われ一定の基準を満たすことが要求される。さらに内部収益率の推計と同じく、これら財務比率の「感応度」分析を行い企業の財務体質が長期間健全性を維持することが出来るかどうかを確認する。

この確認作業に従って世銀・アジ銀は融資契約の中で、開発プロジェクトを遂行する企業組織が一定の財務基準を遵守するための「ポジティブ・ネガティブ履行約款」を織り込み、企業が長期間健全な財務状況を維持することを義務づける。この企業組織の履行義務はＩＭＦが課すコンディショナリティーと異なり、資金の借手が金融機関に対して有する遵守義務と同じ性質のものである。

　資金の借手である企業体が遵守すべき「作為義務」(Positive Pledge)には、一定の財務比率の基準を守る義務、財務情報を定期的に提供する義務等が含まれる。「不作為義務」(Negative Pledge)には、事前の許可無く一定額以上の長期債務行為を行わない義務、一定の財務比率を満たさない場合には株主に利益の配当を行わない義務、経営者の構成の変更を行わないこと等の義務が含まれる。

　プロジェクトの企業体の財務分析は、単に以上のように一定の財務基準を遵守するばかりでなく、経営資源を有効に活用して持続的な発展に努力すること、経営情報を開示し、民主的な企業組織の経営を行うこと、経営者は企業体の所有者である政府、終局的には国民に対して経営の結果に対して責任を負うこと、公害等の負の外部効果に対して責任を負うこと、資源のリサイクルに貢献すること、人材の育成に努力する等の「企業のガバナンス」の質的な向上に努力すべきである。特に国営企業、公益企業体は社会の構成員として企業のガバナンスの向上に努めるべきであることは言うまでも無い。

11.2 プロジェクトの経済分析

(1) 経済分析の目的

　プロジェクトの財務分析の目的は、プロジェクトを実施する企業体が収益を上げることが出来るかどうかを分析することにある。これに対してプロジェクトの経済分析の目的は、プロジェクトを実施することが国全体の経済にとって望ましいかどうかを分析することである。即ちプロジェクトの経済分析は、限られた経済資源の制約条件の下で、①経済政策を遂行する上で優先

順位の高い開発プロジェクトが適切に選定され、②そのプロジェクトが経済資源を最適に配分する結果をもたらし、③その国の福祉・厚生水準がプロジェクトを実施することによって向上・改善することになるかどうかを分析することにある。プロジェクトの財務分析が、これらの経済分析の目的を同時に遂行することが出来ない理由は、第1に、財務分析が依拠する「市場価格」が政府の保護政策や規制によって資源の経済的な価値を反映せず歪曲されているためである。歪曲された市場価格に従ってプロジェクトの費用・便益を分析すると資源の浪費をもたらす。第2に、開発プロジェクトの便益の中には、教育・道路・医療・環境保全プロジェクトのように市場価格によってその経済的な価値が表現できないプロジェクトがあるためである。第3に、財務分析が使用する減価償却費等の会計学的な費用概念は資源の希少価値や機会費用を表現する経済学的な費用や便益と一致しないこと等が主な理由である。以上のような理由から、I・M・D・リトルは「プロジェクトの財務分析は企業の私的収益性を分析し、経済分析はプロジェクトの社会的収益性を分析することを目的とする」と述べている[6]。

　このようにプロジェクトの経済分析は、福祉経済学的な枠組みの中でプロジェクトの費用・便益を分析するのである。最近欧米、特にアメリカでは行政大学院の教材として数多くの良書がプロジェクトの費用・便益分析について出版されている[7]。これらの文献は費用・便益分析の技術的内容を解説する前に、福祉経済学の基礎理論を説明し、何故プロジェクトの経済分析が必要なのかを詳しく論じている。日本では残念ながら福祉経済学の理論についてはあまり関心が強くなく、熊谷尚夫（昭和53年）以降良書は出版されていない[8]。プロジェクトの費用・便益分析の福祉経済学的基礎についてはこの紙面では論じられないので、以下ここではより実践的な方法について解説することにする。

(2) 経済分析の方法

　開発プロジェクトの経済分析の方法論として既に確立された手法として世

第11章　開発プロジェクトの経済分析

銀・アジ銀が実践してきた手法を最初に解説することにする。[9]

プロジェクトのWith-Without基準

開発プロジェクトの経済効果を分析する場合、その経済効果を識別する基準となるのは、プロジェクトを実施する前の状況と実施した後の経済状況を分析するのではない。経済分析の対象となるのは、プロジェクトを実施した場合と実施しなかった場合の「増分効果」を分析するのである。所謂「With-Without基準」と一般に言われる原則である。例えば国営のセメント工場が生産能力を増強するため設備投資をする場合、この設備投資プロジェクトの費用・便益分析は、この設備投資をする「前後」の状況を分析するのではなく、「設備投資をしなった場合」と「実施した場合」の「増分効果」を分析するのである。設備投資を実施しなくても稼働率の向上や生産性の向上によってセメントの生産高は増加することが当然考えられる。従って投資効果は、経常的に推定される生産の増大と投資による生産の追加的な生産の増大の差である増分効果が投資効果として分析の対象となる。

どのようなプロジェクトであれ、プロジェクトを実施するために必要な経済資源（資本、労働力、エネルギー・天然資源等）は、その資源がプロジェクトのために使用されると他の目的には使用出来なくなる。即ちプロジェクトがインプットとして使用する生産要素には他の目的には使用出来なくなるという機会費用があり、この機会費用がプロジェクトの経済的な費用となるのである。またプロジェクトが実施されるとそのプロジェクトのアウトプットとして新たに生産物が社会に供給され福祉水準がその分向上する。プロジェクトの経済分析の目的は、一定の機会費用を犠牲にしてプロジェクトが新たに社会に提供する財・サービスが社会にとって価値があるかどうかを分析するのがその目的である。

埋没費用（Sunk Cost）

プロジェクトの経済分析は、プロジェクトが国の限られた経済資源を最適

に活用しているかを検証する目的のために行う。即ち限られた資本・労働力等の経済資源は前述のように当該プロジェクトに使用されれば他のプロジェクトに使用出来なくなり、その機会を犠牲にする費用を生ずる。このように相互に競合するプロジェクトに必要な資源をどのように配分するかという問題は、将来に関する意思決定の問題である。従って既に発生した費用は使用してしまった資源で、可逆的に取返しは不可能であり「埋没費用（Sunk Cost）」となり、当該プロジェクトの実施の意思決定にとって関連のない費用となる。例えばインドネシアの石油開発公社が石油資源開発プロジェクトを計画する場合、既に行った石油資源探索費用は「埋没コスト」となる。またフィリピンのマルコス政権時代に建設が開始された「バターン原子力発電所」プロジェクトを、アキノ政権がこの原子力発電所の建設を続行すべきかの政策決定をする必要性に直面したとき、既にマルコス政権が支出した膨大な発電所建設コストは取り返しのできない埋没費用となる。

移転所得

プロジェクトを実施する企業体が政府に支払う税金、或いは政府から受け取る補助金は一国の経済の中で所得が移転する所謂「移転所得」であり、経済資源の実質的な消費を伴わない。従って会計学的な「費用概念」はそのままでは経済学的な費用概念とはならない。プロジェクト企業体が金融機関から借入れた資金の利子の支払いはプロジェクトの費用ではない。利子の支払いは所得が借り手から貸し手に所得が移転するだけである。また会計学上の費用概念である資産の「減価償却費」は、既に発生した費用が期間費用として異時点に期間配分する費用の移転であり経済学的な費用ではない。

外部効果

プロジェクトの正・負の外部効果は金銭的に評価可能な場合、プロジェクトの費用或いは便益の一部として「内部化」して評価される。火力発電所の建設費用には当然公害防止設備投資費用が費用として含まれるが、それでも

除去し得ない地域住民に対する公害という負の効果は正当に評価し「損害補償」としてプロジェクト費用に参入される。道路・公園・ダムの建設等地域経済や環境にプラスの効果をもたらすプロジェクトの外部効果も可能な限り金銭的に評価しプロジェクトの便益の算定に加算される。

非金銭的効果（Intangible Benefits）

道路建設プロジェクトのように便益が収益として直接金銭的に評価し得ない場合には、これら便益を金銭的に評価する必要がある。道路プロジェクトの便益は、道路維持費の節約効果、道路利用者の時間節約効果、交通事故減少効果、自動車維持費の減少効果、快適性増大効果等の直接金銭的に評価し得ない便益を客観的な基準によって金銭的に評価する必要がある。[10] 環境保全・生態系維持・熱帯雨林保全プロジェクト等環境の保全を直接的な目的とするプロジェクトも便益が金銭的に評価できないのが一般的である。これらの場合でも、仮想的市場評価法（Contingent Valuation Method）；欲求価格法（Hedonic Price Method）、旅行費用法（Travel Cost Method）；支出防止法（Expenditure Averting Method）；取替費用法（Replacement Cost Method）等便益に金銭的な価値を付与する試みがなされている。[11]

二重計算（Double Counting）

開発プロジェクトの便益を評価する場合しばしば犯す間違いは、便益を二重に計算してしまうことである。例えばバングラデシュの主要な農作物はジュートであるが、バングラデシュではこのジュートを加工して輸出し外貨を獲得している。今バングラデシュ政府が食糧不足を解消するためジュートを栽培する農地を米作に転換するプロジェクトを計画したとする。バングラデシュは食糧不足で米をタイから輸入しているとする。この場合農地を稲作に転換する便益は、米の輸入代替便益である。しかし稲作に農地を転換すると本来ジュートを加工して輸出する便益を喪失することになる。この機会費用を農地転作の費用とすると二重計算の誤謬を犯していることになる。何故な

らば一定の農地は稲作にするかジュートを栽培するか二律背反的な選択しか出来ず、一方を選択すれば他方の選択は自動的に不可能となる。この場合の便益は米の輸入代替便益からジュートの輸出外貨獲得便益を差し引き、この差額がプラスの場合にはこのプロジェクトはバングラデシュの経済にとってプラスのプロジェクトとなる。このようなプロジェクトの費用・便益の二重計算はしばしば犯される間違いである。[12]

プロジェクト選択の基準

以上述べてきた基準および次に解説するシャドー価格によってプロジェクトの財務分析で用いられた費用・便益のキャッシュ・フローを修正する。この修正されたキャッシュ・フローを用いて推計されるのが「経済的な内部収益率」(Economic Internal Rate of Return; EIRR)である。この経済的な内部収益率も財務分析と同じく「感応度分析」を行い、種々のリスク条件の下で内部収益率がどのように変化するかを検討する。最悪の条件下で計算された経済的な内部収益率が資本の機会費用よりも高ければ、そのプロジェクトは経済的に妥当であると判断される。この場合資本の機会費用をどのように設定するかが問題となるが、世銀・アジ銀の場合必要最小限度の資本の機会費用を12パーセントと仮定するのが慣例となっている。このプロジェクトの資本コストをどう推計するかという問題は非常に重要な問題であるので、別の機会に解説することにする。

11.3 経済分析の問題点

(1) 国内資源費用 (Domestic Resource Cost; DRC)

以上のようにプロジェクトの経済分析は、国の限られた資源を開発プロジェクトのインプットとして使用して財・サービス等のアウトプットを産出するとき、このプロジェクトが国の資源を効率的に使用して国民の福祉にプラスの効果をもたらしているかどうかを検定する作業である。この検定作業には種々の方法が考えられる。1つの方法は、一定の国内資源をインプットと

して使用したプロジェクトがアウトプットとして外貨をどの程度獲得することが出来るか、或いは一定の外貨を獲得するためにそのプロジェクトはどのくらい国内資源をインプットとして消費するかという基準に従って、プロジェクトの資源配分の効率性を分析することも可能である。この分析方法は「国内資源費用」(Domestic Resource Cost; DRC) アプローチと言われ、途上国政府の経済政策担当者がプロジェクト選定の基準として1960－70年代しばしば用いられた。[13] このアプローチは外貨不足に悩まされている途上国政府がプロジェクト選定の基準として、「外貨」と「国内資源」との利用効率から判断してプロジェクトを選定しようとしたのである。但しこのアプローチは、輸出入取引の多い「開放経済型」の途上国では、国内資源を正確に定義し測定することが困難である。プロジェクトには外貨資源と関係の無い「非貿易財」プロジェクトがあり、これらのプロジェクトには国内資源費用と外貨獲得との間には直接的な関係が無い。経済的な内部収益率分析だけでプロジェクトの評価が可能であり、この方法に追加して複数のプロジェクトの選択基準を使用することは好ましくないこと等の理由から最近ではほとんど使用されなくなった。

(2) 最小費用の原則

開発プロジェクトには教育・資源開発・人材育成プロジェクトのように便益が直接金銭的に評価することが困難なプロジェクトがある。このようなプロジェクトの場合無理に便益を金銭的に評価せず、一定の教育目的という便益を達成する複数の代替プロジェクトから最小の費用のプロジェクトを選択するという原則に従って行うことになる。このようなプロジェクトの場合、経済分析はその国の教育政策等の個々的な経済セクターの政策目標を実現する上で当該プロジェクトが妥当なプロジェクトであるかどうか定性的な分析をすることが主な作業となる。[14]

(3) プロジェクトと所得配分

　プロジェクトの経済分析で大きな争点となっている問題は所得の配分問題をどのように取り扱うかである。プロジェクトが社会にもたらす便益がプロジェクトの費用よりも大きければそのプロジェクトは肯定される。この場合プロジェクトの純便益は便益マイナス費用がプラスであることを意味し、便益と費用とを同一の基準で比較していることになる。しかし一定のプロジェクトを実施すると、そのプロジェクトに使う資本、労働力等の経済資源は他の目的のために使用出来なくなり、社会の他の構成員、特に貧困層はその分利益を享受する機会を喪失する。例えば政府が開発プロジェクトを選択する場合、貧困層の多い農村地域のプロジェクトと富裕層の多い都市部のプロジェクトとを同一の基準で評価すべきか、或いはどのプロジェクトを優先的に選択すべきであるかと言う問題である。ある場合にはプロジェクトが社会の貧困層により多大な負担を課する結果をもたらす場合がある。例えば廃棄物処理施設が中産階級の多い住宅地域よりも、比較的低所得である過疎地域に立地するというような場合である。更に一定の社会的な便益も貧困層が享受する便益は富裕層が得る便益よりも社会的な価値を高く評価すべきであるという価値判断の問題に関連する。貧困層が受益者となる社会福祉施設・サービス・プロジェクトと都市部の中産階級がより多くの便益を得る事になる産業・経済インフラ設備プロジェクトと、どちらのプロジェクトを優先的に選択されるべきであるかという政策的な判断の問題である。

　これらの問題はプロジェクトの費用・便益の前提となる価値判断の問題である。プロジェクトの費用と便益の経済価値はその社会の構成員の所得水準によって異なって判断されるべきであり、便益の限界効用は一定ではないという基本的な命題と関連する。即ちプロジェクトの限界費用および限界便益は人々の所得水準によって異り、同一の基準で評価すべきでないという問題であり、1970年代以降論争の的となった。それまで成長志向型の開発プロジェクトが主流であった開発援助が「貧困解消型」および「環境重視型」の開

発援助に移行する過程でこの問題が論議されるようになり、種々の提案がなされた。[15] これらの論者はプロジェクトの評価は、財務分析、経済分析に加えて、所得配分効果を考慮した社会分析の三つの異なった分析を行うべきであると主張する。

　1990年代に入り途上国の貧困問題に対する関心が再び高まり、所得配分効果を考慮したプロジェクトの評価を行うべきであるという機運が高まり、世銀・アジ銀ではプロジェクトの分析手法に関する見直し作業を行った。世銀は貧困問題に焦点をあてた世界開発報告書の特集号を最近出版しているし、また量的な経済成長よりも「成長の質」が重要であると主張するようになる。[16] アジ銀は内部の作業委員会を設立し、プロジェクトの経済分析の方法論の見直しを行ったが、所得の配分を考慮した経済分析の根本的な方法論の改訂は行わなかった。その理由は、限界費用と限界便益を所得階層別にどのように定義し測定するのかという理論的な問題、国別・セクター別にこれらの評価をする必要があり実践的に非常に困難であるという問題、所得階層的な評価は恣意的となり客観性を欠くという価値判断の問題、所得配分・貧困の解消という社会問題は開発プロジェクトによって解決するのでなく、国の財政政策等の政治的な政策決定によるべきで経済学者が関与すべき問題でないという政策的な理由からである。[17]

11.4 シャドー価格の理論

(1) 価値の計算基準（ヌメレール）

　プロジェクトの経済分析で理論的・実践的に最も重要な問題は、市場価格が市場の失敗や政府の規制によって歪曲され、資源の希少価値を最早や表示（シグナル）出来なくなった場合、どのような価値基準でプロジェクトの費用と便益を評価すべきかという問題である。即ちもし市場価格が費用・便益を評価する価値の基準として使用出来なくなった場合、財・サービスの価値の基準としての最終的な測定単位（ヌメレール）、或いは市場価格に替わる費用・便益の「計算価格」（Accounting Price）の基準を何処に求めるべきかとい

う問題である。この問題については2つの大きな理論が展開されてきた。その1つは、「経済社会の全ての財・サービスの価値は消費者主権の立場から消費者に帰属し、資源の経済価値は最終的には消費者の便益の測定単位である「消費者余剰」によって測定すべきである」とするUNIDO理論がある[18]。もう1つの理論は、「経済社会の財・サービスの価値は国境価格によって表示された政府が自由に使用可能な所得の量によって測定すべきである」とするOECD理論である[19]。このOECD理論はI・M・D・リトル等によって展開されておりリトル理論とも呼ばれている。世銀・アジ銀はこのI・M・D・リトルのOECD理論を受け継ぎ、より実践的な方法論を構築してきた[20]。

UNIDO理論の理論的根拠は次の通りである。社会の福祉厚生は消費者の福祉・厚生と生産者の福祉・厚生に分解される。消費者の福祉・厚生は消費者の限界効用によって測定され、生産者の福祉・厚生は生産者の限界費用によって測定される。資本主義社会では企業の所有者は株主である消費者であるゆえ、生産者の効用は最終的には消費者に帰属する。従って全ての財・サービスの経済的な価値は、消費者の限界効用によって測定されるべきであるという理論が成立することになる。消費者の限界効用は「一単位追加して消費する財・サービスに対する消費者の支払意欲（Willingness to Pay; WTP）」によって測定可能となる[21]。このUNIDO理論に従ってプロジェクトの経済分析を行うと、プロジェクトに関係する全ての財・サービスに対する消費者の限界効用を測定する必要が生じ、理論的に妥当であっても現実の途上国のプロジェクトの経済分析の手法としては実践的でない。

これに対してI・M・D・リトルのOECD理論は、途上国の開発プロジェクトは政府が企画・実行するのであり、プロジェクトの経済分析の測定単位は「国境価格によって表示した政府が自由に使用可能な社会的な所得」とすべきであるという理論である。この理論は、多くの途上国が外貨不足という制約条件を抱えており、国境価格は歪曲された国内の市場価格から中立的であり、統計データも入手可能であり実践的であるという利点を持つ。但しこの理論は、消費者の限界効用や生産者の限界費用の概念を否定しているので

第11章 開発プロジェクトの経済分析

はなく、これらの概念を「国境価格」によって表示すべきであると考えるのである[22]。この理論に従うと、プロジェクトがインプットとして使用する国内資源や、アウトプットとして生産する国内生産物・サービスは全て一定の基準に従って国境価格に転換する必要が生ずる。この理論は、何を以て「自由に使用可能な社会的な所得」と定義するのか曖昧さを残すが、非常に実践的であり、世銀はこのⅠ・M・D・リトルのOECD理論を基礎に独自に開発金融機関としてプロジェクトの経済分析の実践的な手法を構築していった[23]。

(2) シャドー価格の概念

市場価格は政府の規制・独占等の理由によって資源の社会的希少価値を表す消費者の限界効用と生産者の限界費用を反映し得なくなる。このような場合経済学者は市場価格に替わり「真正の社会的限界費用・便益」を表示する価格を使用して経済政策の効果を分析しようとする。このような「真正の社会的限界費用・便益」を表す価格のことを「シャドー価格（Shadow Price）」と呼ぶ。ここで費用と便益は表裏の関係にあり、負の便益は費用であり、費用と便益は社会にある資源を一定の目的のために使うと他の目的に使用できなくなる資源の「機会費用」を表すと理解される[24]。従って多数の失業者が存在する途上国経済で政府が福祉目的のために最低賃金制度を導入すると、のときこの最低賃金制度によって設定された公定の最低賃金は労働力の真正な「機会費用」を表さなくなる。また同じように政府が金融市場を規制すると公定の資本の貸出金利は資本の真正な「機会費用」を表さなくなる。

このように定義された資源の「シャドー価格」は前述した「計算価格」と同じことを意味し、しばしばこれらの概念はプロジェクトの経済分析で互換的な概念として使われてきた。元々このシャドー価格という概念は、当初P・サミュエルソン等が「線形計画」の経済分析理論の中で使用した概念であり[25]、「線形関数として把握される生産関数の下では、利益を極大にする価格と費用を最小にする価格は双対的な関係にあり、一方の価格は他方の価格のシャドー価格」であるという理論に端を発している[26]。

487

いずれにしても「シャドー価格」という概念は、資源の機会費用ないしは資源の限界効用を表す概念であり、「資源の最適配分を表示する効率性価格」(Efficiency Price) を意味する概念である。現代の公共経済学でも公共プロジェクトの費用・便益分析の理論的根拠として「シャドー価格」の概念が同じような意味で使用されている[27]。従って発展途上国においてもし財の完全自由競争が存在し、財の限界便益を示す需要曲線と限界費用を示す供給曲線の交点で均衡価格が成立するならば、この均衡市場価格は「資源の最適配分を示す効率価格」となる。この場合にはこの市場価格が真正の財の機会費用を表し、プロジェクトの経済分析は不要となり、財務分析だけで充分であると理解される[28]。

　しかしシャドー価格の概念は、もし完全自由競争市場が存在したならば成立したであろう「均衡価格」を意味するものではない。シャドー価格は環境保全・教育等、財やサービスに均衡価格が存在しない場合、或いは市場価格が歪曲されている場合、資源の真正の機会費用を反映し、プロジェクトを実施することによって社会の福祉水準がどの程度改善するかを分析する為に求められるのである[29]。

(3) 貿易財と非貿易財のシャドー価格

　全ての財は貿易財と非貿易財に区分することができる。貿易財は更に輸出財と輸入財に区分可能である。これらの貿易財・非貿易財の社会的便益・費用価値としてのシャドー価格はどのように決定されるのか。もしプロジェクトがインプットとして使用する財が国内では生産能力が限られ輸入されている財の場合、このインプット財のシャドー価格は、その財の国境価格である「C＆F輸入価格」である。或いは現在輸入されている財市場に対してその財をプロジェクトがアウトプットとして生産する場合、その財のシャドー価格は同じくその財の輸入価格である。前者の場合プロジェクトが使用するインプットはその国がプロジェクトを遂行するために追加で輸入する必要があり、輸入価格がその財の機会費用となるからである。後者の場合、輸入財を

488

代替することになり、その分輸入する必要がなくなり機会費用を節約することになるからである。同じようにもしプロジェクトのインプット・アウトプットが直接的・間接的に輸出可能財であれば、それらの財の国境価格としてのシャドー価格は「FOB輸出価格」である。その理由はその財を輸出することによって得る所得がその国の経済にとっての機会費用となるからである。[30]

　非貿易財は最初に市場価格で評価する。もしプロジェクトが使用する非貿易財のインプットや、プロジェクトが産出するアウトプットが他の国内の消費者の需要と競合する場合には、この財のシャドー価格は国内消費者の需要価格（Demand Price）、即ち消費者の限界便益がその財の機会費用となる。もしプロジェクトが使用するインプット、およびプロジェクトが産出するアウトプットが直接・間接的に国内の生産力に影響を及ぼす場合には、この財のシャドー価格は、その財の国内生産価格、即ちその財の供給者の限界費用が機会費用となる。このようにして市場価格で評価された非貿易財のシャドー価格は、一定の転換基準（Conversion Factors）に従って国境価格に転換され、非貿易財も貿易財と同じく国境価格で評価されることになる。[31]

(4) シャドー為替レートと変換比率

　貿易財・非貿易財を国境価格で評価する場合、次にどの為替レートを使用して国境価格で表示するかという問題が生ずる。多くの途上国は管理為替制度を採用し政府の公式の為替レートが為替の自由市場（闇市場）での自国の通貨価値から乖離しているのが通常である。もしこのような場合政府が発表する為替レートを使用するとプロジェクトが関連する貿易財の価格を過小に評価し、非貿易財を相対的にその分過大に評価することになり、プロジェクトの経済評価が資源の真正の機会費用を反映しなくなる懸念が生じる。

　この問題についてのI・M・D・リトルのOECD理論、世銀・アジ銀がとるアプローチは基本的には以下の通りである。最初に、貿易財の国境価格であるドル建てのCIF輸入価格、FOB輸出価格を確定し、このドル価格を現行の公式の為替レートで国内通貨建てに転換する。この通貨は国内の市場価格

から区別するため「国境通貨」と呼ばれる。次に全ての財を国境価格で評価するため国内の市場価格で表示された非貿易財を一定の「交換比率」(Conversion Factors; CF) で国境価格に転換する。この「交換比率」は非貿易財価格を貿易財価格に転換する比率であり、この比率は貿易財価格を国内価格に転換する際に使用する為替レートの逆数となる。即ち為替レートや交換比率は貿易財と非貿易財を交換する比率であると理解される。しかしこの交換比率は種々の市場の失敗によって歪曲されているため「シャドー為替レート」(Shadow Exchange Rate; SER) を求め、貿易財と非貿易財の価格を同一の基準で評価しようとするわけである。[32] 従ってもしプロジェクトのインプット・アウトプットが貿易財だけ、或いは非貿易財だけで構成されているときには、シャドー為替レートや交換比率の概念は意味が無くなる。

途上国経済の場合、政府が課す種々の貿易・為替取引に対する規制により消費者は非貿易財よりも比較的高い価格で貿易財を購入しようとする。即ち一単位当たりの貿易財の限界効用或いは機会費用は、同じ一単位当たりの非貿易財の限界便益、或いは機会費用よりも高く評価しようとする。言い換えれば消費者は貿易財に対しては政府が決定する公式の為替レート (Official Exchange Rate; OER) に一定のプレミアムを付加した価格で購入してもよいと考える (WTP)。この公式の為替レートに一定のプレミアムを付加した為替レートが「シャドー為替レート」である。[33]

Ⅰ・M・D・リトルのOECD理論、世銀・アジ銀理論とは反対に、国内資源の限界費用や機会費用のシャドー価格をプロジェクトの費用・便益の評価のヌメレールとするアプローチをとると、順序が逆になる。即ち貿易財の国境価格を「シャドー為替レート」によって国内価格に転換してプロジェクトの費用・便益を国内価格基準で分析することになる。

ここでシャドー為替レート、交換比率を使ってプロジェクトの費用・便益分析がどのように行われるか具体例を見てみよう。先ず第1に、プロジェクトが鉱業プロジェクトのように貿易財によってのみ構成されている場合を考えてみよう。この鉱業プロジェクトがUS$Xの鉱物資源を全額輸出し、その

第11章　開発プロジェクトの経済分析

鉱山の費用が総て輸入財でUS$Mとすると、このプロジェクトの純便益は、US$ (X−M) であり、この純便益額はドル建て、公式の為替レートで現地通貨建て、或いはシャドー為替レートでの現地通貨建てで表示しようが変わらない。シャドー為替レートや交換比率の概念が必要になるのは、プロジェクトが貿易財と非貿易財によって構成されている場合である。

第2に、貿易財と非貿易財によって構成されているインドの開発プロジェクトを考えてみよう。[34] 第1の例に加えて、インドでは現地通貨Rs（ルピー）Nの非貿易財費用がかかり、インド通貨ルピーとUSドルの公式の為替レートが1ドル当たり10ルピー（Rs10=US1$）とする。この場合、プロジェクトの国内市場通貨建ての純便益はRs＝10 (X−M)−Nとなる。しかしこの定義式は、①非貿易財の貿易財に対する相対価格、②市場の失敗によって歪曲された国内市場価格を修正したシャドー価格によって修正する必要がある。従ってこのプロジェクトの純便益を国境通貨で表示すると、純便益　Rs＝10 (X−M)− cN　となる。このときの係数 c は、国内市場通貨建ての非貿易財Nを国境通貨表示のシャドー価格に転換する係数であり、「交換比率」(Conversion Factor; CF) という。この国境通貨建て純便益を再び国内市場通貨建てに転換すると、国内市場通貨建て純便益Rs＝10/c (X−M)−Nとなる。この式を書き直すと、純便益Rs＝s (X−M)−Nとなる。

このとき s＝10/c、公式の為替レート/交換比率である。このsを「シャドー為替レート」と定義する。即ちこれらシャドー為替レート（SER）、公式の為替レート（OER）と交換比率（CF）は相互に次のような関係がある。SER＝OER/CF；CF＝OER/SER。

このようにI・M・D・リトルのOECD理論、世銀・アジ銀理論は、伝統的な国内価格ベースの限界便益・限界費用（機会費用）アプローチと分析の方法が異なってくる。伝統的なアプローチは限界便益を「支払意欲（WTP）原則」に従って分析するアプローチである。ここで再度国内市場価格をベースとする伝統的なアプローチとOECD／世銀の国境価格をベースにするアプローチの違いを確認すると次の通りとなる。

もしプロジェクトが生産した財（X）をFOB輸出価格で全額輸出し、生産要素財（M）は全てC&F輸入価格で輸入され、非貿易財（N）が必要とされると仮定する。伝統的な国内通貨ベースのアプローチでは、純便益（B1）=（SER）X－（SER）M－aN と定義される。このときSERはシャドー為替レートを意味し、非貿易財Nの係数 a は国内市場価格をシャドー価格に修正する係数である。

　このプロジェクトをOECD／世銀アプローチで分析すると、純便益（B2）=（OER）X－（OER）M－bNと定義される。OERは公式の為替レート、非貿易財Nの係数 b は国内市場価格を国境価格に変換する「交換比率」である。シャドー為替レート、交換比率はそれぞれ逆数の関係にあり、一方が推定されれば他方が確定する。理論的にはシャドー為替レート、交換比率は貿易財、非貿易財の種類に対応した数だけ存在する。[35] しかし複数のシャドー為替レートを推計するのは現実的でないので、世銀・アジ銀では「標準的交換比率」（Standard Conversion Factor; SCF）を推計して非貿易財を国境価格に転換する方法をとっている。[36]

あとがき

　以上開発プロジェクトの経済分析に関する基礎的な概念や理論を実践的な立場から解説してきた。残念ながら「シャドー為替レート」の推計、労働力のシャドー価格、シャドー価格の理論的意味、プロジェクトの投資決定の基準、割引率の経済学的根拠、資本コストの推計等の問題についてこの章の中では解説することが出来なかった。これらの問題については後日別の機会に紹介することにする。

註

1．途上国の国有企業が抱える問題については、世銀が数多くの研究レポートを発表しているが、以下の文献が参考になる。Leroy P. Jones, ed., Public Enter-

第11章　開発プロジェクトの経済分析

prise in Less Developed Countries, Cambridge University Press, 1982. 国有企業の民営化の問題は、途上国に限らず先進国でも大きな問題となっており、日本の場合国有企業の民営化が政府の行政改革の大きな政策課題であった。国有鉄道の民営化のプロセスに関しては最近民営化に直接関与した当事者が観察記録を纏めており、非常に参考になる。葛西敬之著『未完の国鉄改革』、東洋経済新報社、2001年。

2．公益事業の経済分析については主にアメリカで研究が盛んであり膨大な研究成果が発表されている。以下はその代表的な文献である。Paul J.Garfield and Wallace F. Lovejoy, Public Utility Economics, Prentice-Hall, 1964; Alfred E.Kahn, The Economics of Regulation; Principles and Institutions, Vol. I&II, John Wiley & Sons, 1971 and W. Kip Viscusi, JohnM. Vernon and Joseph E. Harrington, Economics of Regulation and Antitrust, The MIT Press, 1995.

3．設備投資プロジェクトの財務分析の実践的手法については、以下の文献が参考になる。久保田正純・戦略的設備投資研究会編『戦略的設備投資の実際』、日本経済新聞社、1995年；久保田正純・栗原雄二著『設備投資計画の立て方・進め方』、日本実業出版社、1997年。投資の財務分析の理論と方法論については、欧米のビジネス・スクールの教材として使用されている下記の文献に詳しい説明がある。Richard A. Brealey and Stewart C. Myers, Principles of Corporate Finance, 4th ed., McGraw-Hill, Inc., 1991.

4．World Bank, Guidelines for Presentation of Financial Analysis in Staff Appraisal Report, Central Projects Note No.3.02, June 1982; Asian Development Bank, Guidelines for Preparation and Presentation of Financial Analysis, 1989.

5．エンジニアを対象として書かれたプロジェクトの費用・便益分析の解説書は、この問題を誤解している例が見受けられる。森杉壽芳・宮城俊彦著『都市交通プロジェクトの評価』、コロナ社、1996年、98－109頁参照。

6．Little, I.M.D., and J.A. Mirrlees, Project Appraisal and Planning for Developing Countries, Heinemann, 1974, pp. 18－37.

7．最近アメリカで出版された費用・便益分析に関する代表的な著作は以下のものが掲げられよう。Anthony E. Boardman, David H. Greenberg, Aidan R. Vining and David L. Weimer, Cost-Benefit Analysis: Concepts and Practice, Prentice-Hall, 1996. Robert J. Brent, Applied Cost-Benefit Analysis, Edward

Elgar, 1996.

Edward M. Gramlich, A Guide To Benefit-Cost Analysis, Waveland Press, 1990. Tevfik F. Nas, Cost-Benefit Analysis; Theory and Application, Sage Publications, 1996.

8．熊谷尚夫著『厚生経済学』、創文社、昭和53年。最近、常木淳一著『費用便益分析の基礎』、東京大学出版会、2000年が出版されているが、これは常木氏のカナダのブリティッシュ・コロンビア大学に提出した博士論文であり、一般の解説書として適しているとは言い難い。

9．World Bank, Operational Manual Statement, Economic Analysis of Projects, May 1980.

10．Adler, Hans., Economic Appraisal of Transport Projects; A Manual with Case Studies, World Bank, 1987; 森杉・宮城編著『都市交通プロジェクトの評価』、前掲書参照。

11．環境プロジェクトの経済分析については以下の文献を参照のこと。Per-Olov Johansson, Cost-Benefit Analysis of Environmental Change, Cambridge University Pess,1993; Nick Hanley and Clive L. Spash, Cost-Benefit Analysis and the Environment, Edward Elgar, 1993; 岡敏弘著『厚生経済学と環境政策』、岩波書店、1997年。

12．E.J.Misahn, Cost-Benefit Analysis, 4th ed., 1988, pp. 74−82.

13．国内資源費用（DRC）の概念については以下の論文を参照のこと。Michael Bruno, "Domestic Protection and Effective Protection," The Journal of Political Economy, January/February, 1972, pp. 16−33; Bela Belassa and Daniel M. Schydlowsky," Domestic Resource Costs and Effective Protection Again," The Journal of Political Economy, January/February 1972, pp. 63−69. 簡単な国内資源費用の概念の説明が Anandarup Ray, Cost-Benefit Analysis; Issues and Methodologies, The Johns Hopkins University Press, 1984, pp. 68−70. にある。

14．Asian Development Bank, Guidelines for the Economic Analysis of Project, 1997, pp. 31−33.

15．所得配分効果も考慮してプロジェクトの費用・便益分析を実施すべきであるという提案は主に世銀の経済学者達によってなされた。Lyn Squire and Herman G. van der Tak, Economic Analysis of Projects, The Johns Hopkins University Press, 1975, pp. 49−77; Anandarup Ray, Cost-Benefit Analysis;

Issues and Methodologies, The Johns Hopkins University Press, 1984, pp. 33−43, pp. 102−136.
16. World Bank, World Development Report 2000/2001; Attacking Poverty, 2001; The Quality of Growth, Oxford University Press, 2000.
17. 世銀・アジ銀はコンサルタントを雇いそのコンサルタントの報告書を土台にして改訂作業を行った。William A.Ward, Cost-Benefit Analysis: Techniques and Applications, November 1994. このウオード教授は世銀の経済研究所 (Economic Development Institute; EDI) で開発担当官の研修用に使われるプロジェクトの経済分析の方法論の教材の著者でもある。William A. Ward and Barry J. Deren, The Economics of Project Analysis: A Practitioner's Guide, EDI Technical Materials, World Bank, 1991. アジ銀の作業委員会の作業についてはアジ銀の内部資料参照のこと。著者もこの作業員会のメンバーであった。
18. この所謂UNIDO理論は、アマルティア・セン等によって展開された。UNIDO, Guidelines For Project Evaluation by P.S. Dasgupta, S. A. Marglin and A. K. Sen, United Nations, 1972.
19. I. M. D. Little and J.A. Mirrlees, Project Appraisal and Planning for Development Countries, Heinemann, 1974. この本は、Manual of Industrial Project Analysis for Developing Countries, Volume II, Social Cost-Benefit Analysis, OECD, Development Center, 1968. の中で展開された理論の続編ととして書かれており、I・M・D・リトル等の理論はOECD理論と一般的に言われている。
20. 最近I・M・D・リトルは自分らが展開した理論が世銀でどのように実践的に使用されてきたか検証し、必ずしもI・M・D・リトルが意図した理論がそのまま世銀では使用されていないと嘆いている。I. M. D. Little and J. A. Mirrlees, "The Costs and Benefits of Analysis: Project Appraisal and Planning Twenty Years On," Richard Layard and Stephen Glaister ed., Cost-Benefit Analysis, 2nd ed., Cambridge University Press, 1994, pp. 199−231.
21. 消費者の支払い意欲としての財・サービスの限界効用とプロジェクトの費用・便益分析理論については、以下に詳しい説明がある。Ajit K. Dasgupta and D. W. Pearce, Cost-Benefit Analysis; Theory and Practice, The Macmillan Press, 1972, pp. 19−94; Arnold Harberger, "Reflections on Social Project Evaluation," "Project Evaluation for the Next Decade," and "Notes on

Some Issues in Social Project Evaluation," in The Economic Evaluation of Projects, ed., by David Davies, EDI, World Bank, 1996, pp. 23-50, pp. 52-70, pp. 71-82. アーノルド・ハーバーガーのプロジェクトの経済分析理論はハーバード大学の国際開発研究所（Harvard Institute for International Development; HIID）のグレン・ジェンキンス研究員（Glen Jenkins）等が実践的な手法としてその普及に努めている。G・ジェンキンスはしばしばアジ銀のプロジェクト経済分析に関する講習会の講師を務めている。

22. I. M. D. Little, op. cit., pp. 141-180.
23. 世銀の最も実践的なプロジェクトの経済分析の方法論は、途上国の農業プロジェクトに関するP・ギッチンジャーの書いたマニュアル的な報告書の中に説明されている。J. Price Gittinger, Economic Analysis of Agricultural Projects, EDI, World Bank, The Johns Hopkins University Press, 1972, 2nd ed., 1982, pp. 243-443.
24. Stiglitz, Joseph E., Economics of Public Sector, 3rd ed., W. W. Norton, 2000, page 283.
25. Mishan, E. J., Cost-Benefit Analysis, Routledge, 4th ed., 1988, pp. 83-99.
26. ドーフマン・サミュエルソン・ソロー著『線形計画と経済分析I、II』安井琢磨等訳、岩波書店、1958年、425-426頁参照。この中で安井等は「シャドー価格」（Shadow Price）を「潜在価格」と訳している。
27. Nas, Tevfik F., Cost-Benefit Analysis; Theory and Application, Sage Publicaitons, 1996, pp. 96-99.
28. Ajit K. Dasgupta and D.W.Pearce, op. cit., pp. 97-117.
29. Squire, Lyn, and Herman G. van der Tak, Economic Analysis of Projects, The Johns Hopkins University Press,1975, pp. 26-27, pp. 49-51.
30. World Bank, Operational Manual Statement, Economic Analysis of Projects, May 1980. pp. 8-9; Lyn Squire and Herman G. van der Tag, op. cit., pp. 31-33.
31. 貿易財・非貿易財のシャドー価格については、下記の文献に詳しい説明がある。
    I. M. D. Little and J. A. Mirrlees, op. cit., pp. 154-169. Steve Curry and John Weiss, Project Analysis in Developing Countries, Macmillan, 1993. pp. 74-186.
32. I. M. D. Little and J. A. Mirrlees, ibid., pp. 145; World Bank, Operational

第11章　開発プロジェクトの経済分析

　　　Manual Statement, op. cit., pp. 8－9; Asian Development Bank, Guidelines for the Economic Analysis of Projects, op. cit., 1997, pp. 18－30.
33. Gittinger, J. Price., Economic Analysis of Agricultural Projects, The Johns Hopkins University Press, 1982, pp. 247－250.
34. ここでの説明は以下の文献による。Anandarup Ray, Cost-Benefit Analysis; Issues and Methodologies, The Johns Hopkins University Press, 1984, pp. 44－75.
35. 複数のシャドー為替レートの問題については、次の文献を参照のこと。William A.Ward and Barry J. Deren, The Economics of Project Analysis, World Bank, 1991, pp. 38－45.
36. 標準的な交換比率の推計方法に関してはアジア開発銀行のマニュアルに詳しい解説がある。Asian Development Bank (1997), op. cit., pp. 122－130.

第Ⅲ部　開発プロジェクト・マネジメント

―要約―

ミクロ開発政策とプロジェクト・マネジメント

途上国政府が一定の産業政策（鉱工業・エネルギー・農林水産業・サービス産業・中小企業開発等）や産業基盤整備（電力・電信電話・鉄道・道路・物流システム等）や公益事業（上下水道・都市ガス・バス・ゴミ処理等）等のミクロ開発政策を計画・実施する場合、その多くは具体的な公共投資プロジェクトの計画・実施を通して行われる。

プロジェクト・マネジメント

プロジェクトとは、一定の目的を一定の期間内に達成するために結成された組織体（プロジェクト・チーム）が、資金・労働力・資源等を投入して遂行する仕事・作業の集合である。プロジェクトの規模によってプロジェクト・マネジメントの範囲・密度は異なる。一般にプロジェクト・マネジメントには、目的管理、資金・費用管理、スケジュール管理、品質管理、組織・人事管理、調達管理、リスク管理等の総合的な管理業務が必要になる。現代の民間企業はグローバル化、企業競争の激化、加速化する技術革新による企業環境の変化に機動的に対応する必要がある。この理由から、民間企業では企業経営の方法論として「プロジェクト・マネジメント論」が近年注目されるようになってきている。

開発プロジェクト

途上国の開発プロジェクトには、経済開発を目的とする国営企業による鉄鋼・セメント・化学肥料・紙パルプ等の基幹産業の工場建設プロジェクト、発電所・鉄道・道路・港湾・電信電話等の公企業による産業基盤整備プロジ

ェクト、石油・天然ガス・石炭等のエネルギー開発プロジェクト、上下水道・都市ガス・医療設備・教育及び教育訓練施設・ゴミ処理施設等の社会インフラ整備プロジェクト等が代表的な事例である。

開発プロジェクト・サイクル

世銀等の開発金融機関は従来これら開発プロジェクトのサイクルを、プロジェクトの発掘、プロジェクトの分析、プロジェクトの審査、プロジェクトの実行、プロジェクトの事後審査という5段階のシークエンスに分解して取り扱ってきた。これはあくまでも開発プロジェクト資金を融資する金融機関の立場から見たプロジェクト管理業務のサイクルである。従って開発プロジェクトを実施する途上国政府の開発担当者・事業主体の立場から見ると、プロジェクト・サイクルの作業・仕事の内容は異なってこよう。途上国政府にとってプロジェクトの準備段階で重要になるのは、産業発展計画と開発投資資金の配分、開発資金（外貨・国内予算）の各省庁間の配分・調整問題であろう。さらに開発プロジェクトの実行段階ではプロジェクトが計画通り支障なく完成することが重要となる。プロジェクトが完成すると、プロジェクトが目的とした事業を長期間問題なく管理・運営することが大きな課題となる。

プロジェクトの事業化調査（F／S：Feasibility Study）

民間企業の設備投資プロジェクトおよび途上国の開発プロジェクトの準備段階で重要な作業の1つは、プロジェクトの事業化調査（F/S）の実施である。プロジェクトの事業化調査は、事業主体の経営者の設備投資（開発投資）の意思決定の判断資料、投資者の投資決定判断資料、融資機関の融資審査資料、プロジェクトの財務・費用管理資料等複数の重要な機能を持つ。プロジェクトの事業化調査は、プロジェクト・コンセプトを実施主体が実行可能な段階まで具体化すること、融資機関にとってはプロジェクトを融資可能（bankable）な段階まで、融資の収益性とリスクを明確にすることを目的とする。即ち開発プロジェクトの事業化調査は、当該プロジェクトが技術的に

妥当であり、財務的に採算性があり、国全体の経済にプラスの便益をもたらし、環境的にも問題がないことを調査することである。開発プロジェクトの事業化調査は、一般的に、市場調査、産業調査、プロジェクトの規模、投資費用の積算と資金計画、プロジェクトの基本計画、プロジェクトの組織・人事管理計画、価格政策と生産・販売計画、プロジェクトの実行計画、プロジェクトの財務分析、プロジェクトの経済分析、プロジェクトの環境影響評価分析等を含む非常に総合的な調査である。

プロジェクトの財務分析

プロジェクトの財務分析は、プロジェクトの実施主体にとってプロジェクトの収益性が妥当な水準であるかどうか判断する作業である。融資機関にとっては更に融資資金がプロジェクトのキャッシュ・フローによって回収可能かどうか確認する作業を含む。プロジェクトによって発生する将来のキャッシュ・フローの推計は10年前後の長期間の損益決算書・貸借対照表・資金繰表を推計して行われる。プロジェクトの収益性は、このように推計されたキャッシュ・フローの現在価値によって判断されるか、内部収益率によって評価される。国際金融機関のプロジェクトの審査作業では、一般に内部収益率がプロジェクトの採算性の判断の基準として使用される。この内部収益率が資本コストより高いとき、このプロジェクトは是認される。リスクに対する強靭性を知るためキャッシュ・フローの予測の前提となったパラメーターを変えて収益率がどのように影響を受けるかを「感応度分析」によって評価する。

プロジェクトの経済分析

プロジェクトの財務分析は、市場価格を前提とし、財務データを使用したプロジェクトの採算性を分析することが目的である。これに対してプロジェクトの経済分析は、国全体の経済の立場から、当該プロジェクトが国民の福祉水準にプラスの効果をもたらすかどうかを分析することを目的とする。こ

の場合国民の福祉水準を測定する価値の基準（ヌメレール）を何にするかが問題となる。途上国の場合、政府が財およびサービスの価格に対して種々の直接規制（最低賃金、食糧やエネルギーの販売価格等）を行うのが一般的である。この政府の価格規制政策の結果、市場価格は資源の希少価値、機会費用、消費者および生産者の便益等によって測定される真正な経済価値を反映しなくなる。また途上国政府は国内の自国の幼稚産業や消費者の利益を保護するために輸入財に対して効率の輸入関税を課したり、税収入を確保するため輸出財に輸出税を課すのが一般的である。この場合、政府の関税政策によって形成された国内の現行の市場価格は国際価格から乖離し、国際価格で測った財の経済価値を反映しなくなる。このように現行の市場価格は、財やサービスの経済価値を反映しないので国民の福祉水準を評価する価値の測定基準として使用出来なくなる。したがって開発プロジェクトの経済的便益を評価する場合、現行の市場価格を修正して経済価値を表示する「シャドー価格」を用いて開発プロジェクトの費用・便益を行う必要がある。

　プロジェクトの経済的便益、或いは福祉便益の測定基準としての「シャドー価格」として国際開発金融機関は「国境価格」を使用している。

　そのほか財務データの中には経済価値を反映しない会計学的な費用概念がある。固定資産および繰延資産の原価償却費は会計学的には期間費用として費用項目に計上される。しかし固定資産としての設備投資および繰延資産は、プロジェクトの投資コストとして既に計上されており、原価償却費をコストに含めると投資コストを2重計算することになる。したがってプロジェクトの経済分析では、これらの減価償却費は経済的コストとみなされない。同じように税金や補助金はプロジェクトの財務分析では費用項目に含まれるが、これらは国全体の経済の視点からは移転所得であり、経済的な費用項目から除外される。

　以上のように修正された経済的費用・便益を基礎にプロジェクトの内部収益率が財務分析のときと同じような方法で算出される。これを「経済的内部収益率」(EIRR: Economic Internal Rate of Return)とよび、これが資本コ

ストより高ければこのプロジェクトは経済的に便益があると判断される。

開発プロジェクト融資の問題点

　開発プロジェクト融資には、資金の効率的活用、融資機関との１対１の長期的関係を通しての技術移転等のメリットがあるが、種々の問題点が指摘されている。その問題点とは、第１に、国全体の経済が健全でないと最良の開発プロジェクトは逆効果を持つ可能性がある。例えばマルコス政権下のフィリピンやスハルト政権下のインドネシアに開発プロジェクト支援を供与すると権威主義的な経済体質を強化することになる。この弊害を避けるため開発プロジェクト支援は構造改革を促進する経済改革プログラム支援の枠組みの中で実施されることが望ましい。第２に、開発プロジェクト融資は開発プロジェクトの外貨コスト部分を原則的に支援の対象とするため、途上国政府は外貨コスト部分の多い資本集約的な開発プロジェクトに対する偏向性を強く持つようになる。本来労働力が豊富な途上国は労働集約的な開発プロジェクトや労働力の雇用を促進する中小企業の育成を優先すべきである。このことは貧困削減が開発援助の重要課題となっている現在強く認識されるべきであろう。第３に、開発プロジェクト支援は、開発援助機関に「融資文化」を形成させ、新規プロジェクトの発掘と審査が優先され、既存のプロジェクトのマネジメントが軽視される傾向を強く持つ。途上国経済にとって既存のプロジェクトを効率的に管理することのほうが経済的便益が大きい場合がある。第４に、途上国は多数の開発援助機関から支援を受けた数多くの開発プロジェクトを抱え、援助機関との対応に忙殺される。開発援助機関相互の協調性や途上国政府の組織能力の強化（Capacity Development）が大きな課題となってきているとOECDの開発援助委員会は強調する。

エピローグ

　この著書はプロローグで述べた通り著者が過去約10年間書いてきた国際協力に関する論文をまとめたものである。著者は実践的な研究生活が比較的長いが、それも民間の研究機関での実践的な研究やアジア開発銀行という開発金融機関での実務的な仕事が中心であった。従って著者の関心は常に政策的な課題に対する実践的な処方箋は何かという問いかけであった。そのためこの本の土台となった論文の内容も所謂学術的な研究論文ではない。しかもここで取り上げたアジアの発展途上国のミクロ開発政策の問題は著者の力不足で、経済システムや制度の設計や運営、産業政策、開発プロジェクト・マネジメントといったごく限られた課題を取り上げたに過ぎない。途上国政府にとって非常に重要な農村開発、多国籍企業の海外直接投資、公企業や公益事業マネジメント、貧困削減プログラム、環境保全プログラムについては触れることが出来なかった。農村開発問題は著者の専門外であるので他の文献を参照されたい。後者の2つの課題については姉妹編として近年中に出版予定の本の中で触れる予定である。途上国に対する多国籍企業の海外直接投資および公企業並びに公益事業の問題について著者は長年関心を持ってきたが、残念ながら未だに考えをまとめる機会がない。今後の著者の宿題としている。

　最近開発経済学を専門とする研究者の間で「開発ミクロ経済学」理論に対する関心が高まっている。しかし新古典派ミクロ経済理論は非常に規範的な理論である。自然科学や社会科学の哲学の立場から見ると、これらミクロ経済理論は実証可能な命題や仮説の検定によってその妥当性が検討されない場合には、科学的な理論とはいえない。特に多くの発展途上国の人々が、貧困問題、エイズ、飢餓、劣悪な生活環境等人間性を喪失した生活を余儀なくされているとき、開発経済学者は先ず途上国の現場の体験に基づきこれら問題を解決する実践的な処方箋を提示すべきである。サハラ砂漠以南のアフリカ諸国で、取引コスト理論やゲーム理論および数理経済理論に基づいた「ミク

ロ開発経済論」が果たして実践的な意味を持つかどうか非常に疑わしい。J・サックスは途上国政府に対するアドバイザーとしての豊富な体験から、開発経済学は、臨床医学のように人間の苦悩を解消するように努力を傾注すべきであると主張する (Jeffrey Sachs, The End of Poverty, Penguin Books, 2005)。

　知識人（インテリゲンチア）を含むすべて人間は日常生活のミクロの次元で思索し行動する感性的な存在である。すべて人間は、先進国および途上国を問わず、過去の因習や制度の呪縛から自己を開放し、自己の潜在的能力を信じ不断に学習し、より資質の高い人間性を形成し自己のダイナミックな成長を遂げるべきであろう。閉鎖的な組織や社会および伝統的理論は、この開放的な人間の思索と行動を妨げる何者でもない。残念ながら65億の人類のうち6分の1の人間はこのミクロ次元の日常生活で資本主義経済体制から疎外され、人間性を喪失した生活を送っている。またある地域では人々は民族紛争や宗教的な宗派対立で尊い生命を犠牲にしている。開発経済学はこれら悲惨な生存状況から人間がどのように脱出し、徐々に経済発展を遂げ先進工業国の中産階級の人々の豊かな生活の水準に達する道筋や処方箋を提示すべきであろう。

　この本の中で日本の経済システムの発展、産業政策、産業金融について多くの紙面が割かれている。その理由は日本の若い世代の人々に日本の発展の軌跡に関する歴史認識を持ってもらいたいからである。日本の若い世代の人々が思いやりのある地球人として成長し、世界に羽ばたくことを祈願してこの本を終えることにする。

　平成18年11月26日

稲葉　守満（いなば・もりみつ）
著者略歴
1937年11月15日生
1960年　日本大学法学部卒業
カナダ・ウエスタン・オンタリオ大学大学院政治学部修士課程修了（1964年5月）；カナダ・トロント大学大学院政治経済学部博士課程修了（1967年11月、1970年Ph. D取得）；ハヴァード大学大学院経済学部　客員研究員（1974－75年）（A Post-Doctoral Study）；オックスフォード大学 St. Antony's College 客員研究員（SAM；A Senior Associate Fellow）（1995－96年）；コロンビア大学経営大学院　客員研究員（2001年7月－9月）；トロント大学政治経済学部研究助手（1967－70年）；三菱総合研究所　研究員／主任研究員（1970－81年）；アジア開発銀行 Sr. Project Economist/Sr. Investment Officer（1981－95年）；日本大学国際関係学部/法学部　教授（1996年至る現在）

主要著書
『人間のための労働』、（共著）、日経新書、昭和49年；『南北問題の政治経済学』、（共訳）、学文社、1998年；『危機の政治経済学』、（共著）、時潮社、平成11年；『開発政策論－講義要綱』、DTP出版、2003年

開発政策論—ミクロ経済政策—
日本大学法学部叢書第22巻

2007年3月20日　第1版第1刷
定価＝4200円＋税

著　者　　稲　葉　守　満　Ⓒ
発行人　　相　良　景　行
発行所　　㈲　時　潮　社

〒174-0063　東京都板橋区前野町4-62-15
電　話　03-5915-9046
FAX　03-5970-4030
郵便振替　00190-7-741179　時潮社
URL http://www.jichosha.jp
E-mail kikaku@jichosha.jp

印刷所　相良整版印刷　製本所　㈲仲佐製本

乱丁本・落丁本はお取り替えします。
ISBN 978-4-7888-0615-3

時潮社の本

近代社会事業の形成における地域的特質
――山口県社会福祉の史的考察――
杉山博昭著
Ａ５判函入り上製・384頁・定価4500円（税別）

日本における社会事業形成と展開の過程を山口県という地域において捉えた本書は、数少ないという地域社会福祉史研究である。著者は、先達の地道な実践と思想を学ぶことから、優れた社会福祉創造は始まると強調する。一番ヶ瀬康子推薦。

実践の環境倫理学
肉食・タバコ・クルマ社会へのオルタナティヴ
田上孝一著
Ａ５判・並製・202頁・定価2800円（税別）

応用倫理学の教科書である本書は、第1部で倫理学の基本的考え方を平易に解説し、第2部で環境問題への倫理学の適用を試みた。現行の支配的ライフスタイルを越えるための「ベジタリアンの倫理」に基づく本書提言は鮮烈である。

国際環境論〈増補改訂〉
長谷敏夫著
Ａ５判・並製・264頁・定価2800円（税別）

とどまらない資源の収奪とエネルギーの消費のもと、深刻化する環境汚染にどう取り組むか。身のまわりの解決策から説き起こし、国連を初めとした国際組織、ＮＧＯなどの取組みの現状と問題点を紹介し、環境倫理の確立を主張する。ロング・セラーの増補改訂版。

大正昭和期の鉱夫同職組合「友子」制度
続・日本の伝統的労資関係
村串仁三郎著
Ａ５判・上製・430頁・定価7000円（税別）

江戸時代から昭和期まで鉱山に広範に組織されていた、日本独特の鉱夫たちの職人組合・「友子」の30年に及ぶ研究成果の完結編。本書によって、これまでほとんど解明されることのなかった鉱夫自治組織の全体像が明らかにされる。